公路桥梁混凝土结构设计原理

（按照2018年公路混凝土规范编写）

张庆芳　张志国　主编
段树金　主审

天津大学出版社
TIANJIN UNIVERSITY PRESS

图书在版编目(CIP)数据

公路桥梁混凝土结构设计原理/张庆芳,张志国主编.
—天津:天津大学出版社,2010.7(2019.5 重印)
ISBN 978-7-5618-3559-3

Ⅰ.①公… Ⅱ.①张… ②张… Ⅲ.①公路桥－桥梁结构:混凝土结构－结构设计 Ⅳ.①U448.142.5

中国版本图书馆 CIP 数据核字(2010)第 124716 号

策划编辑 韩振平
责任编辑 韩振平 郭 颖
封面设计 谷英卉

出版发行 天津大学出版社
地 址 天津市卫津路 92 号天津大学内(邮编:300072)
电 话 发行部:022-27403647
网 址 publish.tju.edu.cn
印 刷 廊坊市海涛印刷有限公司
经 销 全国各地新华书店
开 本 185mm×260mm
印 张 17.5
字 数 412 千
版 次 2010 年 7 月第 1 版
印 次 2019 年 5 月第 4 次
定 价 39.00 元

修订前言

本书第一版出版发行以来，相关的新规范陆续颁布，基于此，我们对第一版进行了认真的修订，完成的工作包括：

(1)依据新规范对相关内容进行修订。涉及的新规范包括：

《公路钢筋混凝土与预应力混凝土桥涵设计规范》(JTG 3362—2018)；

《公路桥涵设计通用规范》(JTG D60—2015)

《混凝土结构设计规范》(GB 50010—2010,2015 年局部修订版)

《钢筋混凝土用钢第 1 部分 热轧光圆钢筋》(GB 1499.1 -2017)

《钢筋混凝土用钢第 2 部分 热轧带肋钢筋》(GB 1499.2 -2018)

《钢筋混凝土用余热处理钢筋》(GB 13014 -2013)

《金属材料拉伸试验 第 1 部分:室温试验方法》(GB/T228 -2010)

《预应力混凝土用钢丝》(GB/T5223 -2014)

《预应力混凝土用钢绞线》(GB/T5224 -2014)

《预应力混凝土用螺纹钢筋》(GB/T2065 -2016)

(2)修订了书中存在的不完善以及差错之处。修订后的第二版仍保持第一版"内容简练实用、讲解循序渐进"的特点，对难度大的内容，虽没有写入但指出了可查阅的参考文献。

另外需要指出的是，本书中的例题一般按照程序计算完成，中间计算结果按保留适当有效数字列出，因此，当对照书中某一单独步骤用计算器复核时，可能会有微小的误差。

全书仍由张庆芳、张志国共同完成，张庆芳统编定稿。

本书编写过程中，教研室同仁白建方、高伟、李朝红等老师提出了不少宝贵意见，对此深表谢意。另外，书中参考和借鉴了不少与混凝土结构有关的文献，谨向有关作者表示感谢。

尽管作者为写作本书尽了最大的努力，但限于水平，难免会有不足甚至欠妥之处，恳请读者朋友不吝指正。对本书使用过程中的任何问题、建议或讨论，均可发电子邮件至 zqfok@126.com 或 826714992@qq.com 与我们联系，必有回复。

编者

2019 年 1 月

目　录

绪　论

由基本构件(例如梁、桥墩、桥面板等)组成,用以承受各种作用的体系,称作结构。结构及基本构件由建筑材料制成。依据所采用的材料不同,结构可分为混凝土结构、钢结构、圬工结构和木结构等。混凝土结构又可分为钢筋混凝土结构、预应力混凝土结构和素混凝土结构,各术语定义如下:

钢筋混凝土结构:配置受力普通钢筋的混凝土结构。

预应力混凝土结构:配置预应力钢筋并通过张拉或其他方法建立预加应力的混凝土结构。

素混凝土结构:无筋或不配置受力钢筋的混凝土结构。

一、为什么要配置钢筋

由建筑材料课程可知,混凝土类似于天然石材,具有较高的抗压强度,但抗拉强度很低,一般仅为抗压强度的1/16～1/8;而钢筋则具有较高的抗拉强度。钢筋混凝土结构就是将二者结合起来,使钢筋主要承受拉力,混凝土主要承受压力。

对于一根简支梁,如图1(a)所示,由《材料力学》知识可知,在图示荷载作用下,梁截面中和轴以上部分受压,以下部分受拉。随着 P_1 的增加,梁下部受拉区的拉应变(拉应力)和上部受压区的压应变(压应力)不断增大。当下部受拉区边缘的拉应变达到混凝土的极限拉应变时,最薄弱截面会出现垂直裂缝。由于混凝土抗拉性能很差,一旦开裂,裂缝即会急速向上发展,导致梁突然断裂破坏(破坏前变形很小,没有预兆,属于脆性破坏),如图1(b)所示。素混凝土梁破坏时能承受的荷载很小,受弯承载力很低,这里,起决定作用的是混凝土抗拉强度,而优良的抗压性能未能充分发挥。

若在梁的受拉区配置适当数量的纵向钢筋,情况将发生根本改变。如图1(c)所示,在荷载作用下,当受拉区边缘混凝土拉应变达到极限拉应变时,钢筋混凝土梁和素混凝土梁一样会开裂,但开裂之后的情况有本质不同:裂缝处截面受拉区混凝土退出工作,拉力改由钢筋承担。此时仍可继续加载,不会像素混凝土梁一样一裂即坏。随着荷载的增加,钢筋的拉应力和受压区混凝土的压应力将不断加大,直至钢筋的拉应力达到其屈服强度,继而受压区混凝土被压碎,梁才宣告破坏(破坏前变形较大,有明显预兆,属于延性破坏)。可见,这时混凝土的抗压强度和钢筋的抗拉强度都得到了充分发挥。

需要指出的是,钢筋混凝土梁与素混凝土梁相比,能承受的极限荷载大大提高,但抗裂荷载是基本相同的,若要提高梁的抗裂性能,则需要通过张拉钢筋的方法使梁体混凝土在承受荷载前预先受压,以此抵消外荷载产生的拉应力,这就是预应力混凝土。

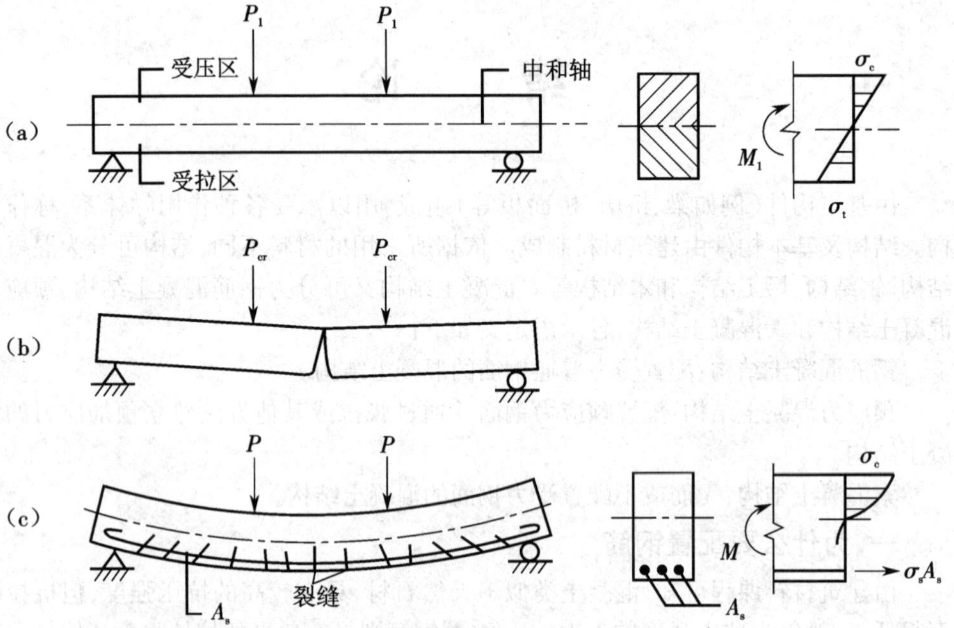

图1 素混凝土梁和钢筋混凝土梁

(a)素混凝土梁的受力与应力分布；(b)素混凝土梁的破坏；(c)钢筋混凝土梁的破坏

主要承受压力的柱子实际上也是需要配筋的，这时，柱中纵向钢筋的作用为：

①与混凝土共同受力以减小截面尺寸；

②承受混凝土收缩、温度变化以及偶然偏心引起的拉应力；

③承受运输、吊装过程中产生的拉应力。

二、钢筋和混凝土为什么能共同工作

钢筋和混凝土这两种材料之所以能结合在一起共同工作，是由于以下原因。

①混凝土结硬后能与钢筋之间产生良好的黏结力，使二者可靠地结合为一个整体，在荷载作用下共同变形。

②钢筋与混凝土的温度线膨胀系数接近，钢筋为$(1.2\times10^{-5})/℃$，混凝土为$(1.0\times10^{-5}\sim1.5\times10^{-5})/℃$。因此，当温度变化时，不致产生过大的温度应力而破坏两者之间的黏结。

③包裹在钢筋外围的混凝土可使钢筋免于锈蚀，保证了结构具有良好的耐久性。

三、钢筋混凝土结构的优缺点

钢筋混凝土结构在土木工程中得到了最为广泛的应用，主要因为有以下优点。

①经济性好。混凝土所用的砂、石一般易于就地取材。同时，由于钢筋混凝土结构合理地发挥了钢筋和混凝土两种材料的性能，与钢结构相比，可降低造价。

②耐久性好。密实的混凝土具有较高的抗压强度，同时，钢筋被混凝土包裹，不

易锈蚀,维修费用很少,所以,钢筋混凝土结构的耐久性比较好。

③整体性好。钢筋混凝土结构(特别是整体浇筑的结构)构件之间是通过钢筋和混凝土的一次性浇筑连接为整体的,有利于抗震、抵抗振动和爆炸冲击波。

④可模性好。根据需要,可以较容易地浇筑成各种形状和尺寸。

⑤耐火性好。混凝土是不良导体,钢筋又受到混凝土包裹,火灾时不致因钢筋很快达到软化温度而结构破坏。

钢筋混凝土结构的主要缺点是自重较大、抗裂性能较差、隔热和隔声性能不够理想,此外,施工易受气候条件限制,现浇结构施工周期较长,模板消耗也较多。但随着混凝土材料的不断发展和预应力混凝土结构的推广,这些缺点正在不断得到改善和克服。

四、本课程的主要内容以及与其他课程的联系

1. 本课程的主要内容

通常,结构设计按照以下步骤进行。

①根据使用要求,确定结构形式,做出初步设计。

②建立计算模型,施加荷载,对结构进行受力分析,得到单个构件的内力。

③构件设计。

④地基基础设计。

⑤绘制施工图。

本课程内容用以实现上面的步骤③。主要内容包括:混凝土和钢筋的力学性能,极限状态设计法原则,各类基本构件的受力性能、计算理论、计算方法和配筋构造,应力验算,混凝土的变形与裂缝宽度验算以及预应力混凝土梁的计算等。各类基本构件包括受弯构件、受压构件、受拉构件和受扭构件。

2. 与其他课程的联系

本课程的前续课程为材料力学、建筑材料。虽然不具备这两本课程的知识也能够理解本书的内容,但终究不如学习了材料力学、建筑材料之后顺畅,水到渠成。另外,本课程与钢结构、砌体结构等结构设计类课程属于同种类型,彼此之间只是涉及的材料性能不同而已,对于同一种力学问题本质上并无太大区别。

本课程的后续课程有桥梁工程、桥梁墩台与基础等。桥梁工程主要用来解决结构设计步骤②(另外还有桥梁施工的内容),例如,汽车、人群等荷载通过怎样的计算模型施加在上部结构上,从而得到梁、板的内力。“桥梁墩台与基础”解决桥梁下部结构的设计问题。

五、如何学习本课程

1. 注意区分不同规范的适用范围

设计规范是国家颁布的具有法律性的文件,是设计人员必须遵守的准则。现行的与混凝土结构设计有关的规范包括:

①《混凝土结构设计规范》(GB 50010—2010 局部修订版);

②《高层建筑混凝土结构技术规程》(JGJ 3—2010);

③《公路钢筋混凝土及预应力混凝土桥涵设计规范》(JTG 3362—2018);

④《铁路桥涵钢筋混凝土及预应力混凝土设计规范》(TB 10092—2017)。

使用规范时应注意其适用性与时效性。所谓适用性,是指各规范有其适用范围,例如,上述规范的前两个适用于工业与民用建筑,第 3 个适用于公路混凝土桥涵设计,第 4 个用于铁路桥涵设计。所谓时效性,是指规范在不断完善之中,大约 10 年左右会颁布新的版本代替旧版本。

由于行业具有不同的特点,所以同为混凝土规范规定却不尽相同。本教材依据《公路钢筋混凝土及预应力混凝土桥涵设计规范》(以下简称《公路桥规》)编写。

进行公路桥涵设计,常用的规范还包括:

①《公路桥涵设计通用规范》(JTG D60—2015);

②《公路地基与基础设计规范》(JTG D63—2007);

③《公路圬工桥涵设计规范》(JTG D61—2005);

④《公路钢结构桥梁设计规范》(JTG D64—2015)。

2. 与钢结构课程相比,本课程更注重试验研究

混凝土结构材料的复杂性,导致其计算理论和计算方法离不开大量的试验研究,在本课程中表现为很多公式都是半理论半经验性的,很少有像钢结构中那样的理论公式。又由于试验的局限性,所建立的公式往往都有一定的限制范围和适用条件。学习过程中,重点应放在对基本概念和基本原理的理解上,避免死记硬背公式。

3. 本课程要解决的不仅仅是力学计算问题,更是设计问题

材料力学、结构力学等课程主要解决力学计算问题,而实际的设计不仅涉及构件的强度、变形计算等问题,还必须考虑安全和经济这一对矛盾的平衡。力学计算有"对"与"错"之分,设计则更多是在多种可行方案中区分"优"与"劣"。

此外,混凝土结构设计十分重视配筋构造。构造措施是长期工程实践经验的积累,通过简便的构造措施可以代替复杂的、没有必要的计算,而且证明是有效的、安全的。构造措施是对计算的必要补充,与计算同样重要,这一点必须引起重视。

第 1 章　混凝土结构材料的物理力学性能

混凝土结构由钢筋和混凝土两种物理力学性能不同的材料组成，掌握这两种材料的基本物理力学性能，是混凝土结构计算理论和设计方法的基础。

本章先讲述混凝土的物理力学性能，包括：单轴受力情况下受压、受拉的性能，复合应力状态下的性能，混凝土的变形；再讲述钢筋的物理力学性能；最后是钢筋和混凝土二者的黏结性能。

1.1　混凝土的强度

1.1.1　单向应力状态下的混凝土强度

1. 混凝土的立方体抗压强度

立方体试件的强度比较稳定，所以我国把立方体强度值作为混凝土强度的基本指标，并把立方体抗压强度作为评定混凝土强度等级的标准。

《普通混凝土力学性能试验方法标准》(GB/T 50081—2002)规定，以边长为 150 mm的立方体作为标准试件，在 20 ±2 ℃的温度和相对湿度 95% 以上的空气中养护 28 d，依照标准试验方法测得的具有 95% 保证率的抗压强度，称为混凝土的立方体抗压强度标准值，记作 $f_{cu,k}$，单位为 MPa。

《公路桥规》根据混凝土立方体抗压强度标准值 $f_{cu,k}$，把混凝土强度划分为 12 个强度等级，分别为 C25、C30……C80，其中“C”表示混凝土，C 后面的数字表示立方体强度标准值(级差为 5 MPa)，例如 C30 即表示 $f_{cu,k}=30$ MPa。

试验研究表明，混凝土的抗压强度除受组成材料的性质、配合比、养护环境、施工方法等因素影响外，还与试验方法及试件的尺寸、形状有关。

试件在试验机上单向受压时，竖向缩短，横向扩张，压力机垫板的横向变形明显小于混凝土，因此，会对混凝土试块形成约束，其作用与在试块的上、下端各加了一个“套箍”类似，致使混凝土破坏时形成两个对顶的角锥形破坏面。这种“套箍作用”会使抗压强度提高。如果在试件上、下表面涂一层润滑剂，受压时将没有“套箍作用”的影响，试件将沿着平行于力的方向产生几条裂缝而破坏，测得的抗压强度就低。图 1.1-1 是两种不同情况的对比。我国规定的标准试验方法是不涂润滑剂的。

混凝土的抗压强度还与试件的形状有关。试验表明，试件的高宽比 h/b 越大，所测得的强度越低。当高宽比 $h/b \geqslant 3$ 时，强度变化就很小了。这反映了试件两端与压力机垫板之间存在的摩阻力，对不同高宽比的试件混凝土横向变形的约束影响程度

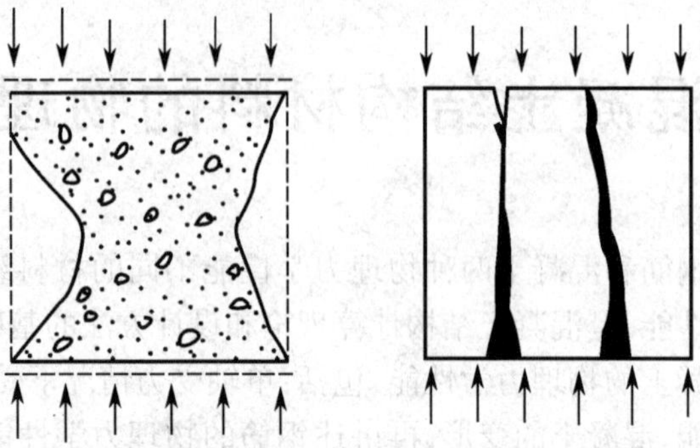

图 1.1-1 混凝土立方体试件的破坏情况

(a)不涂润滑剂;(b)涂润滑剂

不同。

试件的尺寸对抗压强度也有一定影响。试件的尺寸越大,实测强度越低,这种现象称为"尺寸效应"。一般认为,这是由于混凝土内部缺陷和试件承压面摩阻力影响等因素造成的。依据《普通混凝土力学性能试验方法标准》,若混凝土强度等级小于C60 时,用非标准试件测得的强度值应乘以换算系数,其值对 200 mm 立方体试件为 1.05;对 100 mm 立方体试件为 0.95。当混凝土强度等级大于等于 C60 时,宜采用标准试件。

混凝土的立方体抗压强度随着混凝土成型后龄期的增长而提高,而且前期提高的幅度较大,后期逐渐减缓。该过程一般均需延续数年后才能完成。如果使用环境是潮湿的,那么其延续的年限更长。

施加荷载的速度对混凝土立方体抗压强度也有影响,加载速度越快,抗压强度越高。

2. 混凝土的轴心抗压强度

在实际结构中,绝大多数受压构件的高度比其截面边长要大得多,所以,采用棱柱体试件抗压强度能更好地反映混凝土的实际受力状态。同时,由于试件的高宽比较大,端部摩阻力的影响较弱,所测强度趋于稳定。《普通混凝土力学性能试验方法标准》以 150 mm × 150 mm × 300 mm 的棱柱体作为混凝土轴心抗压试验的标准试件,按与上述立方体试件相同的制作、养护条件和标准试验方法测得的具有 95% 保证率的抗压强度,称为混凝土的轴心抗压强度(或棱柱体抗压强度)标准值,记为 f_{ck},单位为 MPa。

根据统计分析并基于安全考虑,《公路桥规》将轴心抗压强度标准值与立方体抗压强度标准值之间的关系按照下式确定:

$$f_{ck} = 0.88\alpha_{c1}\alpha_{c2}f_{cu,k} \tag{1.1-1}$$

式中 α_{c1}——棱柱体抗压强度与立方体抗压强度的比值,对混凝土强度等级为 C50

及以下取 $\alpha_{c1}=0.76$，对 C80 取 $\alpha_{c1}=0.82$，中间按照线性内插；

α_{c2}——考虑混凝土脆性的折减系数，C40 及以下取 $\alpha_{c2}=1.0$，对 C80 取 $\alpha_{c2}=0.87$，中间按线性内插。

3. 混凝土抗拉强度

混凝土的抗拉强度是混凝土的基本力学指标之一，其值为立方体抗压强度的 1/16～1/8。由于混凝土内部的不均匀性以及安装试件的偏差等原因，国内外常常采用立方体或圆柱体“劈裂试验”来代替轴心拉伸试验，如图 1.1-2 所示。我国在劈裂试验时采用的试件为 150 mm×150 mm×150 mm 的标准试件，通过弧形钢垫条施加竖向压力 F。加载速度：当混凝土强度等级＜C30 时，取每秒钟 0.02～0.05 MPa；当混凝土强度等级≥C30 且＜C60 时，取每秒钟 0.05～0.08 MPa；当混凝土强度等级≥C60 时，取每秒钟 0.08～0.10 MPa。

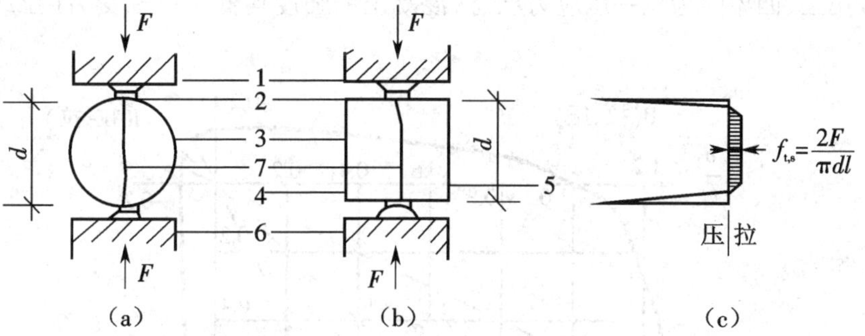

图 1.1-2　混凝土劈裂试验示意图

(a)圆柱体劈裂试验；(b)立方体劈裂试验；(c)劈裂面上水平应力分布

1—压力机的上压板；2—弧形垫条及垫层各一条；3—试件；

4—浇模顶面；5—浇模底面；6—压力机的下压板；7—试件破裂线

在试件的中间截面，存在有均匀分布的拉应力。当拉应力达到混凝土的抗拉强度时，试件被劈裂成两半。劈裂强度 $f_{t,s}$ 按下列公式计算：

$$f_{t,s}=\frac{2F}{\pi A} \tag{1.1-2}$$

式中　F——劈裂破坏荷载；

A——试件劈裂面面积。

需要提及的是，对于同一品质的混凝土，轴心拉伸试验与劈裂试验所测得的抗拉强度值并不相同，劈裂抗拉强度值略大于直接拉伸强度值，而且与试件的大小有关。

1.1.2　复合应力状态下的混凝土强度

实际的混凝土构件可能受到轴力、弯矩、剪力及扭矩等不同内力组合的作用，大多处于复合应力状态，此时，混凝土的强度会有明显的变化。

1. 双轴受力时混凝土的强度

沿试件两个主轴方向作用不同的正应力 σ_1、σ_2，第三个主轴方向正应力为零，此时处于双向受力状态，其强度变化规律如图 1.1-3 所示。可以看出，它有如下特点。

①第一象限为双向受拉状态，σ_1 和 σ_2 相互影响不大，即不同应力比值 σ_1/σ_2 下的双轴抗拉强度均接近单向抗拉强度。

②第三象限为双向受压状态，大体上是一向的混凝土强度随另一向压力的增加而增加。这是由于一个方向的压应力对另一个方向压应力引起的横向变形起到一定的约束作用，限制了试件内部混凝土微裂缝的扩展，故而提高了混凝土的抗压强度。双向受压状态下混凝土强度提高的幅度与双向应力比 σ_1/σ_2 有关。当 σ_1/σ_2 约等于 2 或 0.5 时，双向抗压强度比单向抗压强度提高 25% 左右；当 $\sigma_1/\sigma_2=1$ 时，仅提高 16% 左右。

③第二、四象限为拉—压应力状态，混凝土的强度均低于单轴受力（拉或压）强度。

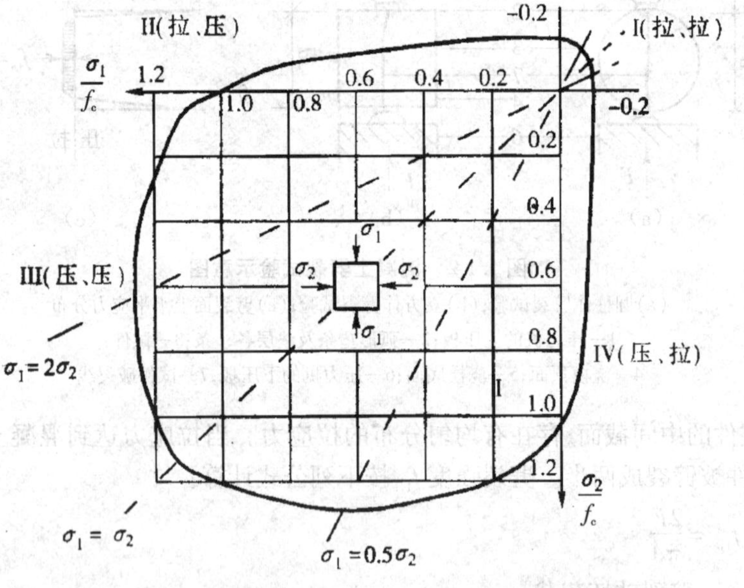

图 1.1-3 双向应力状态下混凝土强度变化曲线

2. 正应力与剪应力共同作用时混凝土的强度

如图 1.1-4 所示，由于剪应力的存在，使抗拉强度降低。当 $\sigma/f_c<(0.5\sim0.7)$ 时，抗压强度随剪应力的提高而提高；之后，抗压强度随剪应力的增大而减小。可见，当结构中存在剪应力时，总会使混凝土的强度较单轴受力时降低。

3. 三轴受压时混凝土的强度

试验研究表明，三轴受压时，混凝土的强度和延性均有较大的增长。这是由于，一个方向受压时，其横向变形受到另外两个方向的约束，使微裂缝的发展受到抑制。

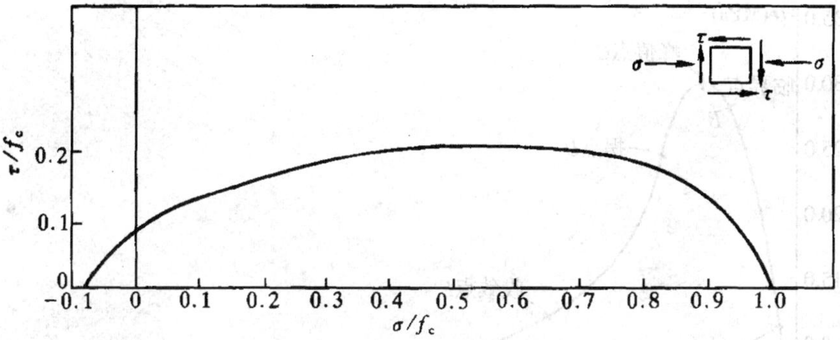

图 1.1-4　法向应力和剪应力组合时混凝土强度变化曲线

试验得出的经验公式为：

$$\sigma_1 = f_c + K\sigma_2 \quad (1.1\text{-}3)$$

式中　σ_2——侧向约束压应力；

K——侧向应力系数，通常可取为常数，较早的试验资料给出 $K=4.1$，后来的试验资料给出 $K=4.5\sim7.0$。

实际工程中，常采用横向钢筋约束混凝土变形，如在钢筋混凝土柱中配置间距较密的螺旋形箍筋，以对混凝土施加侧向约束，形成三向受压应力状态。此外，还可以采用钢管混凝土的组合结构。

1.2　混凝土的变形

混凝土的变形有两类：一类是混凝土的受力变形，包括一次短期单轴加载变形、荷载长期作用下的变形（徐变）和重复荷载作用下的变形等；另一类是混凝土的体积变形，它与荷载无关，包括混凝土的收缩、膨胀变形。

1.2.1　混凝土在一次短期加载时的应力—应变曲线

1. 混凝土受压时的应力—应变曲线

混凝土受压时的应力—应变关系，是混凝土最基本的力学性能之一。我国采用棱柱体试件测定一次短期加载下的混凝土受压应力—应变曲线。图 1.2-1 为实测的典型的棱柱体混凝土试件一次短期加载受压时的应力—应变全曲线。

由图可见，这条曲线包括上升段和下降段两个部分，其关键点包括：A——比例极限，B——临界点，C——峰值点，D——拐点，E——收敛点，F——曲线末梢。

上升段：OA 段接近直线，应力较小，应变不大，混凝土的变形为弹性变形，原始裂缝影响很小；AB 段为微曲线段，应变的增长稍比应力快，混凝土处于裂缝稳定扩展阶段，临界点 B 的应力可作为长期抗压强度的依据；BC 段应变增长明显比应力增长

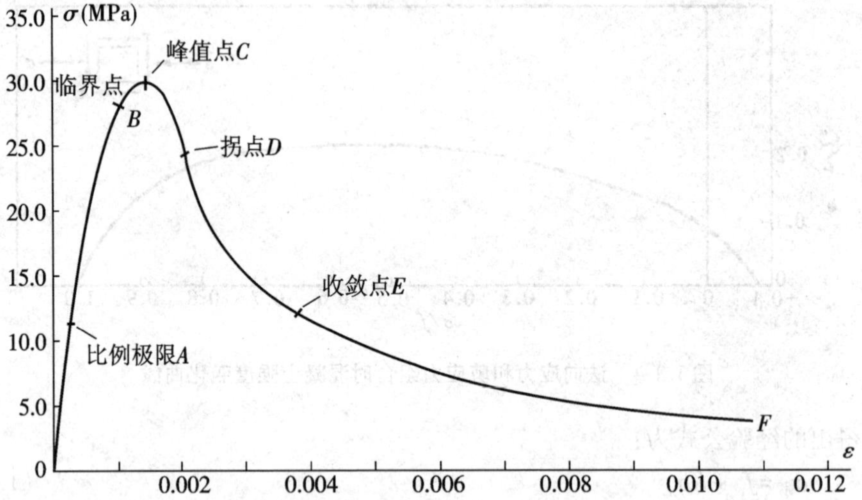

图 1.2-1　混凝土受压时的应力—应变曲线

快,混凝土处于裂缝快速不稳定发展阶段,峰值点 C 的应力最大,为混凝土棱柱体抗压强度,与之对应的应变 ε_0,称峰值应变,其值在 0.001 5 ~0.002 5 之间波动,通常取为 0.002。

下降段:在 $CDEF$ 下降段中,应力随应变的增长而逐渐降低。D 点为曲线的反弯点。CD 段应力快速下降,应变仍在增长,混凝土中裂缝迅速发展且贯通,出现了主裂缝,内部结构破坏严重。E 点为曲线中曲率最大的点。DE 段,应力下降变慢,应变较快增长,混凝土内部结构处于磨合和调整阶段,主裂缝宽度进一步增大,最后只依赖骨料间的咬合力和摩擦力来承受荷载。EF 段为收敛段,此时试件中的主裂缝宽度快速增大而完全破坏了混凝土内部结构。通常将收敛点 E 对应的应变作为试件破坏时的最大应变,称极限压应变,记作 ε_{cu},其值取为 0.003 3。

值得一提的是,在普通试验机上采用等应力速率的加载方式进行试验时,一般只能获得应力—应变曲线的上升段,很难获得其下降段,其原因是试验机刚度不足。当加载至混凝土达到轴心抗压强度时,试验机中积蓄的弹性应变能大于试件所吸收的应变能,此应变能在接近试件破坏时会突然释放,致使试件发生脆性破坏。如果采用伺服实验机,在混凝土达极限强度时能以等应变速率加载;或在试件旁边附加设置高性能弹性元件共同承压,当混凝土达极限强度时能吸收试验机内积聚的应变能,就能获得应力—应变全曲线。

不同强度等级混凝土的应力—应变关系曲线基本形状相似,强度等级越高,下降段越陡,表明延性越差。

2. 混凝土的变形模量

与弹性材料相比,混凝土的应力—应变关系呈现非线性性质,即在不同应力状态下,应力与应变的比值是一个变数。混凝土的变形模量有如下三种表示方法。

(1)弹性模量(原点模量)E_c

在混凝土轴心受压的应力—应变曲线上,过原点作该曲线的切线,如图1.2-2所示,其斜率即为混凝土的原点切线模量,通常称为混凝土的弹性模量,用E_c表示,即

$$E_c = \frac{d\sigma}{d\varepsilon}\Big|_{\sigma=0} = \tan\alpha_0 \quad (1.2\text{-}1)$$

式中　α_0——过原点所作应力—应变曲线的切线与应变轴间的夹角。

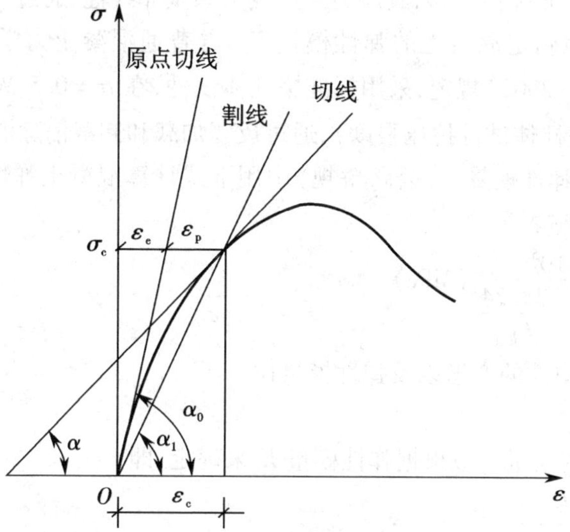

图1.2-2　混凝土变形模量的表示方法

(2)割线模量E'_c

在混凝土的应力—应变曲线上,将任一点与原点连线,该割线斜率即为混凝土的割线模量,如图1.2-2所示,公式表达为:

$$E'_c = \tan\alpha_1 = \frac{\sigma_c}{\varepsilon_c} \quad (1.2\text{-}2)$$

式中　α_1——割线与应变轴间的夹角;

ε_c——总应变,由弹性应变ε_e和塑性应变ε_p组成。

若以ε_e与ε_c的比值称为弹性系数ν,则有

$$E'_c = \frac{\sigma_c}{\varepsilon_c} = \frac{\sigma_c \cdot \varepsilon_e}{\varepsilon_c \cdot \varepsilon_e} = \frac{\sigma_c}{\varepsilon_e} \cdot \frac{\varepsilon_e}{\varepsilon_c} = E_c\nu \quad (1.2\text{-}3)$$

于是,在混凝土应力—应变曲线的上升段任意点的应力为:

$$\sigma = \nu E_c \cdot \varepsilon_c \quad (1.2\text{-}4)$$

由上可知,混凝土的割线模量是一个随应力不同而异的变数。在同样应变条件下,混凝土强度越高,割线模量越大。

(3)切线模量E''_c

在混凝土的应力—应变曲线上任取一点,并作该点的切线,如图1.2-2所示,则

其斜率即为混凝土的切线模量,即

$$E''_c = \frac{d\sigma}{d\varepsilon} = \tan\alpha \tag{1.2-5}$$

式中 α——应力—应变曲线上某点的切线与应变轴间的夹角。

混凝土的切线模量也是一个变数,并随应力的增大而减小。对不同强度等级的混凝土,在应变相同的条件下,强度越高,切线模量越大。

由于混凝土并非弹性材料,其应力—应变关系呈非线性,通过一次加载试验所得的曲线难以准确地确定混凝土的弹性模量 E_c。《普通混凝土力学性能试验方法标准》(GB/T 50081—2002)规定,采用标准棱柱体试件,在 $\sigma = 0.5\ \text{MPa} \sim f_c^0/3$ 应力范围内(此处 f_c^0 为棱柱体试件抗压强度),通过反复加载和卸载消除混凝土的塑性变形后,测定混凝土的弹性模量。《公路桥规》中用下式计算混凝土弹性模量 E_c,并将结果制作成表格,见附表 2。

$$E_c = \frac{10^5}{2.2 + \dfrac{34.74}{f_{cu,k}}}\ (\text{MPa}) \tag{1.2-6}$$

E_c 用于计算构件的变形以及弹性模量比。

(4)剪切模量

混凝土的剪变模量一般根据弹性模量 E_c 来确定,即

$$G_c = \frac{E_c}{2(\upsilon_c + 1)} \tag{1.2-7}$$

式中 E_c——混凝土的弹性模量,MPa;

υ_c——混凝土的泊松比,一般结构的混凝土泊松比变化不大,且与混凝土的强度等级无明显关系,取 $\upsilon_c = 0.2$。

3. *混凝土单轴受拉应力—应变关系*

混凝土轴心受拉应力—应变曲线与受压时相似。混凝土强度越高,上升段越长,曲线峰点越高,但对应的变形几乎没有增大,下降越陡,极限变形反而变小。

受拉时的弹性模量与受压时基本相同。

1.2.2 荷载长期作用下混凝土的变形性能

构件或材料承受的荷载或应力不变,而应变或变形随时间增长的现象称为徐变。混凝土的徐变特性主要与时间有关,通常表现为前期增长快,以后逐渐减慢,经过 2 ~ 3年后趋于稳定,如图 1.2-3 所示。

徐变产生的原因,目前尚无统一的解释,通常可这样理解:其一是混凝土具有黏性流动性质的水泥凝胶体,在荷载长期作用下产生黏性流动;其二是混凝土中微裂缝在荷载长期作用下不断发展。当作用的应力较小时主要由凝胶体引起,当作用的应力较大时,则主要由微裂缝引起。

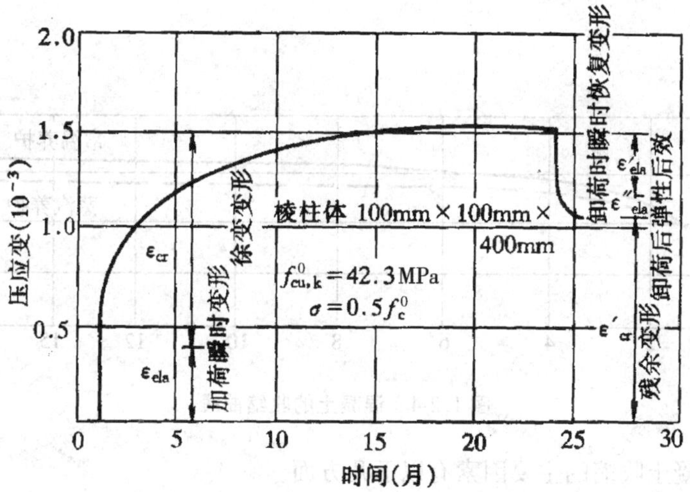

图 1.2-3　混凝土的徐变曲线

影响混凝土徐变的因素很多,概括起来可归纳为三个方面,即内在因素、环境因素和应力因素。就内在因素而言,水泥含量少、水灰比小、骨料弹性模量大、骨料含量多,那么徐变就小。对于环境因素而言,加载时龄期越短,徐变越大;混凝土养护时温度越高、湿度越大,水泥水化作用越充分,徐变也就越小;而受到荷载作用后所处的环境温度越高、湿度越低,徐变越大;构件的体表比(体积与表面积之比)越大,徐变越小。应力因素主要反映在加载时的应力水平,显然应力水平越高,徐变越大;持荷时间越长,徐变也越大。

徐变会对结构工作性能产生影响。在荷载长期作用下,梁受压区混凝土的徐变会使梁的挠度增大;徐变还会引起截面中的应力重分布(详见本书轴心受压构件一章);对于预应力混凝土结构,徐变会引起预应力损失。受拉徐变会使混凝土拉应力减小,延缓收缩裂缝的出现,减小支座不均匀沉降产生的应力。

1.2.3　混凝土的体积变形(收缩与膨胀)

混凝土硬化过程中体积的改变称为体积变形,它包括混凝土的收缩和膨胀两方面。混凝土在空气中结硬时体积会缩小,相反地,混凝土在水中结硬时体积会增大。

混凝土的收缩是一种自发的变形,比其膨胀值大许多。因此,当收缩变形不能自由进行时,将在混凝土中产生拉应力,从而有可能导致混凝土开裂;预应力混凝土结构会因混凝土硬化收缩而引起预应力钢筋的预应力损失。混凝土的收缩是由凝胶体的体积凝结缩小和混凝土失水干缩共同引起的,收缩变形随时间的增长而增长,其规律如图 1.2-4 所示。由图可见,其早期发展较快,一个月内可完成收缩总量的 50%,而后发展渐缓,直至两年以上方可完成全部收缩,收缩应变总量为$(2\sim5)\times10^{-4}$,它是混凝土开裂时拉应变的 2~4 倍。

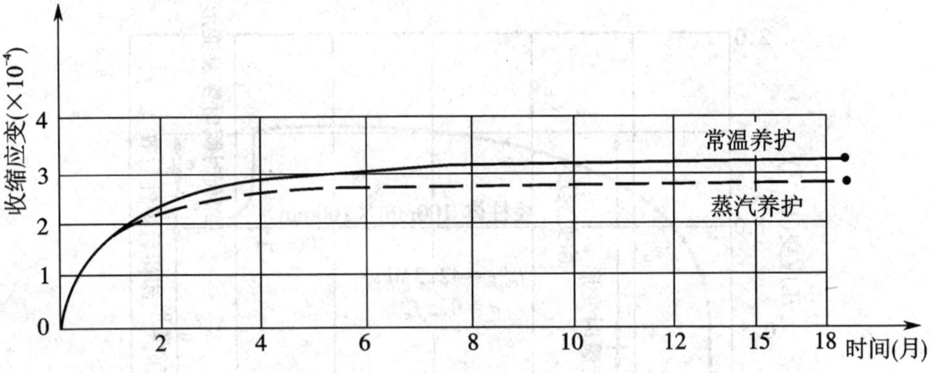

图 1.2-4 混凝土的收缩曲线

影响混凝土收缩的主要因素有以下几方面。

①水泥用量:水泥用量越多,收缩越大;水灰比越大,收缩越大。

②水泥强度等级:强度等级越高,收缩越大。

③骨料的性质:骨料的弹性模量越大,收缩越小。

④混凝土的制作方法:混凝土越密实,收缩越小。

⑤养护条件:温度、湿度越高,收缩越小。

⑥使用环境:使用环境温度高、湿度小时,收缩大。

⑦构件的体表比:比值大时,收缩小。

1.3 钢筋

1.3.1 钢筋分类

结构设计时,通常将钢筋分为普通钢筋和预应力钢筋。

1. 普通钢筋

普通钢筋是指钢筋混凝土构件中的钢筋和预应力混凝土构件中的非预应力钢筋,《公路桥规》中规定,宜选用 HPB300、HRB400、HRB500、HRBF400 和 RRB400 钢筋。

从外形看,HPB300 为光圆钢筋,HRB400、HRB500、HRBF400 和 RRB400 为带肋钢筋(也称变形钢筋)。光面钢筋表面没有肋纹,与混凝土黏结较差。带肋钢筋表面有两条纵向凸缘(纵肋),两侧有等距离的斜向凸缘(横肋),与混凝土具有更好的黏结性能。

对于带肋钢筋,其直径是一种“公称直径”,即以此直径计算得到的圆面积可作为钢筋的截面面积。

2. 预应力钢筋

预应力钢筋用于预应力混凝土结构中,《公路桥规》中规定了 3 种:钢绞线、消除应力钢丝和预应力螺纹钢筋。

(1)钢绞线

钢绞线是由多根(或称“股”)高强度钢丝绞合在一起,再经低温回火处理制成,有 2 股、3 股和 7 股之分,常用的为 7 股。

(2)消除应力钢丝

消除应力钢丝是由高碳镇静钢轧制成盘圆后,经多道冷拔并经应力消除、矫直、回火处理制成,其表面形状有光面、螺旋肋和刻痕 3 种。

(3)预应力螺纹钢筋

螺纹钢筋在轧制时沿钢筋纵向全部轧有规律性的螺纹肋条,可用螺丝套筒连接和螺帽锚固,不需要再加工螺丝,也不需要焊接。

1.3.2　钢筋的强度和变形

1. 钢筋的应力—应变曲线

单向拉伸试验是确定钢筋力学性能的主要手段。钢筋在单向拉伸时的应力—应变曲线分为有明显流幅和无明显流幅两类,其应力—应变曲线分别如图 1.3-1(a)、1.3-1(b)所示。

一般的热轧钢筋属于有明显流幅的钢筋,工程上称为软钢。从图 1.3-1(a)中可以看出,软钢从加载到拉断,共经历四个阶段。自开始加载至应力达到 A 点以前,应力—应变呈线性关系,A 点应力称为比例极限,OA 段属于弹性工作阶段。A 点之后,应变的增长快于应力增长,到达 B' 点后进入屈服阶段,即应力不增加而应变持续增加,应力—应变关系接近水平线,称为屈服台阶(或流幅)。对于有屈服台阶的钢筋来讲,有两个屈服点,即屈服上限(B'点)和屈服下限(B''点)。在我国标准中分别记作 R_{eL} 和 R_{eH}。通常认为屈服下限较稳定,取其作为屈服强度。过 B 点之后,材料恢复部分弹性,进入强化阶段,应力—应变曲线表现为上升的曲线。曲线最高点 C 的应力称为极限抗拉强度。过了 C 点后,试件某个薄弱处截面将发生“颈缩”现象,应力下降,应变继续增加,直到 D 点试件被拉断。

由于钢筋的应力达到屈服点后,会产生较大的塑性变形,从而导致钢筋混凝土构件出现较大的变形和裂缝,故对有明显流幅的钢筋,在计算承载力时以屈服点作为钢筋强度限值。

由图 1.3-1(b)可见,没有明显流幅的预应力钢丝、钢绞线钢筋和热处理钢筋,只能测得应力最高点对应的极限抗拉强度 σ_b,此时,工程设计中取残余应变为 0.2% 所对应的应力 $\sigma_{0.2}$ 作为条件屈服强度,并取 $\sigma_{0.2}=0.85\sigma_b$。$\sigma_b$ 在我国标准中记作 R_m。

设计中,屈服强度与条件屈服强度等同对待,没有区别。

依据现行国家标准,《公路桥规》推荐采用的各牌号钢筋的强度指标如表 1.3-1

所示。

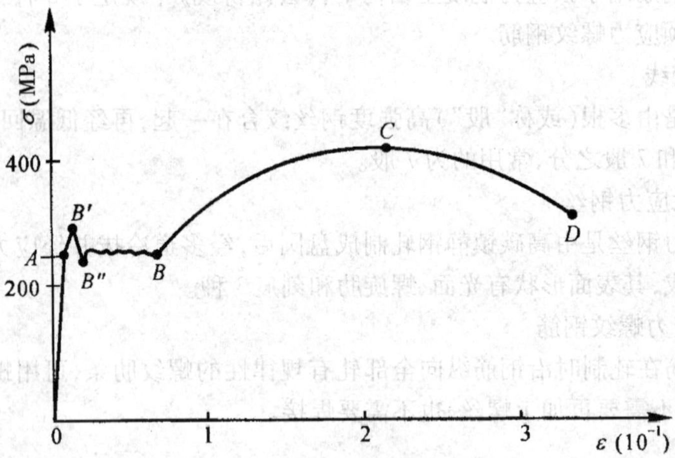

（a）

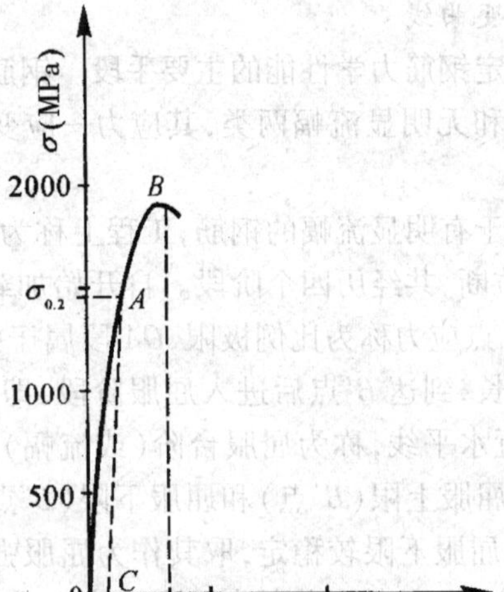

（b）

图 1.3-1　钢筋应力—应变曲线

(a)有明显屈服点;(b)无明显屈服点

表 1.3-1　钢筋的力学性能

牌号	R_{eL}/MPa	R_m/MPa	A/%	A_{gt}/%
	不小于			
HPB300	300	420	25.0	10.0
HRB400 HRB400F	400	540	16	7.5
HRB500	500	630	15	7.5
RRB400	400	540	14	5.0

注：HPB300 钢筋性能由《钢筋混凝土用钢第 1 部分 热轧光圆钢筋》(GB 1499.1—2017)得到；HRB400、HRB400F 和 HRB500 钢筋性能由《钢筋混凝土用钢第 2 部分 热轧带肋钢筋》(GB 1499.2—2018)得到；RRB400 钢筋性能由《钢筋混凝土用余热处理钢筋》(GB 13014—2013)得到。

2. 钢筋的塑性性能

钢筋除应具有足够的强度外，还应具有一定的塑性变形能力。钢筋的塑性性能通常用伸长率和冷弯性能两个指标来衡量。

依据《金属材料拉伸试验 第 1 部分：室温试验方法》(GB/T 228—2010)，伸长率可以用“断后伸长率 A”或“最大力总延伸率 A_{gt}”表达(钢筋的伸长率通常以 A_{gt} 为准)。断后伸长率 A 按下式求得：

$$A = \frac{L_u - L_o}{L_o} \times 100\%$$

式中　L_o——施力前的试样标距(原始标距)；

L_u——试样断裂后的标距。对于钢筋，试验时通常取原始标距为 5 倍(或 10 倍)钢筋直径。

A_{gt} 为最大力时原始标距的总延伸(弹性延伸加塑性延伸)与引伸计标距 L_e 之比的百分率。

《公路桥规》中未规定最大力总延伸率的最低限值要求。

冷弯是将直径为 d 的钢筋围绕某个规定直径 D 的辊轴弯曲成一定的角度(90°或 180°)，弯曲后钢筋应无裂纹及起层现象。弯芯(辊轴)的直径越小，弯转角越大，说明钢筋的塑性越好。

1.3.3　钢筋混凝土结构对钢筋性能的要求

钢筋混凝土结构中使用的钢筋，应满足以下性能要求。

1. 强度高

强度包括屈服强度和极限强度两个指标。钢筋的屈服强度(或条件屈服强度)是设计计算的依据，而极限强度作为一种潜力。钢筋的强度高可以减小钢筋用量，取得良好的经济效果。屈服强度与极限强度的比值称作屈强比，屈强比小则可靠性高，但强度利用率低，故屈强比应保持在适宜的范围内。

2. 塑性好

塑性包括伸长率与冷弯性能两个指标。具有较大的伸长率可以使钢筋在断裂前有足够的变形,从而能给出钢筋混凝土构件将要破坏的预警信号。保证冷弯性能,可以使钢筋具有较好的承受弯曲变形的能力。

3. 可焊性好

实际工程中,钢筋必然要接长,而采用焊接接头可以节省钢材。可焊性好是指在一定的工艺条件下钢筋焊接后不产生裂纹及过大变形。

4. 钢筋与混凝土的黏结性能好

钢筋与混凝土之间的黏结是二者能够共同工作的前提。钢筋表面形状是影响黏结力的重要因素。

1.4 钢筋与混凝土之间的黏结

1.4.1 黏结应力与黏结强度

钢筋与混凝土之间的黏结是保证钢筋和混凝土共同工作的前提。将钢筋自混凝土试件中拔出的试验可以观测这种黏结性能。

在钢筋上施加拉力,当钢筋与混凝土之间有相对滑移时,其界面上会产生沿钢筋轴线方向的剪应力,称作黏结应力,如图1.4-1所示。从本质上看,是钢筋与混凝土之间的应变差导致了黏结应力 τ。随着距离试件端部距离的增大,二者之间的应变差逐渐减小,直到某个截面时应变差等于零,$\tau=0$。可见,黏结应力只是在一定的长度内传递。

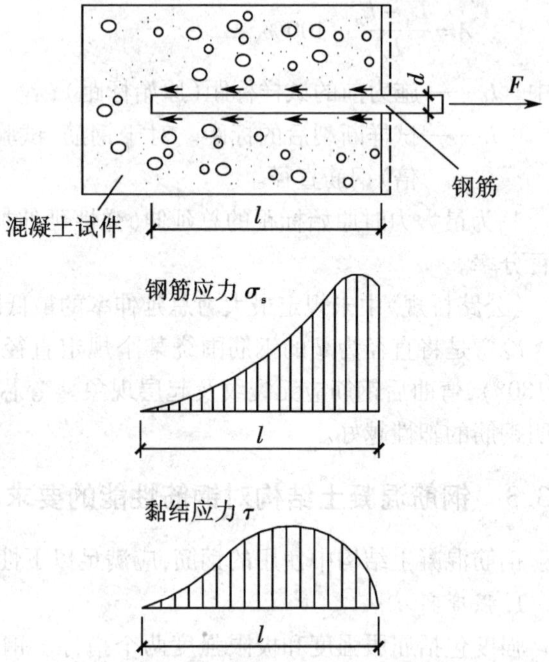

图1.4-1 光面钢筋的拔出试验

实际工程中,以拔出试验中黏结失效(钢筋被拔出,或者混凝土被劈裂)时的最大平均应力作为钢筋和混凝土的黏结强度。平均黏结应力计算式为:

$$\bar{\tau}=\frac{F}{\pi dl}$$

式中　F——拉拔力；

d——钢筋直径；

l——钢筋埋置深度。

实测的黏结强度极限值变化范围很大，光面钢筋为 1.5 ~ 3.5 MPa；带肋钢筋为 2.5 ~ 6.0 MPa。

1.4.2　黏结力的组成

钢筋与混凝土之间的黏结力与钢筋表面的形状有关。光圆钢筋与混凝土之间的黏结作用主要由三部分组成。

①钢筋与混凝土之间的化学胶着力。化学胶着力是由水泥浆体在硬化前对钢筋氧化层的渗透、硬化过程中晶体的生长等产生的。化学胶着力一般较小，当混凝土和钢筋界面发生相对滑动时，化学胶着力会消失。

②混凝土收缩握裹钢筋而产生的摩阻力。混凝土硬化会发生收缩，从而对其中的钢筋产生径向的握裹力，在握裹力的作用下，当钢筋和混凝土之间有相对滑动，或有滑动趋势时，钢筋与混凝土之间产生摩阻力。摩阻力的大小与钢筋表面的粗糙程度有关，越粗糙，摩阻力越大。

③钢筋表面凹凸不平与混凝土之间产生的机械咬合力。对于光圆钢筋，这种咬合力来自钢筋表面的粗糙不平。

带肋钢筋与混凝土之间的黏结也由化学胶着力、摩阻力和机械咬合力三部分组成。但是，机械咬合力起主要作用。带肋钢筋的横肋以齿状嵌入混凝土中，横肋对混凝土的挤压犹如一个楔子，形成对滑动的阻碍。斜向挤压力沿钢筋轴向的分力，使横肋处的混凝土产生内部斜裂缝；斜向挤压力的径向分力，使外围混凝土犹如承受内压力的管壁，产生环向拉应力，从而导致混凝土内部径向裂缝（图 1.4-2）。

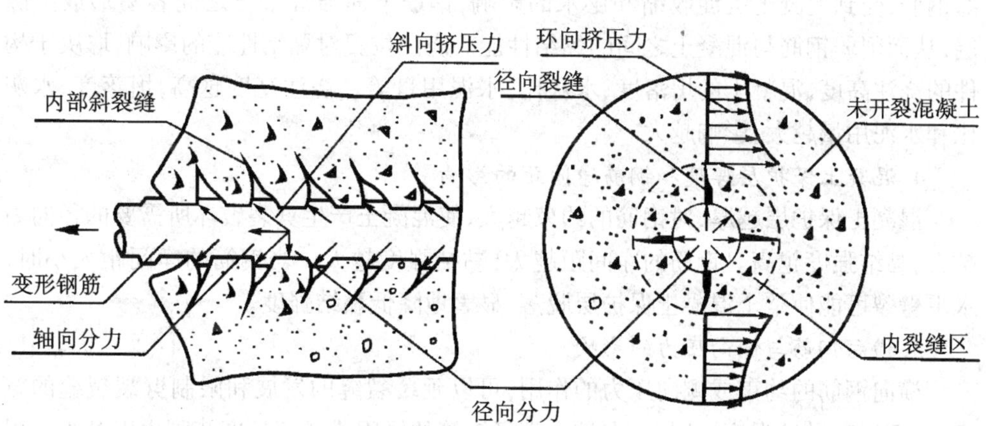

图 1.4-2　带肋钢筋横肋处的挤压力和内部裂缝

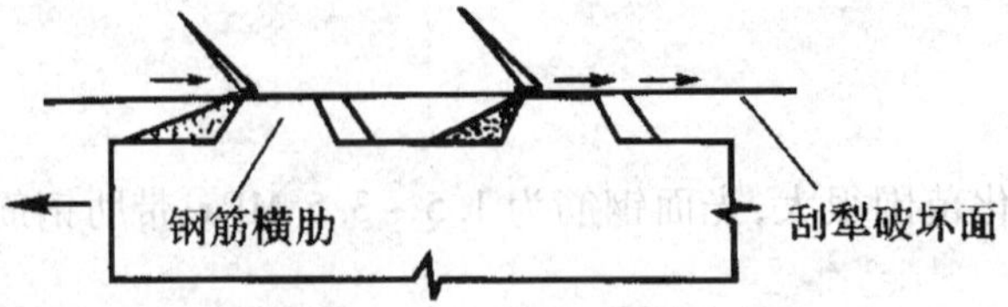

图 1.4-3 “刮犁式”破坏

若钢筋保护层较薄,且无箍筋对混凝土约束时,劈裂裂缝很快发展到构件表面,形成劈裂破坏。如果钢筋保护层厚度足够大或配置有箍筋时,劈裂裂缝的扩展将受到限制,钢筋横肋之间的混凝土突出部分被压碎或剪断,使钢筋带着横肋之间的混凝土沿横肋外径圆柱面发生剪切滑动,直至被拔出,形成“刮犁式”破坏(图 1.4-3)。

1.4.3 影响黏结性能的因素

影响钢筋与混凝土黏结性能的因素很多,主要有钢筋的表面形状、混凝土强度及其组成成分、浇注位置、保护层厚度、钢筋净间距、横向钢筋约束和横向压力作用等。

1. 钢筋表面形状的影响

带肋钢筋不仅比光面钢筋黏结强度高,而且达极限强度时的变形小。对于带肋钢筋而言,月牙纹钢筋的黏结性能比螺纹钢筋稍差。一般来说,相对肋面积越大,钢筋与混凝土的黏结性能越好,相对滑移越小。

2. 混凝土强度及其组成成分的影响

混凝土的强度越高,黏结强度越高,相对滑移越小。混凝土的水泥用量越大、水灰比越大、砂率越大,黏结性能越差,锚固强度低,相对滑移量大。

3. 浇注位置的影响

混凝土硬化过程中会发生沉淀收缩和泌水。水平浇注构件(如混凝土梁)的顶部钢筋,受到混凝土沉淀收缩和泌水的影响,钢筋下面与混凝土之间容易形成空隙层,从而削弱钢筋与混凝土之间的黏结性能。浇注位置对黏结性能的影响,取决于构件的浇注高度,混凝土的坍落度、水灰比、水泥用量等。浇注高度越高,坍落度、水灰比和水泥用量越大,影响越大。

4. 混凝土保护层厚度和钢筋净间距的影响

混凝土保护层越厚,对钢筋的约束越大,使混凝土产生劈裂破坏所需要的径向力越大,黏结强度越高。钢筋的净间距越大,黏结强度越大。当钢筋的净间距太小时,水平劈裂可能使整个混凝土保护层脱落,显著地降低黏结强度。

5. 横向钢筋与侧向压力的影响

横向钢筋的约束或侧向压力的作用,可以延缓裂缝的发展和限制劈裂裂缝的宽度,从而提高黏结强度。因此,在较大直径钢筋的锚固或搭接长度范围内以及当一层并列的钢筋根数较多时,均应设置一定数量的附加箍筋,以防止混凝土保护层的劈裂崩落。

1.5　钢筋的锚固、弯折与接头

1.5.1　钢筋的锚固

钢筋的锚固是指通过混凝土中设置埋置段(又称为锚固长度)或机械措施将钢筋所受的力传递给混凝土,使钢筋像“锚”一样固定于混凝土中而不被拔出。

理论上,钢筋的锚固长度可按黏结破坏极限状态平衡条件确定。为了使用方便,《公路桥规》直接给出了不同混凝土强度等级时各类钢筋的最小锚固长度,如表1.5-1所示。

当计算中充分利用钢筋的强度时,其最小锚固长度应满足上述的要求。

表1.5-1　钢筋最小锚固长度 l_a

钢筋种类		HPB300				HRB400、HRBF400、RRB400			HRB500		
混凝土强度等级		C25	C30	C35	≥C40	C30	C35	≥C40	C30	C35	≥C40
受压钢筋(直端)		45d	40d	38d	35d	30d	28d	25d	35d	33d	30d
受拉钢筋	直端	—	—	—	—	35d	33d	30d	45d	43d	40d
	弯钩端	40d	35d	33d	30d	30d	28d	25d	35d	33d	30d

注:(1) d 为钢筋直径。

(2)对于受压束筋和等代直径 d_e≤28 mm的受拉束筋的锚固长度,应以等代直径按表值确定,束筋的各单根钢筋在同一锚固终点截断;对于等代直径 d_e >28 mm的受拉束筋,束筋内各单根钢筋,应自锚固起开始,以表内规定的单根钢筋的锚固长度的1.3倍,呈阶梯形逐根延伸后截断,即自锚固起点开始,第一根延伸1.3倍单根钢筋的锚固长度,第二根延伸2.6倍单根钢筋的锚固长度,第三根延伸3.9倍单根钢筋的锚固长度。

(3)采用环氧树脂涂层钢筋时,受拉钢筋最小锚固长度应增加25%。

(4)当混凝土在凝固中易受扰动时,锚固长度应增加25%。

(5)当受拉钢筋末端采用弯钩时,锚固长度为包括弯钩在内的投影长度。

1.5.2　钢筋的弯钩和弯折

为了防止钢筋在混凝土中的滑动,对于承受拉力的光面钢筋,需在钢筋端部设置半圆弯钩。带肋钢筋握裹力好,可不设半圆形弯钩,而改用直角形弯钩。弯钩的内侧弯曲直径 D 不宜过小。对于光面钢筋,D 一般应大于2.5d;对于带肋钢筋,D 一般应大于(4~5)d。d 为钢筋的直径。

受压的光面钢筋可不设弯钩,这是因为受压时钢筋横向产生变形,使直径加大,提高了握裹力的缘故。

按照受力的要求,钢筋有时需按设计要求弯转方向,为了避免在弯转处混凝土局部压碎,在弯折处钢筋内侧弯曲直径 D 不得小于20d。

受力钢筋端部弯钩和中间弯折应符合表 1.5-2 的要求。

1.5.3　束筋与等代直径

钢筋混凝土构件中，有时需要将数个钢筋组成一束作为整体使用，称作束筋。束筋按照截面面积相等换算出的直径称作等代直径。

《公路桥规》规定，组成束筋的单根钢筋直径不应大于 36 mm。组成束筋的单根钢筋根数，当其直径不大于 28 mm 时，不应多于 3 根；当其直径大于 28 mm 时，应为 2 根。束筋的等代直径 $d_e=\sqrt{n}d$，这里，n 为组成束筋的钢筋根数，d 为单根钢筋直径。

当单根钢筋直径或束筋的等代直径大于 36 mm 时，受拉区应设表层钢筋网，顺束筋长度方向，钢筋直径不应小于 10 mm，其间距不应大于 100 mm；垂直于束筋长度方向，钢筋直径不应小于 6 mm，其间距不应大于 100 mm。上述钢筋网的布置范围，应超出束筋的设置范围，每边不小于 5 倍钢筋直径或束筋等代直径。

表 1.5-2　受拉钢筋端部弯钩及弯折

弯曲部位	弯曲角度	形状	钢筋	弯曲直径（D）	平直段长度
末端弯钩	180°	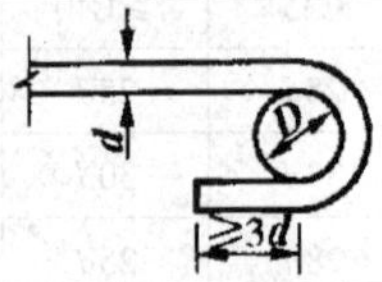	HPB300	≥2.5d	≥3d
	135°	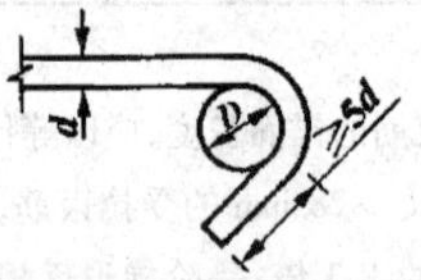	HRB400、HRB500 HRBF400 RRB400	≥5d	≥5d
	90°	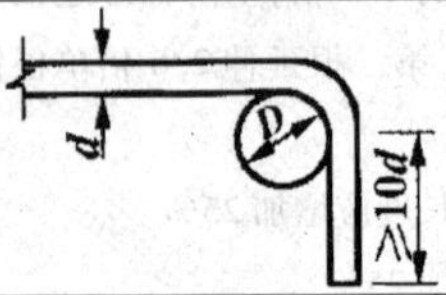	HRB400、HRB500 HRBF400 RRB400	≥5d	≥10d
中间弯折	≤90°	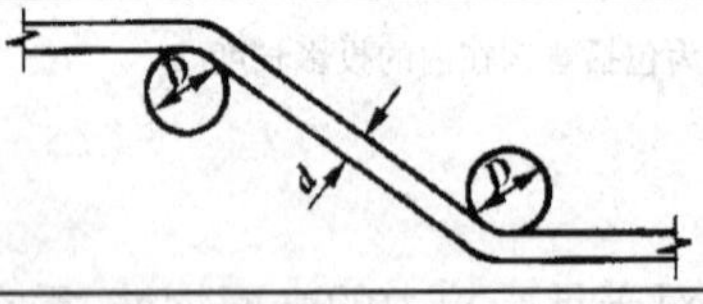	各种钢筋	≥20d	—

注：采用环氧树脂涂层钢筋时，除应满足表内规定外，当钢筋直径 $d\leqslant 20$ mm 时，弯钩内直径 D 不应小于 4d；当 $d>20$ mm时，弯钩内直径 D 不应小于 6d；直线段长度不应小于 5d。

1.5.4　钢筋的接头

为了运输方便，工厂生产的钢筋除小直径钢筋按盘圆供应外，一般长度为 10 ~ 12 m。因此，在使用时就需要用钢筋接头接长至设计长度。钢筋接头有焊接接头、绑扎接头和机械连接接头等三种形式。钢筋接头宜优先采用焊接接头和机械连接接头。当施工或构造条件有困难时，也可采用绑扎接头。钢筋接头宜设在受力较小区段，并宜错开布置。绑扎接头的钢筋直径不宜大于 28 mm，但轴心受压构件和偏心受压构件中的受压钢筋，可不大于 32 mm。轴心受拉和小偏心受拉构件不应采用绑扎接头。

1. 焊接接头

焊接接头宜采用闪光接触对焊，条件不具备时，也可采用电弧焊（帮条焊或搭接焊），焊接形式如图 1.5-1 所示。

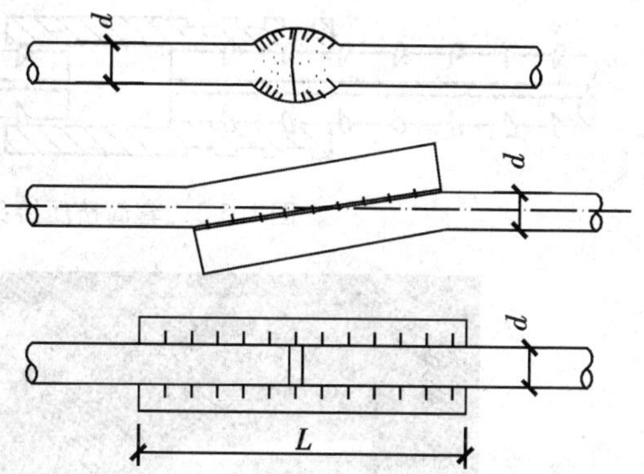

图 1.5-1　钢筋的焊接接头

(a)闪光接触对焊；(b)搭接电弧焊；(c)帮条电弧焊

电弧焊一般应采用双面焊缝，施工有困难时亦可采用单面焊缝。电弧焊接头的焊缝长度，双面焊缝不应小于 $5d$，单面焊缝不应小于 $10d$。d 为钢筋的直径。

采用搭接焊时，两钢筋端部应预先折向一侧，两钢筋轴线应保持一致。

采用帮条焊时，帮条应采用与被焊接钢筋同强度等级的钢筋，帮条的总截面面积不应小于被焊钢筋的截面面积。

在任一焊接接头中心至长度为钢筋直径的 35 倍且不小于 500 mm 的区段内，同一根钢筋不得有两个接头；在该区段内有接头的受力钢筋截面面积占受力钢筋总截面面积的百分数，普通钢筋在受拉区不宜超过 50%，在受压区和装配式构件间的连接钢筋不受此限。在图 1.5-2 中，若各钢筋直径相同，则接头百分率为 50%。

帮条焊或搭接焊接头部分钢筋的横向净距不应小于钢筋直径，且不应小于 25 mm。同时，非焊接部分钢筋的净距仍应满足规范要求。

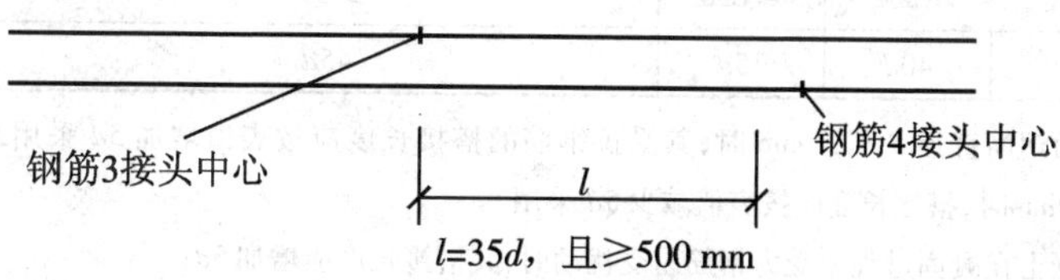

图 1.5-2　焊接接头设置

2. 机械接头

《公路桥规》推荐的机械接头包括套筒挤压接头和镦粗直螺纹接头。套筒挤压接头是将两根待连接的带肋钢筋用钢套筒作连接体,套于钢筋端部,使用挤压设备沿套筒径向挤压,进而使钢套筒产生塑性变形,依靠变形的钢套与钢筋紧密结合为一个整体,如图 1.5-3 所示。镦粗直螺纹接头是将钢筋的连接端先行镦粗,再加工出圆柱螺纹,并用连接套筒连接的钢筋接头,如图 1.5-4 所示。

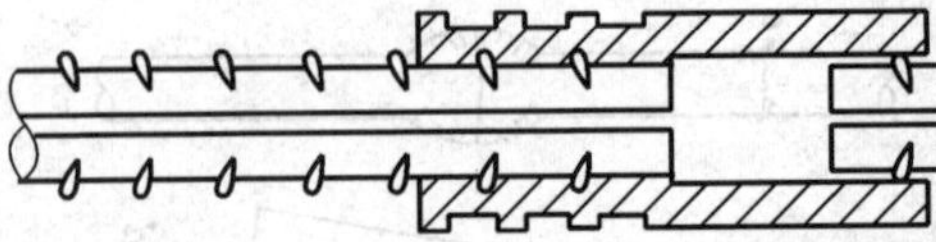

图 1.5-3 套筒挤压接头

图 1.5-4 镦粗直螺纹接头

钢筋机械连接件的最小混凝土保护层厚度,宜符合受力主筋保护层厚度的规定(见附表 7),但不得小于 20 mm。

连接件之间或连接件与钢筋之间的横向净距不应小于 25 mm;同时,非接头部分钢筋净距仍应满足梁或柱中钢筋净距的要求。

3. 绑扎接头

绑扎接头是在钢筋搭接处用钢丝绑扎而成。为保证接头处传递内力的可靠性,连接钢筋必须具有足够的搭接长度 l_s。《公路桥规》规定,受拉钢筋绑扎接头的搭接长度应满足表 1.5-3 的要求。受压钢筋绑扎接头的搭接长度,应取受拉时的 0.7 倍。

表 1.5-3 受拉钢筋绑扎接头搭接长度 l_s

钢筋种类	HPB300		HRB400,HRBF400,RRB400	HRB500
混凝土强度等级	C25	≥C30	≥C30	≥C30
搭接长度(mm)	$40d$	$35d$	$45d$	$50d$

注:(1)当带肋钢筋直径 $d>25$ mm 时,其受拉钢筋的搭接长度应按表值增加 $5d$ 采用;当带肋钢筋直径 $d<25$ mm时,搭接长度应按表值减少 $5d$ 采用。

(2)当混凝土在凝固过程中受力钢筋易受扰动时,其搭接长度应增加 $5d$;

(3)在任何情况下,受拉钢筋的搭接长度不应小于 300 mm;受压钢筋的搭接长度不应小于 200 mm;

(4)环氧树脂涂层钢筋的绑扎接头搭接长度,受拉钢筋按表值的 1.5 倍采用;

(5)受拉区段内,HPB300 钢筋绑扎接头的末端应做成弯钩,HRB400、HRB500、HRBF400 和 RRB400 钢筋的末端可不做成弯钩。

在任一绑扎接头中心至搭接长度的 1. 3 倍长度区段内,同一根钢筋不得有两个接头;在该区段内有绑扎接头的受力钢筋截面面积占受力钢筋总截面面积的百分数,受拉区不应超过 25%,受压区不应超过 50%。当绑扎接头的受力钢筋截面面积占受力钢筋总截面面积超过上述规定时,表 1. 5-3 给出的受拉钢筋绑扎接头搭接长度值,应乘以下列系数:当受拉钢筋绑扎接头截面面积大于 25%,但不大于 50% 时,乘以 1. 4;当大于 50% 时,乘以 1. 6;当受压钢筋绑扎接头截面面积大于 50% 时,乘以 1. 4(受压钢筋绑扎接头长度仍为表中受拉绑扎接头长度的 0. 7 倍)。

图 1. 5-5 中,从任一钢筋接头中心向外 $1.3l_s$ 范围只有 2 个接头,若各钢筋直径均相同,则接头截面面积百分率为 50%。

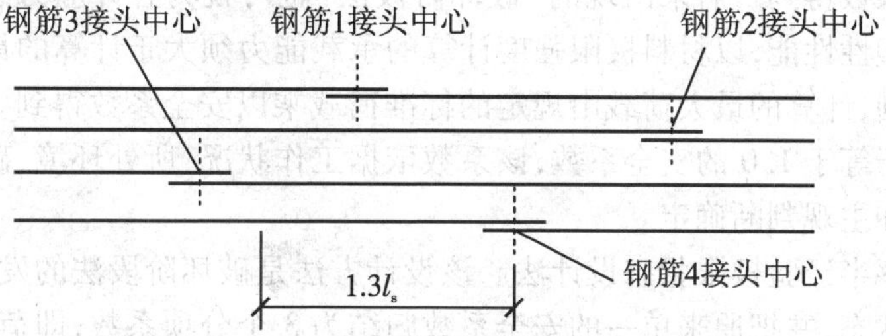

图 1. 5-5　受力钢筋绑扎接头

绑扎接头部分钢筋的横向净距不应小于钢筋直径且不应小于 25 mm,同时,非接头部分钢筋净距仍应满足梁或柱中钢筋净距的要求。

束筋的搭接接头应先由单根钢筋错开搭接,接头中距为 $1.3l_s$;再用一根长度为 $1.3(n+1)l_s$ 的通长钢筋进行搭接绑扎,其中 n 为组成束筋的单根钢筋根数,l_s 为单根钢筋搭接长度,如图 1. 5-6 所示(图中 3 根钢筋组成束筋)。

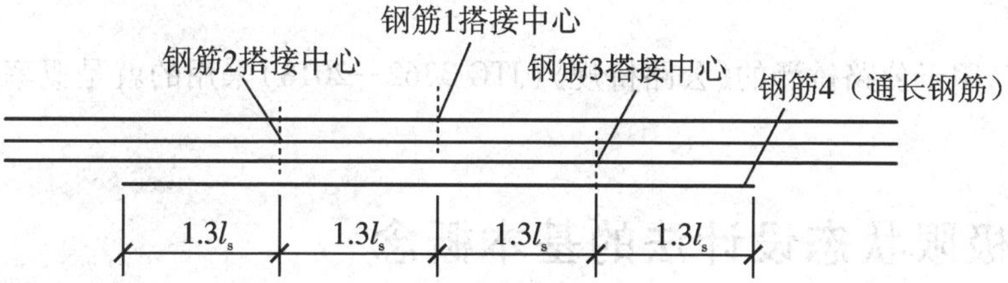

图 1. 5-6　束筋的搭接

第2章 极限状态设计法

结构设计应在一定的设计理论指导下进行。从历史上看,设计理论大体经过了以下3个阶段。

①容许应力设计法。这种方法要求结构构件在规定的标准荷载作用下,按照弹性理论计算得到的截面任意点的应力不超过规定的容许应力。容许应力由材料的强度除以安全系数得到。后来出现的“破坏阶段法”也可视为容许应力法。该方法考虑混凝土的塑性性能,以材料极限强度计算的承载能力须大于计算的最大荷载产生的内力为原则,计算的最大荷载由规定的标准荷载乘以安全系数得到。容许应力设计法采用大于等于1.0的安全系数,该系数依据工作状况、所处环境、破坏严重性等由工程经验和主观判断确定。

②半概率半经验极限状态设计法。该设计方法是破坏阶段法的发展,它规定了结构的极限状态,并把原来单一的安全系数归结为3个分项系数,即荷载系数、材料系数和工作条件系数,故也称“三系数极限状态设计法”。由于把不同的外荷载、不同的材料以及不同的构件受力性质分别考虑用不同的安全系数,故不同的构件具有比较一致的安全度。这种设计方法只是对某些设计参数进行了概率分析,而对另一些参数仍采用了经验值,并且对构件抗力和作用效应也未进行综合概率分析。

③概率极限状态设计法。这种方法引入了结构可靠性理论,把影响结构可靠性的各种因素均视为随机变量,根据统计分析,利用结构的失效概率来度量可靠性。它以概率论、数理统计为基础的定量分析代替了过去的经验判断,使结构设计更符合客观实际。

目前,用于公路桥涵的《公路桥规》(JTG 3362—2018)采用的就是概率极限状态设计法。

2.1 极限状态设计法的基本概念

2.1.1 结构的可靠性概念

1. 作用效应与结构抗力

建筑结构在发挥其使用价值的过程中会承受各种作用。作用包括直接作用和间接作用。直接作用,也称为荷载,是指施加在结构上的集中力或分布力;间接作用是指引起结构外加变形或约束变形的原因,如地震。

作用按照其持续的时间分类,有永久作用、可变作用、偶然作用和地震作用共4

类。《公路桥涵设计通用规范》(JTG D60—2015)(本书以下简称《公路通用规范》)对公路桥涵设计中需要考虑的作用作出了规定,如表 2.1-1 所示。

表 2.1-1　公路桥涵的作用分类

序号	分类	名称
1	永久作用	结构重力(包括结构附加重力)
2		预加力
3		土的重力
4		土侧压力
5		混凝土收缩、徐变作用
6		水浮力
7		基础变位作用
8	可变作用	汽车荷载
9		汽车冲击力
10		汽车离心力
11		汽车引起的土侧压力
12		汽车制动力
13		人群荷载
14		疲劳荷载
15		风荷载
16		流水压力
17		冰压力
18		波浪力
19		温度(均匀温度和梯度温度)作用
20		支座摩阻力
21	偶然作用	船舶的撞击作用
22		漂流物的撞击作用
23		汽车的撞击作用
24	地震作用	地震作用

作用效应是指由作用引起的结构或结构构件的反应,如内力(具体可表现为轴力、弯矩、剪力等)、变形和裂缝等。

抗力是指结构或结构构件承受作用效应的能力,如梁截面的抗弯承载力。

从概率的角度看,作用效应与结构抗力均为随机变量。

2. 结构功能要求

对建筑结构的功能要求可概括为以下三个方面。

(1)安全性

结构的安全性是指结构在规定的使用期限内,能承受在正常施工和正常使用过程中可能出现的各种作用。其中包括荷载的作用、变形的作用、温度的作用等;在偶然事件(如地震、爆炸等)发生及发生后,允许有局部严重破坏,但不引起倒塌。

(2)适用性

结构的适用性是指结构在正常使用时,能满足预定的使用要求,如构件的变形不能太大,裂缝宽度不能太大等。

(3)耐久性

结构的耐久性是指结构在正常维护下,材料性能虽然随时间变化,但结构仍能满足设计的预定的功能要求。例如,在使用期限内结构材料的腐蚀必须在一定的限度内。

3. 结构的可靠性与可靠度

安全性、适用性和耐久性统称为可靠性。可靠性是结构在规定的时间内、规定的条件下,完成预定功能的能力。

对结构可靠性进行度量的指标是可靠度。可靠度是结构在规定的时间内、规定的条件下,完成预定功能的概率。

若令 R 表示结构抗力,S 表示荷载效应,$Z=R-S$ 表示功能函数,则可靠度的数学描述就是 $P(Z=R-S\geqslant 0)$。

4. 结构设计基准期与设计使用年限

依据《工程结构可靠性设计统一标准》(GB 50153—2008),所谓设计基准期,就是为确定可变作用及与时间有关的材料性能等取值而选用的时间参数。而设计使用年限,则是指结构不需进行大修即可按其预定目的使用的时期。

《公路通用规范》规定公路桥涵的设计基准期为100年,公路桥涵主体结构和可更换部件的设计使用年限如表2.1-2所示。

表2.1-2　桥涵设计使用年限

<table>
<tr><th rowspan="2">公路等级</th><th colspan="3">主桥结构</th><th colspan="2">可更换部件</th></tr>
<tr><th>特大桥
大桥</th><th>中桥</th><th>小桥
涵洞</th><th>斜拉索
吊索
系杆等</th><th>栏杆
伸缩装置
支座等</th></tr>
<tr><td>高速公路
一级公路</td><td>100</td><td>100</td><td>50</td><td rowspan="3">20</td><td rowspan="3">15</td></tr>
<tr><td>二级公路
三级公路</td><td>100</td><td>50</td><td>30</td></tr>
<tr><td>四级公路</td><td>100</td><td>50</td><td>30</td></tr>
</table>

5. 可靠指标与目标可靠指标

为了简化,仅采用 R 和 S 的平均值和标准差的函数来代替可靠度的计算,这就是可靠指标。当结构具有的可靠指标大于等于某一个值(该值称作目标可靠指标)

时,可以认为结构是足够安全的。《公路工程结构可靠度设计统一标准》(GB/T 50283—1999)规定的目标可靠指标见表 2.1-3。

表 2.1-3　公路桥涵结构的目标可靠指标

安全等级 / 破坏类型	一级	二级	三级
延性破坏	4.7	4.2	3.7
脆性破坏	5.2	4.7	4.2

注:(1)表中延性破坏系指结构构件有明显变形或其他预兆的破坏;脆性破坏系指结构构件无明显变形或其他预兆的破坏。

(2)当有充分依据时,各种材料桥梁结构设计规范采用的目标可靠指标值,可对本表的规定值作幅度不超过 ±0.25 的调整。

6. 结构安全等级

结构设计时,应根据结构破坏时对人的危害、造成的经济损失和对社会影响的严重程度,考虑不同的可靠度,这反映在安全等级上。《公路通用规范》对桥涵安全等级的划分,如表 2.1-4 所示。

公路桥涵结构构件的安全等级宜与整体结构相同;必要时也可以作部分调整,但调整后的级差一般不得超过一级。

表 2.1-4　公路桥涵结构的设计安全等级

设计安全等级	破坏后果	适用对象
一级	很严重	(1)各等级公路上的特大桥、大桥、中桥; (2)高速公路、一级公路、二级公路、国防公路及城市附近交通繁忙公路上的小桥
二级	严重	(1)三、四级公路上的小桥 (2)高速公路、一级公路、二级公路、国防公路及城市附近交通繁忙公路上的涵洞
三级	不严重	三、四级公路上的涵洞

注:表中所列特大、大、中桥等系按单孔跨径确定,对多跨不等跨桥梁,以其中最大跨径为准。

表 2.1-4 中用到的桥涵分类,见表 2.1-5。

表 2.1-5　桥梁涵洞分类表

桥涵分类	多孔跨径总长 L(m)	单孔跨径 L_k(m)
特大桥	$L>1\,000$	$L_k>150$
大桥	$100\leqslant L\leqslant 1\,000$	$40\leqslant L_k\leqslant 150$
中桥	$30<L<100$	$20\leqslant L_k<40$
小桥	$8\leqslant L\leqslant 30$	$5\leqslant L_k<20$
涵洞	—	$L_k<5$

注:(1)单孔跨径系指标准跨径。

(2)梁式桥、板式桥的多孔跨径总长为多孔标准跨径的总长;拱式桥为两岸桥台内起拱线间的距离;其他形式桥梁为桥面系行车道长度。

(3)管涵及箱涵不论管径或跨径大小、孔数多少,均称为涵洞。

(4)标准跨径:梁式桥、板式桥以两桥墩中线之间桥中心线长度或桥墩中线与桥台台背前缘线之间桥中心线长度为准;拱式桥和涵洞以净跨径为准。

2.1.2 极限状态的基本概念

结构的工作状态是处于“可靠”还是“失效”,是由“极限状态”区分的。当整个结构构件的一部分或全部超过某一特定状态,就不能满足设计规定的某一功能要求时,此特定状态就称为该功能的极限状态。

结构的极限状态可分为承载能力极限状态和正常使用极限状态两类。

1. 承载能力极限状态

所谓承载能力极限状态,是指结构或构件达到最大承载力或出现不适于继续承载的变形或变位的状态。它是结构安全性功能极限状态。当结构或构件出现下列状态之一时,应认为超过了承载能力极限状态:

①结构构件或连接因超过材料强度而破坏,或因过度变形而不适于继续承载;

②整个结构或其一部分作为刚体失去平衡;

③结构转变为机动体系;

④结构或结构构件丧失稳定;

⑤结构因局部破坏而发生连续倒塌;

⑥地基丧失承载力而破坏;

⑦结构或结构构件的疲劳破坏。

超过结构承载能力极限状态将导致人身伤亡和经济损失,因此任何结构和结构构件均需避免出现这种状态。为此,在设计时应控制出现承载能力极限状态的概率,使其处于很低的水平。

2. 正常使用极限状态

所谓正常使用极限状态,是指对应于结构或构件达到正常使用或耐久性的某项限值的状态,它是结构的适用性和耐久性功能极限状态。当结构或结构构件出现下列状态之一时,应认为超过了正常使用极限状态:

①影响正常使用或外观的变形;

②影响正常使用或耐久性的局部损坏(例如,钢筋混凝土构件的裂缝宽度超过某个限值);

③影响正常使用的振动;

④影响正常使用的其他特定状态。

各种结构或构件都有不同程度的结构正常使用极限状态要求。当结构超过正常使用极限状态时,虽然它已不能满足适用性和耐久性功能要求,但结构并没有破坏,不会导致人身伤亡。因此,出现正常使用极限状态的概率允许大于承载能力极限状态出现的概率。

3. 设计状况

设计状况代表一定时段内实际情况的一组设计条件,设计时应做到在该组条件下结构不超越有关的极限状态。设计状况分为4种，如下：

①持久设计状况：在结构使用过程中一定出现，且持续很长时间的设计状况，其持续期一般与设计使用年限为同一数量级。该状况应进行承载能力极限状态和正常使用极限状态的设计。

②短暂设计状况：在结构施工和使用过程中出现概率较大，而与设计使用年限相比，其持续时间很短的设计状况。该状况应进行承载能力极限状态设计，可根据需要确定进行正常使用极限状态设计。

③偶然设计状况：在使用过程中出现概率很小，且持续时间很短的设计状况。该状况应进行承载能力极限状态设计。

④地震设计状况：结构遭受地震时的设计状况。该状况应进行承载能力极限状态设计。

2.2 公路桥涵设计计算原则

《公路通用规范》规定，公路桥涵混凝土构件应进行承载能力极限状态、正常使用极限状态的计算，此外，还应进行应力验算。

2.2.1 承载能力极限状态计算原则

依据《工程结构可靠性设计统一标准》，结构构件的破坏或过度变形的承载能力极限状态设计，应符合下式要求：

$$\gamma_0 S_d \leqslant R_d \tag{2.2-1}$$

$$R_d = R(f_d, a_d) \tag{2.2-2}$$

式中 γ_0——结构的重要性系数；

S_d——作用效应组合的设计值；

R_d——构件承载力设计值。

《公路通用规范》规定，公路桥涵结构按承载能力极限状态设计时，对持久设计状况和短暂设计状况应采用作用的基本组合，对偶然设计状况应采用作用的偶然组合。对地震设计状况应采用作用的地震组合。基本组合的表达式如下：

$$\gamma_0 S_d = \gamma_0 \left(\sum_{i=1}^{m} \gamma_{Gi} S_{Gik} + \gamma_{Q1} S_{Q1k} + \psi_c \sum_{j=2}^{n} \gamma_{Qj} S_{Qjk} \right) \tag{2.2-3}$$

式中 γ_0——桥梁结构的重要性系数，安全等级为一级、二级、三级时分别取1.1、1.0、0.9；

γ_{Gi}——第 i 个永久作用效应的分项系数。当永久作用效应对结构承载力不利时，通常取1.2；对结构承载力有利时，通常取为1.0，更详细情况，可参阅规范。

S_{Gik}——第 i 个永久作用效应的标准值。

γ_{Q1}——汽车荷载效应(含汽车冲击力、离心力)的分项系数。采用车道荷载计算时,取 $\gamma_{Q1}=1.4$;采用车辆荷载计算时,其分项系数取 $\gamma_{Q1}=1.8$。当某个可变作用在效应组合中超过汽车荷载效应时,则该作用取代汽车荷载,其分项系数取职为1.4;对专为承受某作用而设置的结构或装置,设计时该作用的分项系数取为1.4;计算人行道板和人行道栏杆的局部荷载,其分项系数取为1.4;

S_{Q1k}——汽车荷载效应(含汽车冲击力、离心力)的标准值;

γ_{Qj}——在荷载效应组合中除汽车荷载效应(含汽车冲击力、离心力)、风荷载外的其他第 j 个可变作用效应的分项系数,取 $\gamma_{Qj}=1.4$ 风荷载的分项系数取 $\gamma_{Qj}=1.1$;

S_{Qjk}——在荷载效应组合中除汽车荷载效应(含汽车冲击力、离心力)外的其他第 j 个可变作用效应的标准值;

ψ_c——在荷载效应组合中除汽车荷载效应(含汽车冲击力、离心力)外的其他可变作用效应的组合系数,取 $\psi_c=0.75$。

$\gamma_{L,j}$——第 j 个可变作用的结构设计年限荷载调整系数。当设计使用年限按照前述的表2.1-2取时,取 $\gamma_{L,j}=1.0$。

对于公路桥梁结构,最基本作用(或荷载)效应组合是"永久作用效应+汽车荷载效应+人群荷载效应",此时,上式可以写成如下形式:

当永久作用效应与可变作用效应同号时

$$S_d=1.2S_{Gk}+1.4S_{Q1k}+0.75\times1.4S_{Q2k} \tag{2.2-4}$$

当永久作用效应与可变作用效应异号时

$$S_d=1.0S_{Gk}+1.4S_{Q1k}+0.75\times1.4S_{Q2k} \tag{2.2-5}$$

偶然组合应按照《公路通用规范》采用,地震组合应按照《公路工程抗震规范》(JTG B02—2013)采用,这里不再详述。

2.2.2 正常使用极限状态计算原则

公路桥涵结构按正常使用极限状态设计时,应按照《公路通用规范》的规定,根据不同结构不同的设计要求,选用以下一种或两种作用效应组合。

①频遇组合,是永久作用标准值效应与可变作用频遇值效应的组合,其表达式为:

$$S_{sd}=\sum_{i=1}^{m}S_{Gik}+\psi_{f1}S_{Q1k}+\sum_{j=2}^{n}\psi_{qj}S_{Qjk} \tag{2.2-6}$$

式中 ψ_{f1}——汽车荷载(不计冲击力)的频遇值系数,取 $\psi_{f1}=0.7$;

ψ_{qj}——第 j 个可变荷载的准永久系数。

频遇值系数与准永久系数的取值见表2.2-1。

表 2.2-1　频遇值系数与准永久值系数

项目	汽车荷载	人群荷载	风荷载	温度作用	其他作用
频遇值系数 ψ_f	0.7	1.0	0.75	0.8	1.0
准永久值系数 ψ_q	0.4	0.4	0.75	0.8	1.0

②准永久组合，是永久作用标准值效应与可变作用准永久值效应的组合，其表达式为：

$$S_{qd} = \sum_{i=1}^{m} S_{Gik} + \sum_{j=1}^{n} \psi_{qj} S_{Qjk} \tag{2.2-7}$$

对正常使用极限状态而言，结构抗力表现为裂缝宽度限值、挠度限值等，也就是说，以上公式计算所得的作用效应的表现形式相应的是裂缝宽度、挠度，这是与承载能力极限状态计算时作用效应表现为弯矩、剪力、压力等所不同的。

2.2.3　构件的应力验算

构件的应力验算是承载能力极限状态计算和正常使用极限状态计算的补充。构件应力验算的实质，是将钢筋"换算"成混凝土之后得到单一材料的截面，然后按照材料力学的方法计算得到应力，该应力应小于等于限值。

【例 2.2-1】某钢筋混凝土简支梁桥，安全等级为一级，已经求得某片主梁在跨中截面的弯矩标准值如下：

全部结构自重引起的弯矩　$M_{Gk} = 43\,000\ \text{kN} \cdot \text{m}$，

汽车车道荷载（已计入冲击系数 $\mu = 0.2$）　$M_{Q1k} = 14\,700\ \text{kN} \cdot \text{m}$

人群荷载引起的弯矩　$M_{Q2k} = 1\,300\ \text{kN} \cdot \text{m}$。

要求计算：(1)对该梁进行配筋设计时所采用的弯矩设计值 $\gamma_0 S_d$；

(2)频遇组合、准永久组合时跨中截面的弯矩设计值。

解：(1)基本组合时，跨中截面的弯矩设计值为

$$\gamma_0 S_d = \gamma_0 \left(\sum_{i=1}^{m} \gamma_{Gi} S_{Gik} + \gamma_{Q1} \gamma_L S_{Q1k} + \psi_c \sum_{j=2}^{n} \gamma_{L,j} \gamma_{Qj} S_{Qjk} \right)$$
$$= 1.1 * (1.2 \times 43\,000 + 1.4 \times 14\,700 + 0.75 \times 1.4 \times 1\,300)$$
$$= 80\,900\ \text{kN} \cdot \text{m}$$

(2)频遇组合时，跨中截面的弯矩设计值为

$$S_{sd} = \sum_{i=1}^{m} S_{Gik} + \psi_{f1} S_{Qjk} + \sum_{j=2}^{n} \psi_{qj} S_{Qjk}$$
$$= 43\,000 + 0.7 \times (14\,700/1.2) + 0.4 \times 1\,300$$
$$= 52\,095\ \text{kN} \cdot \text{m}$$

(3)准永久组合时，跨中截面的弯矩设计值为

$$S_{ld} = \sum_{i=1}^{m} S_{Gik} + \sum_{j=1}^{n} \psi_{qj} S_{Qjk}$$

$=43\ 000+0.4\times(14\ 700/1.2)+0.4\times1\ 300$

$=48\ 420\ \text{kN}\cdot\text{m}$

2.2.4 荷载与材料强度取值

1. 公路桥涵荷载的取值

各种作用,应对其所取量值作出规定。作用代表值是指针对不同设计目的所采用的各种作用规定值,包括标准值、组合值、频遇值和准永久值。这其中,作用标准值是作用的基本代表值,其他值可由此得到。

对于不同的作用应采用不同的代表值。《公路通用规范》规定,永久作用以标准值作为代表值;可变作用根据不同的极限状态,采用标准值、频遇值或准永久值作为代表值;偶然作用取其标准值作为代表值。

永久作用主要是结构的自重,其标准值可根据结构构件的设计尺寸与材料的重力密度确定;可变作用频遇值为可变作用标准值乘以频遇值系数 ψ_1,可变作用准永久值为可变作用标准值乘以准永久值系数 ψ_2。可变作用标准值以及 ψ_1、ψ_2 均应依据《公路通用规范》的规定采用。

公路桥梁结构中最常用的可变荷载有汽车荷载和人群荷载。汽车荷载原来曾用一列车队的轮压表示,例如汽车-20 级,汽车-超 20 级等。现行《公路通用规范》中规定用虚拟的“车道荷载”来表示,称公路-I 级、公路-Ⅱ级,包括一个均布荷载和一个集中荷载,详见 2.3 节。

人群荷载为均布面荷载,应根据计算跨径按表 2.2-2 取值,对于跨径不等的连续结构,以最大跨径为准。

表 2.2-2 人群荷载标准值

计算跨径 l_0(m)	$l_0\leqslant50$	$50<l_0<150$	$l_0\geqslant150$
人群荷载(kN/m^2)	3.0	$3.25-0.005l_0$	2.5

对于非机动车、行人密集的公路桥梁,人群荷载标准值取表中数值的 1.15 倍。

专用人行桥梁,人群荷载标准值取 3.5 kN/m^2。

如何根据规范规定的各种作用(例如自重、汽车荷载、人群荷载、温度作用等)分析计算得到一个构件(如梁、柱)的内力(如弯矩、剪力等),不属于本书的范畴,这部分内容在《桥梁工程》中阐述。

2. 材料强度的取值

材料强度的标准值依据概率分布的某一分位值确定。例如,混凝土的立方体抗压强度标准值取 95% 的保证率,这相当于平均值减去 1.645 倍的标准差;钢筋强度标准值则取平均值减去 2 倍的标准差,其保证率为 97.73%。

对于承载能力极限状态,其公式中的材料强度均为设计值,强度设计值 = 强度标准值/分项系数。依据《公路桥规》,混凝土材料取分项系数为 1.45,各类热轧钢筋与预应力螺纹钢筋取分项系数为 1.2,钢绞线、钢丝则取分项系数为 1.47。

《公路桥规》规定的混凝土强度设计值见附表 1,普通钢筋强度设计值见附表 3。

2.3　汽车荷载

汽车荷载是公路桥涵设计中最主要的可变荷载,其取值在《公路通规》中做出了规定。

按取值大小划分,汽车荷载分为公路-Ⅰ级和公路-Ⅱ级,根据公路的等级选用,见表 2.3-1。

表 2.3-1　各级公路桥涵的汽车荷载等级

公路等级	高速公路	一级公路	二级公路	三级公路	四级公路
汽车荷载等级	公路-Ⅰ级	公路-Ⅰ级	公路-Ⅱ级	公路-Ⅱ级	公路-Ⅱ级

从计算模型划分,汽车荷载分为车道荷载和车辆荷载。桥梁结构的整体计算采用车道荷载;桥梁结构的局部加载、涵洞、桥台和挡土墙土压力等的计算采用车辆荷载。

1. 车道荷载

车道荷载由一个集中荷载和均布荷载组成,如图 2.3-1 所示。公路-Ⅰ级时,车道荷载的均布荷载标准值为 $q_k = 10.5$ kN/m;集中荷载标准值按以下规定选取:桥梁计算跨径≤5 m 时,$P_k = 270$ kN;桥梁计算跨径≥50 m 时,$P_k = 360$ kN;桥梁计算跨径在 5～50 m 之间时,P_k 值采用直线内插求得,公式为 $2(l_0 + 130)$。计算剪力效应时,上述集中荷载标准值 P_k 应乘以 1.2 的系数。

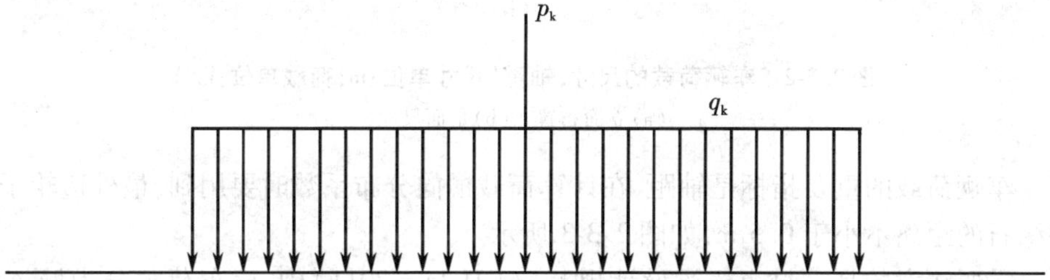

图 2.3-1　车道荷载

公路-Ⅱ级时,车道荷载的均布荷载标准值 q_k 和集中荷载标准值 P_k 按公路-Ⅰ级车道荷载的 0.75 倍采用。

车道荷载的均布荷载标准值应满布于使结构产生最不利效应的同号影响线上;集中荷载标准值只作用于相应影响线中一个最大影响线峰值处。

2. 车辆荷载

公路-Ⅰ级和公路-Ⅱ级汽车荷载采用相同的车辆荷载标准值。车辆荷载的主要技术指标见表 2.3-2。

表 2.3-2　车辆荷载的主要技术指标

项目	单位	技术指标	项目	单位	技术指标
车辆重力标准值	kN	550	轮距	m	1.8
前轴重力标准值	kN	30	前轮着地宽度及长度	m	0.3 ×0.2
中轴重力标准值	kN	2 ×120	中、后轮着地宽度及长度	m	0.6 ×0.2
后轴重力标准值	kN	2 ×140	车辆外形尺寸(长×宽)	m	15.2.5
轴距	m	3 +1.4 +7 +1.4			

车辆荷载的尺寸、轴重见图 2.3-2。

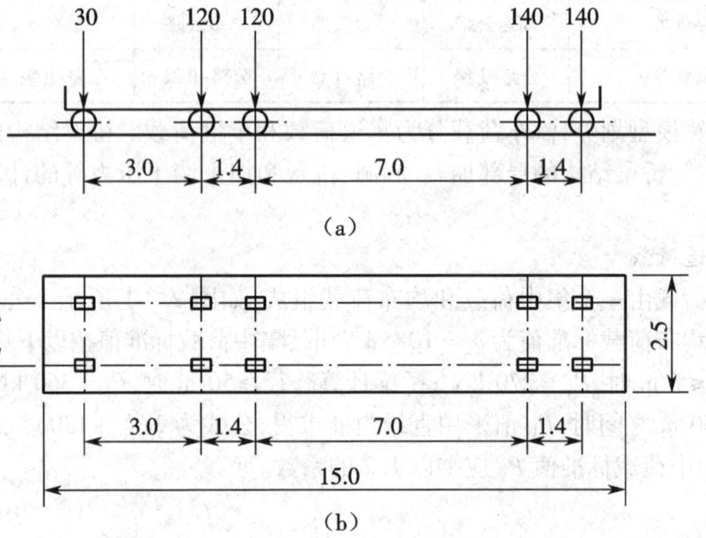

图 2.3-2　车辆荷载的尺寸、轴重(尺寸单位:m;荷载单位:kN)

(a)立面布置　(b)平面尺寸

车辆荷载的重要指标是轴距,在计算荷载横向分布系数时要用到,最外边轮子到路缘石的距离不小于 0.5 m,如图 2.3-3 所示。

需要注意的是,《城市桥梁设计规范》(CJJ 11—2011)中,汽车荷载分为城-A 级和城-B 级。城-A 级时,荷载的均布荷载标准值为 $q_k = 10.5$ kN/m ;集中荷载标准值按以下规定选取:桥梁计算跨径≤5 m 时,$P_k = 180$ kN;桥梁计算跨径≥50 m 时,$P_k = 360$ kN;桥梁计算跨径在 5 m ~ 50 m 之间时,P_k 值采用直线内插求得。计算剪力效应时,上述集中荷载标准值 P_k 应乘以 1.2 的系数。城-B 级时,车道荷载的均布荷载标准值 q_k 和集中荷载标准值 P_k 按城-A 级车道荷载的 75% 采用。

城-A 级车辆荷载的参数如表 2.3-3 所示。

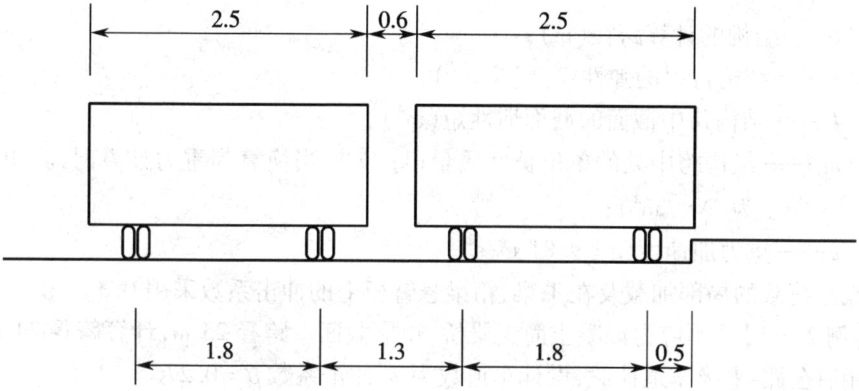

图 2.3-3　车辆横向布置(尺寸单位:m)

表 2.3-3　城-A 级车辆荷载的参数

车轴编号	单位	1	2	3	4	5
轴重	kN	60	140	140	200	160
轮重	kN	30	70	70	100	80
纵向轴距	m		3.6	1.2	6	7.2
每组车轮的横向中距	m	1.8	1.8	1.8	1.8	1.8
车轮着地宽度×长度	m	0.25×0.25	0.6×0.25	0.6×0.25	0.6×0.25	0.6×0.25

3. 汽车荷载冲击力

《公路通规》采用将汽车荷载标准值乘以 $(1+\mu)$ 的方法考虑汽车荷载的动力影响。其中规定,钢桥、钢筋混凝土及预应力混凝土桥、圬工拱桥等上部构造和钢支座、板式橡胶支座、盆式橡胶支座及钢筋混凝土柱式墩台,应计算汽车的冲击作用。

填料厚度(包括路面厚度)等于或大于0.5 m的拱桥、涵洞以及重力式墩台不计冲击力。

支座的冲击力,按相应的桥梁取用。

冲击系数 μ 按下式计算:

当 $f<1.5$ Hz 时　$\mu=0.05$

当 $1.5\ \text{Hz}\leqslant f\leqslant 14$ Hz 时　$\mu=0.1767\ln f-0.0157$

当 $f>14$ Hz 时　$\mu=0.45$

式中　f——结构基频(Hz)。

对于简支梁桥,结构基频 f 可采用下列公式估算:

$$f=\frac{\pi}{2l^2}\sqrt{\frac{EI_c}{m_c}}$$

$m_c = G/g$

式中 l——结构的计算跨径(m);

E——结构材料的弹性模量(N/m^2);

I_c——结构跨中截面的截面惯性矩(m^4);

m_c——结构跨中处的单位长度质量(kg/m),当换算为重力计算时,其单位应为(Ns^2/m^2);

g——重力加速度,$g=9.81\ m/s^2$。

汽车荷载的局部加载及在T梁、箱梁悬臂板上的冲击系数采用0.3。

【例2.3-1】某预应力混凝土简支梁桥,箱形截面。跨径25 m,计算跨径24 m,其上作用有公路-Ⅰ级车道荷载,设计车道数为2,冲击系数$\mu=0.276$。

要求计算:(1)跨中截面由车道荷载引起的弯矩设计值;

(2)支座截面由车道荷载引起的剪力设计值。

解:(1)确定跨中截面由车道荷载引起的弯矩设计值

计算跨径24 m,因此,集中荷载为:

$$P_k = 2(l_0 + 130) = 2\times(24+130) = 308\ kN$$

均布荷载为$q_k=10.5\ kN/m$。

沿计算跨径满布均布荷载且将集中荷载作用于跨中位置,由此得到跨中弯矩标准值为:

$$M_{Q1k} = 308\times\frac{24}{4} + 10.5\times\left(\frac{24}{4}\times\frac{24}{2}\right) = 2\ 604\ kN\cdot m$$

2个设计车道,横向布载系数为1.0(即,不考虑多车道折减)。可变荷载,分项系数为1.4。冲击系数为0.276,于是,可得跨中截面弯矩设计值为:

$$M_{Q1} = 1.4\times2\times1.0\times(1+0.276)\times2\ 604 = 9\ 303.57\ kN\cdot m$$

(2)确定支座截面由车道荷载引起的剪力设计值。

支座截面剪力影响线为三角形,顶点处影响线竖标为1,集中荷载P_k作用于影响线竖标为1处且乘以1.2。均布荷载沿计算跨径满布。

于是,可得支座截面由车道荷载引起的剪力设计值为:

$$V_{Q1} = 1.4\times2\times1.0\times(1+0.276)\times\left(10.5\times\frac{1\times24}{2} + 308\times1.2\times1\right)$$

$$= 1\ 770.68\ kN$$

2.4 混凝土结构的耐久性设计

2.4.1 混凝土结构耐久性概念

前已述及,混凝土结构应满足安全性、适用性和耐久性三方面的要求。依据国家标准《混凝土结构耐久性设计规范》(GB/T 50476—2008),术语"结构耐久性"的定义是:在设计确定的环境作用和维修、使用条件下,结构构件在设计使用年限内保持其适用性和安全性的能力。

在设计混凝土结构时,除了进行承载力计算、变形和裂缝验算外,还必须进行耐久性设计。如果结构因耐久性不足而失效,或为了继续正常使用而进行相当规模的大修,势必要付出高昂的代价。

2.4.2　影响混凝土结构耐久性的因素

影响混凝土结构耐久性的因素主要有内部和外部两个方面。内部因素主要有混凝土的强度、渗透性、保护层厚度、水泥品种和标号及用量,外加剂、集料的活性等;外部因素则主要有环境温度、湿度、CO_2 含量、侵蚀性介质等。耐久性不好往往是内部的不完善性和外部的不利因素综合作用的结果,而结构缺陷往往是设计不妥、施工不良引起的,也有因使用维修不当引起的。现将常见的混凝土结构耐久性问题介绍如下。

1. 混凝土的冻融破坏

混凝土水化结硬后内部有很多毛细孔,超过水泥水化的多余水会以游离水的形式滞留于这些孔隙中。毛细孔中的水遇到低温结冰,体积会膨胀,引起混凝土结构内部损伤。在多次冻融作用下,混凝土结构内部损伤逐渐积累,达到一定程度就会引起宏观的结构破坏。

为防止冻融破坏,可采取的措施有:降低水灰比,减少混凝土中的游离水;浇注混凝土时加入引气剂,使混凝土中形成微细气孔;添加防冻剂。

2. 混凝土的碱—集料反应

混凝土集料中某些活性矿物与混凝土微孔中的碱性溶液产生化学反应称为碱—集料反应。碱—集料反应产生碱—硅酸盐凝胶,并吸水膨胀,从而引起混凝土剥落、开裂,甚至导致破坏。

碱—集料反应一旦发生,很难加以控制,一般不到两年就会使结构出现明显开裂,所以,有混凝土结构的"癌症"之称。

防止碱—集料反应的主要措施有:采用低碱水泥,或者掺用粉煤灰降低混凝土的碱性;对含有活性成分的集料加以控制。

3. 侵蚀性介质的腐蚀

常见的侵蚀性介质腐蚀有以下几种。

(1)硫酸盐侵蚀

对混凝土有侵蚀性的硫酸盐存在于某些地区的土壤、工业排放的固体或液体的废弃物和海水中,当硫酸盐溶液与水泥石中的氢氧化钙及水化铝酸钙发生化学反应时,将生成钙矾石。当有 CO_3^{2-} 存在并处于高湿度的低温下时,还会生成硅灰石膏,产生体积膨胀,从而破坏混凝土。

(2)酸腐蚀

酸不仅仅存在于化工企业,在地下水,特别是沼泽地区或泥炭地区也广泛存在碳酸及溶有 CO_2 的水。混凝土是碱性材料,遇到酸性物质会产生化学反应,使混凝土产生裂缝、脱落并导致破坏。

(3)海水腐蚀

海水中的 Cl^- 和硫酸镁对混凝土有较强的腐蚀作用,并造成钢筋锈蚀。

4. 混凝土的碳化

在硅酸盐水泥混凝土中,初始 pH 值较高,呈碱性,在钢筋表面形成一层致密的氧化膜,能有效保护钢筋不被腐蚀。

碳化是指大气中的 CO_2 不断向混凝土内部扩散,并与其中的碱性水化物(主要是 $Ca(OH)_2$)发生反应,使 pH 值下降。其他物质如二氧化硫(SO_2)、硫化氢(H_2S)也能与混凝土中碱性物质发生类似反应,使 pH 值下降。一般 pH 值大于 11.5 时,氧化膜是稳定的。碳化可使混凝土的 pH 值降至 10 以下。碳化对混凝土本身是无害的,其主要的问题是当碳化至钢筋表面时,将会破坏氧化膜,钢筋有锈蚀的危险,此外会加剧混凝土的收缩,可导致混凝土开裂。

5. 钢筋的锈蚀

钢筋表面的氧化膜被破坏之后,从空气中渗入的 CO_2、O_2 或 SO_2 与水分形成一种电解质的水膜,构成无数微电池,从而导致电化学腐蚀。钢材中的 Fe 生成氧化物,体积膨胀,最终将导致沿钢筋长度出现纵向裂缝,使混凝土保护层剥落,承载力降低,最终失效。

钢筋锈蚀被认为是影响钢筋混凝土结构耐久性的最关键问题。

钢筋锈蚀发生与反应必须有氧和水分的参加,另外,氯离子的存在将导致钢筋表面氧化膜的破坏。因此,防止钢筋锈蚀的主要措施有:对混凝土本身降低水灰比,保证密实度,严格控制含氯量,保证足够的混凝土保护层厚度;采用覆盖层(水泥砂浆或涂料等),防止 CO_2、O_2、Cl^- 的渗入;对钢筋采用防锈措施或采用不锈钢钢筋;对重要工程采用阴极保护法。

2.4.3 耐久性设计原则

混凝土结构的耐久性目前采用“概念设计”的方法。依据国家标准《混凝土结构耐久性设计规范》(该规范适用于常见环境作用下房屋建筑、城市桥梁、隧道等市政基础设施与一般构筑物中普通混凝土结构及其构件的耐久性设计,不适用于轻骨料混凝土及其他特种混凝土结构),混凝土结构的耐久性应根据结构的设计使用年限、结构所处的环境类别及作用等级进行设计。

《公路桥规》规定,公路桥涵应根据所处的环境条件进行耐久性设计,考虑的条件不及《混凝土结构耐久性设计规范》细致。为节省篇幅,以下所介绍的规定,均依据《公路桥规》。有关耐久性设计更详细的规定,可参阅《混凝土结构耐久性设计规范》(GB/T 50476—2008)。

1. 混凝土强度等级的最低要求

《公路桥规》将结构构件表面直接接触的环境分为 7 个类别,如表 2.4-1 所示。

表 2.4-1　环境类别划分

环境类别	条件
Ⅰ类:一般环境	仅受混凝土碳化影响的环境
Ⅱ类:冻融环境	受反复冻融影响的环境
Ⅲ类:近海或海洋氯化物环境	受海洋环境下氯盐影响的环境
Ⅳ类:除冰盐等其他氯化物环境	受除首当其冲盐等氯盐影响的环境
Ⅴ类:盐结晶环境	受混凝土孔隙中硫酸盐结晶膨胀影响的环境
Ⅵ类:化学腐蚀环境	受配碱性较强的化学的质侵蚀的环境
Ⅶ类:磨蚀环境	受风、水流或水中夹杂物的摩擦、切削、冲击等作用的环境

针对这 7 类环境区分构件在桥梁中的不同部位,规定了混凝土强度等级的最低要求,如表 2.4-2 所示。

表 2.4-2　混凝土最低强度等级要求

构件类别	梁、板、塔、拱圈、涵洞上部		墩台身、涵洞下部		承台、基础	
设计使用年限	100 年	50 年、30 年	100 年	50 年、30 年	100 年	50 年、30 年
Ⅰ类:一般环境	C35	C30	C30	C25	C25	C25
Ⅱ类:冻融环境	C40	C35	C35	C30	C30	C25
Ⅲ类:近海或海洋氯化物环境	C40	C35	C35	C30	C30	C25
Ⅳ类:除冰盐等其他氯化物环境	C40	C35	C35	C30	C30	C25
Ⅴ类:盐结晶环境	C40	C35	C35	C30	C30	C25
Ⅵ类:化学腐蚀环境	C40	C35	C35	C30	C30	C25
Ⅶ类:磨蚀环境	C40	C35	C35	C30	C30	C25

2. 混凝土保护层厚度与裂缝控制

混凝土保护层厚度的大小及保护层的密实性对耐久性至关重要,因此,《公路桥规》根据混凝土结构所处的环境条件类别规定了混凝土保护层的最小厚度,见附表 7。值得注意的是,保护层厚度不能一味增大,这是因为,增大厚度一方面不经济,另一方面也会使裂缝宽度增大。

裂缝的出现加快了混凝土的碳化,也是钢筋开始锈蚀的主要条件。因此,《公路桥规》根据钢筋混凝土结构和预应力混凝土结构所处的环境条件类别和构件受力特征,规定了最大裂缝宽度限值,见本书 9.2 节。

3. 其他要求

①位于Ⅲ类或Ⅳ类环境的桥梁,当耐久性确实需要时,其主要受拉钢筋宜采用环氧树脂涂层钢筋;预应力钢筋、锚具及连接器应采用专门防护措施。

②有抗渗要求的混凝土结构,混凝土的抗渗等级符合有关标准的要求。

③严寒和寒冷地区的潮湿环境中,混凝土应满足抗冻要求,混凝土抗冻等级符合有关标准的要求。

④桥涵结构形式、结构构造有利于排水、通风,避免水气凝聚和有害物质积聚。

第 3 章　受弯构件正截面承载力计算

钢筋混凝土受弯构件的基本形式是板和梁,它们是工程结构的基本构件,在桥梁工程中应用很广。例如:人行道板、行车道板、小跨径板梁桥,T 形梁桥的主梁、横隔梁以及墩柱式墩(台)中的盖梁等都属于受弯构件。

板和梁的区别主要在于截面高宽比的不同,二者的受力状态并没有差异,故其计算方法也基本相同。

由材料力学知识可知,在荷载作用下,受弯构件将承受弯矩 M 和剪力 V 的作用。因此,设计受弯构件时,应从以下两方面考虑:

①由于弯矩 M 的作用,构件可能沿某个正截面发生破坏,故需进行正截面承载力计算;

②由于弯矩 M 和剪力 V 的共同作用,构件可能沿某个斜截面发生破坏,故还需进行斜截面承载力计算。

本章主要讨论正截面承载力计算问题,斜截面的承载力计算见第 4 章。

3.1　梁、板的一般构造

3.1.1　钢筋混凝土板的构造

钢筋混凝土板在公路桥涵中应用甚广,例如板桥的承重板、梁桥的行车道板、人行道板等。小跨径钢筋混凝土板,一般为实心矩形截面;跨径较大时,为减轻自重和节省混凝土常做成空心板。截面形式见图 3. 1-1。

1. 板厚

钢筋混凝土板的厚度系根据跨径内最大弯矩和构造要求确定的。为了保证施工质量,《公路桥规》对板的最小厚度进行了规定:行车道板的跨间厚度不应小于 120 mm,悬臂端厚度不应小于 100 mm;人行道板的厚度,就地浇筑的混凝土板不应小于 80 mm,预制的混凝土板不应小于 60 mm;空心板梁的底板和顶板厚度,均不应小于 80 mm。

2. 钢筋

板的钢筋由主钢筋(即受力钢筋)和分布钢筋组成(图 3. 1-2)。主钢筋布置在板的受拉区,行车道板内的主钢筋直径不应小于 10 mm,人行道板内的主钢筋直径不应小于 8 mm,板内主钢筋的间距应不大于 200 mm。分布钢筋的作用是将荷载均匀分布到主钢筋上,同时还能防止因混凝土收缩和温度变化而出现的裂缝。分布钢筋应

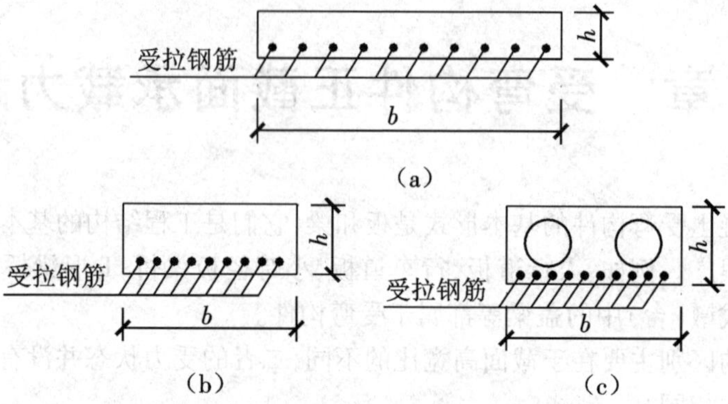

图 3.1-1　钢筋混凝土板梁的截面形式

(a)整体式板;(b)装配式实心板;(c)装配式空心板

设在主钢筋的内侧,垂直于主钢筋方向布置,在交叉处用铁丝绑扎或点焊,以固定相互位置。对于行车道板,分布钢筋直径不应小于 8 mm,间距不应大于 200 mm,其截面面积不宜小于板截面面积的 0.1%。在所有主钢筋弯折处,均应设置分布钢筋。人行道板内分布钢筋直径不应小于 6 mm,间距不应大于 200 mm。

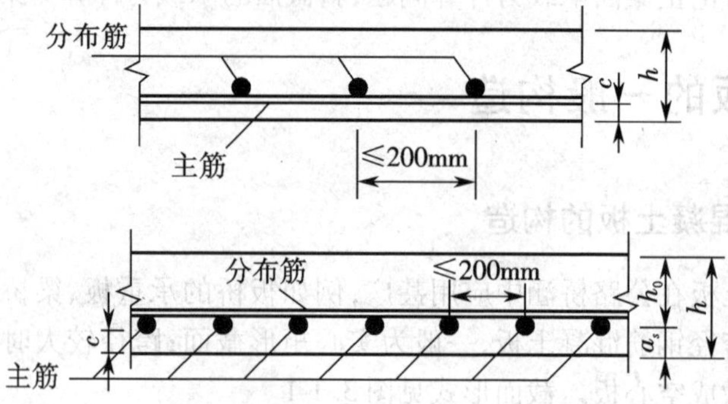

图 3.1-2　板的钢筋

3. 保护层

为了防止钢筋外露锈蚀,钢筋边缘到构件边缘的混凝土保护层厚度,应符合《公路桥规》规定的最小保护层厚度要求,见附表 7。

4. 单向板与双向板

在桥梁结构中,行车道板通常是与支承梁浇筑成一个整体。

单边固接的板称为悬臂板,主钢筋应布置在截面的上部(因为上部受拉)。周边支承的板,视其长、短边的比例,可分为两种情况。

当长边与短边之比大于或等于 2 时,弯矩主要沿短边方向分配,长边方向受力很小,其受力情况与两边支承板基本相同,故称单向板。在单向板中,主钢筋沿短边方向布置,在长边方向只布置分布钢筋。

当长边与短边之比小于 2 时,两个方向同时承受弯矩,故称双向板。在双向板中,两个方向均需设置受力主钢筋。

3.1.2　钢筋混凝土梁的构造

1. 截面形式与尺寸

梁的截面形式如图 3.1-3 所示。小跨径钢筋混凝土梁一般采用矩形截面;当跨径较大时,采用 T 形、工形和箱形截面。考虑到施工的方便,截面尺寸应符合模数要求。矩形梁的截面宽度,一般取 150 mm、180 mm、200 mm、220 mm、250 mm,以后按 50 mm 递增;当梁高超过 800 mm 时,以 100 mm 递增。矩形梁的高宽比一般为 2.5 ~ 3。T 形截面梁的高度与梁的跨度、间距及荷载大小有关。公路桥梁中大量采用的 T 形简支梁桥,其梁高与跨径之比为 1/20 ~ 1/10。T 形梁的上翼缘尺寸,应根据行车道板的受力和构造要求确定。T 形梁的腹板(梁肋)宽度与配筋形式有关:当采用焊接骨架配筋时,腹板宽度不应小于 140 mm,一般取 160 ~ 220 mm;当采用单根钢筋配筋时,腹板宽度较大,具体尺寸应根据布置钢筋的要求确定。

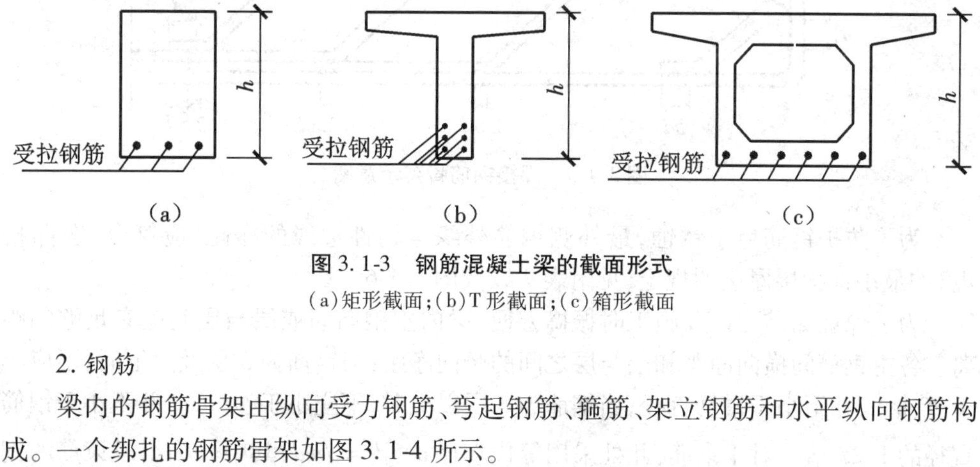

图 3.1-3　钢筋混凝土梁的截面形式

(a)矩形截面;(b)T 形截面;(c)箱形截面

2. 钢筋

梁内的钢筋骨架由纵向受力钢筋、弯起钢筋、箍筋、架立钢筋和水平纵向钢筋构成。一个绑扎的钢筋骨架如图 3.1-4 所示。

(1)纵向受力钢筋

布置在梁受拉区的纵向受拉钢筋,是梁的主要受力钢筋,一般又称为主筋。当梁的高度受限制时,亦可在受压区布置纵向受压钢筋以协助混凝土承受压力。纵向受力钢筋的直径一般为 14 ~ 32 mm,同一梁内宜采用相同直径的钢筋,以简化施工。为了节省钢筋,也可采用两种直径,但直径相差应不小于 2 mm,以便于辨认。

梁内的纵向受力钢筋可以采用单根钢筋,也可采用束筋,还可采用竖向不留空隙的焊接钢筋骨架。采用单根配筋时,钢筋层数不宜多于 3 层,上、下层钢筋的排列应注意对齐,以便于混凝土的浇注;采用焊接钢筋骨架时,焊接骨架的钢筋层数不应多于 6 层,单根钢筋直径不应大于 32 mm。纵向钢筋与弯起钢筋之间的焊缝,宜采用双

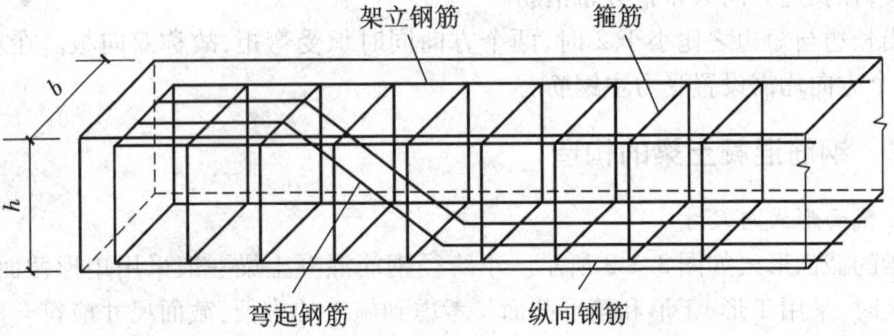

图 3.1-4　钢筋混凝土简支梁的钢筋骨架

面焊缝，其长度为 $5d$，纵向钢筋之间的短焊缝，其长度为 $2.5d$，此处 d 为纵向钢筋的直径(图 3.1-5)。

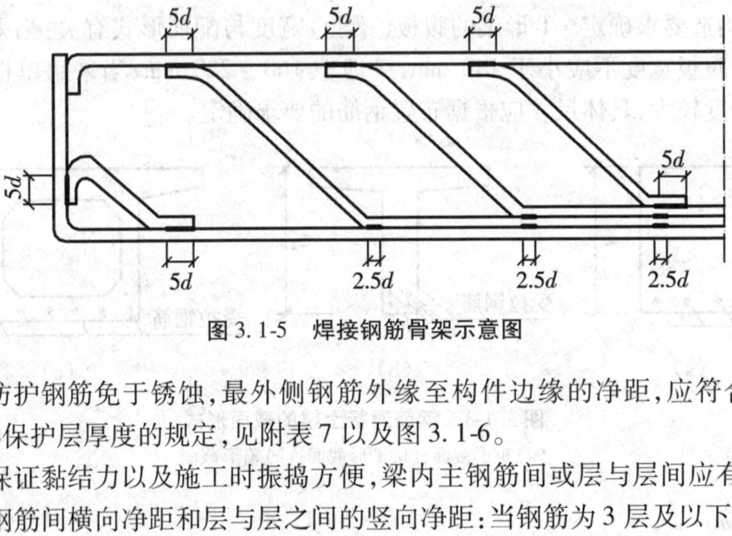

图 3.1-5　焊接钢筋骨架示意图

为了防护钢筋免于锈蚀，最外侧钢筋外缘至构件边缘的净距，应符合《公路桥规》的最小保护层厚度的规定，见附表 7 以及图 3.1-6。

为了保证黏结力以及施工时振捣方便，梁内主钢筋间或层与层间应有足够的距离。各主钢筋间横向净距和层与层之间的竖向净距：当钢筋为 3 层及以下时，不应小于 30 mm，并不小于钢筋直径；当钢筋为 3 层以上时，不应小于 40 mm，并不小于钢筋直径的 1.25 倍。对于束筋，此处采用等代直径 d_e（$d_e=\sqrt{n}d$，其中 n 为组成束筋的钢筋根数，d 为单根钢筋直径）。

(2)弯起钢筋

弯起钢筋大多由纵向受力钢筋弯起而成，主要用以承担主拉应力，并增加钢筋骨架的稳定性。当将多余的纵向钢筋全部弯起仍不能满足受力和构造要求时，可以采用专设的斜短钢筋焊接，但不得采用不与主钢筋焊接的“浮筋”。弯起钢筋与梁的纵轴线宜成 45°角，特殊情况下，可在 30°和 60°之间取值。弯起钢筋以圆弧弯折，圆弧直径不宜小于 20 倍钢筋直径。

(3)箍筋

箍筋除主要用来保证斜截面抗剪的需要外，还起到联系受拉钢筋和受压区混凝

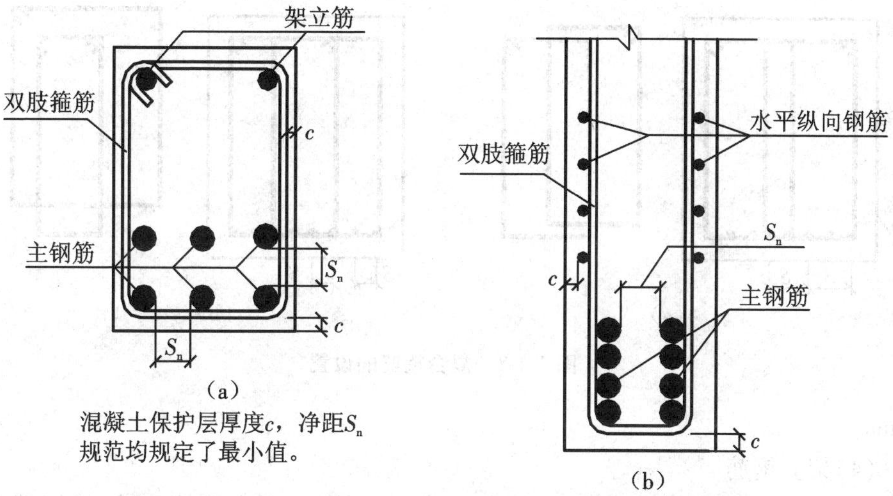

图 3.1-6　梁主钢筋净距和混凝土保护层

(a)绑扎钢筋骨架时;(b)焊接钢筋骨架时

土使其共同工作的作用。此外,还能固定钢筋的位置使各种钢筋形成骨架。无论计算上是否需要,梁内均应设置箍筋。梁内采用的箍筋形式如图 3.1-7 所示。

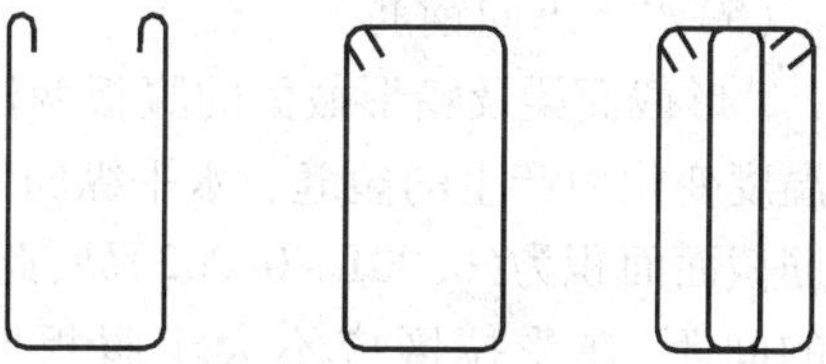

图 3.1-7　箍筋的形式

(a)开口式箍筋;(b)封闭式箍筋(双肢);(c)封闭式箍筋(四肢)

梁内只配置纵向受拉钢筋时,可采用开口箍筋(图 3.1-7a);梁内除纵向受拉钢筋外还配置有纵向受压钢筋的双筋截面,或者同时承受弯矩和扭矩作用的梁,应采用封闭式箍筋。图 3.1-7b 称作双肢箍筋,图 3.1-7c 称作 4 肢箍筋(属于复合箍筋的一种)。同时,同排内任一纵向受压钢筋至箍筋折角处纵筋的间距不应大于 max(150 mm,15d),d 为箍筋直径,否则应设置复合箍筋,如图 3.1-8 所示。相邻箍筋的弯钩接头沿纵向应交替布置。

梁中箍筋直径应不小于 8 mm 且不小于主钢筋直径的 1/4。箍筋间距不应大于梁高的 1/2 且不大于 400 mm。当所箍钢筋为按照受力需要的纵向受压钢筋时,其间距不应大于所箍钢筋直径的 15 倍,且不应大于 400 mm。在钢筋绑扎搭接接头范围内的箍筋间距,当绑扎搭接钢筋受拉时不应大于主钢筋直径的 5 倍,且不大于 100 mm;当搭接钢筋受压时不应大于主钢筋直径的 10 倍,且不大于 200 mm。在支座中心向跨径方向长度相当于不小于一倍梁高范围内,箍筋间距不宜大于 100 mm。

近梁端第一根箍筋应设置在距离端面一个混凝土保护层距离处。梁与梁或梁与柱的交接范围内可不设箍筋;靠近交接面的一根箍筋,其与交接面的距离不宜大于

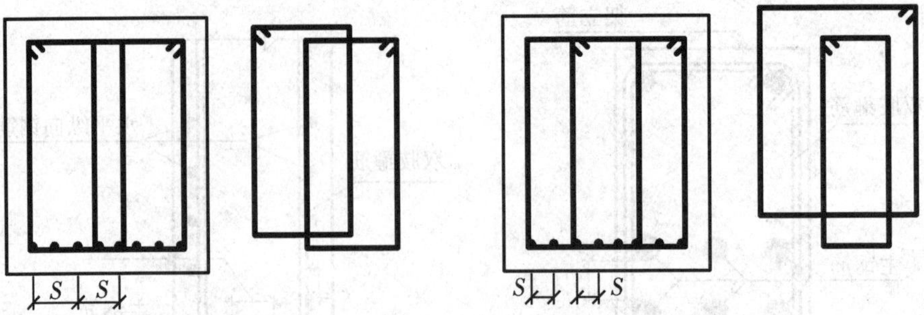

图 3.1-8　复合箍筋的设置

50 mm。

(4)架立钢筋

架立钢筋根据构造要求设置,其作用是架立箍筋、固定箍筋位置,把钢筋绑扎(或焊接)成骨架。架立钢筋的直径一般取 10 ~ 14 mm。采用焊接骨架时,为保证骨架具有一定的刚度,架立钢筋的直径应适当加大。

(5)水平纵向钢筋

T 形截面梁及箱形截面的腹板两侧应设置水平纵向钢筋,以防止因混凝土收缩及温度变化而产生的裂缝。水平纵向钢筋的直径为 6 ~ 8 mm,每个腹板内水平纵向钢筋截面面积为(0.001 ~ 0.002)bh,此处 b 为腹板厚度,h 为梁的高度。水平纵向钢筋的间距,在受拉区应不大于腹板厚度,且不大于 200 mm;在受压区应不大于 300 mm;在支点附近剪力较大区段,水平纵向钢筋截面面积应予增加,其间距宜为 100 ~ 150 mm。

以上五种钢筋通过绑扎或焊接构成梁的钢筋骨架。

3.1.3　受弯构件的配筋率

钢筋混凝土梁(板)承受弯矩作用,纵向受拉钢筋应布置在受拉区。若仅仅在受拉区布置纵向受拉钢筋,则称作单筋受弯构件;如果同时在截面的受压区也配置受力钢筋,则称作双筋受弯构件。

截面上配筋的多少,通常用配筋率 ρ 来衡量。所谓配筋率,是指纵向受拉钢筋的截面面积与正截面有效面积的比值。对于矩形截面和 T 形截面,配筋率 ρ 被定义为:

$$\rho = \frac{A_s}{bh_0} \tag{3.1-1}$$

式中 A_s——截面纵向受拉钢筋的全部截面面积;

b、h——梁截面的宽度、高度;

h_0——梁截面的有效高度,$h_0 = h - a_s$;

a_s——纵向受拉钢筋合力点至截面受拉边缘的距离。

a_s 的计算公式为：

$$a_s = \frac{\sum f_{sdi} A_{si} a_{si}}{\sum f_{sdi} A_{si}}$$

式中　f_{sdi}、A_{si}、a_{si}——编号为 i 的钢筋的抗拉强度设计值、截面面积、重心到截面受拉边缘的距离。

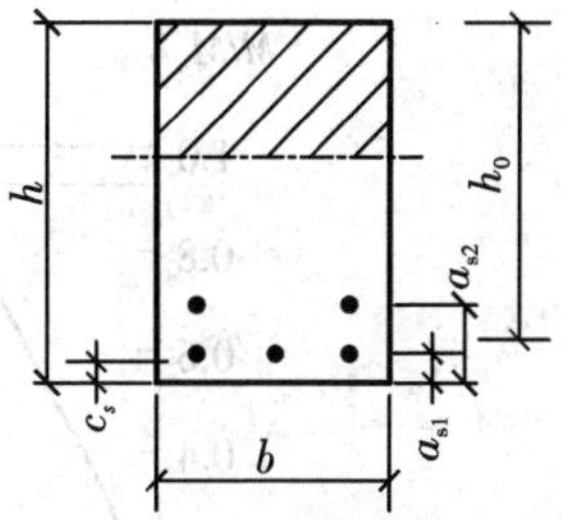

图 3.1-9　配筋率计算图示

矩形截面计算配筋率时用到的参数见图 3.1-9。图中，c_s 为纵向受拉钢筋的保护层厚度，等于最外侧钢筋保护层厚度加上箍筋直径。

3.2　适筋梁正截面破坏状态分析

在截面尺寸、钢筋和混凝土等级相同的情况下，梁的正截面破坏形式主要受配筋率影响。根据配筋率的多少，梁可以被分为少筋梁、适筋梁和超筋梁。下面，以适筋梁为例说明整个的加载破坏过程。

3.2.1　适筋梁的正截面破坏过程

今对一个简支梁承受对称集中荷载的情况进行研究，如图 3.2-1 所示。若忽略梁的自重影响，则跨中区段无剪力存在，只有纯粹的弯矩作用。在该区段布置应变测点，测量各点的应变。在跨中截面布置百分表，量测挠度值。

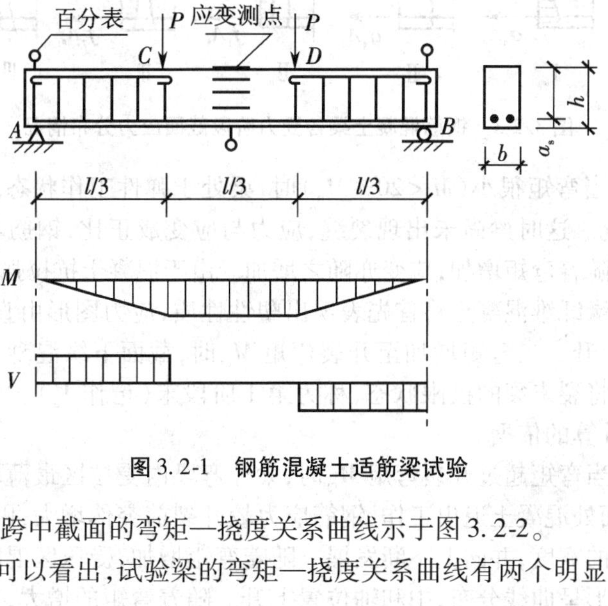

图 3.2-1　钢筋混凝土适筋梁试验

试验测得的跨中截面的弯矩—挠度关系曲线示于图 3.2-2。

从图 3.2-2 可以看出，试验梁的弯矩—挠度关系曲线有两个明显的转折点，把梁

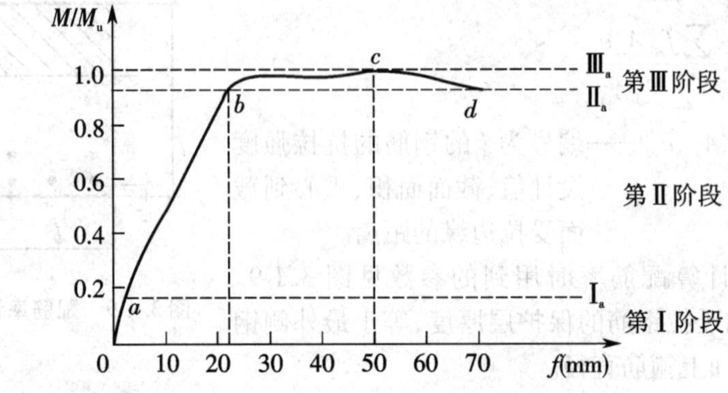

图 3.2-2　试验梁荷载—挠度关系曲线

的受力过程划分为三个阶段,各阶段的截面应力发展情况示于图 3.2-3。

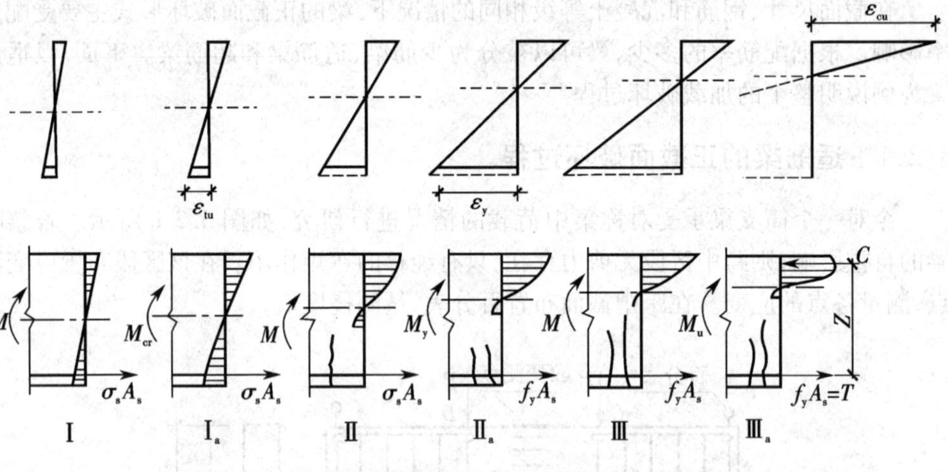

图 3.2-3　钢筋混凝土梁各受力阶段截面应力分布情况

第Ⅰ阶段:当弯矩很小($M < 20\% M_u$)时,梁处于弹性工作状态。挠度和弯矩关系接近线性变化。这时梁尚未出现裂缝,应力与应变成正比,钢筋与混凝土共同变形,共同受力。随着弯矩增加,应变亦随之增加。由于混凝土抗拉强度远低于抗压强度,故受拉区边缘纤维混凝土将首先表现出塑性性质,应力图形由直线逐渐变弯,中和轴位置随之上升。当弯矩增加至开裂弯矩 M_{cr}时,截面下缘混凝土应变达到极限拉应变,梁处于将裂未裂的极限状态,称为第Ⅰ阶段末(记作 $Ⅰ_a$)。$Ⅰ_a$阶段的应力状态可作为抗裂计算的依据。

第Ⅱ阶段:当弯矩超过开裂弯矩 M_{cr}时,梁纯弯段内受拉区最薄弱截面首先出现裂缝。裂缝截面处混凝土退出工作,钢筋应力较开裂前突然增大,因此,裂缝一旦出现,就具有一定的宽度,并向上不断发展。随着弯矩增加,受压区混凝土也表现出塑性性质,应力图形呈曲线分布,中和轴位置上升。随着弯矩的增大,梁端挠度也逐渐增大，裂缝越来越宽。当受拉钢筋的应力达到屈服强度 f_y 时，标志着本阶段的结束。第Ⅱ阶段的应力状态可作为构件在使用阶段裂缝宽度和挠度计算的依据。

第Ⅲ阶段：当受拉钢筋的应力达到屈服强度 f_y 后，应力将保持不变，但应变急剧增大。裂缝进一步扩展，中性轴上升，混凝土受压区面积进一步减少。由于截面受拉区与受压区的合力保持不变，但因为中和轴上移使内力臂加大，故可承受的弯矩会略有提高。当受压区外边缘混凝土应变达到极限压应变（注意，不是应力达到极限压应力）时，称为第Ⅲ阶段末（记作 $Ⅲ_a$），表现为混凝土被压碎，标志着梁的破坏。$Ⅲ_a$ 时的应力状态可作为受弯构件正截面承载力计算的依据。

3.2.2　适筋破坏、超筋破坏和少筋破坏

上述钢筋混凝土梁正截面破坏特征，是适筋梁的情况。对于超筋梁和少筋梁，破坏特征将显著不同。图 3.2-4 较清楚地显示出这种差别。

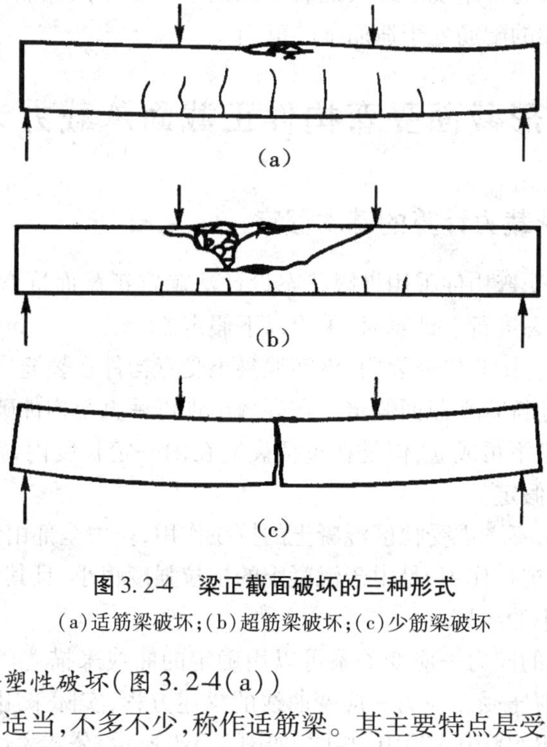

图 3.2-4　梁正截面破坏的三种形式

(a)适筋梁破坏；(b)超筋梁破坏；(c)少筋梁破坏

1. 适筋梁——塑性破坏（图 3.2-4(a)）

如果梁的配筋适当，不多不少，称作适筋梁。其主要特点是受拉钢筋的应力首先达到屈服强度，受压区混凝土应力随之增大而达到抗压强度极限值，梁即告破坏。这种梁在完全破坏之前，钢筋要经历较大的塑性伸长，随之引起裂缝急剧开展和挠度的急剧增加，它将给人以明显的破坏征兆，破坏过程比较缓慢，习惯上称为“塑性破坏”。

2. 超筋梁——脆性破坏(图 3.2-4(b))

如果梁内配筋过多,则为超筋梁。其破坏特点是受拉钢筋应力尚未达到屈服强度之前,受压区混凝土边缘纤维的应力已达到抗压强度极限值(即压应变达到混凝土抗压应变极限值),由于混凝土局部压碎而导致梁的破坏。这种梁破坏前变形(挠度)不大,裂缝开展也不明显,是在没有明显破坏征兆的情况下突然发生的,称作“脆性破坏”。超筋梁既不经济又不安全。

3. 少筋梁——脆性破坏(图 3.2-4(c))

配筋率过少的梁,称作少筋梁。其破坏特点是受拉区混凝土一旦出现裂缝,受拉钢筋的应力立即达到屈服强度,并迅速经历整个流幅,进入强化工作阶段,这时裂缝迅速向上延伸,开裂宽度很大,即使受压区混凝土尚未压碎,由于裂缝宽度过大,也已标志着梁的“破坏”。少筋梁承载能力相对较低,破坏过程发展迅速,即使有破坏征兆也来不及挽救。少筋梁发生的破坏也属于“脆性破坏”。

在设计规范中,通常用规定最大配筋率和最小配筋率的限制来防止梁发生后两种脆性破坏,保证梁的配筋处于适筋梁的范围。

3.3 单筋矩形截面受弯构件正截面承载力计算

3.3.1 正截面承载力计算的基本假定

对钢筋混凝土受弯构件采用极限状态设计法确定正截面抗弯承载力时,依据第Ⅲ阶段末的应力状态进行。计算时,采用以下假定。

①平截面假定。试验研究表明,钢筋混凝土受弯构件在裂缝出现前,截面应变分布接近直线,较好地符合平截面假定。在裂缝出现以后直至构件破坏时,就裂缝截面而言,平截面假设已不再成立,但是在包括裂缝在内一定长度内,截面的平均应变基本上仍符合平截面假定。

②裂缝出现后,不考虑受拉区混凝土的抗拉作用,拉力全部由钢筋承担。忽略中和轴以下混凝土的抗拉作用,是由于混凝土的抗拉强度很小,且其合力作用点离中和轴较近,内力臂很小的缘故。

③混凝土受压的应力—应变关系可以用确定的曲线来描述(图 3.3-1)。《公路桥规》并未规定混凝土受压应力—应变曲线的描述方程,实际采用的曲线与《混凝土结构设计规范》(GB 50010—2010)相同,如图 3.3-1 所示,公式表达为:

当 $\varepsilon_c \leqslant \varepsilon_0$ 时

$$\sigma_c = f_c\left[1-\left(1-\frac{\varepsilon_c}{\varepsilon_0}\right)^n\right] \tag{3.3-1}$$

当 $\varepsilon_0 < \varepsilon_c \leqslant \varepsilon_{cu}$ 时

$$\sigma_c = f_c \tag{3.3-2}$$

$$n = 2 - \frac{1}{60}(f_{cu,k} - 50) \quad (3.3\text{-}3)$$

$$\varepsilon_0 = 0.002 + 0.5(f_{cu,k} - 50) \times 10^{-5} \quad (3.3\text{-}4)$$

$$\varepsilon_{cu} = 0.0033 - (f_{cu,k} - 50) \times 10^{-5} \quad (3.3\text{-}5)$$

式中　σ_c——混凝土压应变为 ε_c 时的压应力；

f_c——混凝土轴心抗压强度设计值，相当于《公路桥规》中的 f_{cd}；

ε_0——混凝土压应力刚达到 f_c 时的混凝土压应变，当计算的 ε_0 小于 0.002 时，取为 0.002；

ε_{cu}——正截面的混凝土极限压应变，当处于非均匀受压时，按式(3.3-5)计算，如计算的正截面的混凝土极限 ε_{cu} 值大于 0.0033，取为 0.0033，当处于轴心受压时取为正截面的混凝土极限 ε_0；

$f_{cu,k}$——混凝土立方体抗压强度标准值；

n——系数，当计算的 n 大于 2.0 时，取为 2.0。

④钢筋的应力—应变关系如图 3.3-2 所示，即钢筋应力等于钢筋应变与其弹性模量的乘积，但不大于其强度设计值。

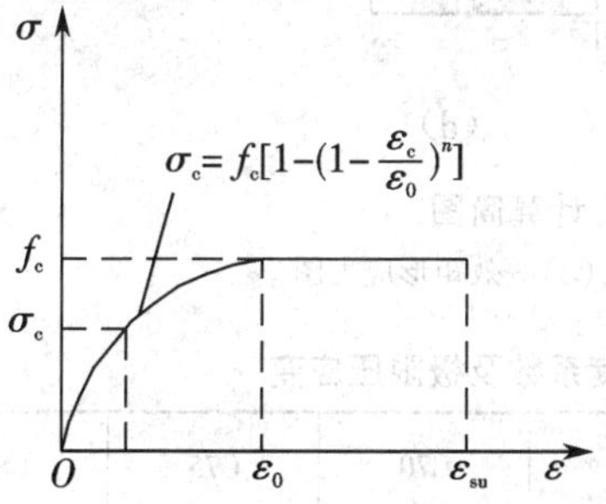

图 3.3-1　混凝土应力—应变计算曲线

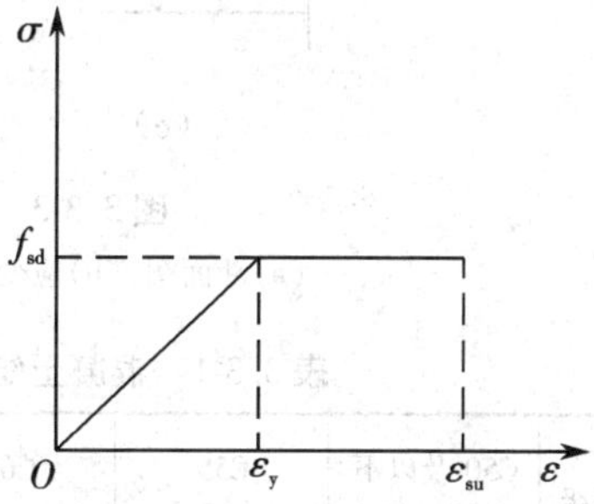

图 3.3-2　钢筋应力—应变计算曲线

3.3.2　正截面承载力计算公式及适用条件

1. 等效矩形截面

依据上述的基本假定，并将强度设计值符号修改为《公路桥规》中规定的形式，则受弯构件的正截面抗弯承载力计算简图如图 3.3-3 所示。

若依据图 3.3-3(c)建立平衡方程，则确定受压区混凝土的合力 C 及其作用位置时，需要进行积分运算，十分复杂。为此，将此受压区应力图形“等效”成矩形考虑，等效的条件是：①合力大小不变；②作用位置不变。

图 3.3-3(d)为《公路桥规》推荐采用的等效矩形应力图。矩形宽度(即应力值)取为抗压强度设计值 f_{cd}，矩形高度(即受压区高度)取为 $x = \beta x_0$，式中，x_0 为曲线形应力图的高度，β 为矩形应力图高度系数，其取值见表 3.3-1。

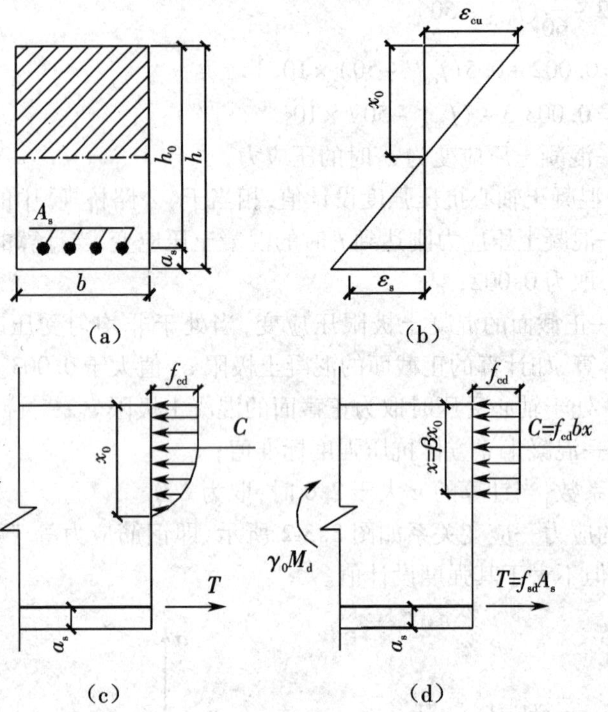

图 3. 3-3　正截面承载力计算简图

(a)断面图;(b)应变图;(c)应力图;(d)等效矩形应力图

表 3. 3-1　混凝土矩形应力图高度系数及极限压应变

混凝土强度等级	C50 及以下	C55	C60	C65	C70	C75	C80
β	0. 80	0. 79	0. 78	0. 77	0. 76	0. 75	0. 74
ε_{cu}	0. 003 3	0. 003 25	0. 003 2	0. 003 15	0. 003 1	0. 003 05	0. 003

2. 正截面承载力计算基本公式

对于适筋梁,在第Ⅲ阶段末,受拉钢筋的应力达到其抗拉强度设计值 f_{sd},于是,根据图 3. 3-3(d),可建立基本平衡方程。

由水平方向力的平衡,得

$$f_{cd}bx = f_{sd}A_s \tag{3. 3-6a}$$

对受拉钢筋合力点取矩,得

$$\gamma_0 M_d \leqslant M_u = f_{cd}bx(h_0 - x/2) \tag{3. 3-6b}$$

式中　γ_0——结构重要性系数;

M_d——计算截面位置的弯矩组合设计值;

M_u——计算截面位置的抗弯承载力;

f_{cd}——混凝土轴心抗压强度设计值；

x——按等效矩形应力图得到的受压区高度；

b、h_0——截面宽度、有效高度；

f_{sd}、A_s——纵向钢筋的抗拉强度设计值、截面面积。

由于以上平衡方程是按照适筋梁建立的，因此，应保证其不是超筋梁或少筋梁。

(1)适筋梁与超筋梁的界限

适筋梁与超筋梁以最大配筋率分界。若梁处于最大配筋率，钢筋应力达到屈服强度的同时，混凝土边缘纤维的应变达到极限压应变（注意，根据混凝土的应力—应变曲线，此时混凝土的应力并非最大），这种破坏称为“界限破坏”。

适筋梁与超筋梁的区分亦可以从截面的应变图说明。如图 3.3-4 所示，$O'A$ 为受压边缘纤维极限压应变 ε_{cu}，斜线 AC 表明，破坏时钢筋的应变超过屈服应变 ε_y，因而为适筋破坏；斜线 AD 对应于破坏时钢筋的应变未超过屈服应变 ε_y，为超筋破坏；斜线 AB 对应于界限破坏。从受压区高度看，x_{0b} 为界限破坏时的受压区高度，若 $x_0 < x_{0b}$，为适筋破坏；若 $x_0 > x_{0b}$，为超筋破坏。

依据比例关系，x_{0b} 可以按照下式求得

$$x_{0b} = \frac{\varepsilon_{cu}}{f_{sd}/E_s + \varepsilon_{cu}} h_0 \quad (3.3\text{-}7)$$

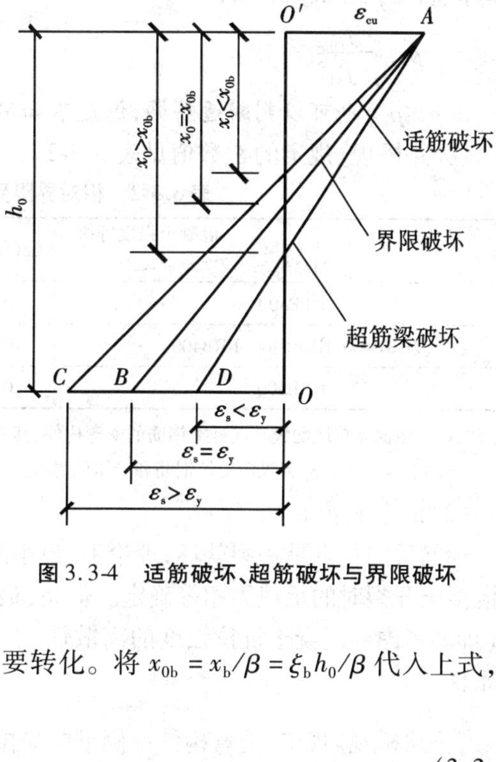

图 3.3-4　适筋破坏、超筋破坏与界限破坏

注意到，图中的中和轴位置并非矩形应力图时的中和轴位置，因此需要转化。将 $x_{0b} = x_b/\beta = \xi_b h_0/\beta$ 代入上式，则得

$$\xi_b = \frac{x_b}{h_0} = \beta \frac{x_{0b}}{h_0} = \beta \frac{\varepsilon_{cu}}{f_{sd}/E_s + \varepsilon_{cu}} \quad (3.3\text{-}8)$$

式中　ε_{cu}——混凝土极限压应变，其数值与混凝土强度等级有关，按表 3.3-1 采用；

β——混凝土受压区矩形应力图高度系数，其数值与混凝土强度等级有关，按表 3.3-1 采用。

可见，保证梁属于适筋梁而非超筋梁的条件可以写成

$$\xi \leqslant \xi_b \text{或者 } x \leqslant \xi_b h_0 \quad (3.3\text{-}9)$$

式中　ξ、ξ_b——相对受压区高度、相对界限受压区高度。

ξ_b 与 ρ_{max} 具有对应关系，试演如下。

单筋梁的水平方向力的平衡条件为

$$f_{cd}bx = f_{sd}A_s$$

两边同除以 bh_0，可得

$$f_{cd}\frac{x}{h_0} = f_{sd}\frac{A_s}{bh_0}$$

即

$$\xi = \frac{f_{sd}}{f_{cd}}\rho$$

可见，当 ξ 在适筋梁范围内取得最大值时（此时 $\xi = \xi_b$，对应界限破坏），ρ 取得最大值 ρ_{max}，即 ρ_{max} 可用下式表示：

$$\rho_{max} = \frac{f_{cd}}{f_{sd}}\xi_b$$

用 $\rho \leqslant \rho_{max}$ 也可以判断适筋梁，但是不如用 $\xi \leqslant \xi_b$ 方便。

《公路桥规》规定的 ξ_b 数值见表 3.3-2。

表 3.3-2 相对界限受压区高度 ξ_b

钢筋种类 \ 混凝土强度等级	C50 及以下	C55、C60	C65、C70	C75、C80
HPB300	0.58	0.56	0.54	—
HRB400、HRBF400、RRB400	0.53	0.51	0.49	—
HRB500	0.49	0.47	0.46	—

注：(1) 截面受拉区配置不同种类钢筋的受弯构件，其 ξ_b 值应选用相应于各种钢筋的较小者；

(2) $\xi_b = x_b/h_0$，x_b 为纵向受拉钢筋和受压区混凝土同时达到其强度设计值时的受压区高度。

(2) 最小配筋率

少筋梁的特点是一裂就坏，理论上，最小配筋率 ρ_{min} 依据此时的正截面承载力与素混凝土开裂时的承载力相等确定。但是，最小配筋率的确定并不单单是个技术问题（即要考虑到混凝土抗拉强度的离散性、混凝土的收缩等），而是还要考虑经济发展条件。

《公路桥规》规定，受弯构件一侧纵向受拉钢筋的最小配筋率 ρ_{min} 取为 $0.45\frac{f_{td}}{f_{sd}}$ 和 0.002 的较大者，即，对于钢筋混凝土受弯构件，保证其不为少筋梁的条件为

$$\rho = \frac{A_s}{bh_0} \geqslant \rho_{min} \tag{3.3-10}$$

对于普通钢筋混凝土受弯构件的最小配筋率，可以制成方便使用的表格，见表 3.3-3。

表 3.3-3　受弯构件的最小配筋率

钢筋种类 \ 混凝土强度等级	C25	C30	C35	C40	C45	C50
HPB300	0.002 2	0.002 5	0.002 7	0.003 0	0.003 1	0.003 3
HRB400 HRBF400 RRB400	0.002 0	0.002 0	0.002 1	0.002 3	0.002 4	0.002 5
HRB500	0.002 0	0.002 0	0.002 0	0.002 0	0.002 0	0.002 0

3.3.3　承载力计算公式的运用

运用以上公式，可以解决截面设计和承载能力复核两类问题。

1. 截面设计

进行截面配筋设计时，由于钢筋直径和布置未知，因此，基本公式中除 A_s 和 x 为未知量外，h_0 也是未知量。$h_0=h-a_s$，而 a_s 与混凝土保护层厚度、箍筋直径、纵筋直径、钢筋排数有关。由附表 7 可知，一般环境，梁的混凝土保护层厚度为 20 mm，以箍筋直径为 10 mm、纵筋直径为 20 mm 计，则布置一排钢筋时，$a_s=20+10+20/2=40$ mm，布置二排钢筋时，$a_s=20+10+20+30/2=65$ m（竖向净距以 30 mm 计）。故，通常，布置一排钢筋时，可假定 $a_s=40\sim50$ mm；布置二排钢筋时，假定 $a_s=65\sim75$ mm。

根据已知的弯矩组合设计值进行截面设计，常遇到下列两种情况。

①已知：截面尺寸、钢筋与混凝土的强度等级、弯矩组合设计值 M_d、结构安全等级。求：钢筋截面面积 A_s。

计算步骤：根据基本方程式，两个未知数 A_s 和 x，两个方程，问题可解。

令 $M=\gamma_0 M_d$（以下若无特殊说明，均取 $M=\gamma_0 M_d$，以书写方便），解一元二次方程，可求得混凝土受压区高度

$$x=h_0-\sqrt{h_0^2-\frac{2M}{f_{cd}b}} \tag{3.3-11}$$

若 $x\leqslant\xi_b h_0$，满足适用条件，可将其代入基本公式，求出所需钢筋截面面积：

$$A_s=\frac{M}{f_{sd}\left(h_0-\dfrac{x}{2}\right)} \tag{3.3-12}$$

或

$$A_s=\frac{f_{cd}bx}{f_{sd}} \tag{3.3-13}$$

根据所求得的钢筋截面面积，参照构造要求，选择钢筋直径和根数，布置钢筋，并验算实际配筋率 $\rho=\dfrac{A_s}{bh_0}\geqslant\rho_{min}$。

若 $x > \xi_b h_0$，应加大截面尺寸或提高混凝土强度等级，或改为双筋截面。

若求解 x 时，出现根号内为负数的情况，应加大截面尺寸，或者采用双筋截面。

②已知：弯矩组合设计值 M_d、钢筋与混凝土的强度等级、结构安全等级。求：截面尺寸 b、h 和钢筋截面面积 A_s。

此时，由于只有两个独立方程式，而未知数有 b、h_0、A_s和 x 共四个，故从数学角度讲，问题的解答有无穷多个。为了求得一个比较合理的解答，通常是按配筋形式和构造要求，先假定梁宽 b 和配筋率 ρ（对矩形梁，可取 $\rho = 0.006 \sim 0.015$，对板取 $\rho = 0.003 \sim 0.008$），这样就只剩下两个未知数（h_0和 A_s），问题可解。

计算步骤如下。

①按公式 $\xi = \rho \dfrac{f_{sd}}{f_{cd}}$，求出 ξ，若 $\xi \leqslant \xi_b$，将 $x = \xi h_0$代入公式（3.4-2），化简后得到梁的有效高度

$$h_0 = \sqrt{\frac{M}{\xi(1-0.5\xi)f_{cd}b}} \tag{3.3-14}$$

②由 h_0求出梁的高度 h。梁的高度 $h = h_0 + a_s$，实际应用的 h 值应符合模数要求。

③按照第一种情况求解受拉钢筋面积并布置。

需要说明的是，以上计算中所用的 h_0由 $h_0 = h - a_s$得到，而 a_s与保护层厚度、钢筋直径、钢筋排数有关。通常，布置一排钢筋时，可假定 $a_s = 40 \sim 50$ mm；布置二排钢筋时，假定 $a_s = 65 \sim 75$ mm。

实际布置得到的 a_s应小于或者稍大于原来假定的 a_s，否则，截面复核可能不满足要求。

2. 承载能力复核

承载能力复核是对初步配置好钢筋的截面进行承载力计算，判断其安全程度。

已知：截面尺寸 b、h_0，钢筋截面面积 A_s，钢筋与混凝土的强度等级，结构安全等级，弯矩组合设计值 M_d。求：截面所能承受的弯矩设计值 M_u。

计算步骤如下。

①验算配筋率。若 $\rho = \dfrac{A_s}{bh_0} \geqslant \rho_{min}$，表明不是少筋梁，则利用基本方程求解混凝土受压区高度 x：

$$x = \frac{f_{sd}A_s}{f_{cd}b} \tag{3.3-15}$$

②若 $x \leqslant \xi_b h_0$，满足适筋梁要求，则将其代入基本公式求出截面所能承受的弯矩设计值：

$$M_u = f_{cd}bx\left(h_0 - \frac{x}{2}\right) \tag{3.3-16}$$

③若 $x>\xi_b h_0$，说明该截面配筋已超出适筋梁的范围，此时，不考虑超过平衡设计部分的钢筋贡献，取 $x=\xi_b h_0$，利用下式计算 M_u：

$$M_u=f_{cd}b\xi_b h_0\left(h_0-\frac{\xi_b h_0}{2}\right) \tag{3.3-17}$$

若截面所能承受的弯矩设计值大于截面应承受的弯矩组合设计值，即 $M_u>M$，则表明该截面的承载力是足够的，结构是安全的。

【例 3.3-1】某矩形截面梁，$b\times h=250\ \text{mm}\times500\ \text{mm}$，承受的弯矩组合设计值 $M_d=160\ \text{kN}\cdot\text{m}$，结构重要性系数 $\gamma_0=1.0$，环境类别为Ⅰ类。混凝土强度等级为 C25，钢筋等级为 HRB400。

要求：计算所需的钢筋截面面积 A_s 并配置。

解：查表，可得 $f_{cd}=11.5\ \text{MPa}$，$f_{td}=1.23\ \text{MPa}$，$f_{sd}=330\ \text{MPa}$，$\xi_b=0.53$。

假定布置一排钢筋，取 $a_s=40\ \text{mm}$，则梁的有效高度 $h_0=500-40=460\ \text{mm}$。

$$M=\gamma_0 M_d=160\ \text{kN}\cdot\text{m}$$

于是受压区高度

$$x=h_0-\sqrt{h_0^2-\frac{2M}{f_{cd}b}}=460-\sqrt{460^2-\frac{2\times160\times10^6}{11.5\times250}}=143\ \text{mm}$$

$$<\xi_b h_0=0.53\times460=244\ \text{mm}$$

所需钢筋截面面积

$$A_s=\frac{f_{cd}bx}{f_{sd}}=\frac{11.5\times250\times143}{330}=1\ 246\ \text{mm}^2$$

选取 4 ⌀ 20（钢筋外径为 22.7 mm），可提供的钢筋截面面积 $A_s=1\ 256\ \text{mm}^2$。

钢筋按一排布置，则所需截面最小宽度 $b_{min}=2\times30+4\times22.7+3\times30=240.8\ \text{mm}<b=250\ \text{mm}$。取箍筋保护层厚度为 20 mm，箍筋直径为 8 mm，则实际布置时有效高度 $h_0=500-(28+22.7/2)=460.7\ \text{mm}$。

验算最小配筋率：

查表 3.3-3，C25 混凝土，HRB400 钢筋，$\rho_{min}=0.002$。

令 $\rho=\dfrac{A_s}{bh_0}=\dfrac{1\ 256}{250\times460.7}=0.011>\rho_{min}=0.002\ 2$，满足最小配筋率要求。

由于实际布置得到的 $a_s=39\ \text{mm}$ 比假设值略小，故不必复核也可知能满足要求。

【例 3.3-2】有一计算跨径为 2.05 m 的人行道板，承受的人群荷载为 $3.5\ \text{kN/m}^2$，板厚为 80 mm。采用 C25 混凝土，直径为 8 mm 的 HPB300 钢筋。Ⅰ类环境，设计使用年限为 50 年，安全等级为二级；钢筋混凝土的容重按 $25\ \text{kN/m}^3$ 计。

要求：(1)设计截面配筋；(2)对配筋进行承载力复核。

解：取板宽 $b=1\ 000\ \text{mm}$ 的板条作为计算单元。自重线荷载 $g=1\times0.08\times25=2.0\ \text{kN/m}$。

取作用效应的基本组合，可得跨中截面的弯矩设计值为

$$M_d = 1.2M_{Gk} + 1.4M_{Qk}$$
$$= 1.2 \times \frac{1}{8} \times 2 \times 2.05^2 + 1.4 \times \frac{1}{8} \times 3.5 \times 2.05^2$$
$$= 3.835\ \text{kN} \cdot \text{m}$$

结构重要性系数 $\gamma_0 = 1.0$，于是，$M = \gamma_0 M_d = 3.835\ \text{kN} \cdot \text{m}$。

(1)配筋设计

查表，得到 $f_{cd} = 11.5\ \text{MPa}$，$f_{td} = 1.23\ \text{MPa}$，$f_{sd} = 250\ \text{MPa}$，$\xi_b = 0.58$。

取 $a_s = 25\ \text{mm}$，则 $h_0 = 80 - 25 = 55\ \text{mm}$。

受压区高度

$$x = h_0 - \sqrt{h_0^2 - \frac{2M}{f_{cd}b}}$$
$$= 55 - \sqrt{55^2 - \frac{2 \times 3.835 \times 10^6}{11.5 \times 1\,000}} = 6.4\ \text{mm} < \xi_b h_0 = 0.58 \times 55 = 31.9\ \text{mm}$$

所需钢筋截面面积

$$A_s = \frac{f_{cd}bx}{f_{sd}} = \frac{11.5 \times 1\,000 \times 6.4}{250} = 294\ \text{mm}^2$$

查附表6，可知 $\phi 8$ 钢筋间距 $s = 150\ \text{mm}$ 时，每米宽度范围内可提供 $A_s = 335\ \text{mm}^2$。此时，纵向受力钢筋直径和间距满足构造要求。

根据构造要求，取处于外的纵向钢筋保护层厚度为 20 mm，则板的有效高度 $h_0 = 80 - (20 + 8/2) = 56\ \text{mm}$，截面的配筋率

$$\rho = \frac{A_s}{bh_0} = \frac{335}{1\,000 \times 56} = 0.006\,9 > \rho_{min} = 0.002\,2$$

满足最小配筋率要求。

人行道板内，按照规范要求分布钢筋直径不应小于 6mm，间距不大于 200mm，没有配筋率要求，因此，选择 $\phi 8$ 钢筋按间距 200mm 布置于受力钢筋的内侧，如图 3.3-5 所示。

(2)承载力复核

受压区高度

$$x = \frac{f_{sd}A_s}{f_{cd}b} = \frac{250 \times 335}{11.5 \times 1\,000} = 7.3\ \text{mm} < \xi_b h_0 = 0.58 \times 56 = 32.5\ \text{mm}$$

截面所能承受的弯矩组合设计值

$$M_u = f_{cd}bx\left(h_0 - \frac{x}{2}\right) = 11.5 \times 1\,000 \times 7.3 \times \left(56 - \frac{7.3}{2}\right) = 4.395 \times 10^6\ \text{N} \cdot \text{mm}$$
$$= 4.395\ \text{kN} \cdot \text{m} > \gamma_0 M_d = 3.835\ \text{kN} \cdot \text{m}$$

可见，该构件正截面抗弯承载力足够。

【例 3.3-3】已知一矩形截面梁，跨中承受弯矩组合设计值 $M_d = 215\ \text{kN} \cdot \text{m}$（该弯

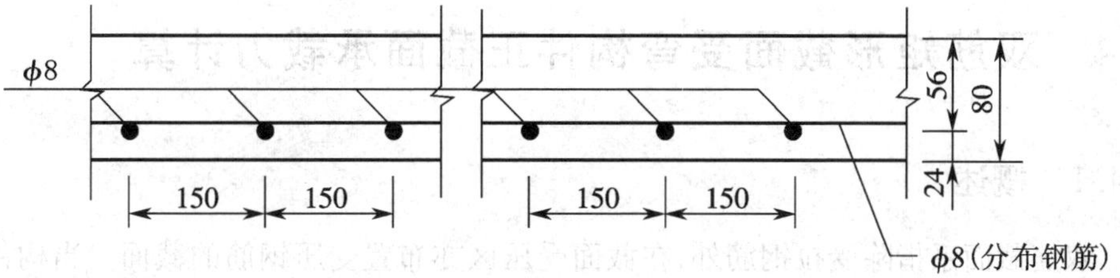

图3.3-5 例题3.3-2图示

矩已经考虑自重),采用C30混凝土,HRB400纵向钢筋。结构重要性系数$\gamma_0=1.0$。

要求:设计梁的截面尺寸及所需的纵向受拉钢筋截面面积A_s。

解:查表,得到$f_{cd}=13.8$ MPa,$f_{td}=1.39$ MPa,$f_{sd}=330$ MPa,$\xi_b=0.53$。

假设梁宽$b=250$ mm,配筋率$\rho=1\%$,则可得

$$\xi=\rho\frac{f_{sd}}{f_{cd}}=0.01\times\frac{330}{13.8}=0.239<\xi_b=0.53$$

令$M=\gamma_0 M_d=265$ kN·m,于是

$$h_0=\sqrt{\frac{M}{\xi(1-0.5\xi)f_{cd}b}}=\sqrt{\frac{265\times10^6}{0.239\times(1-0.5\times0.239)\times13.8\times250}}$$
$$=604\ \text{mm}$$

按照梁的模数取$h=650$ mm,此时,高宽比$h/b=650/250=2.6$。

假设钢筋布置一排,取$a_s=45$ mm,则$h_0=h-a_s=650-45=605$ mm,则

$$x=h_0-\sqrt{h_0^2-\frac{2M}{f_{cd}b}}$$
$$=605-\sqrt{605^2-\frac{2\times265\times10^6}{13.8\times250}}=144\ \text{mm}<\xi_b h_0=0.53\times605=321\ \text{mm}$$

$$A_s=\frac{f_{cd}bx}{f_{sd}}=\frac{13.8\times250\times144}{330}=1\,505\ \text{mm}^2$$

选取4 ⌀22(外径为25.1 mm),可提供钢筋截面面积$A_s=1\,520\ \text{mm}^2>1\,505\ \text{mm}^2$。

依据构造要求,取箍筋的保护层厚度为20 mm,箍筋直径为8 mm,则4 ⌀22按一排布置时,所需截面最小宽度$b_{min}=2\times28+4\times25.1+3\times30=246$ mm,今截面宽度$b=250$ mm可以满足要求。梁的实际有效高度$h_0=h-a_s=650-(28+25.1/2)=609$ mm,比原假设的605 mm略大,表明,受弯承载力满足要求。

实际配筋率

$$\rho=\frac{A_s}{bh_0}=\frac{1\,520}{250\times609}=0.998\%>\rho_{min}=0.2\%$$

满足最小配筋率要求。

3.4 双筋矩形截面受弯构件正截面承载力计算

3.4.1 概述

双筋截面系指除受拉钢筋外,在截面受压区亦布置受压钢筋的截面。当构件的截面尺寸受到限制,采用单筋截面出现 $x>\xi_b h_0$ 时,则应设置一定的受压钢筋来协助混凝土承担部分压力,这样就构成双筋截面。此外,某些构件截面需要承受正、负号弯矩时,也需采用双筋截面。

需要指出的是,采用受压钢筋协助混凝土承担压力是不经济的。但是从使用性能上看,双筋截面梁能增强截面的延性,提高结构的抗震性能,有利于防止结构的脆性破坏。此外,由于受压钢筋的存在,可以减小长期荷载效应作用下的变形。从这种意义上讲,采用双筋截面还是适宜的。

设计双筋截面时,构造上必须设置闭合箍筋,其间距一般不超过受压钢筋直径的15倍,以防止受压钢筋压屈,引起保护层混凝土剥落。

3.4.2 正截面承载力计算公式及适用条件

双筋截面梁破坏时的受力特点与单筋截面梁相似,其计算图式如图3.4-1所示,其中除受压钢筋的应力取钢筋抗压强度设计值 f'_{sd} 以外,其余各项均与单筋截面梁相同。

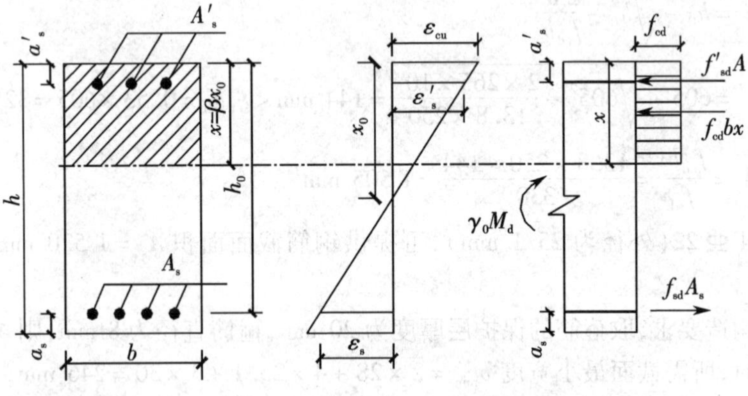

图3.4-1 双筋矩形截面计算简图

双筋矩形截面受弯构件正截面承载力计算公式,可由内力平衡条件得到:

$$f_{cd}bx+f'_{sd}A'_s=f_{sd}A_s \tag{3.4-1}$$

$$\gamma_0 M_d \leqslant M_u=f_{cd}bx\left(h_0-\frac{x}{2}\right)+f'_{sd}A'_s(h_0-a'_s) \tag{3.4-2}$$

应用上述公式时，必须满足下列条件：

$$x \leqslant \xi_b h_0 \tag{3.4-3}$$

$$x \geqslant 2a'_s \tag{3.4-4}$$

上述第一个适用条件（与单筋截面梁时相同），是为了保证梁破坏时受拉钢筋已经达到屈服；第二个适用条件，是为了保证梁破坏时受压钢筋能达到屈服。若 $x < 2a'_s$，可取 $x = 2a'_s$，并对受压钢筋合力点取矩（这相当于忽略了受压区混凝土的贡献），梁正截面抗弯承载力可表示为

$$M_u = f_{sd}A_s(h_0 - a'_s) \tag{3.4-5}$$

3.4.3　承载力计算公式的运用

1. 截面设计

在进行双筋截面配筋设计时，可能会遇到下列两种情况。

(1) A'_s、A_s 均未知

此时，在两个基本方程中却有三个未知数（A'_s、A_s 和 x）。通常，取 $x = \xi_b h_0$，该条件可保证总的用钢量近似最省（即 $A'_s + A_s$ 最小），于是，方程可解。

先求出所需受压钢筋截面面积 A'_s：

$$A'_s = \frac{\gamma_0 M_d - f_{cd}bx\left(h_0 - \dfrac{x}{2}\right)}{f'_{sd}(h_0 - a'_s)} \tag{3.4-6}$$

然后求出受拉钢筋截面面积 A_s：

$$A_s = \frac{f_{cd}bx + f'_{sd}A'_s}{f_{sd}} \tag{3.4-7}$$

(2) A'_s 已知，A_s 未知

对于这种情况，只有两个未知数（A_s 和 x），问题可解。

首先求解受压区高度 x：

$$x = h_0 - \sqrt{h_0^2 - \frac{2[\gamma_0 M_d - f'_y A'_s(h_0 - a'_s)]}{f_{cd}b}} \tag{3.4-8}$$

若 $2a'_s \leqslant x \leqslant \xi_b h_0$，符合适用条件，则将该 x 代入基本公式即可求得受拉钢筋截面面积 A_s；若 $x > \xi_b h_0$，表明原来所取的 A'_s 过小，应按照 A'_s、A_s 均未知的情况求解 A'_s、A_s；若 $x < 2a'_s$，则由式(3.4-5)可求得 A_s。

2. 承载力复核

这时，未知数是 x 和 M_u。首先应解出混凝土受压区高度 x：

$$x = \frac{f_{sd}A_s - f'_{sd}A'_s}{f_{cd}b} \tag{3.4-9}$$

若 $2a'_s \leqslant x \leqslant \xi_b h_0$，表明满足适用条件，于是代入基本平衡方程可求得 M_u；若 $x < 2a'_s$，可取 $x = 2a'_s$，按照式(3.4-5)计算；若 $x > \xi_b h_0$，取 $x = \xi_b h_0$，代入基本平衡方程求出 M_u。

【例3.4-1】有一矩形截面梁，$b \times h = 300\ \text{mm} \times 450\ \text{mm}$，承受最大弯矩组合设计值 $M_d = 300\ \text{kN}\cdot\text{m}$，采用C30混凝土，HRB400钢筋，Ⅰ类环境，结构重要性系数 $\gamma_0 = 1.0$。

要求：选择截面配筋，并复核正截面承载能力。

解：令 $M = \gamma_0 M_d = 1.0 \times 300 = 300\ \text{kN}\cdot\text{m}$

(1)截面配筋设计

①判断是否需要配置成双筋梁

假设受拉钢筋布置成一排，$a_s = 40\ \text{mm}$，则 $h_0 = 450 - 40 = 410\ \text{mm}$。

$$\begin{aligned} M_{u1} &= f_{cd} b \xi_b h_0^2 (1 - 0.5\xi_b) \\ &= 13.8 \times 300 \times 0.56 \times 410^2 \times (1 - 0.5 \times 0.56) \\ &= 280.6 \times 10^6\ \text{N}\cdot\text{mm} < M = 300\ \text{kN}\cdot\text{m} \end{aligned}$$

故应按双筋截面设计。

②计算受压钢筋截面积 A'_s

假设 $a'_s = 40\ \text{mm}$，则需要受压钢筋截面积：

$$A'_s = \frac{M - M_{u1}}{f_{sd}(h_0 - a'_s)} = \frac{300 \times 10^6 - 280.6 \times 10^6}{330 \times (410 - 40)} = 159\ \text{mm}^2$$

③计算受拉钢筋截面积 A_s

$$\begin{aligned} A_s &= \frac{A'_s f'_{sd} + f_{cd} b \xi_b h_0}{f_{sd}} \\ &= \frac{187 \times 330 + 13.8 \times 300 \times 0.53 \times 410}{330} \\ &= 2\ 913\ \text{mm}^2 \end{aligned}$$

④配置钢筋

受压钢筋选2 ⌀12(外径为13.9 mm)，可提供 $A'_s = 226\ \text{mm}^2$。取最外侧箍筋的保护层厚度为20 mm，箍筋直径为8 mm，此时 $a'_s = 28 + 13.9/2 = 35\ \text{mm}$。

受拉钢筋选择5 ⌀28(外径为31.6 mm)，此时可提供截面积 $A_s = 3\ 079\ \text{mm}^2$。布置成二排(下排3根，上排2根)，所需截面最小宽度为 $b_{min} = 2 \times 30 + 3 \times 31.6 + 2 \times 30 = 215\ \text{mm} < b = 300\ \text{mm}$。

受拉钢筋布置成二排，取最外侧箍筋的保护层厚度为20 mm，箍筋直径为8 mm，钢筋层间净距取为30 mm，则实际的 a_s 为

$$\begin{aligned} a_s &= \frac{615.8 \times 3 \times (28 + 31.6/2) + 615.8 \times 2 \times (28 + 31.6 + 30 + 31.6/2)}{615.8 \times 3 + 615.8 \times 2} \\ &= 68.4\ \text{mm} \end{aligned}$$

与原来假设值差别很大，需要复核抗弯承载力。

(2)截面抗弯承载力复核

$$h_0 = 450 - 68.4 = 381.6\ \text{mm}$$

①计算受压区高度

$$
\begin{aligned}
x &= \frac{f_{sd}A_s - f'_{sd}A'_s}{f_{cd}b} \\
&= \frac{330 \times 3\ 079 - 330 \times 226}{13.8 \times 300} \\
&= 227\ \text{mm} > \xi_b h_0 = 0.53 \times 381.6 = 202.2\ \text{mm}
\end{aligned}
$$

②计算受弯承载力

由于 $x = 227\ \text{mm} > \xi_b h_0$，故应取 $x = \xi_b h_0$ 计算受弯承载力。

$$
\begin{aligned}
M_u &= f_{cd}bx\left(h_0 - \frac{x}{2}\right) + f'_{sd}A'_s(h_0 - a'_s) \\
&= 13.8 \times 300 \times 0.53 \times 381.6 \times \left(381.6 - \frac{0.53 \times 381.6}{2}\right) + 330 \times 226 \times \\
&\quad (381.6 - 35) \\
&= 260.5 \times 10^6\ \text{N} \cdot \text{mm} < M = 300\ \text{kN} \cdot \text{m}
\end{aligned}
$$

可见，截面承载力不能满足要求。

此时若仅仅增大受拉钢筋截面积，由 x 的计算式可知，仍然会出现 $x > \xi_b h_0$ 的情况，M_u 不会提高。

今受拉钢筋仍取 5 ⊈ 28，同样布置，但受压钢筋选 3 ⊈ 22（截面积为 1 140 mm^2，钢筋外径 25.1 mm）。此时，$a'_s = 28 + 25.1/2 = 41\ \text{mm}$。

则

$$
\begin{aligned}
x &= \frac{f_{st}A_s - f'_{sd}A'_s}{f_{cd}b} \\
&= \frac{330 \times 3\ 079 - 330 \times 1\ 140}{13.8 \times 300} \\
&= 155\ \text{mm} < \xi_b h_0 = 0.53 \times 381.6 = 202.2\ \text{mm} \\
&\qquad > 2a'_s = 2 \times 41 = 82\ \text{mm}
\end{aligned}
$$

$$
\begin{aligned}
M_u &= f_{cd}bx\left(h_0 - \frac{x}{2}\right) + f'_{sd}A'_s(h_0 - a'_s) \\
&= 13.8 \times 300 \times 155 \times \left(381.6 - \frac{155}{2}\right) + 330 \times 1\ 140 \times (381.6 - 41) \\
&= 323.3 \times 10^6\ \text{N} \cdot \text{mm} > M = 300\ \text{kN} \cdot \text{m}
\end{aligned}
$$

满足抗弯承载力要求。

算例表明，当实际布置后得到的 a_s 与原来假设值大很多时，有可能此设计方案不能满足要求。这时，适当增加受压区纵筋的截面积可以提高承载力。

3.5 T形截面受弯构件正截面承载力计算

3.5.1 概述

由于受拉区混凝土对截面的抗弯承载力没有贡献,因此,可以将受拉区混凝土挖去一部分从而形成T形截面,这样,就在承载能力没有降低的情况下节约了混凝土并减轻了梁的自重。因此,T形截面梁具有更大的跨越能力。

典型的T形梁截面如图3.5-1所示。截面左右伸出部分称为翼缘(翼板),与之垂直的竖直部分称作腹板(梁肋、肋板)。当梁承受正弯矩时,梁上部受压,位于受压区的部分混凝土参与工作,而成为梁的有效截面的一部分,梁的截面成为T形截面(图3.5-1(a));当承受负弯矩时,位于梁上部的混凝土受拉后开裂,对抵抗弯矩不再有贡献,梁有效截面成为矩形(图3.5-1(b))。由此可见,判断一个截面在是否属于T形截面,不能只是看截面本身的形状,而应该从受力上进行分析。从这种意义上讲,I形、Π形、箱形和空心板梁,在承受正弯矩时,均可视为T形截面。

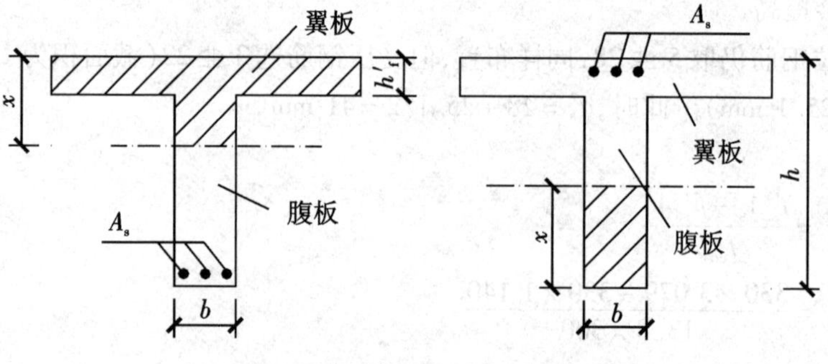

图3.5-1 T形截面梁的两种情况

(a)受正弯矩作用;(b)受负弯矩作用

对于中间带有圆孔的空心板梁,应按照截面面积、惯性矩和形心位置不变的原则,将其等效为工形截面,然后按照T形截面计算,图3.5-2显示了这种变化过程。

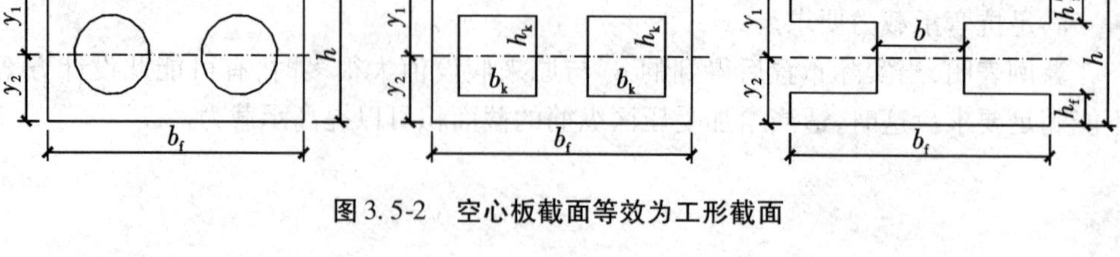

图3.5-2 空心板截面等效为工形截面

第一步，将圆孔等效成矩形孔：

截面面积相等，$b_k h_k = \dfrac{\pi D^2}{4}$；

惯性矩相等，$\dfrac{b_k h_k^3}{12} = \dfrac{\pi D^4}{64}$；

于是求得 $h_k = \dfrac{\sqrt{3}}{2}D$，$b_k = \dfrac{\sqrt{3}}{6}\pi D$。

第二步，保持截面形心不变，将矩形孔移至两侧：

上翼缘厚度 $h_f' = y_1 - h_k/2 = y_1 - \dfrac{\sqrt{3}}{4}D$；

下翼缘厚度 $h_f = y_2 - h_k/2 = y_2 - \dfrac{\sqrt{3}}{4}D$；

腹板厚度 $b = b_f - 2b_k = b_f - \dfrac{\sqrt{3}}{3}\pi D$。

实验和理论分析表明，T形截面梁承受荷载产生弯曲变形时，在翼缘宽度方向纵向压应力的分布是不均匀的，离腹板越远压应力越小（图3.5-3），也就是说，协助梁腹板共同工作的翼缘宽度是有限的。因此，设计中把翼缘的工作宽度限制在一定范围内，并认为在此范围内压应力是均匀分布的，这就是翼缘有效宽度 b_f'。

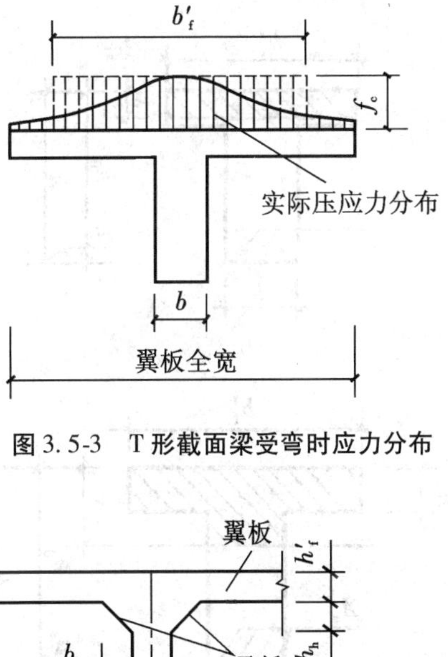

图3.5-3　T形截面梁受弯时应力分布

《公路桥规》规定，T形和工形截面梁（内梁）的翼缘有效宽度 b_f'，取用下列三者最小者（图3.5-4）。

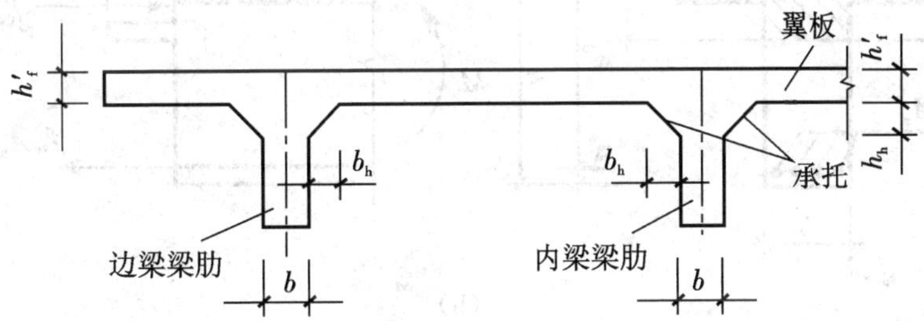

图3.5-4　T形截面梁受压翼缘的有效宽度

①对于简支梁，取计算跨径的1/3。对于连续梁，各中间跨正弯矩区段，取该计算跨径的0.2倍；边跨正弯矩区段，取该跨计算跨径的0.27倍；各中间支点负弯矩区段，取该支点相邻两计算跨径之和的0.07倍。

②相邻两梁的平均间距。

③$b+2b_h+12h'_f$,此处 b 为梁腹板宽度,b_h 为承托长度,h'_f 为受压区翼缘悬出板的厚度。当 $b_h>3h_h$ 时,b_h 应以 $3h_h$ 代替,此处 h_h 为承托根部厚度。

边梁受压翼缘的有效宽度取相邻内梁翼缘有效宽度之半加上边梁腹板宽度之半,再加上外侧悬臂板平均厚度的 6 倍或外侧悬臂板实际宽度两者中的较小者。

对于箱形梁,其翼缘有效宽度的确定方法详见《公路桥规》。

需要指出的是,以上给出的 T 形梁的翼缘有效宽度,是针对受弯工作状态得出的。对于承受轴力的构件是不适用的。《公路桥规》规定,预应力混凝土梁在计算预加力引起的混凝土应力时,由预加力作为轴向力产生的应力可按实际翼缘全宽计算。

3.5.2 基本计算公式及适用条件

T 形截面受弯构件的破坏极限状态与矩形截面梁没有区别。对 T 形截面梁进行计算时,按中性轴所在位置不同分为两种类型,称为第一类 T 形截面(图 3.5-5(a))和第二类 T 形截面(图 3.5-5(b))。

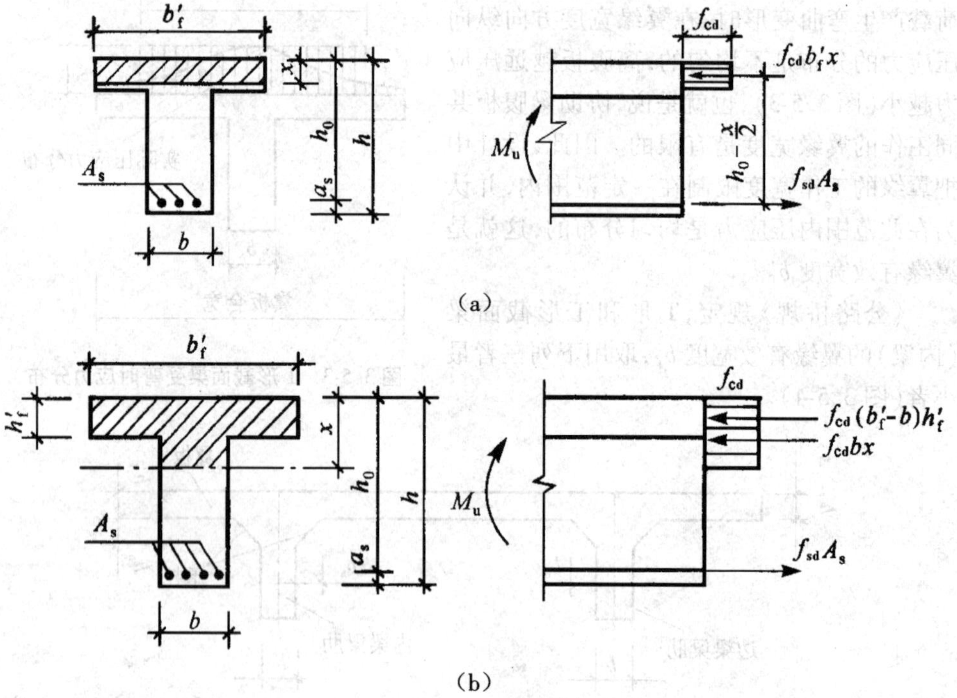

图 3.5-5 T 形截面受弯构件正截面承载力计算简图

(a)第一类 T 形截面;(b)第二类 T 形截面

1. 第一类 T 形截面

第一类 T 形截面的中和轴位于翼缘内,即存在 $x\leqslant h'_f$。此时,由于中和轴以下部分的受拉混凝土不起作用，故这种类型的 T 形截面与宽度为 b_f' 的矩形截面的正截面承载力完全相同。因此，其基本平衡条件为

$$f_{cd}b_f'x = f_{sd}A_s \tag{3.5-1}$$

$$\gamma_0 M_d \leqslant M_u = f_{cd}b_f'x\left(h_0 - \frac{x}{2}\right) \tag{3.5-2}$$

适用条件：

$$x \leqslant \xi_b h_0 \tag{3.5-3}$$

$$\rho = \frac{A_s}{bh_0} \geqslant \rho_{min} \tag{3.5-4}$$

由于总有 $x \leqslant h_f'$ 成立，故一般均能满足 $x \leqslant \xi_b h_0$ 的限制条件，也可不必作判别验算。

应特别指出的是，这里最小配筋率的验算，仍应取 $\rho = \frac{A_s}{bh_0}$，而不是 $\rho = \frac{A_s}{b_f' h_0}$。其原因是，最小配筋率 ρ_{min} 是根据按 I_a 阶段应力图形计算的素混凝土梁的破坏弯矩，与按第Ⅲ阶段应力图计算的同截面钢筋混凝土梁的破坏弯矩相等的条件得出的。实践表明，腹板宽度为 b、梁高度为 h 的 T 形截面素混凝土梁的破坏弯矩，比宽度为 b、梁高为 h 的矩形截面素混凝土梁的破坏弯矩提高不多。

2. 第二类 T 形截面

第二类 T 形截面的中和轴位于腹板内，即存在 $x > h_f'$。这时，其基本平衡方程为

$$f_{cd}bx + f_{cd}(b_f' - b)h_f' = f_{sd}A_s \tag{3.5-5}$$

$$\gamma_0 M_d \leqslant M_u = f_{cd}bx\left(h_0 - \frac{x}{2}\right) + f_{cd}(b_f' - b)h_f'\left(h_0 - \frac{h_f'}{2}\right) \tag{3.5-6}$$

适用条件：

$$x \leqslant \xi_b h_0 \tag{3.5-7}$$

$$\rho = \frac{A_s}{bh_0} \geqslant \rho_{min} \tag{3.5-8}$$

由于翼缘较宽，所配置的纵向钢筋量较大，通常能够满足 $\rho \geqslant \rho_{min}$ 的限制条件，故也可不必作此判别验算。

3.5.3　承载力计算公式的运用

1. 截面设计

已知截面尺寸、材料强度、弯矩计算值 $\gamma_0 M_d$，求纵向受拉钢筋 A_s 的步骤如下。

(1)假设 a_s

空心板梁往往采用绑扎钢筋骨架，这时，初步假设的 a_s 值可按照矩形截面梁时估计；公路预制或现浇 T 形梁则多用焊接钢筋骨架，这时，可按 $a_s = 30\ \text{mm} + (0.07 \sim 0.1)h$ 估计。

(2)判断截面类型

取 $x=h'_f$ 作为界限条件,区分两类T形截面。若满足

$$\gamma_0 M_d \leqslant f_{cd} b'_f h'_f \left(h_0 - \frac{h'_f}{2}\right) \tag{3.5-9}$$

则显然 $x \leqslant h'_f$,中和轴位于翼缘内,属于第一类T形截面。反之,则属于第二类T形截面。

(3)当为第一类T形截面时

按照 $b=b'_f$ 的矩形截面建立平衡方程进行计算。此时,受压区高度 x 按照下式计算:

$$x = h_0 - \sqrt{h_0^2 - \frac{2\gamma_0 M_d}{f_{cd} b'_f}} \tag{3.5-10}$$

将 x 代入公式(3.5-1)求得 A_s。验算最小配筋率时,仍采用 $\rho = \frac{A_s}{bh_0} \geqslant \rho_{min}$。

(4)当为第二类T形截面时

此时,需要用下式求解受压区高度 x:

$$x = h_0 - \sqrt{h_0^2 - \frac{2\left[\gamma_0 M_d - f_{cd}(b'_f - b) h'_f \left(h_0 - \frac{h'_f}{2}\right)\right]}{f_{cd} b}} \tag{3.5-11}$$

若 $x \leqslant \xi_b h_0$,则可代入公式(3.5-5)求出 A_s。

2. 承载力复核

已知截面尺寸、钢筋布置、受拉钢筋截面面积 A_s 以及材料强度,求抗弯承载力 M_u 的步骤如下。

(1)检查钢筋布置是否满足规范要求

包括钢筋的保护层厚度、净间距以及最小配筋率。

(2)判断截面类型

这时,若满足下列条件

$$f_{cd} b'_f h'_f \geqslant f_{sd} A_s \tag{3.5-12}$$

则表明达到内力平衡时受压区高度小于等于 h'_f,属于第一类T形截面;反之,则为第二类T形截面。

(3)当为第一类T形截面时

依据式(3.5-1),按照 $b=b'_f$ 的矩形截面建立平衡方程。首先求出 x,若 $x \leqslant \xi_b h_0$,则可代入式(3.5-2)求出 M_u。

(4)当为第二类T形截面时

依据式(3.5-5)首先求出 x。若 $x \leqslant \xi_b h_0$,直接将 x 代入式(3.5-6)求出 M_u;若 $x > \xi_b h_0$,则取 $x = \xi_b h_0$ 后再代入式(3.5-6)求解 M_u。

若求出的 $M_u \geqslant \gamma_0 M_d$,则截面的承载力满足规范要求。

【例 3.5-1】某 T 形截面简支梁桥，计算跨度 15 m，两梁中心距 2.0 m。其一片中梁截面如图 3.5-6 所示。采用 C35 混凝土，HRB400 钢筋。承受弯矩组合设计值 $M_d = 1\ 250$ kN·m，结构重要性系数 $\gamma_0 = 1.0$。环境类别为 I 类。

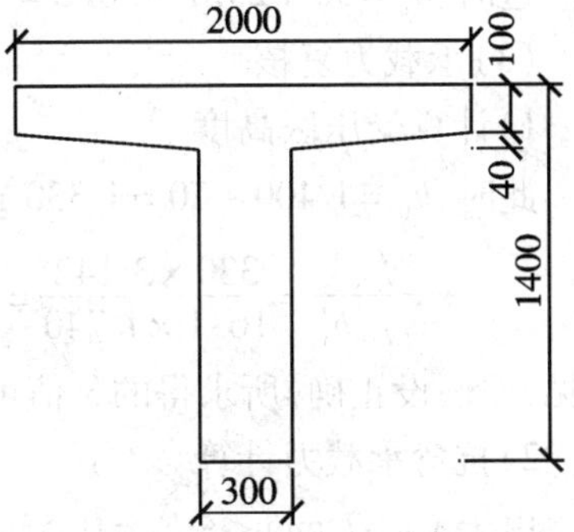

图 3.5-6 例 3.5-1 图

要求：选择钢筋并布置后复核正截面承载力。

解：(1) 确定受压翼缘有效宽度 b'_f

受压翼缘厚度取平均值为

$$h'_f = 100 + 40/2 = 120 \text{ mm}$$

按跨度考虑

$$b'_f = 15\ 000/3 = 5\ 000 \text{ mm}$$

按两梁平均间距考虑

$$b'_f = 2\ 000 \text{ mm}$$

按受压翼缘厚度考虑

$$b'_f = b + 12h'_f = 300 + 12 \times 120 = 1\ 740 \text{ mm}$$

取以上三者的最小者，为 1 740 mm。

(2) 截面设计

初步估计受拉钢筋布置成二排，取 $a_s = 70$ mm，于是，$h_0 = 1\ 400 - 70 = 1\ 330$ mm。

1) 判断截面类型

令 $M = \gamma_0 M_d = 1.0 \times 1\ 250 = 1\ 250$ kN·m

$$f_{cd} b'_f h'_f \left(h_0 - \frac{h'_f}{2}\right) = 16.1 \times 1\ 740 \times 120 \times (1\ 330 - 120/2)$$

$$= 4.269 \times 10^9 \text{ N·mm} > M = 1\ 250 \text{ kN·m}$$

属于第一类 T 形截面。

2) 求解受压区高度 x

$$x = h_0 - \sqrt{h_0^2 - \frac{2M}{f_{cd} b'_f}} = 1\ 330 - \sqrt{1\ 330^2 - \frac{2 \times 1\ 250 \times 10^6}{16.1 \times 1\ 740}} = 34 \text{ mm}$$

$$< \xi_b h_0 = 0.53 \times 1\ 330 = 705 \text{ mm}$$

满足适筋梁条件。

3) 计算纵向受拉钢筋

$$A_s = \frac{f_{cd} b'_f x}{f_{sd}} = \frac{16.1 \times 1\ 740 \times 34}{330} = 2\ 886 \text{ mm}^2$$

今选择 10 ⌀ 20（外径 22.7 mm），可提供 $A_s = 3\ 142$ mm²。按 2 排布置，每排 5 根。同时假定箍筋采用 $\phi 8$，按 I 类环境取箍筋保护层厚度为 20 mm，则所需截面最小宽度 $b_{min} = 2 \times 30 + 5 \times 25.1 + 4 \times 30 = 305.5$ mm，比 300 mm 稍大，可以认为满足要

求。这时，$a_s = 30 + 25.1 + 30/2 = 70.1$ mm，实际布置取 $a_s = 70$ mm。

(3)承载力复核

1)计算受压区高度

此时，$h_0 = 1\ 400 - 70 = 1\ 330$ mm。按照第一类T形截面考虑，有

$$x = \frac{f_{sd}A_s}{f_{cd}b_f'} = \frac{330 \times 3\ 142}{16.1 \times 1\ 740} = 37\ \text{mm} < h_f' = 120\ \text{mm}$$

可见，原假设正确，所求得的 x 值可用。

2)抗弯承载力计算

由于 $x = 37\ \text{mm} < \xi_b h_0 = 0.53 \times 1\ 330 = 705$ mm，故

$$M_u = f_{cd}b_f'x\left(h_0 - \frac{x}{2}\right) = 16.1 \times 1\ 740 \times 37 \times \left(1\ 330 - \frac{37}{2}\right)$$

$$= 1\ 359.4 \times 10^6\ \text{N} \cdot \text{mm} > M = 1\ 250\ \text{kN} \cdot \text{m}$$

可见，截面的抗弯承载力满足要求。

【例3.5-2】一钢筋混凝土简支空心板梁，截面尺寸如图3.5-7(a)所示。承受弯矩组合设计值 $M_d = 540$ kN·m，结构重要性系数 $\gamma_0 = 0.9$。采用C25混凝土，HRB400钢筋。环境类别为Ⅰ类。

要求：选择钢筋并配置后复核抗弯承载力。

解：令 $M = \gamma_0 M_d = 0.9 \times 540 = 486$ kN·m

(1)截面设计

1)将空心板截面等效为工形截面

上翼缘厚度

$$h_f' = y_1 - \frac{\sqrt{3}}{4}D = 225 - \frac{\sqrt{3}}{4} \times 300 = 95\ \text{mm}$$

下翼缘厚度

$$h_f = y_2 - \frac{\sqrt{3}}{4}D = 225 - \frac{\sqrt{3}}{4} \times 300 = 95\ \text{mm}$$

腹板厚度

$$b = b_f - \frac{\sqrt{3}}{3}\pi D = 1\ 000 - \frac{\sqrt{3}}{3} \times 3.14 \times 300 = 456\ \text{mm}$$

2)假定 a_s

假设采用单排钢筋配筋，取 $a_s = 40$ mm，则板的有效高度 $h_0 = 450 - 40 = 410$ mm。

3)判断T形截面类型

$$f_{cd}b_f'h_f'\left(h_0 - \frac{h_f'}{2}\right) = 11.5 \times 1\ 000 \times 95 \times \left(410 - \frac{95}{2}\right)$$

$$= 396.0 \times 10^6\ \text{N} \cdot \text{mm}$$

$$= 396.0\ \text{kN} \cdot \text{m} < M = 486\ \text{kN} \cdot \text{m}$$

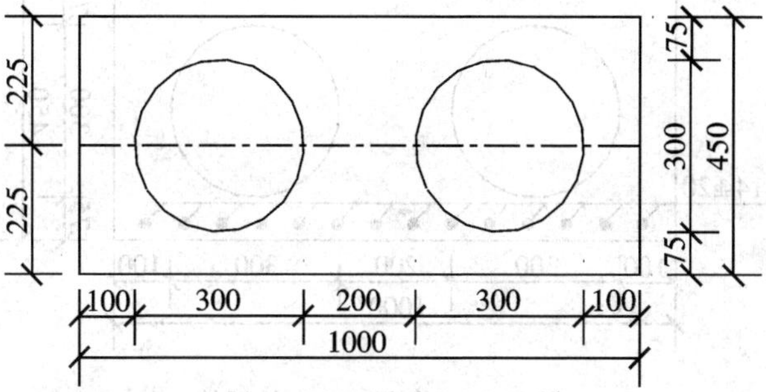

（a）

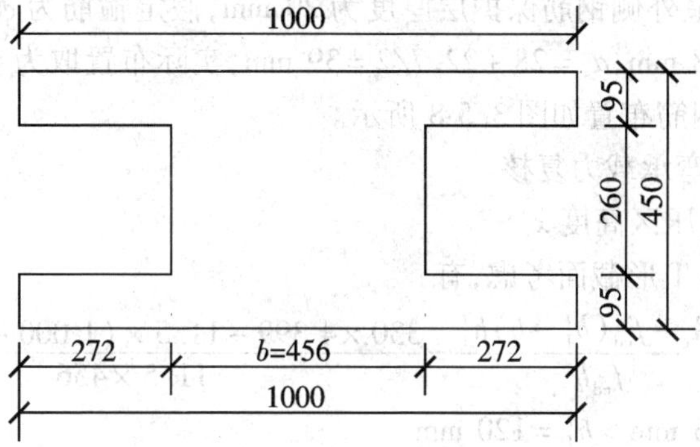

（b）

图 3.5-7　钢筋混凝土空心板截面尺寸

(a)原截面图;(b)等效变化后的截面

属于第二类 T 形截面。

4)求解受压区高度 x

$$x = h_0 - \sqrt{h_0^2 - \frac{2\left[M - f_{cd}(b'_f - b)h'_f\left(h_0 - \frac{h'_f}{2}\right)\right]}{f_{cd}b}}$$

$$= 410 - \sqrt{410^2 - \frac{2\left[486 \times 10^6 - 11.5 \times (1\ 000 - 456) \times 95 \times \left(410 - \frac{95}{2}\right)\right]}{11.5 \times 456}}$$

$$= 155\ \text{mm} < \xi_b h_0 = 0.53 \times 410 = 217\ \text{mm}$$

5)配筋计算

$$A_s = \frac{f_{cd}bx + f_{cd}(b'_f - b)h'_f}{f_{sd}} = \frac{11.5 \times 456 \times 155 + 11.5 \times (1\ 000 - 456) \times 95}{330}$$

$$= 4\ 264\ \text{mm}^2$$

选择 14 ⌀ 20,可提供的钢筋截面面积 $A_s = 4\ 399\ \text{mm}^2$。钢筋布置一排所需截面最小宽度 $b_{min} = 2 \times 30 + 14 \times 22.7 + 13 \times 30 = 767.8\ \text{mm} < 1\ 000\ \text{mm}$。

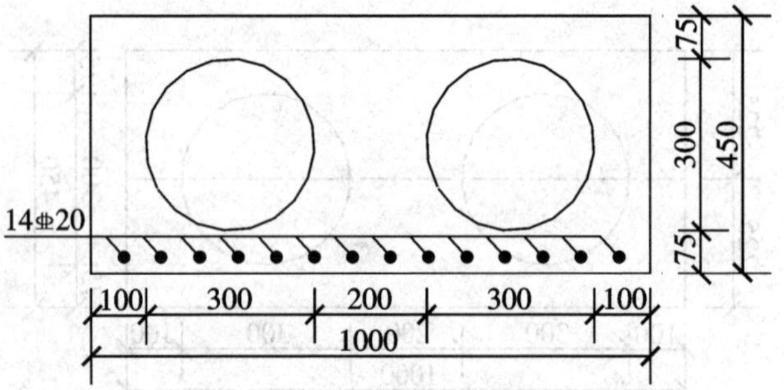

图 3.5-8 例题 3.5-2 的配筋

Ⅰ类环境，最外侧钢筋保护层厚度为 20 mm，假定箍筋为 ϕ，则板内纵筋的保护层厚度最小为 28 mm，$a_s = 28 + 22.7/2 = 39$ mm，实际布置取为 40 mm，则 $h_0 = 450 - 40 = 410$ mm。钢筋布置如图 3.5-8 所示。

(2)截面抗弯承载力复核

①混凝土受压区高度 x

按照第二类 T 形截面考虑，有

$$x = \frac{f_{sd}A_s - f_{cd}(b'_f - b)h'_f}{f_{cd}b} = \frac{330 \times 4\ 399 - 11.5 \times (1\ 000 - 456) \times 95}{11.5 \times 456}$$

$$= 163 \text{ mm} > h'_f = 120 \text{ mm}$$

表明原假设正确，解得的 x 值可用。

②抗弯承载力计算

由于 $x = 163 \text{ mm} < \xi_b h_0 = 0.53 \times 410 = 217$ mm，故

$$M_u = f_{cd}bx\left(h_0 - \frac{x}{2}\right) + f_{cd}(b'_f - b)h'_f\left(h_0 - \frac{h'_f}{2}\right)$$

$$= 11.5 \times 456 \times 163 \times \left(410 - \frac{163}{2}\right) + 11.5 \times (1000 - 456) \times 95 \times \left(410 - \frac{95}{2}\right)$$

$$= 496.2 \times 10^6 \text{N} \cdot \text{mm} > M = 486 \text{ kN} \cdot \text{m}$$

可见，抗弯承载力满足要求。

第4章　受弯构件斜截面承载力计算

4.1　概述

受弯构件在荷载作用下除承受弯矩，通常还承受剪力，如图4.1-1(a)所示，在Am、Bn区即为弯矩与剪力共同作用区段，称为弯剪段。集中荷载与支座之间的距离a称作剪跨。剪跨a与截面有效高度h_0之比$m=\frac{a}{h_0}$称作剪跨比。

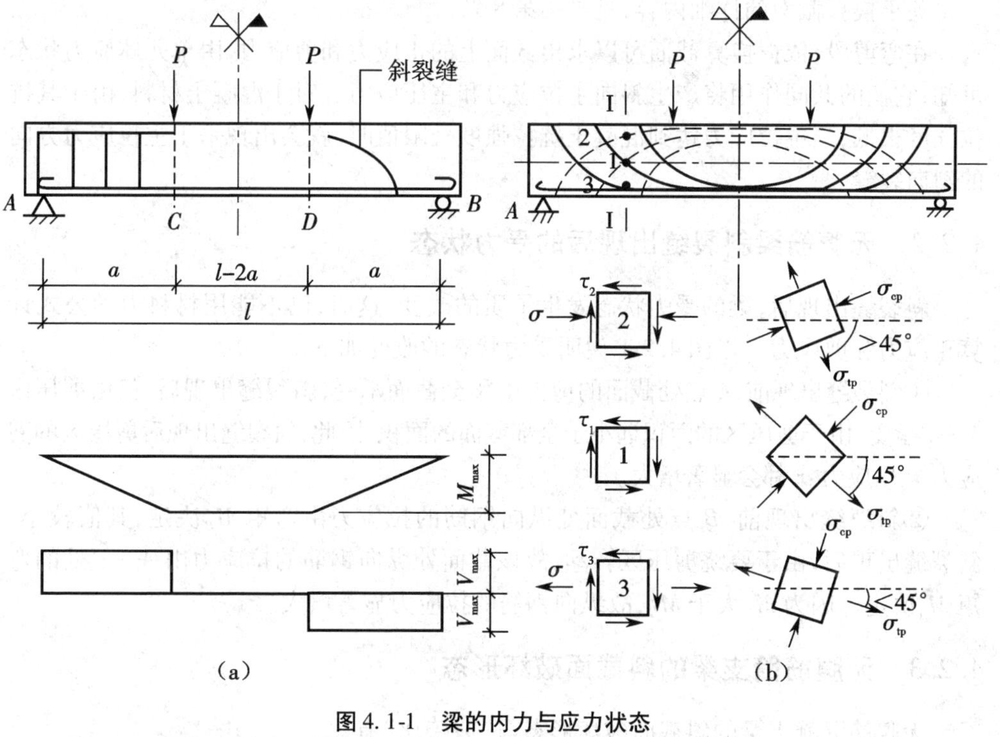

图4.1-1　梁的内力与应力状态

(a)梁的内力；(b)梁的应力

根据材料力学知识，弯剪段的主拉应力与构件纵轴成一个倾斜的角度，如图4.1-1(b)所示，当主拉应力足够大时，将产生斜裂缝，形成呈脆性性质的斜截面破坏。为此，必须对斜截面承载力进行计算。

为了防止斜截面破坏，梁内须设置必要的受剪钢筋。受剪钢筋包括箍筋与弯起钢筋,二者统称为腹筋。配有腹筋的梁称作有腹筋梁,未配有腹筋的梁称作无腹筋梁。

箍筋、弯起钢筋的配置应满足斜截面抗剪要求和抗弯要求。沿梁纵向各截面均应满足正截面抗弯要求。

4.2 受弯构件斜截面的破坏形态

4.2.1 无腹筋梁斜裂缝出现前的受力状态

按照材料力学的方法分析,在裂缝出现前,钢筋和混凝土的应力应变关系处在弹性阶段,这时,可以将梁近似视为弹性体。但是钢筋混凝土构件是由两种材料组成的,因此需要先将两种材料换算为一种材料,通常将钢筋换算成混凝土,形成换算截面。

关于换算截面的详细内容,见本书第 8 章。

在弯剪段,依据换算截面可以求出截面上的正应力和剪应力,由单元体应力状态可知,它们的共同作用将产生斜向主拉应力和主压应力。对于混凝土材料,由于其抗拉强度很低,当主拉应力达到混凝土抗拉强度极限值时,就会出现垂于主拉应力方向的斜向裂缝。

4.2.2 无腹筋梁斜裂缝出现后的受力状态

斜裂缝出现后,梁的受力状态发生了质的改变,这时,已不能用材料力学公式计算正应力和剪应力。以图 4.2-1 说明受力状态的改变如下。

①斜裂缝出现前,A 点处截面的剪力由梁全截面承受,斜裂缝出现后,仅由剪压区 $A—A'$承受,由于剪压区的面积远小于全部截面的面积,因此,斜裂缝出现后剪压区的剪应力 τ、压应力 σ 都会显著增大。

②斜裂缝出现前,B 点处截面处纵向钢筋的拉应力由弯矩 M_B决定,其值较小。斜裂缝出现后,由于要绕剪压区转动,故该截面处纵向钢筋的拉应力由 $A—A'$处的弯矩 M_A决定。因为 M_A大于 M_B,故纵向钢筋的拉应力显著增大。

4.2.3 无腹筋简支梁的斜截面破坏形态

无腹筋混凝土梁的斜截面破坏形态与“剪跨比”有关。

如前所述,剪跨比可以表示为 $m=\frac{a}{h_0}$。若改用截面的弯矩与剪力之比表示,则是 $m=\frac{a}{h_0}=\frac{M}{Vh_0}$。可见,$m=\frac{M}{Vh_0}$对其他荷载形式亦可使用,故称为广义剪跨比,而将 $m=\frac{a}{h_0}$称为狭义剪跨比。剪跨比反映了截面所承受的弯矩和剪力的数值比例关系,即法向应力和剪应力的数值比例关系。试验研究表明，剪跨比越大即弯矩的影响越大，则梁的抗剪承载力越低；反之，剪跨比越小梁的抗剪承载力越高。

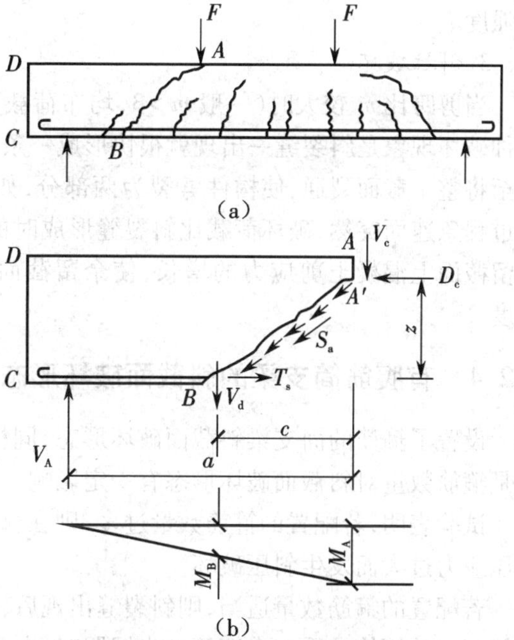

图 4.2-1　斜截面破坏的主要形态

(a)斜裂缝的形式；(b)隔离体受力分析

根据试验研究，无腹筋梁的斜截面受剪破坏有以下三种主要破坏形态。

1. 斜压破坏

当剪跨比 m 较小时（一般 $m \leqslant 1$，均布荷载下为跨高比 $l/h \leqslant 3$），发生斜压破坏。当集中荷载距支座较近时，斜裂缝由支座向集中荷载处发展，支座反力与荷载间的混凝土形成一斜向受压短柱，随着荷载的增加，当主压应力超过了混凝土的抗压强度时，短柱被压碎而破坏，如图 4.2-2(a)所示。它的特点是斜裂缝细而密，破坏时的荷载也明显高于斜裂缝出现时的荷载。斜压破坏的原因是由于主压应力超过了斜向受压短柱混凝土的抗压强度。

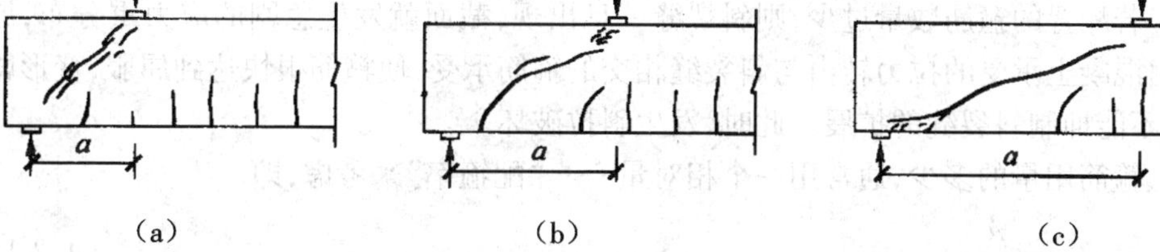

图 4.2-2　斜截面破坏的主要形态

(a)斜压破坏；(b)剪压破坏；(c)斜拉破坏

2. 剪压破坏

当剪跨比 m 适中时（一般 $1 < m \leqslant 3$，均布荷载下为跨高比 $3 < l/h \leqslant 9$），发生剪压破坏。这种破坏现象是当荷载增加到一定程度时，多条斜裂缝中的一条形成主要斜裂缝，该主要斜裂缝向斜上方伸展，使受压区高度逐渐减小，直到斜裂缝顶端的混凝土在剪应力和压应力共同作用下被压碎而破坏，如图 4.2-2(b)所示。它的特点是破坏过程比斜拉破坏缓慢些，破坏时的荷载明显高于斜裂缝出现时的荷载。剪压破坏的原因是余留截面上混凝土的主压应力超过了混凝土在压力和剪力共同作用下的抗

压强度。

3. 斜拉破坏

当剪跨比 m 较大时(一般 $m>3$,均布荷载下为跨高比 $l/h>9$),发生斜拉破坏。这种破坏现象是斜裂缝一出现就很快形成一条主要斜裂缝,并迅速向受压边缘发展,直至将整个截面裂通,使构件劈裂为两部分,如图 4. 2-2(c)所示。其特点是整个破坏过程急速而突然,破坏荷载比斜裂缝形成时的荷载增加不多。斜拉破坏的原因是余留截面上混凝土剪应力的增长,使余留截面上的主拉应力超过了混凝土的抗拉强度。

4. 2. 4 有腹筋简支梁的斜截面破坏形态

设置了箍筋的简支梁斜截面破坏形态,同样为斜拉破坏、剪压破坏和斜压破坏,只是箍筋数量对斜截面破坏形态有一定影响。

试验表明,若配置的箍筋数量过多,则在箍筋尚未屈服时,斜裂缝间混凝土即因主压应力过大而发生斜压破坏。

若配置的箍筋数量适当,则斜裂缝出现后,原来由混凝土承受的拉力转而由与斜裂缝相交的箍筋承受。在箍筋尚未屈服时,由于箍筋的作用,延缓和限制了斜裂缝的扩展,承载力尚有较大的增长。当箍筋屈服后,其变形迅速增大,箍筋不再能有效抑制斜裂缝的扩展,最后,斜裂缝上端的剪压区在剪、压复合应力的作用下达到极限强度,发生剪压破坏。

若配置的箍筋数量过少,则斜裂缝一旦出现,截面就发生急剧的应力重分布,原来由混凝土承受的拉力转由与斜裂缝相交的箍筋承受,使箍筋很快达到屈服,变形剧增,不能抑制斜裂缝的扩展。此时,发生斜拉破坏。

箍筋用量的多少,通常用一个相对量——“配箍率”来考虑,即

$$\rho_{sv}=\frac{A_{sv}}{bS_v} \tag{4.2-1}$$

$$A_{sv}=nA_{sv1} \tag{4.2-2}$$

式中 A_{sv}——同一截面内的箍筋截面面积;

n——同一截面内箍筋的肢数;

A_{sv1}——单肢箍筋截面面积;

b——矩形截面的宽度,T 形或工形截面的腹板宽度;

S_v——沿梁轴线方向箍筋的间距。

以上三种主要破坏形态,就它们的斜截面承载力而言,斜拉破坏最低,剪压破坏较高,斜压破坏最高。但就其破坏性质而言,由于它们达到破坏荷载时的跨中挠度都不大,因而均属脆性破坏,其中斜拉破坏的脆性更突出。

除了上述三种主要破坏形态外,斜截面还可能出现其他破坏形态,例如,局部挤压破坏或纵向钢筋的锚固破坏等。

4.3 受弯构件斜截面抗剪承载力计算

4.3.1 影响斜截面抗剪承载力的主要因素

试验表明，影响钢筋混凝土梁斜截面受剪承载力的因素主要有剪跨比、混凝土强度等级、纵筋配筋率和配箍率及箍筋强度等。

1. 剪跨比

对直接承受集中荷载作用的无腹筋梁，剪跨比 m 是影响其斜截面受剪承载力的最主要因素。试验表明，在混凝土截面尺寸以及纵向钢筋配筋率均相同的情况下，随着剪跨比的增大，破坏形态按照斜压破坏、剪压破坏和斜拉破坏的顺序演变，梁的斜截面受剪承载力逐步降低，当剪跨比 $m>3$ 以后，剪跨比对斜截面受剪承载力的影响变得不明显。

2. 混凝土强度等级

混凝土强度等级反映了混凝土的抗压强度和抗拉强度，因此，直接影响斜截面剪压区抵抗主拉应力和主压应力的能力。梁斜截面破坏的形态不同，混凝土强度影响程度也不同。试验表明，$m=1.0$ 时发生斜压破坏，梁的抗剪能力取决于混凝土的抗压强度；$m=3$ 时接近斜拉破坏，梁的抗剪能力取决于混凝土的抗拉强度；$1.0<m<3.0$ 时为剪压破坏，介于上述二者之间。

3. 纵筋配筋率

增加纵筋配筋率 ρ，一方面，可抑制斜裂缝向受压区的扩展，使斜裂缝上端的混凝土剪压区面积增大，提高剪压区混凝土能承受的剪力；另一方面，提高了纵筋的销栓作用，使可传递的剪力增大。因此，随着 ρ 的增大，梁的斜截面受剪承载力有所提高。

4. 配箍率和箍筋强度

对于有腹筋梁，在斜裂缝发生之前，因混凝土变形协调影响，腹筋的应力很低，对阻止斜裂缝的出现几乎没有什么作用。出现斜裂缝后，箍筋不仅承受相当部分的剪力，而且能有效抑制斜裂缝的扩展与延伸，对提高剪压区混凝土的抗剪能力和纵向钢筋的销栓作用都有积极影响。

4.3.2 斜截面抗剪承载力计算的基本公式和适用条件

如前所述，钢筋混凝土梁沿斜截面的主要破坏形态有斜压破坏、剪压破坏和斜拉破坏。对于斜压破坏和斜拉破坏，通常采用构造措施加以防止，而对于抗剪能力变化幅度较大的剪压破坏，则需要通过计算加以防止。

1. 斜截面抗剪承载力公式

钢筋混凝土梁斜截面抗剪承载能力计算，以剪压破坏形态的受力特征为基础。

此时,斜截面所承受的剪力组合设计值,由斜裂缝顶端未开裂的混凝土、与斜裂缝相交的箍筋和弯起钢筋三者共同承担(图4.3-1),令 V_c、V_{sv}、V_{sb} 分别表示剪压区混凝土的抗剪承载力、与斜截面相交的箍筋抗剪承载力、弯起钢筋的抗剪承载力,则钢筋混凝土梁斜截面抗剪承载力计算的基本表达式为

$$\gamma_0 V_d \leqslant V_u = V_c + V_{sv} + V_{sb} \tag{4.3-1}$$

在有腹筋梁中,箍筋的存在抑制了斜裂缝的扩展,使剪压区面积增大,导致剪压区混凝土抗剪能力的提高。因此,V_c 和 V_{sv} 事实上紧密相关,并不可分,通常统一记作 V_{cs},即 $V_{cs} = V_c + V_{sv}$。于是,《公路桥规》规定将斜截面抗剪承载力用下式计算:

$$\gamma_0 V_d \leqslant V_u = \alpha_1 \alpha_3 0.45 \times 10^{-3} b h_0 \sqrt{(2 + 0.6P)\sqrt{f_{cu,k}}\rho_{sv} f_{sv}} + (0.75 \times 10^{-3}) f_{sd} \sum A_{sb} \sin\theta_s \tag{4.3-2}$$

式中 V_d——斜截面受压端正截面处由作用(或荷载)产生的最大剪力组合设计值;

α_1——异号弯矩影响系数,计算简支梁和连续梁近边支点梁段的抗剪承载力时,取为1.0,计算连续梁近中间支点梁段和悬臂梁跨径内梁段的抗剪承载力时,取为0.9;

α_3——受压翼缘的影响系数,对具有受压翼缘的截面,取为1.1;

f_{sv}——箍筋的抗拉强度设计值,MPa;

P——斜截面内纵向受拉钢筋配筋百分率,$P = 100\rho$,$\rho = A_s/(bh_0)$,当 $P > 2.5$ 时,取 $P = 2.5$;

f_{sd}——弯起钢筋的抗拉强度设计值,MPa;

A_{sb}——斜截面内同一弯起平面的弯起钢筋截面面积,mm^2;

θ_s——弯起钢筋与梁轴线的夹角;

b——斜截面受压端正截面处,矩形截面宽度,mm,或T形和工形截面腹板宽度,mm;

h_0——斜截面受压端正截面处的有效高度,mm;

ρ_{sv}——斜截面内箍筋配筋率。

使用以上公式时,应注意代入数值的单位:强度的单位为MPa,长度的单位为mm,面积的单位为mm^2,最后得到的力的单位为kN。

2. 公式的适用条件

前已指出,《公路桥规》给出的钢筋混凝土梁斜截面抗剪承载力计算公式是以剪压破坏形态的受力特征为基础建立的。因此,应用上述公式进行斜截面抗剪承载力计算的前提是,构件不会发生斜压破坏和斜拉破坏。

当梁的截面尺寸较小而剪力过大时,就可能在梁的肋部产生过大的主压应力,使梁发生斜压破坏。为此,须对截面最小尺寸进行限制。《公路桥规》规定,矩形、T形和工形截面受弯构件,其截面尺寸应符合下列要求:

$$\gamma_0 V_d \leqslant (0.51 \times 10^{-3}) \sqrt{f_{cu,k}} b h_0 (\mathrm{kN}) \tag{4.3-3}$$

如果梁截面配置的箍筋过少，一旦斜裂缝出现，箍筋的拉应力就会立即达到屈服强度，以致不能进一步抑制斜裂缝的扩展，导致斜拉破坏。为此，必须规定最小箍筋配筋率。《公路桥规》规定的最小配箍率为：

当箍筋为 HPB300 时，$\rho_{sv} \geqslant 0.14\%$；

当箍筋为 HRB400 时，$\rho_{sv} \geqslant 0.11\%$。

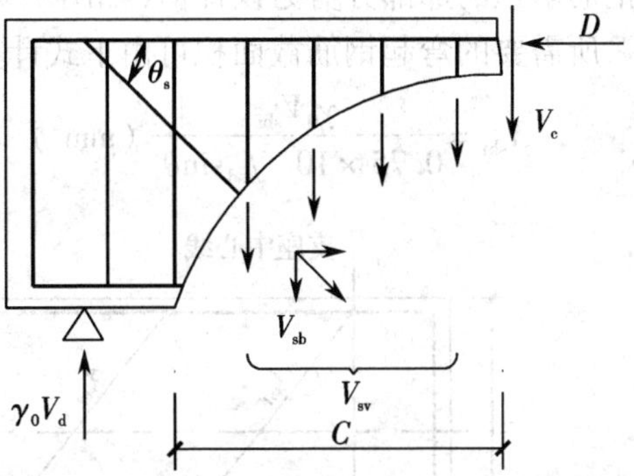

图 4.3-1　斜截面抗剪承载力计算简图

《公路桥规》还规定，矩形、T 形和工形截面受弯构件，如符合下式要求，则不需进行斜截面抗剪承载力计算，仅需按构造要求配置箍筋即可。对于板式受弯构件，下式的右边可乘以 1.25。

$$\gamma_0 V_d \leqslant 0.5 \times 10^{-3} f_{td} b h_0 (\mathrm{kN}) \tag{4.3-4}$$

式中　f_{td}——混凝土抗拉强度设计值，MPa。

可见，当 $\gamma_0 V_d$ 处于 $0.5 \times 10^{-3} f_{td} b h_0$ 和 $(0.51 \times 10^{-3}) \sqrt{f_{cu,k}} b h_0$ 之间时，需要按照计算配置腹筋。因此，习惯上称前者为基本公式的下限，后者为基本公式的上限。

4.3.3　受弯构件斜截面抗剪配筋设计

在实际工作中，斜截面抗剪承载力计算可分为斜截面抗剪配筋设计和抗剪承载能力复核两种情况，以下以简支梁为例进行介绍。对于连续梁以及变高度梁的详细情况，请参阅《公路桥规》。

抗剪配筋设计需要确定箍筋的直径、间距，弯起钢筋的弯起点、弯终点位置，可采用以下步骤进行。

①依据荷载组合画出剪力设计值包络图。

②取距离支点中心 $h/2$ 处的剪力设计值记作 V'，将 V' 分为两部分，其中至少 $60\% V'$ 由混凝土和箍筋共同承担，至多 $40\% V'$ 由弯起钢筋承担，如图 4.3-2 所示用水平线将剪力包络图分割为两部分。

③依据构造要求选定箍筋种类和直径后，依据下式计算箍筋间距：

$$S_v \leqslant \frac{\alpha_1^2 \alpha_3^2 \times 0.2 \times 10^{-6} (2 + 0.6P) \sqrt{f_{cu,k}} A_{sv} f_{sv} b h_0^2}{(\xi \gamma_0 V'_d)^2} (\mathrm{mm}) \tag{4.3-5}$$

式中　ξ——混凝土和箍筋的剪力分配系数，$\xi \geqslant 0.6$。

布置箍筋时，应注意满足《公路桥规》规定的有关构造要求。

④设计第一排弯起钢筋 A_{sb1} 时，其应承担的剪力为距离支点中心 $h/2$ 处由弯起钢筋承担的那部分剪力。

⑤设计第一排以后的每一排弯起钢筋时，取用前一排弯起钢筋起弯点处应由弯

起钢筋承担的那部分剪力设计值(如图4.3-2)。

所需要的弯起钢筋截面积可由下式计算:

$$A_{sbi}=\frac{\gamma_0 V_{sbi}}{0.75\times10^{-3}f_{sd}\sin\theta_s}\ (\text{mm}^2) \tag{4.3-6}$$

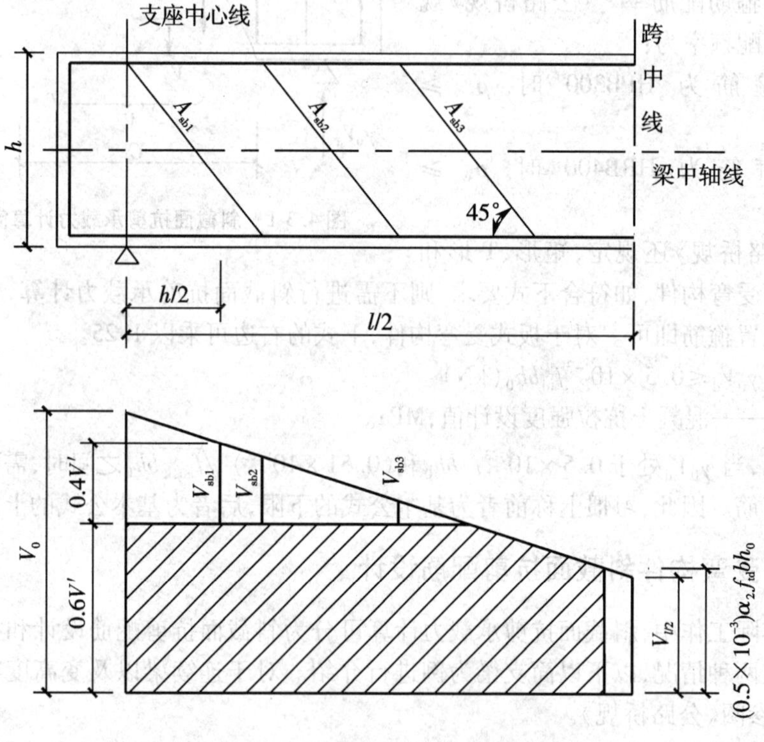

图4.3-2 腹筋初步设计计算简图

布置弯起钢筋时,注意满足《公路桥规》规定的构造要求。

4.3.4 受弯构件斜截面抗剪承载力复核

已配置完成纵向受力钢筋、箍筋和弯起钢筋的梁应进行斜截面抗剪承载力复核。尽管概念上应对每一个截面验算,但实际上只需要对剪力较大或抗剪强度相对薄弱的斜截面进行即可。《公路桥规》规定的应复核斜截面抗剪承载力的位置包括:

①距支点中心 $h/2$ 处截面(图4.3-3(a)截面1—1);

②受拉区弯起钢筋弯起点处截面(图4.3-3(a)截面2—2,3—3),以及锚于受拉区的纵向钢筋开始不受力处的截面(图4.3-3(b)截面4—4);

③箍筋数量或间距改变处的截面(图4.3-3(b)截面5—5);

④构件腹板宽度变化处的截面。

需要注意的是,用式(4.3-1)进行复核时,式中的 V_d、b、h_0 均为斜截面顶端位置处

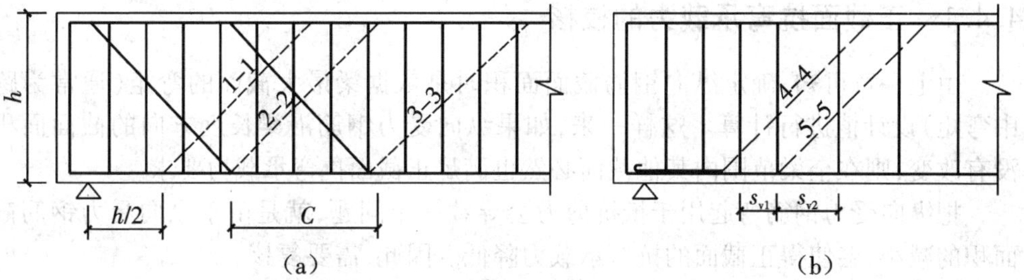

图 4.3-3　应进行斜截面抗剪承载力复核的位置

(a)配置弯起钢筋时;(b)仅配置箍筋时

对应的数值,而规范给出的验算点为斜截面底端的位置。因此,需要有一个从规范规定位置到斜截面顶端位置的转换方法。《公路桥规》规定了斜截面投影长度 C 的计算公式,即

$$C = 0.6mh_0 \tag{4.3-7}$$

式中　m——斜截面受压端正截面处的广义剪跨比,$m=\dfrac{M_d}{V_d h_0}$,当 $m>3.0$ 时,取 $m=3.0$;M_d为对应最大剪力组合设计值的弯矩组合设计值。

但是,由于上式中的 V_d、M_d 均为斜截面受压端正截面处的内力值,并不是斜截面底端位置处的值,因此,不能由斜截面底端位置和 C 的值直接确定斜裂缝顶端剪压区位置。此时,理论上应该采用“试算”的方法求得,实际中可以采用简化方法:取距离斜截面底端为 h_0 的位置。

受弯构件斜截面抗剪承载力复核的步骤如下:

①依据《公路桥规》确定斜截面底端验算点位置;

②以底端位置向跨中方向取距离为 h_0(此 h_0取为底端验算点截面值)的截面,认为验算斜截面顶端在此正截面上;

③由验算斜截面顶端的位置坐标,从内力包络图求得该截面处的最大剪力组合设计值 V_d及相应的弯矩组合设计值 M_d,进而求得剪跨比 m 以及斜截面投影长度 $C=0.6\ mh_0$(此 h_0取斜截面顶端正截面值);

④由斜截面投影长度 C,确定与斜截面相交的纵向受拉钢筋配筋百分率 P、弯起钢筋截面积 A_{sb}和箍筋配筋率 ρ_{sv};

⑤将上述数值代入式(4.3-1),进行斜截面抗剪承载力复核。

4.4　全梁承载能力校核

所谓“全梁承载能力校核”,包括两层含义:一是沿梁的纵向,每一个截面均应满足承载力要求;二是承载力包括梁的抗弯承载力和抗剪承载力两个方面。

4.4.1 正截面抗弯承载力的校核

由上一章可知,确定纵向钢筋截面面积时是依据梁最大截面的弯矩(通常为跨中弯矩)设计值进行计算。这样一来,如果纵向受力钢筋沿梁长度方向的截面面积没有改变,则在全梁范围内其他截面必然也满足正截面抗弯承载力要求。

把纵向受力钢筋弯起用于抵抗剪力会导致一个问题,就是由于纵向受力钢筋截面积的减小,会使得正截面的抗弯承载力降低。因此,需要复核。

根据荷载不同布置,将其产生的各个正截面最大弯矩值绘制成图形,称作弯矩包络图,即 M 图。根据截面配筋情况,将梁各个正截面能够承受的弯矩设计值绘成图形,称作抵抗弯矩图,即 M_u 图。为保证每一个截面均有 $M_u \geqslant M$,M_u 图必须将 M 图全部"包住"。

1. 弯矩包络图的做法

弯矩包络图通常近似用一条二次抛物线表达,若以跨中截面作为横坐标原点,则简支梁的弯矩包络图曲线可表示为

$$M_{d,x} = M_{d,l/2}\left(1 - \frac{4x^2}{l^2}\right) \quad (4.4\text{-}1)$$

式中 l——计算跨径;

x——截面至跨中截面的距离;

$M_{d,l/2}$——跨中截面的弯矩设计值。

2. 抵抗弯矩图的做法

如图4.4-1,一简支梁计算跨径为 l,跨中截面布置有6根纵向受拉钢筋(2 N1 +2 N2 +2 N3),其正截面抗弯承载力 $M_{u,l/2} \geqslant \gamma_0 M_{d,l/2}$。将2 N1(处于底层角部的2根纵筋)伸过支座中心线,而将2 N2和2 N3在跨间弯起。

由于部分纵向钢筋弯起,正截面抗弯承载力发生变化,这时可以近似认为截面抗弯承载力与纵向钢筋截面面积成正比,例如,图4.4-1中 $M_{u,1} = M_{u,l/2} \times A_{s,1}/A_s$。计算出的各种配筋情况下正截面抗弯承载力表现为与横轴平行的水平线。

由于弯起钢筋的内力臂是逐渐减小的,故造成抗弯承载力也逐渐减小。认为在达到弯起钢筋与梁的中轴线交点位置时,正截面抗弯的贡献消失。图4.4-1中的 a 点就是自 A 点作垂直线与 $M_{u,1}$ 这条水平线的交点。

在跨中3点处,抵抗弯矩图与弯矩包络图最接近,所有钢筋的强度得到最充分利用,故称3点为所有钢筋的强度充分利用点。在2点处以及以左,2 N1 +2 N2的配筋已经足够(截面面积为 $A_{s1,2}$,抗弯承载力为 $M_{u1,2}$),2 N3钢筋已经没有必要,故称2点为2 N3钢筋的理论截断点,2点同时为2 N1 +2 N2的强度充分利用点。

4.4.2 斜截面抗弯承载力的校核

1. 斜截面抗弯承载力要求

由于抵抗剪力的需要,会有部分纵向受力钢筋被弯起,这时就存在斜截面抗弯承

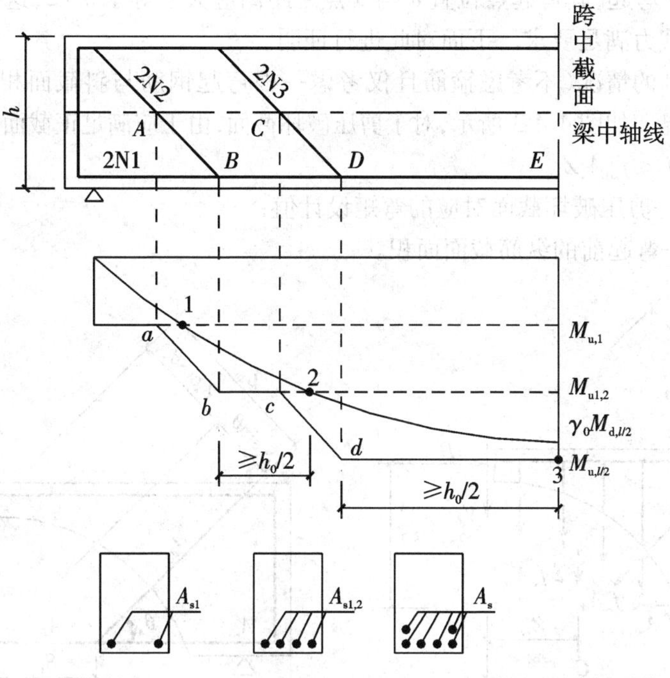

图 4.4-1　简支梁的弯矩包络图与抵抗弯矩图

载力的问题。如图 4.4-2 所示，由于斜裂缝的开展，梁被斜裂缝分成两部分，且将绕位于受压区的公共铰而转动。在极限状态下，与斜裂缝相交的纵向钢筋、箍筋和弯起钢筋的应力均达到其抗拉强度设计值，受压区混凝土的应力达到抗压强度设计值。此时，抗弯承载力应满足下式要求（对受剪压区混凝土合力作用点取矩）：

$$\gamma_0 M_d \leqslant f_{sd} A_{s0} Z_s + \sum f_{sd} A_{sb} Z_{sb} + \sum f_{sv} A_{sv} Z_s \tag{4.4-2}$$

式中　M_d——斜截面受压顶端正截面的最大弯矩组合设计值；

A_{sv}、A_{sb}、A_{s0}——与斜截面相交的箍筋、弯起钢筋和弯起后剩余的纵向受力钢筋的截面面积；Z_{sv}、Z_{sb}、Z_s的含义如图 4.4-2 所示。

显然，水平投影长度 C 越大，式(4.4-2)右侧求得的数值越大，因此，应确定一个最不利的斜截面位置。可按照下式试算确定：

$$\gamma_0 V_d = \sum f_{sd} A_{sd} \sin \theta_s + \sum f_{sv} A_{sv} \tag{4.4-3}$$

式(4.4-2)中 Z_{sv}、Z_{sb}、Z_s的取值与斜截面受压端受压区高度 x 有关，可按斜截面内所有力对构件纵轴投影之和为零的平衡条件求得，表达为公式形式，写成：

$$A_c f_{cd} = f_{sd} A_s + f_{sd} A_{sd} \cos \theta_s \tag{4.4-4}$$

式中　A_c——受压区混凝土面积；

θ_s——与斜截面相交的弯起钢筋切线与水平线的夹角。

2. 保证斜截面抗弯承载力的措施

通常，斜截面抗弯承载力不需要计算，而是通过构造措施来保证。例如，图 4.4-1

中,若将2 $N3$ 弯起,其弯起点位置 d 与3点之距离应大于等于 $h_0/2$,这样就能保证斜截面抗弯承载力满足要求。下面对此进行证明。

取最不利的情况(不考虑箍筋且仅考虑一根弯起钢筋与斜截面相交)分析斜截面受弯的情况。如图4.4-3所示,对于剪压破坏截面,由于应满足正截面抗弯要求,故

$$\gamma_0 M_d \leqslant f_{sd} A_s Z_s \tag{4.4-5}$$

式中　M_d——剪压破坏截面对应的弯矩设计值;

A_s——弯起前的纵筋截面面积。

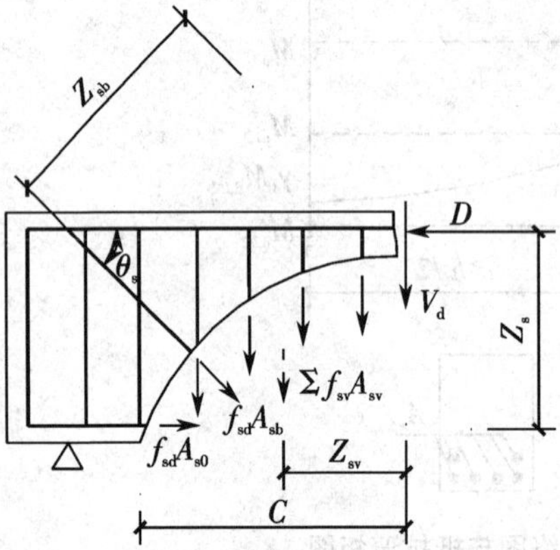

图4.4-2　斜截面抗弯承载力计算简图

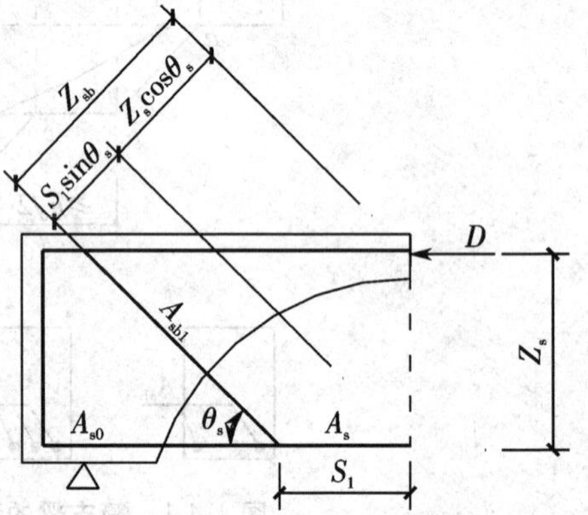

图4.4-3　$S_1 \geqslant h_0/2$ 的分析图

对比式(4.4-2)与式(4.4-5),显然,若有下式成立,则斜截面抗弯承载力必然满足要求:

$$f_{sd} A_{s0} Z_s + f_{sd} A_{sb} Z_{sb} \geqslant f_{sd} A_s Z_s \tag{4.4-6}$$

根据几何关系可知,$Z_{sb} = S_1 \sin\theta_s + Z_s \cos\theta_s$,由于 $A_s = A_{s0} + A_{sb}$,上式可变形为

$$S_1 \sin\theta_s + Z_s \cos\theta_s \geqslant Z_s \tag{4.4-7}$$

即

$$S_1 \geqslant \frac{1-\cos\theta_s}{\sin\theta_s} Z_s \tag{4.4-8}$$

一般取 $\theta_s = 45°$ 或 $60°$,$Z_s \approx 0.9h_0$,将其代入上式得 $S_1 = (0.37 \sim 0.52)h_0$,设计中取 $S_1 \geqslant h_0/2$,则可以保证斜截面抗弯承载力不低于相应的正截面抗弯承载力。《公路桥规》规定,受拉区弯起钢筋起弯点,应设在按正截面抗弯承载力计算充分利用该钢筋强度的截面(称为强度充分利用点)以外不小于 $h_0/2$ 处。

4.4.3　斜截面抗剪承载力的校核

在上一节,已经给出了斜截面抗剪承载力校核的步骤。其步骤③中,所需的跨间某截面处剪力值 V_d 也可以使用近似公式求得。对于简支梁,同样以跨中截面作为坐标原点,描述剪力包络图的直线方程为

$$V_{d,x}=V_{d,l/2}+(V_{d,0}-V_{d,l/2})\frac{2x}{l} \tag{4.4-9}$$

式中　x——待求剪力截面至跨中截面的距离；

$V_{d,0}$——支点截面的剪力设计值；

$V_{d,l/2}$——跨中截面的剪力设计值。

4.5　构造要求

1. 纵向钢筋在支座处的锚固

梁支座处出现斜裂缝时，会导致传力由“梁机构”转变为“拱机构”，而“拱机构”传力的前提是纵向钢筋在支座处有足够的锚固，防止钢筋被拔出。为此，《公路桥规》作了如下规定。

①在钢筋混凝土梁的支点处，应至少有 2 根且不少于总数 1/5 的下层受拉主钢筋通过。

②两外侧钢筋，应延伸出端支点以外，并弯成直角，顺梁高延伸至顶部，与顶层纵向架立钢筋相连。两侧之间的其他未弯起钢筋，伸出支点截面以外的长度不应小于 $10d$（环氧树脂涂层钢筋为 $12.5d$），d 为受拉钢筋直径；HPB300 钢筋应带半圆弯钩。

2. 纵向钢筋在跨间的截断

《公路桥规》规定，梁内纵向受拉钢筋不宜在受拉区截断。如需截断时，应自该钢筋强度充分利用点向外至少延伸 l_a+h_0 的长度，同时，尚应满足自该钢筋理论截断点至少延伸 $20d$（对环氧树脂涂层钢筋为 $25d$）。这里，l_a 为受拉钢筋的最小锚固长度，h_0 为梁的有效高度，d 为钢筋直径。纵向受压钢筋如在跨间截断时，应延伸至该钢筋的理论截断点以外至少 $15d$（环氧树脂涂层钢筋为 $20d$）。

纵向受拉钢筋在跨间截断时的延伸长度见图 4.5-1。

3. 对箍筋的要求

箍筋直径应不小于 8 mm 且不小于 1/4 主钢筋直径。箍筋的最小配筋率，对 HPB300 钢筋为 0.14%，对 HRB400 钢筋为 0.11%。当梁中配有计算需要的纵向受压钢筋，或在连续梁、悬臂梁近中间支点负弯矩的梁段，应采用封闭箍筋，同时，同排内任一纵向钢筋离箍筋折角处的纵向钢筋（角筋）的距离应不大于 150 mm，或 15 倍箍筋直径（取两者中较大者），否则，应设复合箍筋，见图 6.2-1。相邻箍筋的弯钩接头，沿纵向其位置应错开。

箍筋的间距不应大于梁高的 1/2 且不大于 400 mm；当所箍钢筋为按受力需要的纵向受压钢筋时，不应大于所箍钢筋直径的 15 倍，且不应大于 400 mm。对于钢筋搭接接头范围内的箍筋间距，当搭接钢筋受拉时，不应大于钢筋直径的 5 倍，且不大于 100 mm；当搭接钢筋受压时，不应大于钢筋直径的 10 倍，且不大于 200 mm。支座中心向跨径方向长度相当于一倍梁高范围内，箍筋间距应不大于 100 mm。

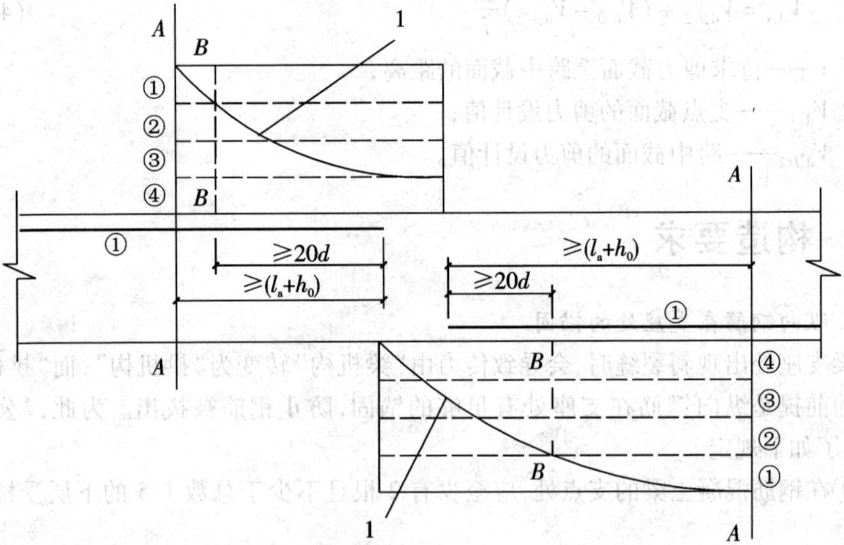

图 4.5-1 纵向受拉钢筋截断时的延伸长度

1—弯矩图；①②③④—钢筋批号；

$A-A$—钢筋强度充分利用截面；$B-B$—按计算不需要钢筋①的截面

近梁端第一根箍筋应设置在距端面一个混凝土保护层距离处。梁与梁或梁与柱的交接范围内可不设箍筋；靠近交接面的第一根箍筋，与交接面的距离不宜大于 50 mm。

4. 对弯起钢筋的要求

弯起钢筋一般由按正截面抗弯承载力计算不需要的纵向钢筋弯起供给。当采用焊接骨架配筋时，亦可采用专设的斜短钢筋焊接，但不准采用不与主筋焊接的浮筋。

弯起钢筋的弯起角宜取 45°。受拉区弯起钢筋的起弯点，应设在该钢筋的强度充分利用点以外不小于 $h_0/2$ 处。弯起钢筋与梁高中心线的交点，应位于按计算不需要该钢筋的截面以外。弯起钢筋的末端（弯终点以外）应留有锚固长度：受拉区不应小于 $20d$，受压区不应小于 $10d$，d 为钢筋直径；对环氧树脂涂层钢筋应增加 25%；对 HPB300 钢筋尚应设置半圆弯钩。

靠近端支点的第一排弯起钢筋顶部的弯折点，简支梁或连续梁边支点应位于支座中心截面处，悬臂梁或连续梁中间支点应位于横隔梁（板）靠跨径一侧的边缘处，以后各排（跨中方向）弯起钢筋梁顶部的弯折点，应落在前一排（支座方向）弯起钢筋的梁底部弯折点处或弯折点以内。

4.6　装配式钢筋混凝土 T 形简支梁设计

4.6.1　已知条件及要求

钢筋混凝土简支梁桥，计算跨度为 15.6 m，横截面尺寸如图 4.6-1 所示。T 形截面梁，两梁中心距 1 800 mm。采用 C35 混凝土，纵筋采用 HRB400，焊接钢筋骨架。箍筋采用 HPB300。该梁处于 I 类环境，结构重要性系数为 1.0。

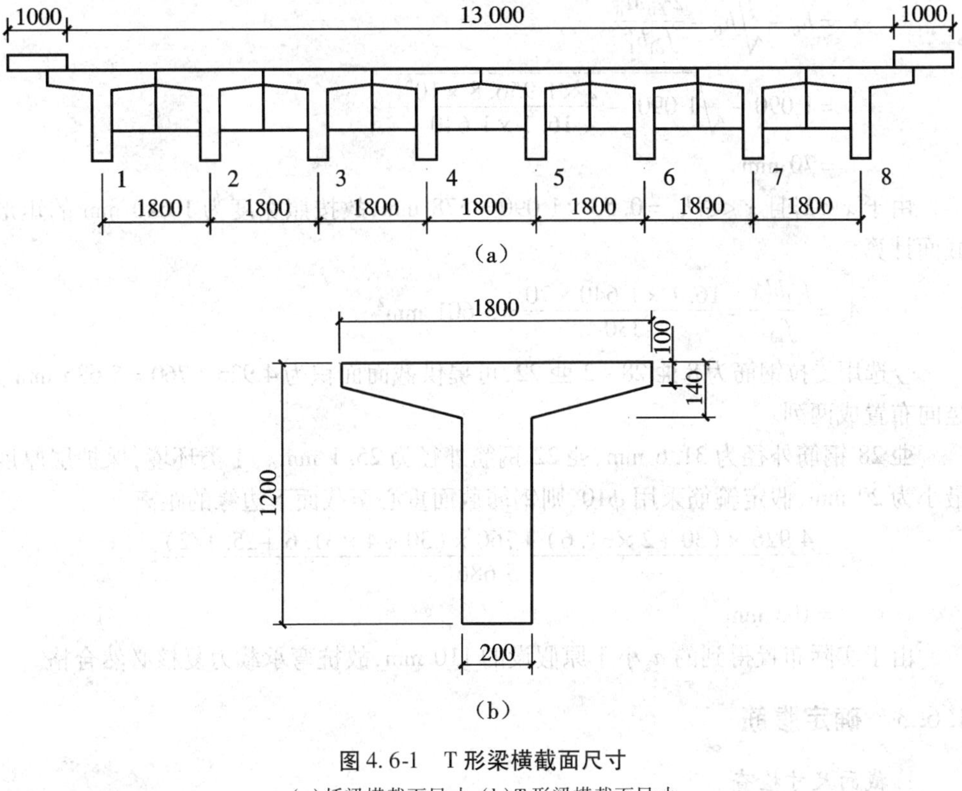

图 4.6-1　T 形梁横截面尺寸

(a)桥梁横截面尺寸；(b)T 形梁横截面尺寸

计算得到的控制截面内力设计值如下：

跨中截面弯矩为 1 956.8 kN·m；

1/4 跨截面弯矩为 1 428.8 kN·m；

支点截面剪力为 414.7 kN；

跨中截面剪力为 79.9 kN。

要求：根据所给定条件设计 T 形梁。

4.6.2 确定跨中纵向受力钢筋

采用焊接钢筋骨架配筋，可取 $a_s = 30\ \text{mm} + (0.07 \sim 0.1)h$，今取 $a_s = 110$ mm，则 $h_0 = 1\ 200 - 110 = 1\ 090$ mm。$h'_f = (100 + 140)/2 = 120$ mm。

受压翼缘计算宽度 b'_f 取以下三者的较小者：$\dfrac{l}{3} = 15\ 600/3 = 5\ 200$ mm；1 800 mm；$b + 12h'_f = 200 + 12 \times 120 = 1\ 640$ mm，故 $b'_f = 1\ 640$ mm。

先按第一类 T 形截面计算受压区高度：

$$
\begin{aligned}
x &= h_0 - \sqrt{h_0^2 - \frac{2\gamma_0 M_d}{f_{cd} b'_f}} \\
&= 1\ 090 - \sqrt{1\ 090^2 - \frac{2 \times 1\ 956.8 \times 10^6}{16.1 \times 1\ 640}} \\
&= 70\ \text{mm}
\end{aligned}
$$

由于 $x < h'_f$ 且 $x < \xi_b h_0 = 0.53 \times 1\ 090 = 578$ mm，故按照宽度为 1 640 mm 的矩形截面计算。

$$
A_s = \frac{f_{cd} b'_f x}{f_{sd}} = \frac{16.1 \times 1\ 640 \times 70}{330} = 5\ 601\ \text{mm}^2
$$

今选用受拉钢筋为 8 ⌀28 + 2 ⌀22，可提供截面面积为 $4\ 926 + 760 = 5\ 686\ \text{mm}^2$，竖向布置成两列。

⌀28 钢筋外径为 31.6 mm，⌀22 钢筋外径为 25.1 mm。Ⅰ类环境，保护层厚度最小为 20 mm，假定箍筋采用 $\phi 10$，则钢筋截面重心至截面下边缘的距离

$$
\begin{aligned}
a_s &= \frac{4\ 926 \times (30 + 2 \times 31.6) + 760 \times (30 + 4 \times 31.6 + 25.1/2)}{5\ 686} \\
&= 103\ \text{mm}
\end{aligned}
$$

由于实际布置得到的 a_s 小于原假设的 110 mm，故抗弯承载力复核必然合格。

4.6.3 确定腹筋

1. 截面尺寸检查

今将纵筋最底层的 2 ⌀28 钢筋通过支座截面（满足"至少 2 根且不少于钢筋总数 1/5"的要求），则支座截面的有效高度为 $h_0 = 1\ 200 - (30 + 31.6/2) = 1\ 154$ mm。

$$
\begin{aligned}
0.51 \times 10^{-3} \sqrt{f_{cu,k}}\, b h_0 &= 0.51 \times 10^{-3} \sqrt{35} \times 200 \times 1\ 154 \\
&= 696.4\ \text{kN} > \gamma_0 V_{d,0} = 414.7\ \text{kN}
\end{aligned}
$$

截面尺寸满足要求。

2. 确定不同范围箍筋配置的基本情况

在跨中附近，没有纵筋弯起，$h_0 = 1\ 200 - 103 = 1\ 097$ mm。

$$
0.5 \times 10^{-3} f_{td} b h_0 = 0.5 \times 10^{-3} \times 1.52 \times 200 \times 1\ 097 = 166.74\ \text{kN} > \gamma_0 V_{d,l/2} =
$$

79.9 kN

支座截面，$h_0 = 1\ 200 - 30 - 31.6/2 = 1\ 154$ mm。

$$0.5\times10^{-3}f_{td}bh_0 = 0.5\times10^{-3}\times1.52\times200\times1\ 154 = 175.41\ \text{kN} < \gamma_0 V_{d,0} = 414.7\ \text{kN}$$

当 $\gamma_0 V_d \leqslant 0.50\times10^{-3}f_{td}bh_0 = 166.74$ kN 时，可按照构造要求配置箍筋。即，自跨中截面算起的该段长度可以根据比例关系求得，为：

$$l_1 = \frac{15\ 600}{2}\times\frac{166.74-79.9}{414.7-79.9} = 2\ 003\ \text{mm}$$

其余区段应按计算配置腹筋。如图 4.6-2 所示。

3. 剪力分配

依据比例关系可求得距离支座中心线 $h/2$ 处的剪力设计值为：

$$V' = 414.7 - \frac{1\ 200}{15\ 600}\times(414.7-79.9) = 388.9\ \text{kN}$$

其中，应由混凝土和箍筋共同承担的剪力至少为 $0.6V' = 0.6\times388.9 = 233.3$ kN，由弯起钢筋承担的剪力为 $0.4V' = 0.4\times388.9 = 155.6$ kN。

剪力分配如图 4.6-2 所示。

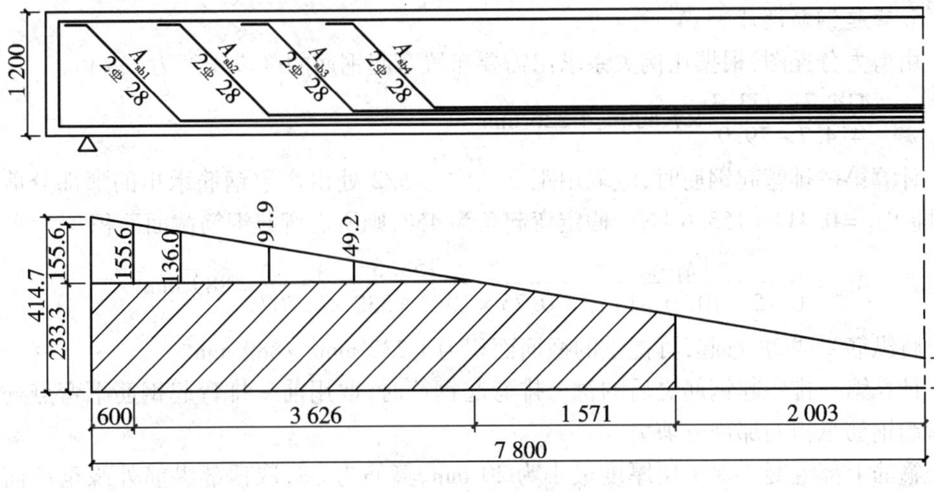

图 4.6-2　剪力的分配

4. 箍筋设计

由于斜截面抗剪承载力与截面有效高度 h_0、纵筋配筋率 ρ 有关，而沿梁纵向这些值是变化的，故将 h_0、ρ 取为支座截面和跨中截面的平均值。

跨中截面：$h_0 = 1\ 097$ mm，$\rho = \dfrac{5\ 686}{200\times1\ 097} = 2.59\%$

支座截面：$h_0 = 1\ 154$ mm，$\rho = \dfrac{1232}{200\times1\ 154} = 0.534\%$

从而取 $h_0=1\ 126$ mm、$\rho=1.56\%$ 代入受剪承载力公式计算。

依据构造要求，采用 $\phi 8$ 双肢箍，查表得到 $A_{sv}=101\ \text{mm}^2$。于是，所需箍筋间距为：

$$s_v \leqslant \frac{\alpha_1^2\alpha_3^2\times 0.56\times 10^{-6}(2+0.6P)\sqrt{f_{cu,k}}A_{sv}f_{sv}bh_0^2}{(V')^2}$$

$$=\frac{1.0^2\times 1.1^2\times 0.56\times 10^{-6}\times(2+0.6\times 1.56)\sqrt{35}\times 101\times 250\times 200\times 1\ 126^2}{388.9^2}$$

$$=498\ \text{mm}$$

以 HPB300 作为箍筋时，规范规定的最小配箍率为 0.14%，此时，要求箍筋间距为：

$$s_v \leqslant \frac{A_{sv}}{b\rho_{sv,min}}=\frac{101}{200\times 0.14\%}=361\ \text{mm}$$

规范规定，支座中心向跨径方向长度相当于一倍梁高范围内，箍筋间距应不大于 100 mm；一般情况，箍筋的间距不应大于梁高的1/2 且不大于400 mm。故，在支座中心线向跨径方向 1 200 mm 范围内，取箍筋间距为 100 mm，之后至跨中截面，统一取箍筋间距为 250 mm。

5. 弯起钢筋设计

由剪力分配图，根据比例关系求出需要布置弯起钢筋的区段长度为

$$\frac{414.7-233.3}{414.7-79.9}\times 7\ 800=4\ 226\ \text{mm}$$

计算第一排弯起钢筋时，应取用距支座中心 $h/2$ 处由弯起钢筋承担的那部分剪力，即 $V_{sb1}=0.4V'=155.6$ kN。假定弯起角为 45°，则所需弯起钢筋截面面积

$$A_{sb1}=\frac{V_{sb1}}{0.75\times 10^{-3}f_{sd}\sin\alpha_s}=\frac{155.6}{0.75\times 10^{-3}\times 330\times 0.707}=889\ \text{mm}^2$$

将纵筋 2 ⌀ 28 弯起，可提供的截面面积为 1 232 mm² > 889 mm²。

计算第一排弯起钢筋之后的每一排弯起钢筋时，取用前一排弯起钢筋下弯点处由弯起钢筋承担的那部分剪力。

箍筋上部混凝土保护层厚度最小为 20 mm，箍筋为 $\phi 8$，取顶部纵筋外缘至截面表面距离为 30 mm。顶部纵筋（架立钢筋）取用⌀ 16（外径 18.4 mm）。

第一排弯起钢筋上、下弯点垂直距离为

$$\Delta h_1=1\ 200-(30+18.4+31.6/2+30+31.6+31.6/2)=1\ 058\ \text{mm}$$

第一排弯起钢筋上弯点位于支座中心截面，由于弯起钢筋与水平面夹角为 45°，则下弯点与支座中心的水平距离为 1 058 mm。

以后每排钢筋的弯终点均与前排钢筋的弯起点在竖向对齐，且其与水平面的夹角为 45°，则依次求出第 2、第 3、第 4 排弯起钢筋的弯起点与支点中心截面的水平距离如表 4.6-1 所示。

由于可弯起的纵筋为 6 ⌀ 28，且弯起钢筋承担的剪力逐渐减小，因此，第 2、3 排弯起钢筋可不必验算，必然满足抗剪承载力要求。

第 4 排弯起钢筋的计算过程见表 4.6-1。

表 4.6-1　弯起钢筋计算表

项目	弯起点			
	1	2	3	4
上下弯点垂直距离(mm)	1 058	1 027	995	973
下弯点与支座中心距离(mm)	1 058	2 085	3 080	4 054
分配的剪力值(kN)	155.6	136.0	91.9	49.2
所需截面积(mm^2)	889	777	525	281
可提供截面积(mm^2)	1 232 (2 ⌀ 28)	1 232 (2 ⌀ 28)	1 232 (2 ⌀ 28)	760 (2 ⌀ 22)
弯筋与梁轴交点至支座距离(mm)	536	1 594	2 621	3 619

4.6.4　全梁正截面抗弯承载力复核

由于纵向钢筋有弯起，因此，由跨中向支座方向，正截面抗弯承载力会变小，因此，需画出抵抗弯矩图，以抵抗弯矩图将弯矩包络图“包住”为合格。

对梁各区段的抗弯承载力进行计算，结果如表 4.6-2 所示，并据此画出抵抗弯矩图，如图 4.6-3 所示。

表 4.6-2　梁各区段的抗弯承载力

梁区段	截面纵筋	有效高度(mm)	T 形截面类别	受压区高度(mm)	抗弯承载力(kN · m)
支座中点～1 点	2 ⌀ 28	1 154	第一类	15	466.0
1 点～2 点	4 ⌀ 28	1 138	第一类	31	912.5
2 点～3 点	6 ⌀ 28	1 123	第一类	46	1 341.2
3 点～4 点	8 ⌀ 28	1 107	第一类	62	1 749.5
4 点～跨中	8 ⌀ 28 + 2 ⌀ 22	1 097	第一类	71	1 991.7

可见，正截面承载力满足要求。

4.6.5　全梁斜截面抗弯承载力复核

为保证梁的斜截面抗弯承载力，规范要求弯起钢筋的弯起点与其强度充分利用点之间的距离不小于 $h_0/2$。强度充分利用点可根据“抵抗弯矩 = 荷载引起的弯矩”求得。

以图 4.6-3 中的第一排弯起钢筋为例，该钢筋强度得到充分利用时的抵抗弯矩为 912.5 kN · m，表现为图中的一条水平线。该水平线与弯矩包络图的交点为 d 点，d 点的位置可根据下式求得：

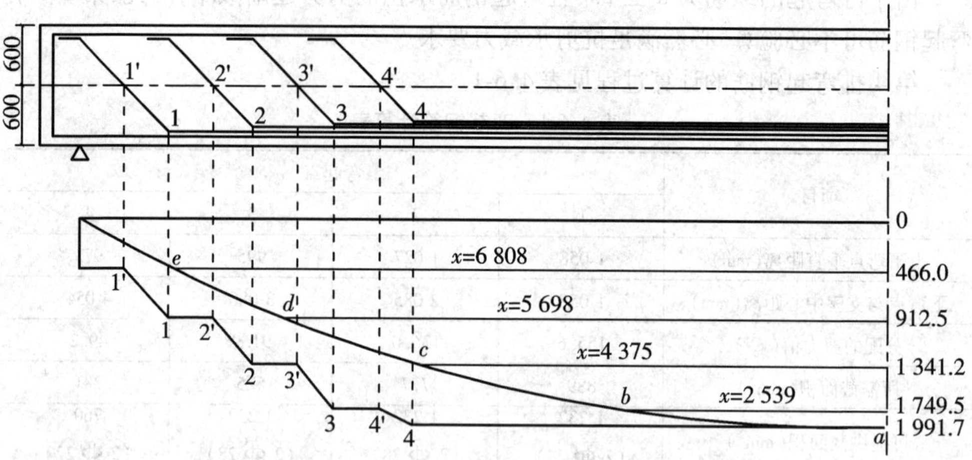

图 4.6-3　梁的弯矩图包络图与抵抗弯矩图
（尺寸单位：mm；弯矩单位：kN·m）

$$M_{d,l/2}\left(1-\frac{4x^2}{l^2}\right)=912.5$$

$$1\,956.8\times\left(1-\frac{4x^2}{15\,600^2}\right)=912.5$$

解方程，可得 $x=5\,698$ mm。

弯起点与跨中的距离为 7 800 − 1 058 = 6 742 mm，弯起点与强度充分利用点的距离为 6 742 − 5 698 = 1 044 > $h_0/2$ = 1 154/2 = 577 mm，故满足要求。

对其他弯起点位置的验算，读者可自行完成。

4.6.6　斜截面抗剪承载力复核

今对距离支点 $h/2$ 处斜截面抗剪承载力进行复核。

距离支点 $h/2$ 处截面有效高度 $h_0=1\,154$ mm，由此截面向跨中方向取斜截面投影长度为 1 154 mm，以该截面作为剪压截面，则剪压截面与跨中截面之距为 $x=$ 7 800 − 600 − 1 154 = 6 046 mm。于是，可求得该位置处的剪力：

$$V_{d,x}=V_{d,l/2}+(V_{d,0}+V_{d,l/2})\frac{2x}{l}$$

$$=79.9+(414.7-79.9)\times 2\times 6\,046/15\,600$$

$$=339.4\ \text{kN}$$

相应的弯矩为：

$$M_{d,x}=M_{d,l/2}\left(1-\frac{4x^2}{l^2}\right)=1\,956.8\times\left(1-\frac{4\times 6\,046^2}{15\,600^2}\right)=781.1\ \text{kN}\cdot\text{m}$$

如图 4.6-4 所示，斜截面顶端截面 A 处于 1 点 ~ 2 点之间，由表 4.6-2 可知此处

截面 $h_0=1\ 138$ mm。于是

$$m=\frac{M_{d,x}}{V_{d,x}h_0}=\frac{781.1\times10^6}{339.4\times10^3\times1\ 138}=2.02<3$$

$$C=0.6mh_0=0.6\times2.02\times1\ 138=1\ 379\ \text{mm}$$

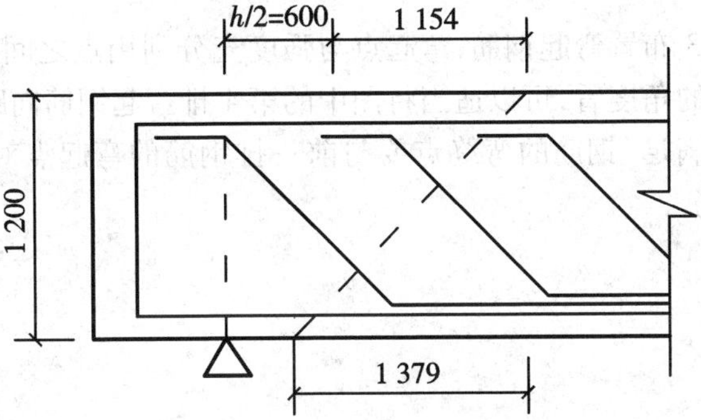

图 4.6-4　距离支点 $h/2$ 处斜截面抗剪承载力计算图示

与斜截面相交的纵向受拉钢筋为 2 ⌀ 28（$A_s=1\ 232\ \text{mm}^2$），相应的配筋率为：

$$\rho=\frac{A_s}{bh_0}=\frac{1\ 232}{200\times1\ 154}=0.534\%$$

与斜截面相交范围内箍筋的配箍率：

$$\rho_{sv}=\frac{A_{sv}}{bs_v}=\frac{101}{200\times250}=0.202\%$$

与斜截面相交的弯起钢筋为 4 ⌀ 28（截面积 2 463 mm^2）。

$$V_u=\alpha_1\alpha_3 0.45\times10^{-3}bh_0\sqrt{(2+0.6P)\sqrt{f_{su,k}}\rho_{sv}f_{sv}}+(0.75+10^{-3})f_{sd}\sum A_{sb}\sin\theta_s$$

$$=1\times1.1\times0.45\times10^{-3}\times200\times1\ 138\times\sqrt{(2+0.6\times0.534)\sqrt{35}\times0.002\ 02\times250}+0.75\times10^{-3}\times330\times2\ 463\times0.707$$

$$=727.6\ \text{kN}>\gamma_0V_{d,x}=339.4\ \text{kN}$$

表明距离支点 $h/2$ 处斜截面抗剪承载力满足要求。

4.6.7　对本例题的一些说明

（1）由于 2018 年《公路桥规》以最外侧钢筋外缘规定混凝土保护层厚度的最小值，因此，箍筋的直径会影响 a_s 的取值。本例题中选择箍筋直径为 8 mm 后，同时将箍筋的保护层厚度取为 22 m，则 a_s 的数值可保持不变。

（2）计算箍筋间距 s_v 时，不同截面的有效高度 h_0 不同但差别不大，而纵筋的配筋百分率 P 差别较大。从计算简便且偏于安全考虑，也可直接取支座截面的 h_0、P

计算 s_v。

(3)表 4.6-2 中的抗弯承载力,也可近似按照该区段的纵筋截面积与跨中纵筋截面积的比例求出。

(4)图 4.6-3 中的曲线为示意,并未严格按照比例绘出,因此,应以标注的数字为准。

(5)按图 4.6-3 布置弯起钢筋,弯起点与强度充分利用点之间的距离远超 $h_0/2$,因此,从节省材料的角度看,可以适当将图中的第 4 排弯起钢筋向跨中方向移动。如此操作之后,为了满足“钢筋的弯终点要与前一排钢筋的弯起点对齐”的要求,需要另外补焊弯起钢筋。

第5章　受扭构件承载力计算

在钢筋混凝土结构中,单纯承受扭转的情况是很少见的,通常情况是,构件在承受扭矩的同时,还承受弯矩等作用。例如,钢筋混凝土弯梁、斜梁(板),即使仅在恒载作用下,梁的截面上除有弯矩 M、剪力 V 外,还存在扭矩 T,如图5.0-1所示。

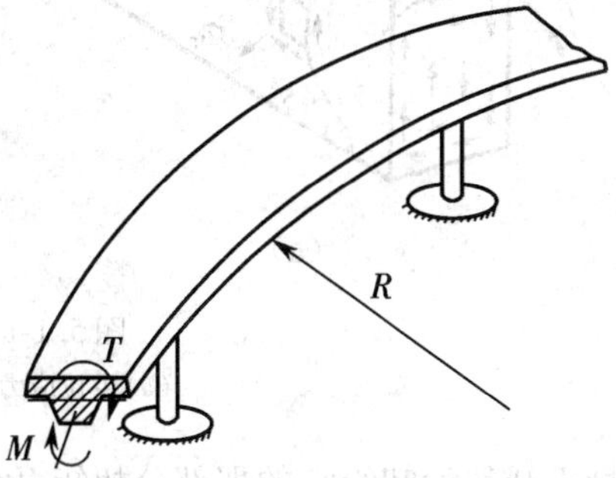

图5.0-1　曲线梁受扭示意图

由于受扭矩、弯矩和剪力作用,构件的截面上将产生相应的主拉应力,当主拉应力超过混凝土的抗拉强度时,构件便会开裂。设计中采用配置适量的纵筋和箍筋来限制裂缝的开展和提高混凝土构件的承载力。

本章以构件承受纯扭转作为开始,依次讨论构件承受剪扭、弯剪扭等情况。

5.1　纯扭构件的受力性能

1. 素混凝土纯扭构件的破坏形态

由材料力学可知,矩形截面匀质弹性材料构件在扭矩作用下,截面中各点均产生剪应力 τ,最大剪应力 τ_{max} 发生在截面长边的中点,与该点剪应力作用相对应的主拉应力 σ_{tp} 和主压应力 σ_{cp} 分别与构件轴线成45°方向,且 $\sigma_{tp}=-\sigma_{cp}=\tau_{max}$。由于混凝土的抗拉强度较低,在扭矩作用下,构件长边侧面中点处混凝土沿垂直于 σ_{tp} 的方向开裂(图5.1-1(a)),并很快向相邻两边延伸,形成如图5.1-1(b)所示三面受拉、一面受压的斜向空间扭曲破坏面。这种破坏称为扭曲截面破坏,破坏具有突然性,属于脆性破坏。

2. 钢筋混凝土纯扭构件的受力性能

设计中通常在构件内设置钢筋以抵抗扭矩作用。理论上讲,受扭构件最有效的配筋方式是沿垂直于斜裂缝方向配置螺旋形钢筋,这样,当混凝土开裂后,主拉应力直接由钢筋承受。但是,这种配筋方式施工比较复杂,而且不能适应扭矩方向的变化,实际上很少采用。一般都是配置抗扭附加纵筋和附加箍筋来承担主拉应力,抵抗扭矩。同时,抗扭钢筋应尽量靠近构件表面设置,以增加抗扭能力。

根据抗扭配筋率的多少,钢筋混凝土受扭构件的破坏形态一般分为以下几种。

①少筋破坏。当抗扭钢筋数量过少时,构件开裂之后,由于没有足够的能力承受

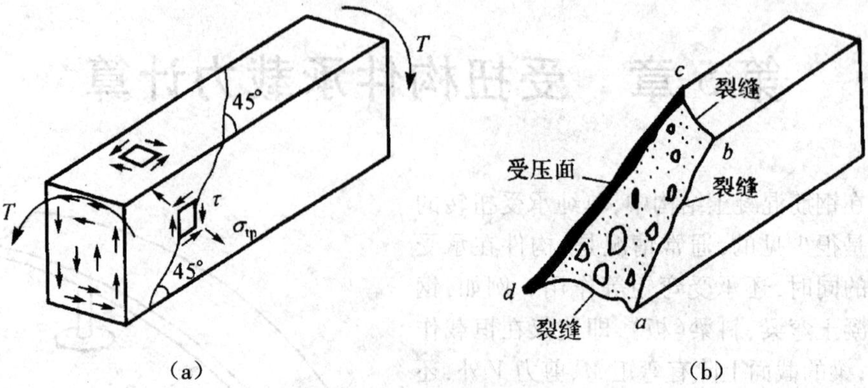

图 5.1-1 纯扭构件的破坏

(a)主拉应力与裂缝;(b)破坏面形态

混凝土开裂后卸给它的那部分扭矩,因而破坏特征与素混凝土构件相似,破坏是脆性的。

②适筋破坏。在正常配筋情况下,随着外扭矩的增大,构件出现临界斜裂缝,与这条临界斜裂缝相交的箍筋和纵筋的应力将首先达到屈服,斜裂缝将进一步加宽,直到空间扭曲破坏面受压边混凝土被压碎,导致构件破坏。破坏特征与适筋梁类似,属于塑性破坏。

③部分超筋破坏。当构件中的箍筋或纵筋配置过多时,构件破坏前,数量相对较少的那部分钢筋受拉屈服,而另一部分钢筋直到构件破坏,仍未能屈服。由于构件破坏时有部分钢筋达到屈服,破坏特征并非完全脆性,所以这类构件在设计中允许采用,但不经济。

④完全超筋破坏。当构件中的箍筋和纵筋配置过多时,在两者都未达到屈服前,构件中混凝土被压碎而导致突然破坏。这类构件破坏具有明显的脆性,工程设计中也应予以避免。

试验研究表明,为了使箍筋和纵筋相互匹配,共同发挥抗扭作用,应将两种钢筋的用量比控制在合理的范围内。采用纵向钢筋与箍筋的配筋强度比ζ进行控制。

$$\zeta = \frac{f_{sd}A_{st}/U_{cor}}{f_{sv}A_{sv1}/S_v} \tag{5.1-1}$$

式中 A_{st}、f_{sd}——对称布置的全部纵向抗扭纵筋的截面面积与抗扭纵筋的抗拉强度设计值;

A_{sv1}、f_{sv}——单肢抗扭箍筋的截面面积与抗扭箍筋的抗拉强度设计值;

S_v——抗扭箍筋的间距;

U_{cor}——截面核心混凝土部分的周长,$U_{cor}=(b_{cor}+h_{cor})\times 2$;

b_{cor}、h_{cor}——依据箍筋内表面尺寸得到的核心混凝土截面宽度与高度。

试验表明,当满足 $0.6\leqslant\zeta\leqslant1.7$ 时,破坏时抗扭箍筋和抗扭纵筋均能达到屈服。工程设计中常采用 $\zeta=1.0\sim1.2$。

5.2　钢筋混凝土矩形截面纯扭构件的承载力计算

5.2.1　矩形截面纯扭构件的开裂扭矩

钢筋混凝土受扭构件开裂前钢筋中的应力很小,钢筋对开裂扭矩影响不大,可视为素混凝土考虑开裂的问题。

由材料力学可知,匀质弹性材料的矩形截面构件在扭矩作用下截面上的剪应力分布如图 5.2-1(a)所示。最大剪应力发生在截面长边的中点处,且等于最大主拉应力。当最大主拉应力达到混凝土的抗拉强度极限值时,构件将开裂。

若将混凝土视为理想塑性材料,构件受纯扭作用时,截面长边中点应力达到 τ_{max} 只意味着局部材料发生屈服,整个构件仍可继续承受增加的扭矩,直到截面上的应力全部达到材料屈服强度后,构件才丧失继续承载能力而破坏,此时截面应力分布如图 5.2-1(b)。

设矩形截面的长边为 h,短边为 b,将截面上的剪应力分布图划分为 8 个部分(图 5.2-1(c)),分别计算各部分剪应力的合力,并将其对截面的扭转中心取矩,由平衡条件得

$$T_{cr}=\tau_{max}\left\{2\times\frac{b}{2}(h-b)\times\frac{b}{4}+4\times\frac{1}{2}\times\left(\frac{b}{2}\right)^2\times\frac{2}{3}\times\frac{b}{2}+2\times\frac{1}{2}b\times\frac{b}{2}\times\left[\frac{2}{3}\times\frac{b}{2}+\frac{1}{2}(h-b)\right]\right\}$$

将其化简,成为 $T_{cr}=\frac{b^2}{6}(3h-b)\tau_{max}$,取 $\tau_{max}=f_{td}$,则得到开裂扭矩

$$T_{cr}=f_{td}\frac{b^2}{6}(3h-b)=f_{td}W_t \tag{5.2-1}$$

$$W_t=\frac{b^2}{6}(3h-b) \tag{5.2-2}$$

式中　W_t——矩形截面受扭构件的受扭塑性抵抗矩;

f_{td}——混凝土的抗拉强度设计值。

然而,由于混凝土并非理想塑性材料,实验结果也表明,按照式(5.2-1)得到的开裂扭矩值偏高。《公路桥规》规定开裂扭矩的计算公式为

$$T_{cr}=0.7f_{td}W_t \tag{5.2-3}$$

5.2.2　纯扭构件承载力的计算

由于受扭构件破坏机理比较复杂,国内外尚难建立一个比较完善的理论计算公

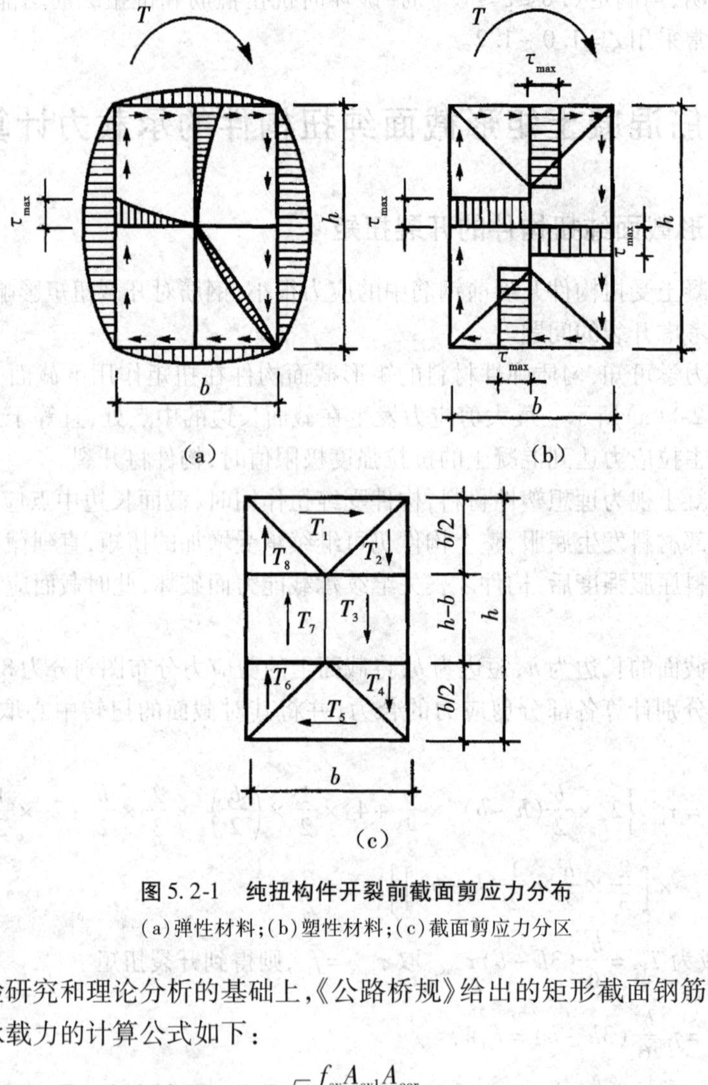

图 5.2-1　纯扭构件开裂前截面剪应力分布

(a)弹性材料;(b)塑性材料;(c)截面剪应力分区

式。在试验研究和理论分析的基础上,《公路桥规》给出的矩形截面钢筋混凝土纯扭构件抗扭承载力的计算公式如下:

$$\gamma_0 T_d \leqslant T_u = 0.35 f_{td} W_t + 1.2\sqrt{\zeta}\,\frac{f_{sv} A_{sv1} A_{cor}}{S_v} \tag{5.2-4}$$

式中　T_d——扭矩组合设计值,N·mm;

f_{td}——混凝土轴心抗拉强度设计值,MPa;

W_t——矩形截面受扭塑性抵抗矩,mm^3;

ζ——纵向钢筋与箍筋的配筋强度比,应满足 $0.6 \leqslant \zeta \leqslant 1.7$;

f_{sv}——抗扭箍筋抗拉强度设计值,MPa;

A_{sv1}——抗扭箍筋单肢截面面积,mm^2;

A_{cor}——箍筋内表面所围成的混凝土核心面积,mm^2,$A_{cor}=b_{cor}h_{cor}$,这里 b_{cor}、h_{cor} 分别为核心面积的短边和长边边长;

S_v——抗扭箍筋间距，mm。

需要指出的是，上面给出的抗扭承载力计算公式是以适筋破坏为前提建立的。为此，使用该式时，必须满足下列限制条件。

(1)抗扭承载力上限值

当抗扭钢筋配置过多时，构件可能发生混凝土被压碎而抗扭钢筋应力尚未达到屈服强度的完全超筋受扭脆性破坏。在这种情况下，即使增加抗扭钢筋数量，其抗扭承载力几乎不再增加，这时构件的抗扭承载力取决于混凝土的强度等级和截面尺寸。为了防止出现这种脆性破坏，《公路桥规》规定截面的最小尺寸以限制截面应力，即

$$\frac{\gamma_0 T_d}{W_t} \leqslant 0.51\sqrt{f_{cu,k}}\,(\mathrm{N/mm^2}) \tag{5.2-5}$$

(2)抗扭承载力下限值

钢筋混凝土纯扭构件，当所承担的扭矩小于开裂扭矩(相应于素混凝土构件的破坏扭矩)时，不致出现裂缝。钢筋混凝土纯扭构件满足下列要求时，可不进行抗扭承载力计算，但必须按构造要求配置抗扭钢筋。

$$\frac{\gamma_0 T_d}{W_t} \leqslant 0.5 f_{td}\,(\mathrm{N/mm^2}) \tag{5.2-6}$$

这样，钢筋混凝土纯扭构件承载能力计算公式的适用条件就是：

$$0.5 f_{td} \leqslant \frac{\gamma_0 T_d}{W_t} \leqslant 0.51\sqrt{f_{cu,k}} \tag{5.2-7}$$

若剪应力大于抗扭强度上限值，则应加大截面尺寸；若剪应力小于抗扭强度下限值，则应按构造要求配置抗扭钢筋。

(3)纯扭构件的最小配筋率

由于抵抗扭矩的钢筋包括抗扭纵筋和抗扭箍筋，因此，最小配筋率包括最小纵筋配筋率$\rho_{st,min}$和最小箍筋配筋率(又称配箍率)$\rho_{sv,min}$两层含义。规范规定最小配筋率的目的是防止构件开裂后发生突然的脆性破坏。

《公路桥规》规定，抗扭纵筋的最小配筋率

$$\rho_{st,min} = \frac{A_{st,min}}{bh} = 0.08\frac{f_{cd}}{f_{sd}} \tag{5.2-8}$$

抗扭箍筋的最小配筋率

$$\rho_{sv,min} = \frac{A_{sv,min}}{bS_v} = 0.055\frac{f_{cd}}{f_{sv}} \tag{5.2-9}$$

【例5.2-1】有一矩形截面受扭构件，截面尺寸$b \times h = 250\ \mathrm{mm} \times 500\ \mathrm{mm}$，承受的扭矩组合设计值$T_d = 32\ \mathrm{kN \cdot m}$，采用C30混凝土，纵筋和箍筋分别采用HRB400和HPB300。结构重要性系数$\gamma_0 = 1.0$。Ⅰ类环境。

要求：进行配筋设计。

解：查表，得到$f_{cd} = 13.8$ MPa，$f_{td} = 1.39$ MPa，HRB400钢筋$f_{sd} = 330$ MPa，

HPB300 钢筋$f_{sv}=250$ MPa。

(1)公式适用条件复核

截面受扭塑性抵抗矩

$$W_t=\frac{b^2}{6}(3h-b)=\frac{250^2}{6}(3\times500-250)=13.021\times10^6\text{mm}^3$$

于是

$$\frac{\gamma_0 T_d}{W_t}=\frac{1.0\times32\times10^6}{13.021\times10^6}=2.46\ \text{N/mm}^2$$

而 $0.5f_{td}=0.5\times1.23=0.615\ \text{N/mm}^2$

$$0.51\sqrt{f_{cu,k}}=0.51\sqrt{30}=2.79\ \text{N/mm}^2$$

满足

$$0.5f_{td}\leqslant\frac{\gamma_0 T_d}{W_t}\leqslant0.51\sqrt{f_{cu,k}}$$

的要求,表明截面尺寸满足要求,但需配置抗扭钢筋。

(2)抗扭箍筋设计

Ⅰ类环境,假定,取混凝土保护层厚度为 20 mm,箍筋直径取 10 mm,则核心区尺寸为:$b_{cor}=250-30\times2=190$ mm, $h_{cor}=500-30\times2=440$ mm。

$$A_{cor}=b_{cor}h_{cor}=190\times440=83\ 600\ \text{mm}^2$$

依据规范对 ζ 的规定,取 $\zeta=1.2$,于是

$$\frac{A_{sv1}}{S_v}=\frac{\gamma_0 T_d-0.35f_{td}W_t}{1.2\sqrt{\zeta}f_{sv}A_{cor}}$$

$$=\frac{32\times10^6-0.35\times1.39\times13.021\times10^6}{1.2\times\sqrt{1.2}\times250\times83\ 600}$$

$$=0.934\ \text{mm}^2/\text{mm}$$

依据构造要求,箍筋选 $\phi10$,$A_{sv1}=78.5\ \text{mm}^2$。于是,所需箍筋间距

$$S_v=\frac{A_{sv1}}{1.198}=\frac{78.5}{0.934}=84\ \text{mm}$$

实际取箍筋间距为 50 mm。此时箍筋配筋率

$$\rho_{sv}=\frac{2A_{sv1}}{bS_v}=\frac{2\times78.5}{250\times50}=1.256\%>\rho_{sv,min}=0.055\times\frac{13.8}{250}=0.304\%$$

满足最小配箍率要求。

(3)抗扭纵筋设计

$$U_{cor}=2(b_{cor}+h_{cor})=2\times(190+440)=1\ 260\ \text{mm}$$

$$A_{st}=\zeta\frac{A_{sv1}}{S_v}\times\frac{f_{sv}U_{cor}}{f_{sd}}=1.2\times0.934\times\frac{250\times1\ 260}{330}=1\ 070\ \text{mm}^2$$

抗扭纵筋选用 6 ⌀ 16,可提供钢筋截面面积 1 206 mm²,分成上、中、下共 3 层布

置。此时，抗扭纵筋配筋率

$$\rho_{st}=\frac{A_{st}}{bh}=\frac{1\ 206}{250\times500}=0.965\%>\rho_{st,min}=0.08\frac{f_{cd}}{f_{sd}}=0.08\ \frac{13.8}{330}=0.335\%$$

满足最小配筋率要求。

5.3　弯、剪、扭共同作用下矩形截面构件的承载力计算

钢筋混凝土构件受弯、剪、扭共同作用时，由于承载力受到弯矩、剪力、扭矩的相互影响，情况十分复杂。目前多采用简化计算方法，将其分解为受弯构件和受剪扭构件，要求其承载力分别满足要求。

5.3.1　构件承受剪、扭共同作用时的承载力计算

试验表明，构件在剪、扭共同作用下，其抗剪、抗扭能力均小于单独受剪和受扭的承载力。由于构件的受力比较复杂，目前的做法是，分别计算抗剪和抗扭承载力，但是在计算公式中引入受扭承载力降低系数 β_t。

《公路桥规》规定，构件承受剪、扭共同作用时，抗剪承载力、抗扭承载力分别按照以下公式计算：

$$\gamma_0 V_d\leqslant\alpha_1\alpha_2\alpha_3\frac{(10-2\beta_t)}{20}\times10^{-3}bh_0\sqrt{(2+0.6P)\sqrt{f_{cu,k}}\rho_{sv}f_{sv}}$$
$$+0.75\times10^{-3}f_{sd}\sum A_{sb}\sin\theta_s\,(\mathrm{kN})\tag{5.3-1}$$

$$\gamma_0 T_d\leqslant0.35\beta_t f_{td}W_t+1.2\sqrt{\zeta}\frac{f_{sv}A_{sv1}A_{cor}}{S_v}\ (\mathrm{N\cdot mm})\tag{5.3-2}$$

$$\beta_t=\frac{1.5}{1+0.5\dfrac{V_d W_t}{T_d bh_0}}\tag{5.3-3}$$

式中　β_t——剪扭构件混凝土抗扭承载力降低系数，当求得的 $\beta_t<0.5$ 时，取 $\beta_t=0.5$；$\beta_t>1.0$时，取 $\beta_t=1.0$。

其他符号意义同前。

需要指出的是，上面给出的剪扭构件承载力计算公式，是以适筋梁的塑性破坏为基础建立的。因此，在按上述公式进行剪扭构件承载力计算时，必须满足规范规定的截面尺寸及最小配筋率的限制条件。

《公路桥规》规定，承受剪扭共同作用的钢筋混凝土矩形截面构件，其截面尺寸应符合下式要求：

$$\frac{\gamma_0 V_d}{bh_0}+\frac{\gamma_0 T_d}{W_t}\leqslant0.51\sqrt{f_{cu,k}}\ (\mathrm{N/mm^2})\tag{5.3-4}$$

抗扭纵筋和抗扭箍筋应满足最小配筋率要求，二者的最小配筋率分别按照下式

确定:

$$\rho_{st.min}=0.08(2\beta_t-1)\frac{f_{cd}}{f_{sd}} \tag{5.3-5}$$

$$\rho_{sv.min}=(2\beta_t-1)\left(0.055\frac{f_{cd}}{f_{sv}}-c\right)+c \tag{5.3-6}$$

式中 c——系数,当箍筋采用 HPB300 钢筋时,取 $c=0.0014$;采用 HRB400 钢筋时,取 $c=0.0011$。

当符合下列条件时,可不进行构件抗扭承载力计算,仅需按构造要求配置抗扭钢筋。

$$\frac{\gamma_0 V_d}{bh_0}+\frac{\gamma_0 T_d}{W_t}\leqslant 0.5f_{td}(\text{N/mm}^2) \tag{5.3-7}$$

5.3.2 构件受弯、剪、扭共同作用的承载力计算

构件承受弯、剪、扭共同作用时,其纵向钢筋和箍筋应按照下面规定计算并配置。

①抗弯的纵向钢筋应按受弯构件正截面承载力计算钢筋截面面积并布置在受拉区边缘。

②按照构件承受剪扭共同作用计算所需的抗扭纵向钢筋、抗扭箍筋和抗剪箍筋。

③抗扭纵向钢筋应沿截面周边均匀对称布置。因此,分配到抗弯纵筋位置处的抗扭钢筋应与该处的抗弯纵筋截面面积叠加。

④抗扭箍筋和抗剪箍筋应叠加确定箍筋的截面面积。这里要注意的是,由抗剪得到的是$\frac{A_{sv}}{S_v}$,而由抗扭得到的是$\frac{A_{sv1}}{S_v}$,应将$\frac{A_{sv}}{S_v}$除以箍筋肢数后才能与$\frac{A_{sv1}}{S_v}$相加。箍筋最小配筋率应符合承受剪扭作用时的最小配箍率。

【例 5.3-1】有一矩形截面钢筋混凝土弯扭构件,截面尺寸 $b\times h=250\text{ mm}\times 600\text{ mm}$,承受最大弯矩组合设计值 $M_d=120\text{ kN}\cdot\text{m}$,剪力组合设计值 $V_d=110\text{ kN}$,扭矩组合设计值 $T_d=15\text{ kN}\cdot\text{m}$,采用 C30 混凝土,纵筋采用 HRB400,箍筋采用 HPB300,结构重要性系数 $\gamma_0=1.0$。Ⅰ类环境。

要求:进行配筋设计。

解:查表,得到 $f_{cd}=13.8\text{ MPa}$,$f_{td}=1.39\text{ MPa}$,HRB400 钢筋 $f_{sd}=330\text{ MPa}$,HPB300 钢筋 $f_{sv}=250\text{ MPa}$。

(1)有关参数计算

假定取混凝土保护层厚度为 20 mm,箍筋按照 10 mm 估计,则

$$b_{cor}=250-30\times 2=190\text{ mm},h_{cor}=600-30\times 2=540\text{ mm}$$

$$A_{cor}=190\times 540=102\ 600\text{ mm},U_{cor}=2\times(190+540)=1\ 460\text{ mm}$$

纵筋直径按照 20 mm 估计,则 $a_s=40\text{ mm}$,$h_0=h-a_s=560\text{ mm}$。受扭塑性抵抗矩

$$W_t=\frac{b^2}{6}(3h-b)=\frac{250^2}{6}(3\times600-250)=16.145\ 8\times10^6\text{mm}^3$$

（2）验算受剪扭作用时的上、下限

$$\frac{\gamma_0V_d}{bh_0}+\frac{\gamma_0T_d}{W_t}=\frac{110\times10^3}{250\times560}+\frac{15\times10^6}{16.145\ 8\times10^6}=1.715\ \text{N/mm}^2$$

而 $0.5f_{td}=0.5\times1.23=0.615\ \text{N/mm}^2$

$$0.51\sqrt{f_{cu,k}}=0.51\sqrt{30}=2.79\ \text{N/mm}^2$$

满足

$$0.5f_{td}\leqslant\frac{\gamma_0V_d}{bh_0}+\frac{\gamma_0T_d}{W_t}\leqslant0.51\sqrt{f_{cu,k}}$$

表明截面尺寸满足要求，但需按计算要求设置抗剪扭钢筋。

（3）配筋设计

1）抗弯纵筋计算

$$x=h_0-\sqrt{h_0^2-\frac{2\gamma_0M_d}{f_{cd}b}}=560-\sqrt{560^2-\frac{2\times120\times10^6}{13.8\times250}}$$

$$=66\ \text{mm}<\xi_bh_0=0.53\times560=297\ \text{mm}$$

于是，所需纵筋截面面积为

$$A_s=\frac{f_{cd}bx}{f_{sd}}=\frac{11.5\times250\times66}{330}=690\ \text{mm}^2$$

$$\rho_{min}=0.45\frac{f_{td}}{f_{sd}}=0.45\times\frac{1.39}{330}=0.190\%<0.2\%$$

抗弯纵筋截面积最小为 $\rho_{min}bh_0=0.2\%\times250\times560=280\ \text{mm}^2$，计算值满足要求。

2）抗剪箍筋计算

剪、扭共同作用时的承载能力降低系数为：

$$\beta_t=\frac{1.5}{1+0.5\dfrac{V_dW_t}{T_dbh_0}}=\frac{1.5}{1+0.5\times\dfrac{110\times16.1458\times10^6}{15\times10^3\times250\times560}}=1.054>1.0\text{，取}\beta_t=1.0\text{。}$$

假定只配置箍筋抵抗剪力，斜截面范围内的纵筋配筋百分率按照前面求得的 $A_s=690\ \text{mm}^2$ 计算（是偏于安全的做法），为：

$$P=100\times\frac{690}{250\times560}=0.493$$

$$\rho_{sv}=\frac{(\gamma_0V_d)^2}{0.25\times10^{-8}\alpha_1^2\alpha_3^2(10-2\beta_t)^2b^2h_0^2(2+0.6P)\sqrt{f_{cu,k}}f_{sv}}$$

$$=\frac{110^2}{0.25\times10^{-8}\times(10-2\times1)^2\times250^2\times560^2\times(2+0.6\times0.493)\sqrt{30}\times250}$$

$$=1.227\times10^{-3}$$

采用双肢闭口箍筋，$n=2$，则$\frac{A_{sv1}}{S_v}=\frac{b\rho_{sv}}{2}=\frac{250\times1.227\times10^{-3}}{2}=0.153\ \mathrm{mm^2/mm}$

3)抗扭箍筋计算

今取 $\zeta=1.0$，则

$$\frac{A_{sv1}}{S_v}=\frac{\gamma_0 T_d-0.35\beta_t f_{td} W_t}{1.2\sqrt{\zeta} f_{sv} A_{cor}}$$

$$=\frac{15\times10^6-0.35\times1.0\times1.39\times16.1458\times10^6}{1.2\times250\times102\ 600}=0.232\ \mathrm{mm^2/mm}$$

于是，考虑抗扭和抗剪要求后，要求$\frac{A_{sv1}}{S_v}=0.153+0.232=0.385\ \mathrm{mm^2/mm}$。

箍筋选用 $\phi8$ 双肢箍，单肢截面积 50.3 $\mathrm{mm^2}$，此时，要求 $S_v\leqslant50.3/0.385=131$ mm。选择箍筋间距为 100 mm。

$$\rho_{sv,\min}=(2\beta_t-1)\left(0.055\frac{f_{cd}}{f_{sv}}-c\right)+c$$

$$=(2\times1-1)\left(0.055\times\frac{13.8}{250}-0.0014\right)+0.0014$$

$$=0.304\%$$

按照双肢箍 $\phi8$@100 布置箍筋时，实际配箍率为

$$\rho_{sv}=\frac{2A_{sv1}}{bS_v}=\frac{2\times50.3}{250\times100}=0.402\%>\rho_{sv,\min}=0.304\%\text{，满足要求。}$$

4)抗扭纵筋计算

$$A_{st}=\zeta\frac{A_{sv1}}{S_v}\times\frac{f_{sv}U_{cor}}{f_{sd}}=1.0\times0.232\times\frac{250\times1\ 460}{330}=257\ \mathrm{mm^2}$$

注意，上式系由 ζ 的定义式变形得到，故其中的$\frac{A_{sv1}}{S_v}$应按抗扭箍筋所得数值而非剪扭叠加后的数值。

此时，抗扭纵筋配筋率

$$\rho_{st,\min}=0.08(2\beta_t-1)\frac{f_{cd}}{f_{sd}}=0.08\times\frac{13.8}{330}=0.335\%$$

$$\rho_{st}=\frac{A_{st}}{bh}=\frac{257}{250\times600}=0.171\%<\rho_{st,\min}$$

应按照构造要求配置抗扭纵筋，需要纵筋截面积 $0.335\%\times250\times600=503\ \mathrm{mm^2}$。

(4)钢筋布置

由于受扭纵筋间距应不大于300mm，故将受扭纵筋分成三层布置。

受拉区应配置钢筋截面积为 $690+503/3=858\ \mathrm{mm^2}$，今选用 5 ⌀ 16，可提供截面积 1 005 $\mathrm{mm^2}$。

受压区应配置钢筋截面积为 $503/3=168\ \mathrm{mm^2}$，今选用 2 ⌀ 16，可提供截面积

402 mm²。

沿梁高配置钢筋截面积为 503/3 = 168 mm²，今每侧布置 1 根Φ 16 纵筋。

截面钢筋布置如图 5.3-1 所示。

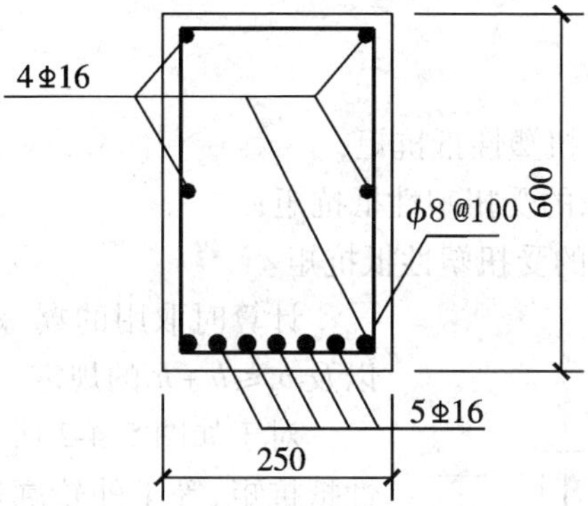

图 5.3-1　例 5.3.1 钢筋布置图

5.4　T 形、工形及箱形截面受扭构件

5.4.1　T 形、工形及箱形截面的受扭塑性抵抗矩

将 T 形、工形截面按照图 5.4-1 所示的方法分成若干矩形，近似地认为全截面受扭塑性抵抗矩等于各分块矩形截面所受扭塑性抵抗矩之和。截面分块的原则是，应首先满足腹板截面的完整性，然后再划分受压翼缘和受拉翼缘面积。

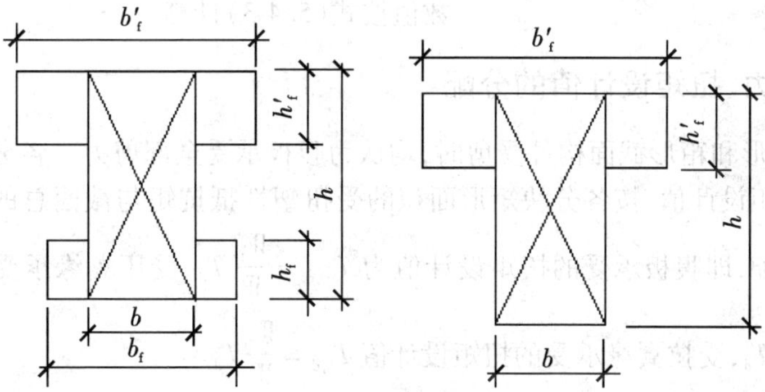

图 5.4-1　T 形和工形截面受扭构件

T 形或工形截面受扭构件塑性抵抗矩

$$W_t = W_{tw} + W'_{tf} + W_{tf} \tag{5.4-1}$$

其中

$$W_{tw}=\frac{b^2}{6}(3h-b) \tag{5.4-2}$$

$$W'_{tf}=\frac{h_f'^2}{2}(b'_f-b) \tag{5.4-3}$$

$$W_{tf}=\frac{h_f^2}{2}(b_f-b) \tag{5.4-4}$$

式中 W_{tw}——腹板的受扭塑性抵抗矩；

W'_{tf}——受压翼缘的受扭塑性抵抗矩；

W_{tf}——受拉翼缘的受扭塑性抵抗矩。

计算时取用的翼缘宽度应满足 $b_f' \leqslant b+h_f'$ 以及 $b_f \leqslant b+h_f$ 的规定。

对于如图 5.4-2 所示的箱形截面，其受扭塑性抵抗矩，等于外轮廓矩形截面的塑性抵抗矩减去空心部分的塑性抵抗矩，即按照下式计算：

$$W_t=\frac{b^2}{6}(3h-b)-\frac{(b-2t_1)^2}{6}[3(h-2t_2)-(b-2t_1)] \tag{5.4-5}$$

式中 b——箱形截面的短边尺寸；

h——箱形截面的长边尺寸；

t_1——箱形截面长边壁厚；

t_2——箱形截面短边壁厚。

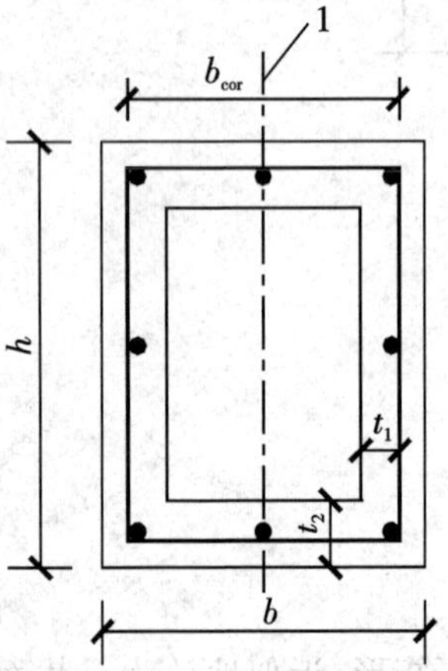

图 5.4-2 受扭构件箱形截面尺寸($h>b$)

1—弯矩作用平面

带有受压翼缘的箱形截面总的受扭塑性抵抗矩，尚应加上受压翼缘的受扭塑性抵抗矩，其数值按式(5.4-3)计算。

5.4.2 剪力、扭矩设计值的分配

T 形、工形和箱形截面构件受剪时，均认为腹板承受全部剪力。各分块矩形截面所承担的扭矩设计值，按各分块矩形面积的受扭塑性抵抗矩与截面总的受扭塑性抵抗矩之比分配，即腹板承受的扭矩设计值为 $T_{w,d}=\frac{W_{tw}}{W_t}T_d$，受压翼缘承受的扭矩设计值 $T'_{fd}=\frac{W'_{tf}}{W_t}T_d$，受拉翼缘承受的扭矩设计值 $T_{f,d}=\frac{W_{tf}}{W_t}T_d$。

5.4.3 承载力计算

T 形、工形截面受扭构件的承载力，应按各分块矩形计算，前已述及。对于箱形截面构件，考虑到薄壁结构的受力特点，《公路桥规》在使用矩形截面承载力公式时进行了局部修改，规定剪扭构件的抗扭承载力按照下式计算：

$$\gamma_0 T_d \leqslant 0.35\beta_a\beta_t f_{td} W_t + 1.2\sqrt{\zeta}\,\frac{f_{sv}A_{sv1}A_{cor}}{S_v} \tag{5.4-6}$$

式中　β_a——箱形截面有效壁厚折减系数，当 $0.1b \leqslant t_2 \leqslant 0.25b$ 或 $0.1h \leqslant t_1 \leqslant 0.25h$ 时，取 $\beta_a = 4\frac{t_2}{b}$ 或 $\beta_a = 4\frac{t_1}{h}$ 两者较小者；当 $t_2 > 0.25b$ 或 $t_1 > 0.25b$ 时，取 $\beta_a = 1.0$。

5.5　受扭钢筋的构造要求

5.5.1　受扭箍筋

受扭箍筋须采用封闭式，且应沿截面周边布置。当采用复合箍筋时，处于截面内部的箍筋不应计入抗扭箍筋截面面积。

受扭箍筋末端应做成135°弯钩，弯钩端部应锚入混凝土核心区，其平直段长度不小于10d，d 为钢筋直径。箍筋弯钩应箍牢纵向钢筋，相邻两根箍筋的弯钩和接头沿纵向应交替布置。

箍筋直径应不小于8 mm和1/4 主筋直径，间距不应大于梁高的1/2 和400 mm。

箍筋的配箍率应满足规范规定的最小配箍率 $\rho_{sv,min}$ 要求。

对于由若干个矩形组成的T形、L形、工字形等复杂截面，箍筋应按矩形单元布置，使不同矩形单元的箍筋互相交错，如图5.5-1 所示。

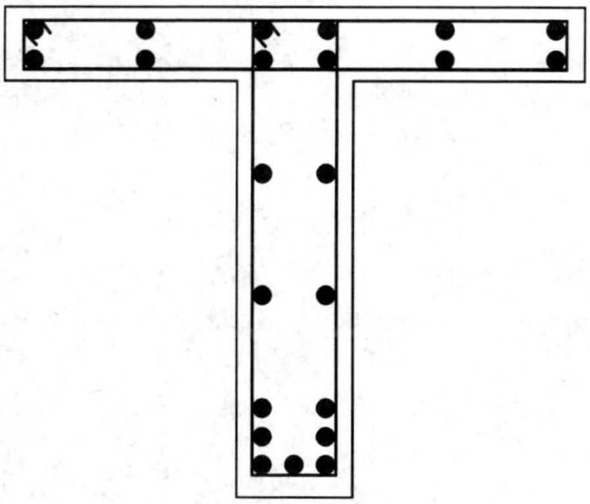

图5.5-1　复杂截面箍筋布置图

5.5.2　受扭纵筋

受扭纵筋应沿截面周边均匀对称布置。试验表明，不对称配置的受扭纵筋在受扭过程中不能充分发挥作用。受扭纵筋的间距不应大于300 mm；在矩形截面的基本单元的四角必须设有纵筋，其末端应留有规范规定的受拉钢筋最小锚固长度。

弯剪扭构件中,纵向受力钢筋的配筋应不小于受弯构件纵筋最小配筋率与受扭构件纵筋最小配筋率之和。受弯构件的受拉纵筋最小配筋率为$\rho_{s,\min}=\frac{A_{s,\min}}{bh_0}=0.45\frac{f_{td}}{f_{sd}}$和0.002的较大者。受扭构件的纵筋最小配筋率为$\rho_{st,\min}=\frac{A_{st,\min}}{bh}=0.08(2\beta_t-1)\frac{f_{cd}}{f_{sd}}$。

第 6 章　受压构件承载力计算

6.1　概述

6.1.1　轴心受压构件

构件承受位于截面形心的轴向压力时,称为轴心受压构件。在实际结构中,真正的轴心受压构件几乎不存在。这是因为混凝土骨料的不均匀、构件的施工误差、安装就位不准等,都会导致压力偏离轴心。但是,工程实际中,如果偏心距很小,设计时可以忽略偏心影响,近似按轴心受压构件计算。例如,钢筋混凝土桁架拱中的受压腹杆。

钢筋混凝土轴心受压构件按照箍筋的功能和配置方式分为两种:

①配有纵向钢筋和普通箍筋的轴心受压构件,也称普通箍筋柱,如图 6.1-1(a)所示;

②配有纵向钢筋和螺旋箍筋的轴心受压构件,也称螺旋箍筋柱,如图 6.1-1(b)所示。

在一般情况下,承受同一荷载时,螺旋箍筋柱所需截面尺寸较小,但施工较复杂,且用钢量较多,因此,只有当承受荷载较大,而截面尺寸又受到限制时才采用。

尽管混凝土受压强度高,但是,在轴心受压柱中配置纵向钢筋仍然是必要的。纵向钢筋的作用表现在:

①与混凝土共同承受压力,可以减小截面尺寸;

②承受可能出现的弯矩作用,以及混凝土收缩、温度变化引起的拉应力;

③减小混凝土的徐变变形;

④防止突然出现的脆性破坏。

箍筋设置在纵向钢筋的外围,其作用是:

①防止纵向钢筋局部压曲;

②与纵向钢筋形成骨架;

③螺旋箍筋能提高核心混凝土的强度,提高抗压承载力;

④改善构件破坏时的脆性。

6.1.2　偏心受压构件

构件承受偏心压力或者同时承受轴心力和弯矩作用,则称为偏心受压构件。对

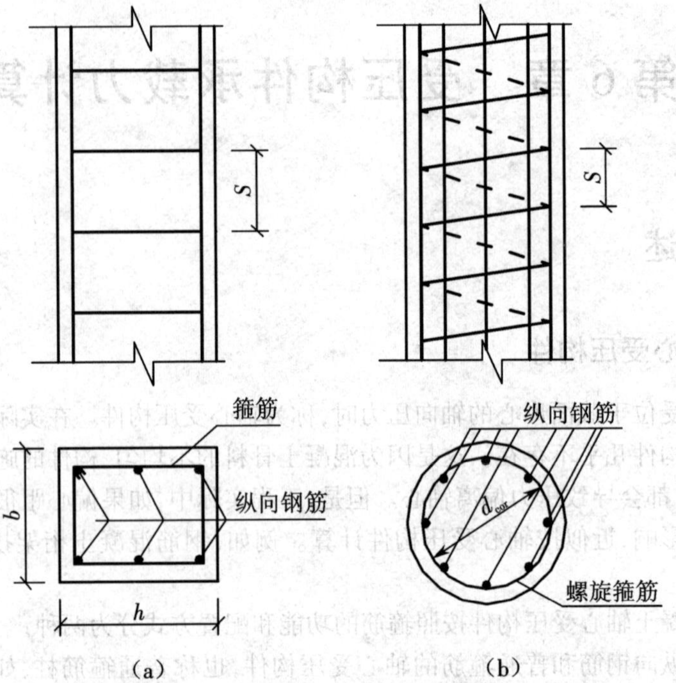

图 6.1-1 两种配筋的轴心受压柱

(a)普通箍筋柱;(b)螺旋箍筋柱

于单层厂房的柱、刚架桥的立柱等,构件不仅承受弯矩和轴力,还承受横向剪力,这时,因构件截面尺寸较大,为简化计算,在承载力计算时一般不考虑横向剪力。钢筋混凝土偏心受压柱在实际工程应用十分广泛,例如,拱桥的钢筋混凝土拱肋、柱式墩的墩柱等。

在钢筋混凝土偏心受压构件的截面上,布置有纵向钢筋与箍筋。通常,纵向钢筋集中布置在偏心方向的两对面(图 6.1-2(a)),对于圆形截面,则沿截面周边均匀布置(图 6.1-2(b))。箍筋的作用与轴心受压构件相同。

6.2 受压构件的构造要求

6.2.1 截面与尺寸

柱子的截面形状多为矩形。当轴心受压柱配置螺旋箍筋时,截面采用圆形、方形或八边形。偏心受压柱当截面高度 h 大于 600 mm 时,多采用工形或箱形截面。圆形截面主要用于柱式墩台、桩基础中。

构件截面尺寸(矩形截面以短边计)不宜小于 250 mm。通常按照 50 mm 一级递

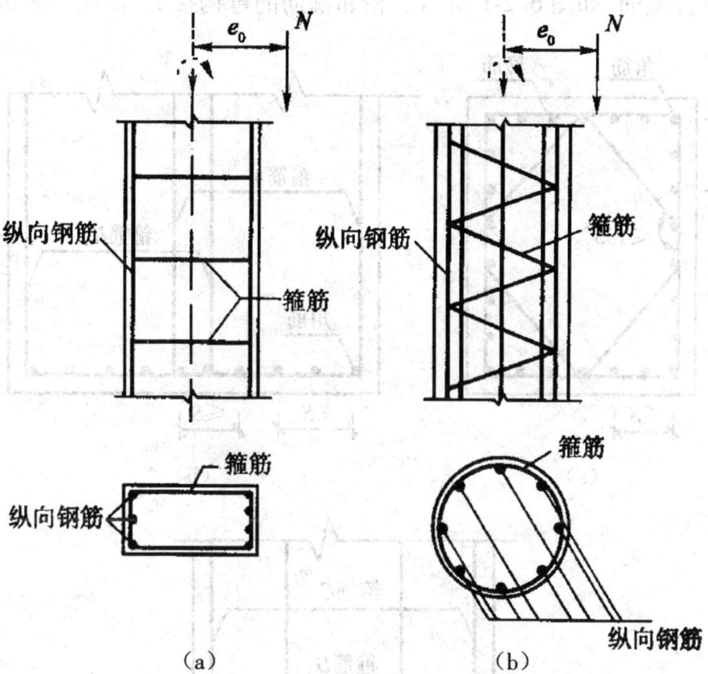

图6.1-2　偏心受压构件截面钢筋布置

(a)矩形截面时;(b)圆形截面时

增。800 mm以上时,按照100 mm一级递增。

6.2.2　纵向钢筋

纵向钢筋一般采用HRB335、HRB400等热轧钢筋。

纵向钢筋的直径不应小于12 mm。其净距不应小于50 mm,也不应大于350 mm。对水平浇筑的预制件,其纵向钢筋的最小净距应按受弯构件的有关规定处理。纵向钢筋的配筋率,不应小于0.5%(当混凝土强度等级为C50及以上时,应不小于0.6%),同时还应满足一侧钢筋的配筋率不应小于0.2%。全部纵向钢筋的配筋率不宜大于5%。受压构件的配筋率按构件的全截面面积计算,即对于矩形截面,$\rho=A'_s/(bh)\geqslant\rho_{min}$。

之所以规定受压构件的最大配筋率是基于下面的原因:轴心受压构件在持续不变的荷载作用下,由于混凝土的徐变,随着时间的增长,会导致钢筋的压应力逐渐增大而混凝土的压应力减小。若突然卸载,构件回弹,由于混凝土徐变变形大部分不可恢复,会使柱中受拉钢筋受压,若柱的配筋率过大,可能将混凝土拉裂。为了防止这种情况,故要控制柱中的纵筋配筋率不能过高。

纵向钢筋应设置于离角筋中距不大于150 mm范围内,如超出此范围设置纵向钢筋,应设复合箍筋,如图6.2-1所示。相邻箍筋的弯钩接头,在纵向应错开布置。

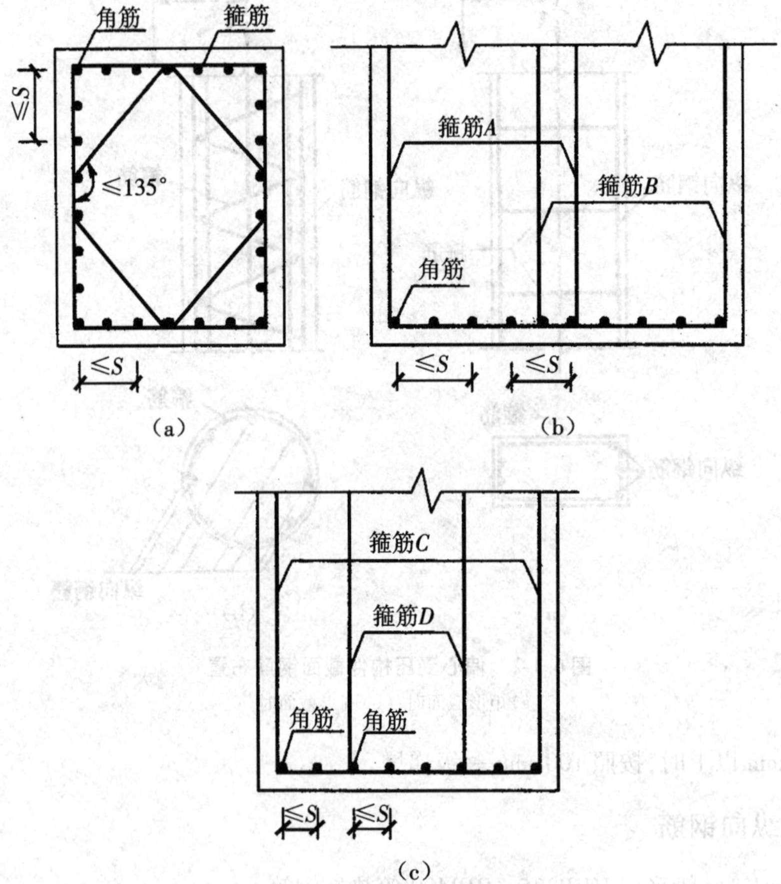

图6.2-1 柱截面内复合箍筋布置

(a)、(b)S内设3根纵向受力钢筋;(c)S内设2根纵向受力钢筋

不保护纵筋距离折角点不超过150 mm,还可设置系筋,见图6.2-2。

对于配置了螺旋式或焊接式箍筋的轴心受压柱,纵向受力钢筋的截面面积应不小于螺旋形或焊接环形箍筋圈内混凝土核心截面面积的0.5%,构件核心混凝土截面面积应不小于整个截面面积的2/3。纵向受力钢筋应伸入与受压构件连接的上下构件内,其长度不应小于受压构件的直径且不应小于纵向受力钢筋的锚固长度。

圆形截面中,通常要求纵向钢筋不宜少于8根,不应少于6根。

当偏心受压构件的截面高度 $h \geqslant 600$ 时,在侧面应设置直径为10~16 mm的纵向构造钢筋,必要时设置复合箍筋,如图6.2-3所示。

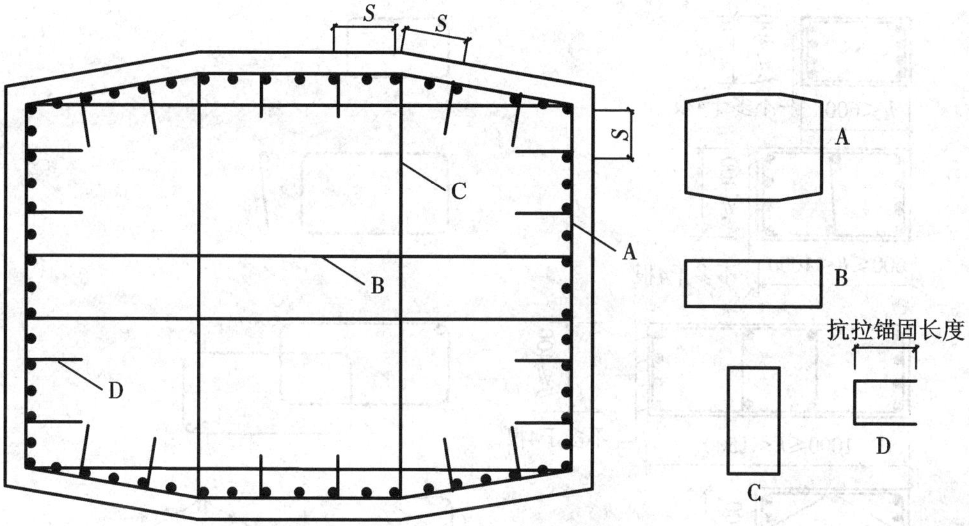

图 6.2-2　柱截面内复合箍筋和系筋布置

A、B、C－箍筋;D－系筋

6.2.3　箍筋

箍筋应做成封闭式,其直径应不小于纵向钢筋直径的 1/4,且不小于 8 mm。

箍筋的间距,不应大于纵向受力钢筋直径的 15 倍或构件短边尺寸(圆形截面采用0.8 倍直径),并不大于 400 mm。在纵向受力钢筋搭接范围内箍筋间距不应大于搭接受压钢筋直径的 10 倍,且不大于 200 mm。纵向钢筋的配筋率大于 3% 时,箍筋间距不应大于纵向受力钢筋直径的 10 倍,且不大于 200 mm。

对于配置了螺旋式或焊接式箍筋的轴心受压柱,螺旋箍筋的直径应不小于纵向受力钢筋直径的 1/4,且不小于 8 mm。螺旋箍筋的间距应不大于核心混凝土直径的 1/5,亦不大于 80 mm,且不应小于 40 mm,以利于混凝土浇注。

在 T 形截面中,箍筋不应有内折角,如图 6.2-4 所示。

6.3　轴心受压构件的正截面承载力

柱的长细比以 l_0/i 表示,这里,l_0为柱的计算长度,i 为截面的最小回转半径。依长细比,轴心受压柱分为短柱和长柱:$l_0/i \leqslant 28$ 时为短柱,否则为长柱。

短柱与长柱的破坏特征不同,普通箍筋柱与螺旋箍筋柱的破坏特征亦不同。

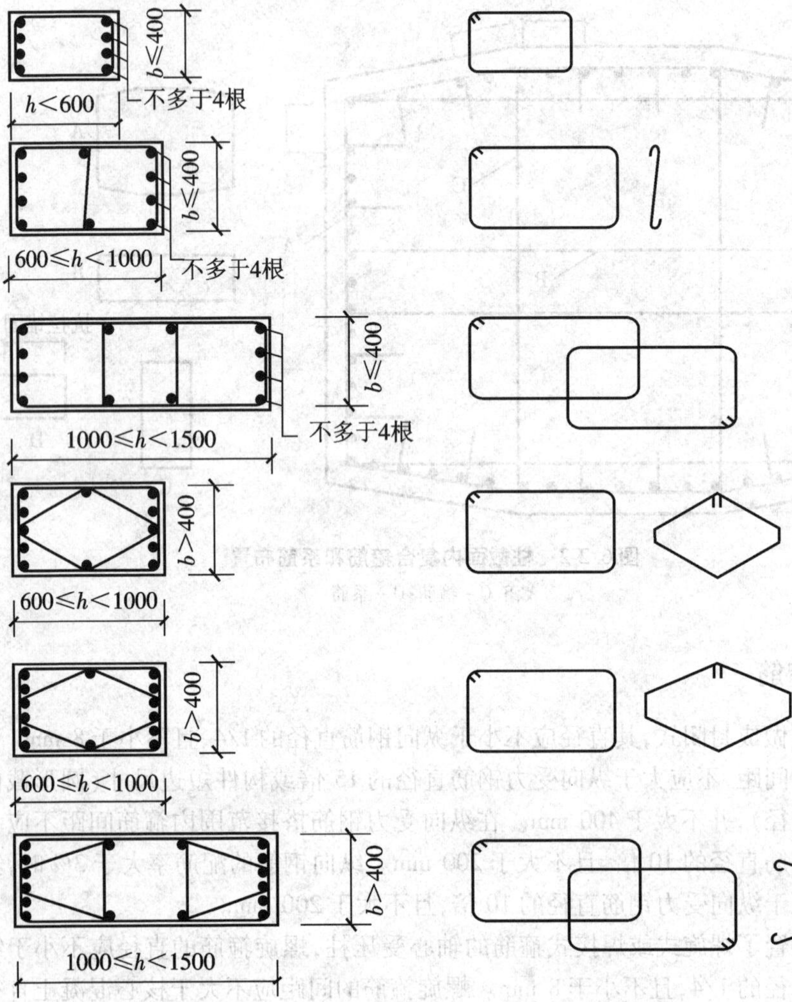

图 6.2-3　矩形截面偏心受压构件箍筋布置形式

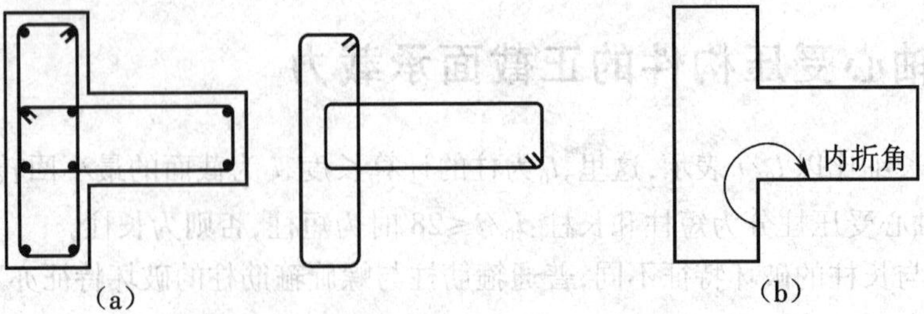

图 6.2-4　T 形截面偏心受压构件中的箍筋形式

(a)正确的做法;(b)错误的做法

6.3.1 普通箍筋柱

1. 普通箍筋柱的破坏分析

普通箍筋柱的短柱试验表明，在轴心压力的作用下，整个截面的应变是均匀分布的。最初，在荷载较小时，混凝土和钢筋都处于弹性工作阶段，钢筋和混凝土的应力基本上按其弹性模量的比值来分配。随着荷载逐渐加大，混凝土的塑性变形开始发展，变形模量降低，柱子的变形增加越来越快，混凝土应力的增加则越来越慢，而钢筋的应力基本上与其应变成正比增加。若荷载长期持续作用，混凝土还有徐变发生，引起混凝土与钢筋之间的应力重分布，使混凝土的应力有所减小，而钢筋的应力有所增大。加载至构件破坏时，柱子出现纵向裂缝，混凝土保护层剥落，箍筋间的纵向钢筋向外弯曲，混凝土被压碎。

破坏时，混凝土的应变达到轴心受压极限压应变。通常，取轴心受压的极限压应变 $\varepsilon_0=0.002$，这样，破坏时钢筋应力 $\sigma'_s=\varepsilon_0 E_s=0.002\times2.0\times10^5=400$ MPa。即钢筋的强度超过400 MPa，将不能充分发挥作用。

上述短柱的破坏属于材料破坏（强度破坏）。对于长柱，情况则不同：长柱在压力作用下不仅发生压缩变形，而且中部发生较大的横向挠度。长柱破坏前，横向挠度增加很快，使长柱的破坏比较突然，发生的是失稳破坏。凹侧混凝土先被压碎，表面有纵向裂缝。钢筋被压曲向外鼓出，混凝土保护层剥落。凸侧则由受压突然转变为受拉，出现横向裂缝。

与截面尺寸、混凝土强度等级和配筋相同的短柱相比，长柱的承载力要小。研究表明，可以采用将短柱承载力乘以一个小于等于1.0的系数 φ 来表示长柱承载能力，φ 称作稳定系数。φ 的取值与构件的长细比有关。《公路桥规》规定的轴心受压构件的稳定系数如附表9所示。

2. 普通箍筋柱的正截面承载力公式

《公路桥规》规定，普通箍筋柱的正截面承载力按照下式计算：

$$\gamma_0 N_d \leqslant N_u = 0.9\varphi(f_{cd}A + f'_{sd}A'_s) \tag{6.3-1}$$

式中　N_d——轴向力组合设计值；

γ_0——结构的重要性系数；

φ——轴心受压构件稳定系数，按附表9采用；

A'_s——全部纵向钢筋的截面面积；

A——构件截面面积。

为正确使用公式(6.3-1)，应注意以下两点。

①当纵向钢筋配筋率大于3%时，A 应扣除钢筋所占的混凝土面积，即将 A 改为 $A-A'_s$。

②当截面的长边或直径小于300 mm，且为现浇时，查表得到的 f_{cd} 应乘以折减系数0.8。若质量确有保证时，可不受此限。

轴心受压构件承载能力计算可分为截面设计和承载能力复核两种情况。

(1)截面设计

当截面尺寸已知时,首先根据构件的长细比,由附表 9 查得稳定系数 φ,再由公式(6.3-1)计算所需钢筋截面面积,即

$$A'_s \geqslant \frac{\gamma_0 N_d - 0.9\varphi f_{cd} A}{0.9\varphi f'_{sd}} \tag{6.3-2}$$

若截面尺寸未知,可在适宜的配筋率范围($\rho = 0.8\% \sim 1.5\%$)内,选取一个 ρ 值,并暂设 $\varphi = 1$,则可以得到所需的截面面积

$$A \geqslant \frac{\gamma_0 N_d}{0.9\varphi(f_{cd} + f'_{sd}\rho)} \tag{6.3-3}$$

选取截面尺寸时应考虑构造与模板要求。之后,按照截面尺寸为已知情况求解所需的钢筋截面面积 A'_s。

(2)承载力复核

首先应检查纵向钢筋以及箍筋的布置是否符合要求。然后,查表得到稳定系数 φ,利用公式(6.3-1)求得正截面承载力设计值 N_u,若 $N_u \geqslant \gamma_0 N_d$,则说明构件的受压承载力满足要求。

【例 6.3-1】某现浇钢筋混凝土轴心受压柱,截面尺寸 $b \times h = 250\ \text{mm} \times 250\ \text{mm}$,计算长度为 4.0 m;承受的轴向压力组合设计值 $N_d = 1\ 000$ kN;安全等级为二级,环境类别为 I 类;混凝土采用 C30,纵筋采用 HRB400,箍筋采用 HPB300。

要求:对该柱进行纵向受力钢筋和箍筋的布置。

解:查附表 1,$f_{cd} = 13.8$ MPa。

由于 $l_0/b = 4\ 000/250 = 16$,查附表 9,得 $\varphi = 0.87$。于是,所需钢筋截面面积

$$A'_s = \frac{\gamma_0 N_d - 0.9\varphi f_{cd} A}{0.9\varphi f'_{sd}}$$

$$= \frac{1\ 000 \times 10^3 - 0.9 \times 0.87 \times 13.8 \times 250^2}{0.9 \times 0.87 \times 330}$$

$$= 1\ 256\ \text{mm}^2$$

选用 8 ⏀ 16(外径 18.4 mm),可提供的钢筋截面面积 $A'_s = 1\ 608\ \text{mm}^2$。于是,实际的配筋率

$$\rho = \frac{1\ 608}{250 \times 250} = 2.57\% > 0.5\%$$

且 <5%,满足配筋率要求。

箍筋按照构造要求选用 $\phi 8$。截面钢筋布置如图 6.3-1 所示。

此时,箍筋外缘至截面边缘的保护层厚度 $c = 45 - 18.4/2 - 8 = 27.8\ \text{mm} > 20\ \text{mm}$;钢筋净间距为 $(250 - 2 \times 45 - 3 \times 18.4)/2 = 52.4\ \text{mm} > 50\ \text{mm}$,且小于 350 mm。

箍筋间距 $s = 200\ \text{mm} < 15d = 15 \times 16 = 240\ \text{mm}$。

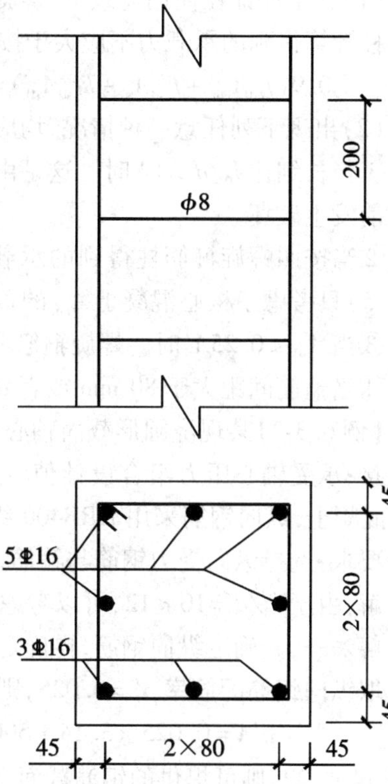

图 6.3-1 例 5.3-1 的图示

6.3.2 螺旋箍筋柱

螺旋箍筋柱承受轴心压力时,螺旋形箍筋(或焊接环形箍筋)会阻止核心混凝土的横向变形,称作“套箍”作用。这种作用使混凝土处于三向受力状态,从而使核心混凝土的抗压强度提高。当轴向压力增加到一定数值时,混凝土保护层开始剥落。随着轴向压力的进一步增加,螺旋箍筋的应力也逐渐加大。最后,由于螺旋箍筋的应力达到屈服强度,失去了对核心混凝土的约束作用,混凝土压碎而破坏。由此可见,螺旋箍筋的作用是间接地提高了核心混凝土的抗压强度,从而增加了柱的承载力。所以,螺旋箍筋又称为“间接钢筋”。

于是,螺旋箍筋柱的承载力将由三部分组成:核心混凝土承载力、纵向受力钢筋的承载力与间接钢筋的承载力。螺旋箍筋对柱的承载力的影响程度,与螺旋箍筋换算截面面积 A_{s0} 有关。《公路桥规》规定的螺旋箍筋柱承载力计算公式为

$$\gamma_0 N_d \leqslant N_u = 0.9(f_{cd}A_{cor} + f'_{sd}A'_s + kf_{sd}A_{s0}) \tag{6.3-4}$$

式中 A_{cor}——螺旋箍筋圈内的核心混凝土截面面积;

k——间接钢筋影响系数,其数值与混凝土强度等级有关,混凝土强度等级为 C50 及以下时,取 $k = 2.0$,混凝土强度等级为 C80 时,取 $k = 1.7$,其他强度等级时线性内插;

f_{sd}——螺旋箍筋的抗拉强度设计值;

A_{s0}——螺旋箍筋的换算截面面积。

A_{s0} 按下式计算:

$$A_{s0} = \frac{\pi d_{cor} A_{s01}}{S} \tag{6.3-5}$$

式中 d_{cor}——构件截面的核心直径;

A_{s01}——单根螺旋箍筋的截面面积;

S——沿构件轴线方向螺旋箍筋的间距。

使用式(6.3-4)时,需要注意以下规定。

(1)为了保证在使用荷载下,螺旋箍筋柱的混凝土保护层不致过早剥落,按螺旋箍筋柱计算得到的承载力不应大于按照普通箍筋柱计算的1.5倍,即

$$0.9(f_{cd}A_{cor}+f'_{sd}A'_s+kf_{sd}A_{s0})\leqslant 1.5\times 0.9\varphi(f_{cd}A+f'_{sd}A'_s) \tag{6.3-6}$$

(2)出现下列任意一种情况,均应该按照普通箍筋柱计算承载力:

①当长细比 $l_0/d>12$ 时。这是由于长细比过大,将导致柱子在螺旋箍筋发挥作用之前发生破坏。

②当按照螺旋箍筋柱得到的承载力比按照普通箍筋柱还小时。这是由于公式(6.3-5)只考虑了核心混凝土 A_{cor} 的贡献。当核心面积较小时,会出现这种情况。

③当 $A_{s0}<0.25A'_s$ 时。螺旋箍筋配置太少,不能起到显著作用。

④当箍筋间距大于 80 mm 或者 $d_{cor}/5$ 时。

【例6.3-2】某现浇圆形截面轴心受压柱,直径 $d=500$ mm,计算高度 $l_0=5$ m,两端铰接;承受轴心压力组合设计值 $N_d=4\ 800$ kN,安全等级为二级,I类环境条件;C30混凝土,纵向钢筋采用HRB400级钢筋,箍筋采用HPB300级钢筋。

要求:选择纵向受力钢筋与箍筋,并配置。

解:由于 $l_0/d=10<12$,可以考虑配置螺旋箍筋以提高承载力。

解法一:先确定纵向钢筋,再确定螺旋箍筋

取纵向钢筋配筋率 $\rho'=0.025$,则纵向钢筋截面面积

$$A'_s=\rho' A=0.025\times 3.14\times 500^2/4=4\ 908\ \text{mm}^2$$

选择14 ⌀22,则可提供的钢筋截面面积 $A'_s=5\ 321\ \text{mm}^2$。

箍筋外侧混凝土保护层厚度取为20 mm,箍筋预估为10 mm,则柱的核心直径及核心截面面积为:

$$d_{cor}=d-2\times 30=2\times 250-60=440\ \text{mm}$$

$$A_{cor}=\frac{\pi d_{cor}^2}{4}=\frac{3.14\times 440^2}{4}=151\ 976\text{mm}^2$$

所需螺旋箍筋的换算截面面积为

$$A_{s0}=\frac{\gamma_0 N_d-0.9(f_{cd}A_{cor}+f'_{sd}A'_s)}{0.9kf_{sd}}$$

$$=\frac{4\ 800\times 10^3-0.9\times(13.8\times 151\ 976+330\times 5\ 321)}{0.9\times 2\times 250}$$

$$=2\ 960\ \text{mm}^2$$

$A_{s0}=2\ 960\ \text{mm}^2>0.25A'_s=0.25\times 5\ 321=1\ 330\ \text{mm}^2$,满足构造要求。

取 $S=40$ mm,满足不小于40 mm,并不大于80 mm的构造要求。则所需螺旋箍筋的截面积为

$$A_{s01}=\frac{A_{s0}S}{\pi d_{cor}}=\frac{2\ 960\times 40}{3.14\times 440}=86\ \text{mm}^2$$

今螺旋箍筋选取 $\phi 12$,可提供截面积113.1 mm²。

按照以上配置，核心直径改变为 $d_{cor}=d-2\times32=2\times250-64=436$ mm。

$$A_{s0}=\frac{\pi d_{cor}A_{s01}}{S}=\frac{3.14\times436\times113.1}{40}=3\ 871\ \text{mm}^2$$

$$\begin{aligned}N_u&=0.9(f_{cd}A_{cor}+f'_{sd}A'_s+kf_{sd}A_{s0})\\&=0.9\times(13.8\times149\ 225+330\times5\ 321+2\times250\times3\ 871)\\&=5\ 175.7\times10^3\ \text{N}>\gamma_0N_d=4\ 800\ \text{kN}\end{aligned}$$

下面再按照普通箍筋柱计算承载力：

$l_0/d=5\ 000/500=10$，查附表9，得到

$$\varphi=0.98-\frac{0.98-0.95}{10.5-8.5}\times(10-8.5)=0.957\ 5$$

配筋率为

$$\rho'=\frac{5\ 321}{3.14\times500^2/4}=2.71\%<3\%$$

于是 $$\begin{aligned}N_u&=0.9\varphi(f_{cd}A+f'_{sd}A'_s)\\&=0.9\times0.957\ 5\times(13.8\times3.14\times500^2/4+330\times5\ 321)\\&=3\ 847.0\times10^3\ \text{N}\end{aligned}$$

由于 $1.5\times3\ 847.0=5\ 770.5$ kN $>5\ 175.7$ kN，可见，在使用荷载作用下，混凝土保护层不会脱落，该螺旋箍筋柱的承载力确定为5 175.7 kN，纵筋与箍筋的设置可以满足要求。

解法二：先确定螺旋箍筋再确定纵向钢筋

箍筋外侧混凝土保护层厚度取为20 mm，箍筋预估为10 mm，则柱的核心直径及核心截面面积为：

$$d_{cor}=d-2\times30=2\times250-60=440\ \text{mm}$$

$$A_{cor}=\frac{\pi d_{cor}^2}{4}=\frac{3.14\times440^2}{4}=151\ 976\ \text{mm}^2$$

螺旋箍筋直径选择 $\phi10$，满足规范要求的不小于8 mm。螺旋箍筋间距初步选定为 $S=50$ mm $<d_{cor}/5=88$ mm，且小于80 mm，不小于40 mm。

查表，单肢螺旋箍筋的截面面积 $A_{s01}=78.5$ mm^2。其换算截面面积为

$$A_{s0}=\frac{\pi d_{cor}A_{s01}}{S}=\frac{3.14\times440\times78.5}{50}=2\ 169\ \text{mm}^2$$

于是，所需要的纵筋截面面积为

$$\begin{aligned}A'_s&=\frac{N/0.9-f_{cd}A_{cor}-kf_{sd}A_{s0}}{f'_{sd}}\\&=\frac{4\ 800\times10^3/0.9-13.8\times151\ 976-2\times250\times2\ 169}{330}\\&=6\ 520\ \text{mm}^2\end{aligned}$$

今 $A_{s0}=2\ 169\ mm^2>0.25A'_s=0.25\times6\ 520=1\ 630\ mm^2$,满足按照螺旋箍筋柱计算承载力的要求。

今选择 14 ⌀ 25,可提供的钢筋截面面积为 $A'_s=6\ 873\ mm^2$。纵向钢筋净间距为

$$\frac{3.14\times(500-2\times30-28.4)-14\times28.4}{12}=64\ mm>50\ mm$$

螺旋箍筋柱的承载力

$$\begin{aligned}N_u&=0.9(f_{cd}A_{cor}+f'_{sd}A'_s+kf_{sd}A_{s0})\\&=0.9\times(13.8\times151\ 976+330\times6\ 873+2\times250\times2\ 169)\\&=4\ 904.9\times10^3\ N>\gamma_0N_d=4\ 800\ kN\end{aligned}$$

下面再按照普通箍筋柱计算承载力。

此时,配筋率 $\rho'=\dfrac{6\ 873}{3.14\times500^2/4}=3.50\%>3\%$,于是

$$\begin{aligned}N_u&=0.9\varphi[f_{cd}(A-A'_s)+f'_{sd}A'_s]\\&=0.9\times0.957\ 5\times[13.8\times(3.14\times500^2/4-6\ 873)+330\times6\ 873]\\&=4\ 206.6\times10^3\ N\end{aligned}$$

$$1.5\times4\ 206.6=6\ 309.9\ kN>4\ 904.9\ kN$$

故该螺旋箍筋柱的承载力为 4 904.9 kN,表明纵筋和箍筋的配置满足要求。

解法一与解法二对比:

解法一先预估纵筋配筋率,再确定箍筋用量,为大多数教科书中的做法。解法二则是先确定箍筋布置,再确定纵筋。笔者认为,解法二先配置条件要求较多的箍筋,不足部分再由纵筋承受,更容易一次计算成功。

6.4 偏心受压构件的受力性能与破坏形态

6.4.1 短柱、长柱与细长柱

钢筋混凝土偏心受压柱在偏心压力 N 作用下,将产生纵向弯曲,如图 6.4-1 所示。在弯矩作用平面内,构件跨中截面产生最大侧向挠度 f,因此,该截面的偏心距由 e_0 增大到 e_0+f,弯矩值由 Ne_0 增大到 $N(e_0+f)$,这种现象称作二阶效应,Ne_0 称为一阶弯矩,弯矩 Nf 称为二阶弯矩。对于长细比小的柱,由于纵向弯曲很小,一般可以忽略不计,称为“短柱”;对于长细比大的柱,由于纵向弯曲导致的受压承载力降低不能忽略。

通常,钢筋混凝土偏心受压柱按照长细比可分为短柱、长柱和细长柱。按照破坏性质,可分为材料破坏与失稳破坏。所谓“失稳破坏”是指长细比较大的柱,其纵向弯曲效应随轴向力呈非线性增长,构件发生侧向失稳破坏;“材料破坏”是指破坏时材料达到极限强度。

图 6.4-2 表示截面尺寸、配筋、材料强度、支承情况和轴向力偏心距等完全相同，仅长细比不同的三个钢筋混凝土偏心受压柱，从加荷开始直至破坏的轴向力和弯矩关系曲线，图中，*ABCD* 是钢筋混凝土偏心受压构件发生材料破坏时的曲线，称 $N_u—M_u$ 曲线。

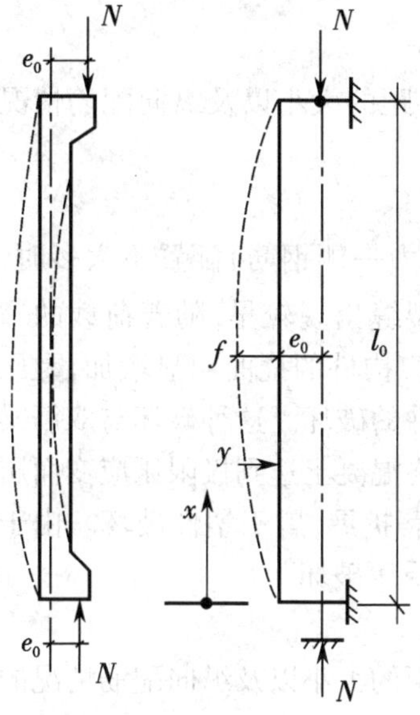

图 6.4-1　纵向弯曲

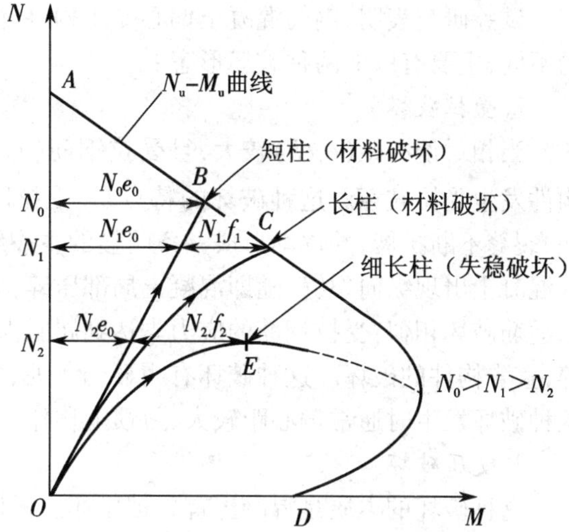

图 6.4-2　构件长细比对破坏形态的影响

1. 短柱

当二阶弯矩不超过一阶弯矩的 5% 时，认为可以忽略二阶弯矩的影响，这种柱称为短柱。《公路桥规》中，长细比 $l_0/h \leqslant 5(l_0/i \leqslant 17.5)$ 时为短柱。

图 6.4-2 中直线 *OB* 为短柱从加荷开始至破坏的 *N—M* 曲线。由于短柱的纵向弯曲很小，认为偏心距 e_0 保持不变，故变化轨迹为一直线。*N—M* 曲线与 $N_u—M_u$ 曲线相交，表明发生的是材料破坏。

2. 长柱

图 6.4-2 中曲线 *OC* 为长柱从加荷开始至破坏的 *N—M* 曲线。由于长柱跨中挠度 *f* 随压力 *N* 的增大呈非线形增大，因此 *M* 比 *N* 增大快。长柱的 *N—M* 曲线与 $N_u—M_u$ 曲线相交，表明发生的也是材料破坏。

对于矩形截面，长细比 $5 < l_0/h \leqslant 30$ 时为长柱，在计算正截面受压承载力时应考虑二阶弯矩的影响。

3. 细长柱

图 6.4-2 中曲线 *OE* 为细长柱从加荷开始至破坏的 *N—M* 曲线，其弯曲程度比长柱更大。当 *N* 达到最大值时，侧向挠度 *f* 突然增大，此时即使增加很小的轴向力，也可引起弯矩的急剧增大，导致构件失去承载能力。

细长柱的 N—M 曲线不再与 N_u—M_u 曲线相交,表明轴向力达到最大时,控制截面上钢筋和混凝土的应力均未达到极限强度,这种破坏不再属于材料破坏而属于失稳破坏。

实际工程中应避免采用细长柱。

6.4.2 偏心受压短柱的破坏形态

试验研究表明,钢筋混凝土偏心受压构件随着偏心距的大小以及纵向配筋情况的不同,主要有以下两种破坏形态。

1. 受拉破坏

当相对偏心距(e_0/h)较大,且受拉钢筋(远离偏心力一侧钢筋)配置不太多时,构件发生受拉破坏。这种破坏的特点是,受拉区横向裂缝出现较早,随着荷载的增加,裂缝不断扩展,并逐渐形成一条明显的主裂缝,这时,构件的挠曲明显增加,受压区混凝土出现纵向裂缝,随即混凝土局部压碎,导致构件的破坏。这种破坏与双筋梁的适筋破坏相似:受拉钢筋的应力先达到屈服强度,最终混凝土达到极限压应变而压碎,宣告构件的破坏。这种破坏有明显的预兆,裂缝显著扩展,属于塑性破坏。由于这种破坏发生时通常偏心距较大,习惯上称作"大偏心受压破坏"。

2. 受压破坏

这种破坏的本质是混凝土首先被压坏。根据偏心距的大小以及纵向配筋情况的不同,可能有以下几种情况(图 6.4-3)。

①当相对偏心距较小时,构件截面将全部受压。破坏时,靠近压力 N 一侧混凝土应变达到极限压应变,钢筋 A_s' 达到屈服,而远离 N 一侧钢筋 A_s 未达到屈服(如图 6.4-3(a))。

②当偏心距较大,但配置 A_s 很多时,截面大部分受压而小部分受拉,钢筋中应力很小,在混凝土被压坏之前不屈服(如图 6.4-3(b))。

③当相对偏心距很小,且靠近 N 一侧 A_s' 配置较多而 A_s 太少时,离 N 较远一侧混凝土也可能被压坏而发生破坏。由于这种现象似乎有些违背常理,所以称作"反向破坏"。如图 6.4-3(c)所示,由于 A_s 相对 A_s' 太少,截面的重心轴并不是矩形截面的形心轴 0—0 轴,而是 1—1 轴,这样,A_s 一侧将承担更大的压应力,破坏时,A_s 的应力将达到抗压屈服强度。

由于受压破坏大部分出现于偏心距较小的情况,故习惯上称作"小偏心受压破坏"。

6.4.3 大、小偏心受压的界限

理论上,大、小偏心受压破坏必然存在一个分界,即受拉钢筋应力达到屈服强度的同时,受压区混凝土边缘纤维的应变也恰好达到混凝土的极限压应变,这种破坏称作"界限破坏"。

显然,这种分界与适筋梁与超筋梁的区分类似,于是可知,$x \leq \xi_b h_0$ 时发生大偏心

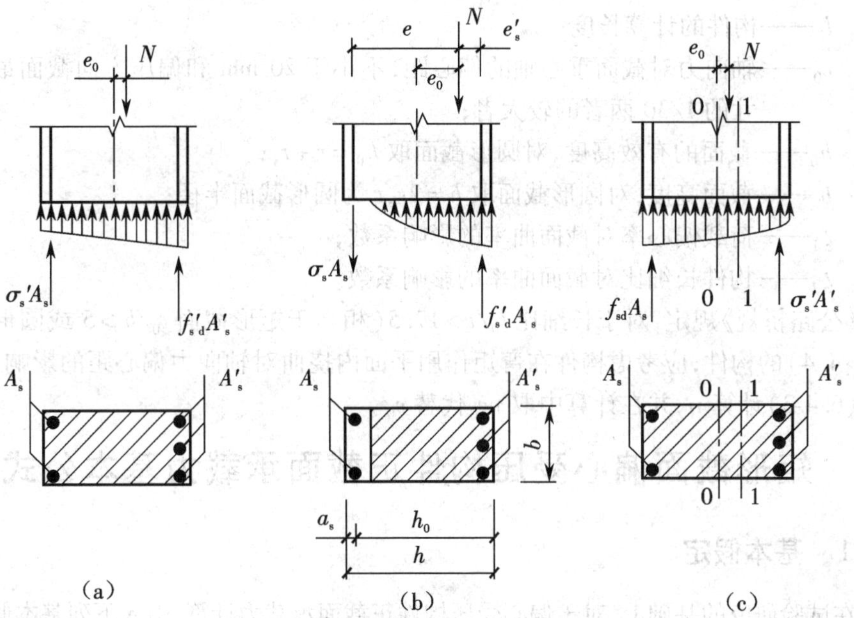

图 6.4-3　小偏心受压短柱截面受力的几种情况

(a)偏心距很小;(b)偏心距较小;(c)反向破坏

受压破坏,$x > \xi_b h_0$时发生小偏心受压破坏。

习惯上,把发生大偏心受压破坏的构件称作"大偏心受压构件",把发生小偏心受压破坏的构件称作"小偏心受压构件"。

6.4.4　偏心距增大系数的确定

由图 6.4-1 可知,考虑二阶效应后,柱子跨中截面的弯矩

$$M = N(e_0 + y) = Ne_0 \frac{e_0 + y}{e_0} \tag{6.4-1}$$

令　$\eta = \frac{e_0 + y}{e_0} = 1 + \frac{y}{e_0}$,则上式可记作

$$M = N\eta e_0 \tag{6.4-2}$$

可见,跨中截面弯矩可以由端部弯矩乘以一个放大系数得到,η 称作偏心距增大系数。《公路桥规》根据偏心压杆的极限曲率理论分析,规定偏心距增大系数 η 按照下式取值:

$$\eta = 1 + \frac{1}{1\,300 e_0/h_0}\left(\frac{l_0}{h}\right)^2 \zeta_1 \zeta_2 \tag{6.4-3}$$

$$\zeta_1 = 0.2 + 2.7 e_0/h_0 \leqslant 1 \tag{6.4-4}$$

$$\zeta_2 = 1.15 - 0.01\frac{l_0}{h} \leqslant 1 \tag{6.4-5}$$

式中 l_0——构件的计算长度；

e_0——轴向力对截面重心轴的偏心距，不小于 20 mm 和偏压方向截面最大尺寸的 1/30 两者的较大者；

h_0——截面的有效高度，对圆形截面取 $h_0 = r + r_s$；

h——截面高度，对圆形截面取 $h = 2r$，r 为圆形截面半径；

ζ_1——荷载偏心率对截面曲率的影响系数；

ζ_2——构件长细比对截面曲率的影响系数。

《公路桥规》规定，对于长细比 $l_0/i > 17.5$（相当于矩形截面 $l_0/h > 5$ 或圆形截面 $l_0/d > 4.4$）的构件，应考虑构件在弯矩作用平面内挠曲对轴向力偏心距的影响，即按照式(6.4-3)计算 η，并在计算中取 ηe_0 代替 e_0。

6.5 矩形截面偏心受压构件正截面承载力基本公式

6.5.1 基本假定

在试验研究的基础上，对于偏心受压构件正截面承载力计算，引入下列基本假定。

①构件应变分布符合平截面假定。

②不考虑受拉区混凝土参加工作，拉力全部由钢筋承担。

③在极限状态下，受压区混凝土应力达到混凝土抗压强度设计值 f_{cd}，并取矩形应力图计算，矩形应力图的高度取 $x = \beta x_0$，x_0 为截面应变图中应变零点至受压较大截面边缘的距离，β 为矩形应力图高度系数。受压较大边钢筋的应力取钢筋抗压强度设计值 f'_{sd}。

④受拉边（或受压较小边）钢筋的应力，由该位置处的应变确定，即钢筋应力按照下式计算：

$$\sigma_{si} = \varepsilon_{cu} E_s \left(\frac{\beta}{x/h_{0i}} - 1 \right) \tag{6.5-1}$$

$$-f'_{sd} \leqslant \sigma_{si} \leqslant f_{sd} \tag{6.5-2}$$

式中 σ_{si}——第 i 层纵向钢筋的应力，按公式计算为正值表示拉应力，负值表示压应力；

ε_{cu}——混凝土极限压应变，混凝土强度等级 C50 及以下时取 $\varepsilon_{cu} = 0.0033$，C80 时取 $\varepsilon_{cu} = 0.003$，中间强度等级用线性内插法求得；

E_s——钢筋的弹性模量；

β——截面受压区矩形应力图高度与实际受压区高度的比值，混凝土强度等级 C50 及以下时取 $\beta = 0.8$，C80 时取 $\beta = 0.74$，中间强度等级用线性内插法求得；

x——截面受压区高度；

h_{0i}——第 i 层纵向钢筋截面面积重心至受压较大边边缘的距离。

当 $x \leqslant \xi_b h_0$ 时,所得结果大于等于 f_{sd},取 $\sigma_s = f_{sd}$,为大偏心受压情况;当 $x > \xi_b h_0$ 时,构件属小偏心受压,计算所得的应力需满足 $\sigma_{si} \geqslant -f'_{sd}$。

受拉纵筋的应力计算公式系根据平截面假定得到,试演如下:

如图 6.5-1 所示,根据平截面假定可知应变存在以下关系:

$$\frac{\varepsilon_{si}}{h_0 - x_0} = \frac{\varepsilon_{cu}}{x_0}$$

应变图中的受压区高度 x_0 与等效矩形应力图中的受压区高度 x 之间的关系式

$$x = \beta x_0$$

代入上式并变形,得到:

$$\varepsilon_{si} = \varepsilon_{cu}\left(\frac{\beta}{x/h_{0i}} - 1\right)$$

钢筋应力为 $\sigma_{si} = \varepsilon_{si} E_s$,于是

$$\sigma_{si} = \varepsilon_{si} E_s = \varepsilon_{cu} E_s\left(\frac{\beta}{x/h_{0i}} - 1\right)$$

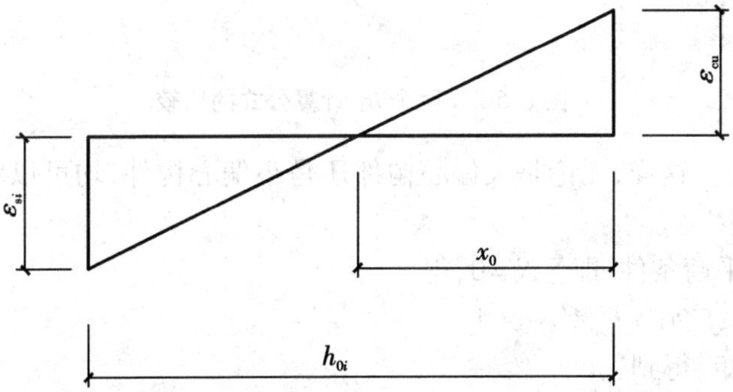

图 6.5-1　受拉纵筋的应变

考虑到钢筋达到屈服应变后应力不再增大,故上述计算出的应力尚应满足:

$$-f'_{sd} \leqslant \sigma_{si} \leqslant f_{sd}$$

需要指出的是,该公式在实际使用时多有不便,为此,在《混凝土结构设计规范中》中给出了 σ_s 的近似公式,记作:

$$\sigma_s = f_{sd}\frac{\xi - \beta}{\xi_b - \beta} \tag{6.5-3}$$

$$-f'_{sd} \leqslant \sigma_s < f_{sd} \tag{6.5-4}$$

两个公式的比较如图 6.5-1 所示,图中以 HRB400 钢筋为例。

本书以下内容均以公式(6.5-3)作为 σ_s 的计算式进行讲述。

6.5.2　正截面承载力计算平衡方程

如图 6.5-3 所示,由于 A_s 可能屈服也可能不屈服,故将其在截面破坏时的应力记

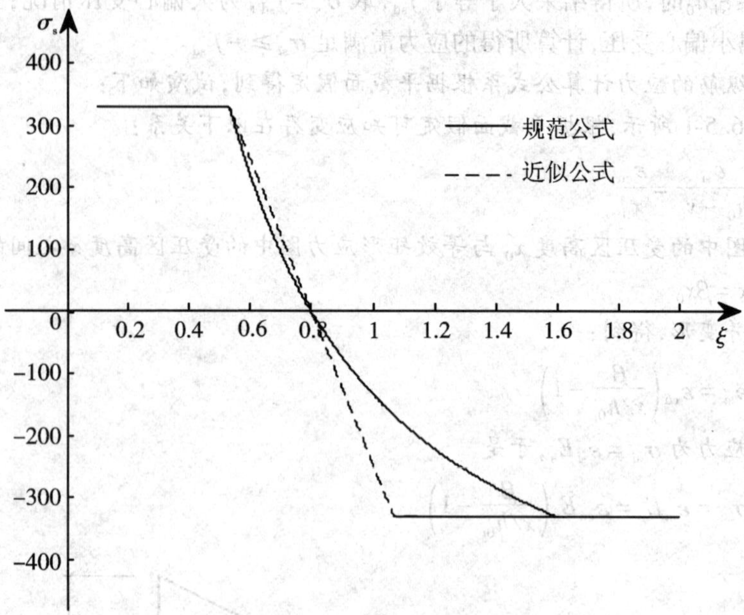

图 6.5-2 两个 σ_s 计算公式的比较

作 σ_s,以拉为正。这样,无论是大偏心构件还是小偏心构件,均可以利用图 6.5-3 建立平衡方程。

由轴向力平衡条件,即 $\sum N=0$,得

$$\gamma_0 N_d \leqslant f_{cd}bx + f'_{sd}A'_s - \sigma_s A_s \tag{6.5-5}$$

对 A_s 合力点取矩,得到

$$\gamma_0 N_d e_s \leqslant f_{cd}bx\left(h_0 - \frac{x}{2}\right) + f'_{sd}A'_s(h_0 - a'_s) \tag{6.5-6}$$

$$e_s = \eta e_0 + \frac{h}{2} - a_s \tag{6.5-7}$$

式中 e_0——轴向力作用点至截面形心轴的距离,$e_0=\dfrac{M_d}{N_d}$;

σ_s——受拉边(或受压较小边)钢筋的应力,按照前述的基本假定 4 取值;

e_s——轴向力作用点至受拉边(或受压较小边)钢筋合力作用点的距离;

η——偏心距增大系数。

为了方便使用,将大、小偏心受压分别示于图 6.5-4(a)与图 6.5-4(b),并分别建立平衡方程如下。

大偏心受压构件的平衡方程:

$$\gamma_0 N_d \leqslant f_{cd}bx + f'_{sd}A'_s - f_{sd}A_s \tag{6.5-8}$$

$$\gamma_0 N_d e_s \leqslant f_{cd}bx\left(h_0 - \frac{x}{2}\right) + f'_{sd}A'_s(h_0 - a'_s) \tag{6.5-9}$$

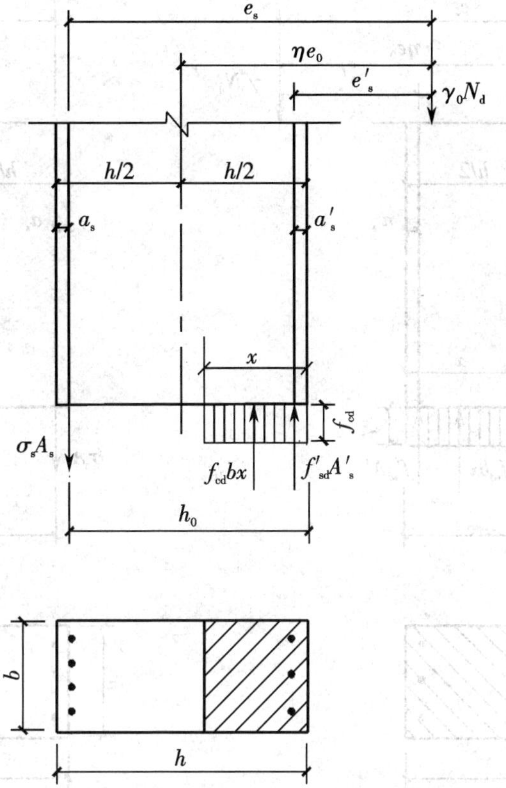

图 6.5-3　矩形截面偏心受压构件正截面承载力计算简图

适用条件

$$x \leqslant \xi_b h_0 \tag{6.5-10}$$

$$x \geqslant 2a'_s \tag{6.5-11}$$

小偏心受压构件的平衡方程：

$$\gamma_0 N_d \leqslant f_{cd} bx + f'_{sd} A'_s - \sigma_s A_s \tag{6.5-12}$$

$$\gamma_0 N_d e_s \leqslant f_{cd} bx\left(h_0 - \frac{x}{2}\right) + f'_{sd} A'_s (h_0 - a'_s) \tag{6.5-13}$$

$$\sigma_s = \varepsilon_{cu} E_s \left(\frac{\beta}{x/h_0} - 1\right),\ -f'_{sd} \leqslant \sigma_s < f_{sd} \tag{6.5-14}$$

适用条件

$$x > \xi_b h_0 \tag{6.5-15}$$

为了准确应用以上公式，需要注意以下几点。

①无论是大偏心受压还是小偏心受压，以上建立的弯矩平衡方程均是对 A_s 合力点取矩得到，事实上，根据求解需要，也可以对其他位置取矩。以图 6.5-4(b)为例，

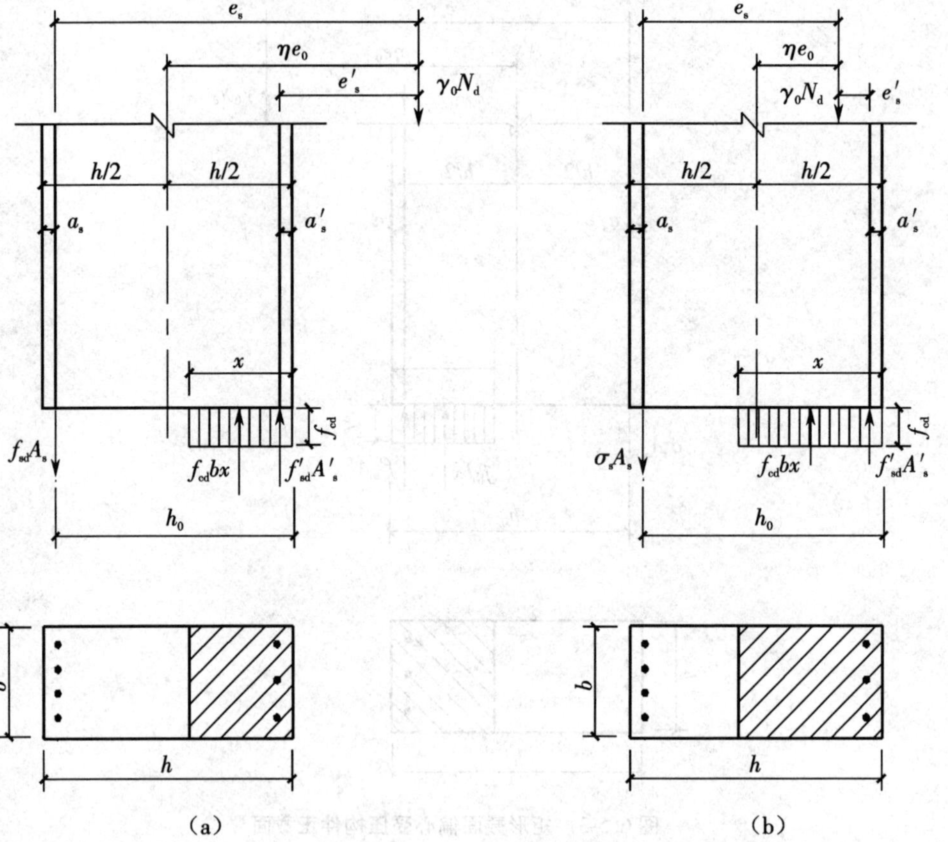

图 6.5-4 矩形截面偏心受压构件承载力计算简图

(a)大偏心;(b)小偏心

对 A'_s合力点取矩,可以得到下式:

$$\gamma_0 N_d e'_s = f_{cd} bx\left(\frac{x}{2} - a'_s\right) - \sigma_s A_s (h_0 - a'_s) \tag{6.5-16}$$

式中 e'_s——轴向力至 A'_s合力点的距离,即 $e'_s = 0.5h - \eta e_0 - a'_s$。

对于图 6.5-4(a)的计算简图,若对作用力 $\gamma_0 N_d$位置取矩,则可以得到

$$f_{cd} bx\left(e_s - h_0 + \frac{x}{2}\right) = f_{sd} A_s e_s - f'_{sd} A'_s e'_s \tag{6.5-17}$$

但是,基本的方程只有两个(一个为力的平衡,另一个为弯矩的平衡),其他平衡式可以由基本平衡式导出。

②条件 $x \geqslant 2a'_s$是为了保证构件破坏时 A'_s达到屈服,其原因与双筋梁时相同。

③对于小偏心受压构件,为了防止“反向破坏”,应保证 A_s的配置量不能太小,为此,《公路桥规》规定,当轴向力作用在纵向钢筋 A'_s合力点与 A_s合力点之间时,需要满足下式要求:

$$\gamma_0 N_d e' \leqslant f_{cd} bh\left(\frac{h}{2}-a_s'\right)+f'_{sd}A_s(h_0-a_s') \tag{6.5-18}$$

式中　e'——轴向力作用点至受压较大边钢筋合力作用点的距离,计算时不考虑偏心距增大系数 η,即取 $e'=0.5h-e_0-a_s'$。

公式(6.5-18)的本质,是对 A_s' 合力点取矩,且此时 A_s 的应力取为 f'_{sd}(即受压屈服)。此处将轴力的偏心视为 e_0 而非 ηe_0,其原因是,如此操作可使 A_s 的取值更大。

④习惯上,对于大偏心受压,将轴向力作用点的位置画在 A_s' 合力点以右,对于小偏心受压,则画在 A_s' 合力点以左,以直观体现偏心的大与小。但必须指出,从力学计算角度看,建立平衡方程时无论将轴向力作用点假定为何处,只要平衡方程建立正确且 e_s、e_s' 等几何尺寸依据同一个计算简图确定,则不会影响解答的正确性。

6.6　矩形截面偏心受压构件非对称配筋时的计算

6.6.1　截面设计

1. 大、小偏心受压的初步判别

在偏心受压构件截面设计时,无法采用 x 和 $\xi_b h_0$的关系判断大、小偏心,这时,通常可以这样处理:当 $\eta e_0>0.3h_0$时,按照大偏心受压构件考虑;当 $\eta e_0\leqslant 0.3h_0$时,按小偏心受压构件考虑。

这种初步判断是基于常用的混凝土强度等级、常用热轧钢筋强度级别以及最小配筋率,对界限破坏的计算分析得到的。根据此初步判断即可选择前述的平衡方程进行计算。

为叙述方便,以下均用 N 代替 $\gamma_0 N_d$。

2. 大偏心受压构件的设计步骤

当 $\eta e_0>0.3h_0$时,按照大偏心受压构件设计。可能有以下两种情况。

(1)A_s和 A_s'均未知

此时,与双筋梁一样需要增加一个条件才能求解。取 $x=\xi_b h_0$可使用钢量近似最省,方程可解。受压钢筋截面面积 A_s'和受拉钢筋截面面积 A_s按照下式计算:

$$A_s'=\frac{Ne_s-f_{cd}bh_0^2\xi_b(1-0.5\xi_b)}{f'_{sd}(h_0-a_s')} \tag{6.6-1}$$

$$A_s=\frac{f_{cd}bh_0\xi_b+f'_{sd}A_s'-N}{f_{sd}} \tag{6.6-2}$$

需要注意的是,若式(6.6-1)求得的受压钢筋配筋 A_s'不满足一侧钢筋的最小配筋率,则应按构造要求选择钢筋并布置,然后再按受压钢筋截面面积 A_s'已知的情况计算。

(2)A_s'已知

此时,两个未知数,两个方程,可以求解。首先用下式解出 x:

$$x=h_0-\sqrt{h_0^2-\frac{2[Ne_s-f'_{sd}A'_s(h_0-a'_s)]}{f_{cd}b}} \tag{6.6-3}$$

可能有几种情况:

①若 $x\leqslant\xi_b h_0$ 且 $x\geqslant 2a'_s$,满足大偏心受压的适用条件,代入基本方程可求出 A_s:

$$A_s=\frac{f_{cd}bx+f'_{sd}A'_s-N}{f_{sd}} \tag{6.6-4}$$

②若 $x\leqslant\xi_b h_0$,但 $x<2a'_s$,表明破坏时受压钢筋 A'_s 没有屈服。取 $x=2a'_s$,然后对 A'_s 合力点取矩,得到

$$A_s=\frac{Ne'_s}{f_{sd}(h_0-a'_s)} \tag{6.6-5}$$

③若 $x>\xi_b h_0$,则需要按照小偏心受压构件重新建立平衡方程进行计算。

以上求得的 A_s 应满足一侧钢筋的最小配筋率要求,$(A_s+A'_s)$ 应满足全部配筋率的要求。

3. 小偏心受压构件的设计步骤

(1) A_s 和 A'_s 均未知时

此时,钢筋 A_s 的应力很小,通常按最小配筋率取值,即取 $A_s=0.002bh$。考虑到防止发生"反向破坏",A_s 还应满足式(6.5-18)的要求,即应有

$$A_s\geqslant\frac{Ne'-f_{cd}bh\left(\frac{h}{2}-a'_s\right)}{f'_{sd}(h_0-a'_s)} \tag{6.6-6}$$

依据上述两个条件选择并配置钢筋 A_s。这时,成为两个未知数,两个方程,于是方程组可解。首先需要求出受压区高度 x,而以 x 为未知数的方程为

$$Ne'_s=f_{cd}bx\left(\frac{x}{2}-a'_s\right)-\sigma_s A_s(h_0-a'_s) \tag{6.6-7}$$

$$e'_s=0.5h-\eta e_0-a'_s \tag{6.6-8}$$

$$\sigma_s=f_{sd}\frac{\xi-\beta}{\xi_b-\beta} \tag{6.6-9}$$

$$-f'_{sd}\leqslant\sigma_s<f_{sd} \tag{6.6-10}$$

这是一个关于 x 的一元二次方程,可以记作:

$$Ax^2+Bx+C=0 \tag{6.6-11}$$

$$A=0.5f_{cd}bh_0 \tag{6.6-12a}$$

$$B=-\frac{h_0-a'_s}{\xi_b-\beta}f_{sd}A_s-f_{cd}bh_0a'_s \tag{6.6-12b}$$

$$C=\beta\frac{h_0-a'_s}{\xi_b-\beta}f_{sd}A_sh_0-Ne'_sh_0 \tag{6.6-12c}$$

从而,x 按照下式求出:

$$x=\frac{-B+\sqrt{B^2-4AC}}{2A} \tag{6.6-13}$$

如果按照《公路桥规》给出的 σ_s 公式计算，这里会是一个一元三次方程。

$$Ax^3+Bx^2+Cx+D=0$$

$$A=0.5f_{cd}b$$

$$B=-f_{cd}ba'_s$$

$$C=\varepsilon_{cu}E_sA_s(h_0-a'_s)-Ne'_s$$

$$D=-\beta\varepsilon_{cu}E_sh_0A_s(h_0-a'_s)$$

解方程得到 x 值后，即可求出相对受压区高度 $\xi=x/h_0$。

令 ξ_y 表示 $\sigma_s=-f'_{sd}$ 时对应的相对受压区高度。求解出的 ξ 可能出现以下情况。

1) $\xi_b<\xi\leqslant\xi_y$ 且 $\xi<h/h_0$

表明破坏时 A_s 未达到受拉屈服，σ_s 在 $-f'_{sd}$ 和 f_{sd} 之间，符合 σ_s 的公式条件。于是，将刚刚求解出的 ξ 代入基本公式，求出另一个未知数 A'_s。

$$A'_s=\frac{N-f_{cd}b\xi h_0+f_{sd}A_s}{f'_{sd}} \tag{6.6-14}$$

2) $\xi_y<\xi<h/h_0$

此时，由于按照 σ_s 公式求得的应力已经超出其范围（$-f'_{sd}\leqslant\sigma_s\leqslant f_{sd}$），因此，应以 $\sigma_s=-f'_{sd}$ 代入小偏心受压的公式。于是，基本方程转化为

$$N=f_{cd}bx+f'_{sd}A'_s+f'_{sd}A_s \tag{6.6-15}$$

$$N\cdot e_s\leqslant f_{cd}bx\left(h_0-\frac{x}{2}\right)+f'_{sd}A'_s(h_0-a'_s) \tag{6.6-16}$$

重新求解 x 和 A'_s。

3) $\xi\geqslant h/h_0$，且 $\xi>\xi_y$

$\xi>\xi_y$ 表明按照 σ_s 公式求得的应力已经超出其范围（$-f'_{sd}\leqslant\sigma_s\leqslant f_{sd}$），因此取 $\sigma_s=-f'_{sd}$；$\xi\geqslant h/h_0$ 等价于 $x>h$，表明求得的受压区超出截面高度之外，此时，在建立平衡方程时只能取 $x=h$。于是，将 $\sigma_s=-f'_{sd}$，$x=h$ 代入基本方程，直接解得 A'_s：

$$A'_s=\frac{Ne_s-f_{cd}bh(h_0-0.5h)}{f'_{sd}(h_0-a'_s)} \tag{6.6-17}$$

以上计算得到的 A'_s 应满足一侧纵筋配筋率要求，A_s、A'_s 之和应满足截面全部钢筋配筋率的要求。

(2) A'_s 已知时

此时，两个未知数（A_s、x），两个方程，可以求解。解出的 ξ 可能有以下几种情况。

1) $\xi_b<\xi\leqslant\xi_y$ 且 $\xi<h/h_0$

表明 A_s 未达到受拉屈服，σ_s 在 $-f'_{sd}$ 和 f_{sd} 之间，符合 σ_s 的公式条件。于是，将 ξ 代入小偏心基本方程，求出另一个未知数 A_s。

2) $\xi_y < \xi < h/h_0$

此时,由于按照 σ_s 公式求得的应力已经超出其范围($-f'_{sd} \leqslant \sigma_s \leqslant f_{sd}$)应以 $\sigma_s = -f'_{sd}$代入小偏心的基本公式。于是,基本方程转化为下式:

$$N = f_{cd}bx + f'_{sd}A'_s + f'_{sd}A_s \tag{6.6-18}$$

$$N \cdot e_s \leqslant f_{cd}bx\left(h_0 - \frac{x}{2}\right) + f'_{sd}A'_s(h_0 - a'_s) \tag{6.6-19}$$

重新求解 ξ 和 A_s。

3) $\xi \geqslant h/h_0$,且 $\xi > \xi_y$

此时应取 $\sigma_s = -f'_{sd}$, $x = h$ 代入基本方程求解 A_s:

$$A_s = \frac{Ne'_s - f_{cd}bh(0.5h - a'_s)}{f_{sd}(h_0 - a'_s)} \tag{6.6-20}$$

需要注意的是,以上求出的 A_s还应保证构件不发生“反向破坏”,为此,A_s还应满足

$$A_s \geqslant \frac{Ne' - f_{cd}bh\left(\frac{h}{2} - a'_s\right)}{f'_{sd}(h_0 - a'_s)} \tag{6.6-21}$$

以上计算得到的 A_s应满足一侧纵筋配筋率要求,A_s、A'_s之和应满足截面全部钢筋配筋率的要求。

6.6.2　截面复核

截面承载力复核需要考虑弯矩作用平面的承载力和垂直于弯矩作用平面的承载力,且应取二者的较小者作为偏心受压构件的承载力。

垂直于弯矩作用平面承载力的计算,可按照轴心受压构件进行,这里不再赘述。

下面介绍弯矩作用平面的承载力计算过程。

1. 大、小偏心受压的判别

此时,由于截面的配筋已知,因此可以直接依据 x 和 $\xi_b h_0$的关系判断大、小偏心:当 $x \leqslant \xi_b h_0$时为大偏心;当 $x > \xi_b h_0$时为小偏心。

x 的求解,可依据界限破坏时对轴向力 N 的位置取矩得到的平衡式,即依据下式:

$$f_{cd}bx\left(e_s - h_0 + \frac{x}{2}\right) = f_{sd}A_s e_s - f'_{sd}A'_s e'_s \tag{6.6-22}$$

若直接写成公式求解形式,则为:

$$A = 0.5f_{cd}b \tag{6.6-23a}$$

$$B = f_{cd}b(e_s - h_0) \tag{6.6-23b}$$

$$C = f'_{sd}A'_s e'_s - f_{sd}A_s e_s \tag{6.6-23c}$$

$$x = \frac{-B + \sqrt{B^2 - 4AC}}{2A} \tag{6.6-23d}$$

注意，公式(6.6-22)是按照轴压力 N 位于 A'_s 合力点之外列出的，即，e'_s 按下式计算：

$$e'_s = \eta e_0 - h/2 + a'_s$$

如果 N 位于 A'_s 合力点之内，e'_s 为负值，公式(6.6-22)在数学上仍成立。

2. N_u 的计算方法

解出的 x，可能有下面的情况。

(1) $x \leqslant \xi_b h_0$，此时为大偏心受压。

①$x \leqslant \xi_b h_0$ 且 $x \geqslant 2a'_s$ 时，满足大偏心的适用条件，受拉钢筋的应力达到 f_{sd}，代入大偏心受压竖向力的平衡公式即可求出 N_u，即

$$N_u = f_{cd}bx + f'_{sd}A'_s - f_{sd}A_s \tag{6.6-24}$$

②$x \leqslant \xi_b h_0$ 但 $x < 2a'_s$ 时，受压钢筋 A'_s 没有屈服。此时应取 $x = 2a'_s$，然后对 A'_s 合力点取矩求出 N_u，即

$$N_u = \frac{N(\eta e_0 - h/2 + a'_s)}{(h_0 - a'_s)} \tag{6.6-25}$$

(2) $x > \xi_b h_0$，此时为小偏心受压。

由于这时受拉钢筋的应力不能取为 f_{sd}，故原来按照界限破坏建立的平衡方程不成立，需要按照小偏心受压重新建立对轴向力位置处的力矩平衡：

$$\sigma_s A_s e_s = f_{cd}bx\left(\eta e_0 - h/2 + \frac{x}{2}\right) + f'_{sd}A'_s e'_s \tag{6.6-26}$$

注意，上式为轴向力画在 A'_s 合力点右侧建立的方程，因此，相应的，应取

$$e'_s = \eta e_0 - h/2 + a'_s$$

该关于 x 的一元二次方程 $Ax^2 + Bx + C = 0$，各项系数分别为：

$$A = 0.5f_{cd}bh_0 \tag{6.6-27a}$$

$$B = f_{cd}bh_0(e_s - h_0) - \frac{f_{sd}A_s e_s}{\xi_b - 0.8} \tag{6.6-27b}$$

$$C = \frac{0.8f_{sd}A_s e_s h_0}{\xi_b - 0.8} + f'_{sd}A'_s e'_s h_0 \tag{6.6-27c}$$

求解得到 x 值后，即可求出相对受压区高度 $\xi = x/h_0$。可能出现以下情况。

①$\xi_b < \xi \leqslant \xi_y$ 且 $\xi < h/h_0$。表明 A_s 未达到受拉屈服，σ_s 在 $-f'_{sd}$ 和 f_{sd} 之间，符合 σ_s 的公式条件。于是，将 ξ 代入小偏心基本方程，求出 N_u。

②$\xi_y < \xi < h/h_0$。此时，应以 $\sigma_s = -f'_{sd}$ 代入小偏心基本方程。这样，基本方程就转化为下式：

$$N_u = f_{cd}bx + f'_{sd}A'_s + f'_{sd}A_s \tag{6.6-28}$$

$$N_u \cdot e_s = f_{cd}bx\left(h_0 - \frac{x}{2}\right) + f'_{sd}A'_s(h_0 - a'_s) \tag{6.6-29}$$

重新求解 ξ 和 N_u。

③$\xi \geqslant h/h_0$，且$\xi > \xi_y$。此时，应取$\sigma_s = -f'_{sd}, x = h$代入基本方程得到$N_u$。

需要注意的是，以上求得的属于“正向破坏”时的承载力，对于小偏心受压构件，尚应保证构件不发生“反向破坏”。为此，需要按照下式求出N_u：

$$N_u = \frac{f_{cd}bh(0.5h - a'_s) + f'_{sd}A_s(h_0 - a'_s)}{e'} \tag{6.5-30}$$

小偏心受压构件的弯矩作用平面内承载力应取“正向破坏”“反向破坏”承载力中的较小者。

3. 判别承载力是否足够

对于某个偏心受压构件，我们可以根据设计条件（包括截面尺寸、材料的强度以及钢筋配置情况等）画出其$N_u - M_u$曲线，如图6.6-1所示。曲线上的某点，其坐标为(M_u, N_u)，表示其控制截面可以承受的荷载，这里，$M_u = \eta e_0 N_u$。任意以坐标形式表达的荷载(M, N)若位于$N_u - M_u$曲线所包含的范围内，则表示安全。

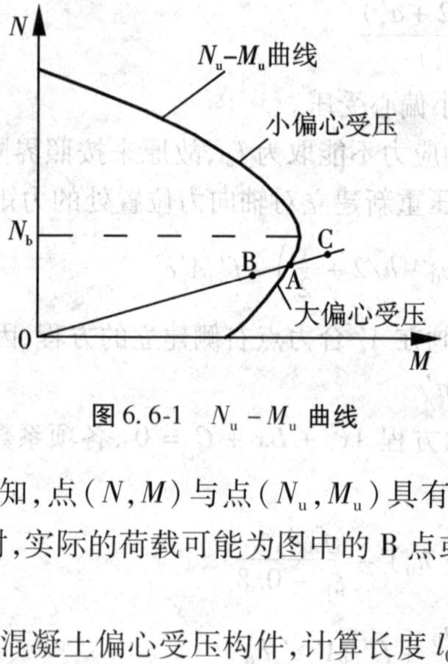

图6.6-1 $N_u - M_u$ 曲线

由求解N_u的过程可知，点(N, M)与点(N_u, M_u)具有相同的斜率，因此，当点(N_u, M_u)为图中的A点时，实际的荷载可能为图中的B点或C点。可见，若存在$N_u \geqslant N$，则设计是安全的。

【例6.6-1】有一钢筋混凝土偏心受压构件，计算长度$l_0 = 10$ m，截面尺寸为300 mm×600 mm，承受的轴向力组合设计值$N_d = 315$ kN，弯矩组合设计值$M_d = 230$ kN·m，结构安全等级为二级，I类环境；C30混凝土，HRB400钢筋。

要求：按照非对称配筋选择A_s、A'_s，并对实际布置的截面进行承载力复核。

解：$l_0/h = 10/0.6 = 16.67 > 5$，故应考虑偏心距增大系数$\eta$的影响。

$$N = \gamma_0 N_d = 315 \text{ kN}, M = \gamma_0 M_d = 230 \text{ kN·m}$$

(1)计算偏心距增大系数η

I类环境，最外侧钢筋（箍筋）的混凝土保护层厚度最小为20 mm，假定箍筋直径10 mm，纵向受力钢筋的直径为20 mm，则a_s至少为40 mm。今取$a_s = a'_s = 45$ mm计算，则$h_0 = h - a_s = 600 - 45 = 555$ mm。

$$e_0=\frac{M}{N}=\frac{230\times10^3}{315}=730\ \text{mm}$$

满足 $e_0>\max(20,h/30)=20$ mm。

$$\zeta_1=0.2+2.7\frac{e_0}{h_0}=0.2+2.7\times\frac{730}{555}=3.75>1,取\ \zeta_1=1$$

$$\zeta_2=1.15-0.01\frac{l_0}{h}=1.15-0.01\frac{10}{0.6}=0.98<1$$

$$\eta=1+\frac{1}{1\,300e_0/h_0}\left(\frac{l_0}{h}\right)^2\zeta_1\zeta_2$$

$$=1+\frac{1}{1\,300\times\dfrac{730}{555}}\left(\frac{10}{0.6}\right)^2\times1\times0.98=1.16$$

(2)判断大、小偏心

今 $\eta e_0=1.16\times730=847\ \text{mm}>0.3h_0=0.3\times555=167\ \text{mm}$，按照大偏心受压构件计算。

(3)计算 A'_s

$$e_s=\eta e_0+0.5h-a_s=847+0.5\times600-45=1\,102\ \text{mm}$$

取 $x=\xi_b h_0=0.53\times555=294$ mm，则所需受压钢筋截面

$$A'_s=\frac{Ne_s-f_{cd}bx\left(h_0-\dfrac{x}{2}\right)}{f'_{sd}(h_0-a'_s)}$$

$$=\frac{315\times10^3\times1\,102-13.8\times300\times294\times\left(555-\dfrac{294}{2}\right)}{330\times(555-45)}<0$$

A'_s出现负值，应按构造要求取值。$A'_s=0.002bh=0.002\times300\times600=360\text{mm}^2$。选3 ⌀ 14(钢筋外径16.2 mm)，可提供截面积 $A'_s=462\ \text{mm}^2$。I类环境，最外侧钢筋(箍筋)保护层厚度最小为20 mm，取箍筋直径为10 mm，则 $a'_s=30+16.2/2=38$ mm。实际取 $a'_s=40$ mm布置。

(4)计算 A_s

此时，应按照 A'_s为已知的情况进行计算。受压区高度 x 的值

$$x=h_0-\sqrt{h_0^2-\frac{2[Ne_s-f'_{sd}A'_s(h_0-a'_s)]}{f_{cd}b}}$$

$$=555-\sqrt{555^2-\frac{2\times[315\times10^3\times1\,102-330\times462\times(555-40)]}{13.8\times300}}$$

$$=133\ \text{mm}<\xi_b h_0=0.53\times555=294\ \text{mm}$$

$$>2a'_s=2\times40=80\ \text{mm}$$

满足大偏心受压构件的适用条件。于是

$$A_s = \frac{f_{cd}bx + f'_{sd}A'_s - N}{f_{sd}} = \frac{13.8 \times 300 \times 133 + 330 \times 462 - 315 \times 10^3}{330} = 1\ 173\ \text{mm}^2$$

选 4 Φ 20(钢筋外径 22.7 mm),可提供的截面积 $A_s = 1\ 256\ \text{mm}^2$。

此时,全部纵筋的配筋率 $\rho = \frac{462 + 1\ 256}{300 \times 600} = 0.954\% > 0.5\%$,满足要求。

将 4 Φ 20 布置成一排,所需截面最小宽度 $b_{min} = 2 \times 30 + 3 \times 30 + 4 \times 22.7 = 241$ mm $< b = 300$ mm。I 类环境,纵向钢筋外侧的保护层厚度取 30 mm,则 $a_s = 30 + 22.7/2 = 41$ mm,实际按照 45 mm 布置。

截面配筋图如图 6.6-2 所示。依据《公路桥规》9.6.3 条的规定,当偏心受压构件的截面高度 $h \geqslant 600$ mm 时,在侧面应设置直径为 10 ~ 16 mm 的纵向构造钢筋,故在中部布置了 2 Φ 14 并以拉筋相连。

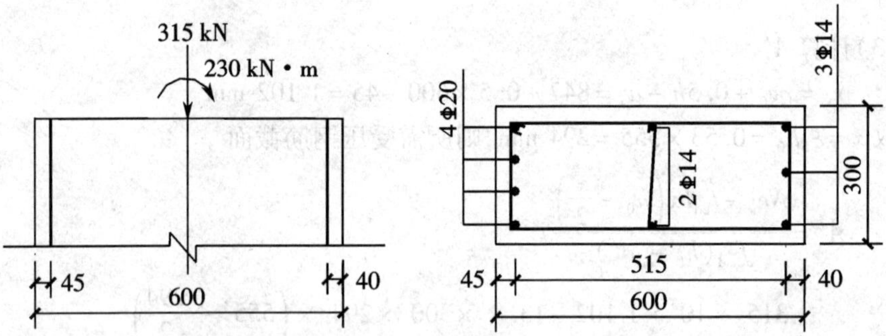

图 6.6-2 例 6.6-1 的图示

(4) 弯矩作用平面内的承载力复核

下面保持偏心距 $e_0 = 730$ mm 不变,校核 N_u 是否大于 $\gamma_0 N_d$。

由于实际布置 $a_s = 45$ mm,依据前面的计算结果可知,$\eta e_0 = 847$ mm,$e_s = 1\ 102$ mm。

$$e'_s = \eta e_0 - \frac{h}{2} + a'_s = 847 - \frac{600}{2} + 40 = 587\ \text{mm}$$

承载力复核,按照公式(6.6-23)求解受压区高度(采用 N、mm 制):

$$A = 0.5 f_{cd} b = 2\ 070$$

$$B = f_{cd} b (e_s - h_0) = 2.263 \times 10^6$$

$$C = f'_{sd} A'_s e'_s - f_{sd} A_s e_s = -3.672 \times 10^8$$

$$x = \frac{-B + \sqrt{B^2 - 4AC}}{2A} = 143\ \text{mm}$$

由于 $x = 143$ mm $< \xi_b h_0 = 0.53 \times 555 = 294$ mm 且 $x > 2a'_s = 2 \times 40 = 80$ mm,满足

大偏心受压适用条件，表明前述按照大偏心受压求解得到的 x 是正确的。

依据竖向力的平衡，有

$$\begin{aligned}N_u &= f_{cd}bx + f'_{sd}A'_s - f_{sd}A_s \\ &= 13.8 \times 300 \times 143 + 330 \times 462 - 330 \times 1\,256 \\ &= 331.8 \times 10^3\text{ N} > N = 315\text{ kN}\end{aligned}$$

（5）垂直于弯矩作用平面的承载力复核

$l_0/b = 10/0.3 = 33.3 > 8$，查附表 9，得到 $\varphi = 0.454$。

计算承载力时，因为构造要求设置于截面中部的 2 ⌀ 14 的贡献可以不计入。此时，全部受压钢筋截面积为 $1256 + 462 = 1718\text{ mm}^2$，配筋率为 $1\,718/(300 \times 600) = 0.95\% < 3\%$，于是

$$\begin{aligned}N_u &= 0.9\varphi[f_{cd}bh + f'_{sd}(A_s + A'_s)] \\ &= 0.9 \times 0.454 \times [13.8 \times 300 \times 600 + 330 \times 1\,718)] \\ &= 1\,246.6 \times 10^3\text{ N} > N = 315\text{ kN}\end{aligned}$$

可见，承载力满足要求。

【例 6.6-2】　某钢筋混凝土偏心受压柱，$b \times h = 250\text{ mm} \times 500\text{ mm}$，计算长度 $l_0 = 2.5\text{ m}$，承受的轴向力组合设计值 $N_d = 1\,500\text{ kN}$，弯矩组合设计值 $M_d = 120\text{ kN}\cdot\text{m}$，结构重要性系数 $\gamma_0 = 1.0$；混凝土采用 C30，纵向钢筋采用 HRB400。

要求：按照非对称配筋选择 A_s、A'_s，并对实际配置进行承载力复核。

解：$l_0/h = 2\,500/500 = 5$，故偏心距增大系数 $\eta = 1.0$。

$N = \gamma_0 N_d = 1\,500\text{ kN}$，$M = \gamma_0 M_d = 120\text{ kN}\cdot\text{m}$。

（1）截面设计

假设 $a_s = a'_s = 40\text{ mm}$，$h_0 = h - a_s = 500 - 40 = 460\text{ mm}$。于是

$$e_0 = \frac{M}{N} = \frac{120 \times 10^3}{1\,500} = 80\text{ mm}$$

$$\eta e_0 = 80\text{ mm} < 0.3h_0 = 0.3 \times 460 = 138\text{ mm}$$

故按小偏心受压构件计算。按构造要求，需要 $A_s = 0.002bh = 0.002 \times 250 \times 500 = 250\text{ mm}^2$。为了保证不发生反向破坏，需要 A_s 不能太小。

$$e' = \frac{h}{2} - e_0 - a'_s = 500/2 - 80 - 40 = 130\text{ mm}$$

$$\begin{aligned}A_s &= \frac{Ne' - f_{cd}bh\left(\dfrac{h}{2} - a'_s\right)}{f'_{sd}(h_0 - a'_s)} \\ &= \frac{1\,500 \times 10^3 \times 130 - 13.8 \times 250 \times 500 \times (250 - 40)}{330 \times (460 - 40)} < 0\end{aligned}$$

表明，只需要按照构造要求配筋即可保证不发生反向破坏。

依据构造要求所需的截面积不小于 250 mm^2 选取 3 ⌀ 12（外径 13.9 mm），可提供截面积 $A_s = 339\text{ mm}^2$。I 类环境，纵向钢筋外缘混凝土保护层取 30 mm，则 $a'_s = 30$

$+13.9/2=37$ mm,实际按照 $a'_s=40$ mm 布置。

按照 $\sigma_s=f_{sd}\dfrac{\xi-\beta}{\xi_b-\beta}$ 这一公式建立平衡方程求解受压区高度 x,一元二次方程中各系数为:

$$A=0.5f_{cd}bh_0=793\ 500$$

$$B=-\frac{h_0-a'_s}{\xi_b-\beta}f_{sd}A_s-f_{cd}bh_0a'_s=110\ 540\ 000$$

$$C=\beta\frac{h_0-a'_s}{\xi_b-\beta}f_{sd}A_sh_0-Ne'_sh_0=-1.537\ 4\times10^{11}$$

于是

$$x=\frac{-B+\sqrt{B^2-4AC}}{2A}=376\text{mm}$$

$$\sigma_s=f_{sd}\frac{\xi-\beta}{\xi_b-\beta}=-21.2\text{MPa}$$

根据竖向力的平衡,得到:

$$A'_s=\frac{N-f_{cd}bx+\sigma_sA_s}{f'_{sd}}$$

$$=\frac{1\ 500\times10^3-13.8\times250\times376-21.2\times339}{330}=593\ \text{mm}^2$$

如果按照《公路桥规》的 σ_s 公式计算,解一元三次方程会得到 $x=377$ mm,之后得到 $\sigma_s=-15.8$ Mpa, $A'_s=588$ m^2。

选取 4 ⌀ 14 (钢筋外径 16.2 mm),可提供截面积 $A'_s=616$ mm^2。

全部纵筋配筋率 $\rho=\dfrac{339+616}{250\times500}=0.764\%>0.5\%$,满足最小配筋率要求。

4 ⌀ 14 钢筋按一排布置,所需截面最小宽度 $b_{min}=2\times30+4\times16.2+3\times30=215$ mm $<b=250$ mm。I 类环境,若取纵向受力钢外缘的混凝土保护层厚度为 30 mm,则 $a'_s=30+16.2/2=38$ mm,实际取 $a'_s=40$ mm 布置。截面纵筋布置如图 6.6-3。

(2)弯矩作用平面承载力复核

按照实际的钢筋布置以及偏心距为 $e_0=80$ mm 计算 N_u。

依据前面的计算结果可知,$\eta e_0=80$ mm, $e_s=290$ mm。由于设计配筋时为小偏心受压,因此,直接按照公式(6.6-26),即小偏心受压建立平衡方程求解受压区高度 x。

$$e'_s=\eta e_0-h/2+a'_s=80-500/2+40=-130\ \text{mm}$$

$$A=0.5f_{cd}bh_0=793\ 500$$

$$B=f_{cd}bh_0(e_s-h_0)-\frac{f_{sd}A_se_s}{\xi_b-0.8}=-1.496\ 3\times10^8$$

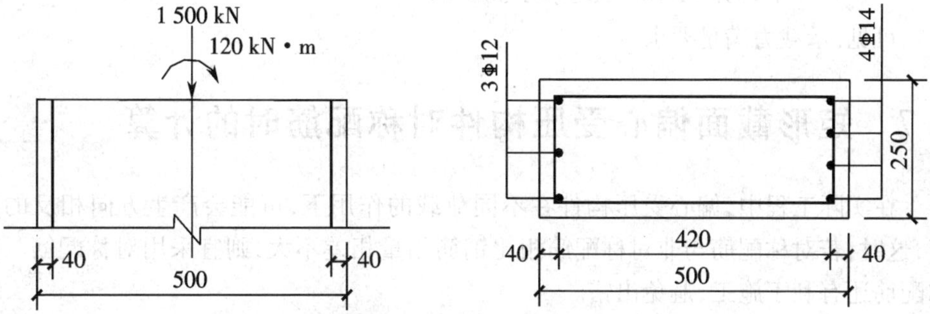

图 6.6-3　例 6.6-2 的图示

$$C = \frac{0.8 f_{sd} A_s e_s h_0}{\xi_b - 0.8} + f'_{sd} A'_s e'_s h_0 = -5.6374 \times 10^{10}$$

$$x = \frac{-B + \sqrt{B^2 - 4AC}}{2A} = 377 \text{ mm}$$

$$\sigma_s = f_{sd} \frac{\xi - \beta}{\xi_b - \beta} = -23.9 \text{ MPa}$$

依据竖向力的平衡，得

$$\begin{aligned} N_u &= f_{cd} bx + f'_{sd} A'_s - \sigma_s A_s \\ &= 13.8 \times 250 \times 377 + 330 \times 616 + 23.9 \times 339 \\ &= 1512.1 \times 10^3 \text{ N} > N = 1\,500 \text{ kN} \end{aligned}$$

如果按照《公路桥规》给出的 σ_s 公式计算，解一元三次方程会得到 $x = 378$ mm，之后得到 $\sigma_s = -17.5$ MPa，$N_u = 1513.3$ kN。

由于是小偏心受压，考虑反向破坏的可能，于是有

$$\begin{aligned} N_u &= \frac{f_{cd} bh\left(h'_0 - \dfrac{h}{2}\right) + f'_{sd} A_s (h'_0 - a_s)}{e'_s} \\ &= \frac{13.8 \times 250 \times 500 \times (500 - 40 - 500/2) + 330 \times 339 \times (500 - 40 - 40)}{130} \\ &= 3\,148.0 \text{ kN} \end{aligned}$$

该值大于按照正向破坏得到的 1 512.1 kN，表明反向破坏不会发生，弯矩作用平面的承载力为 1 512.1 kN，满足要求。

(3) 垂直于弯矩作用平面承载力复核

$l_0/b = 2.5/0.25 = 10$，查附表 9，得到 $\varphi = 0.98$。

全部纵筋截面积为 $339 + 616 = 955 \text{ mm}^2$，配筋率为 $955/(250 \times 500) = 0.764\% < 0.3\%$，于是

$$\begin{aligned} N_u &= 0.9\varphi[f_{cd} bh + f'_{sd}(A_s + A'_s)] \\ &= 0.9 \times 0.98 \times [13.8 \times 250 \times 500 + 300 \times 955] \end{aligned}$$

$=1\ 799.4\times10^3\ \text{N}>N=1\ 500\ \text{kN}$

可见,承载力满足要求。

6.7 矩形截面偏心受压构件对称配筋时的计算

在实际工程中,偏心受压构件在不同荷载的作用下,可能会产生方向相反的弯矩,这时,若对称配筋与非对称配筋相比钢筋用量相差不大,则宜采用对称配筋。对称配筋还有利于施工,避免出错。

采用对称配筋时,由于有 $a_s=a'_s$、$A_s=A'_s$、$f'_{sd}=f_{sd}$成立,计算得到一定程度的简化。

6.7.1 截面设计

1. 大、小偏心受压的判别

此时,由于 $A_s=A'_s$、$f'_{sd}=f_{sd}$,于是,根据力的平衡,可以直接求出 ξ:

$$\xi=\frac{N}{f_{cd}bh_0} \tag{6.7-1}$$

当 $\xi\leqslant\xi_b$时,按照大偏心受压构件计算;当 $\xi>\xi_b$时,按照小偏心受压构件计算。

2. $\xi\leqslant\xi_b$时的计算

①若 $\xi\leqslant\xi_b$且 $x\geqslant2a'_s$,满足适用条件,代入基本方程求出

$$A_s=A'_s=\frac{Ne_s-f_{cd}bh_0^2\xi(1-0.5\xi)}{f'_{sd}(h_0-a'_s)} \tag{6.7-2}$$

②若 $x\leqslant\xi_b h_0$但 $x<2a'_s$,此时受压钢筋 A'_s没有屈服。取 $x=2a'_s$,然后对 A'_s合力点取矩,得到

$$A_s=A'_s=\frac{N(\eta e_0-0.5h+a'_s)}{f_{sd}(h_0-a'_s)} \tag{6.7-3}$$

3. $\xi>\xi_b$时的计算

此时为小偏心受压,与求解 ξ 前的假设不符,求出的 ξ 不可用,需要重新求解。此时,即使采用 $\sigma_s=f_{sd}\dfrac{\xi-\beta}{\xi_b-\beta}$这个近似公式,在求解 x 的过程中仍然会遇到求解三次方程的问题。为此,《公路桥规》规定,可直接按照下式计算 ξ 的值:

$$\xi=\frac{N-f_{cd}bh_0\xi_b}{\dfrac{Ne_s-0.43f_{cd}bh_0^2}{(\beta-\xi_b)(h_0-a'_s)}+f_{cd}bh_0}+\xi_b \tag{6.7-4}$$

求得 ξ 后,代入基本方程,即可求出配筋截面积

$$A'_s=A_s=\frac{Ne_s-f_{cd}bh_0^2\xi(1-0.5\xi)}{f'_{sd}(h_0-a'_s)} \tag{6.7-5}$$

对称配筋时，由于A_s用量与A'_s相等，不会发生“反向破坏”，因而不必再由反向破坏公式求解A_s。

计算ξ的公式来源如下。

小偏心受压基本方程为

$$N=f_{cd}bx+f'_{sd}A'_s-f_{sd}\frac{\xi-\beta}{\xi_b-\beta}A_s$$

$$N\cdot e_s=f_{cd}bh_0^2\xi(1-0.5\xi)+f'_{sd}A'_s(h_0-a'_s)$$

从以上两个公式中消去$f'_{sd}A'_s$，得到

$$N\cdot e_s\frac{\xi_b-\xi}{\xi_b-\beta}=f_{cd}bh_0^2\xi(1-0.5\xi)\frac{\xi_b-\xi}{\xi_b-\beta}+(N-f_{cd}bh_0\xi)(h_0-a'_s)$$

这是一个关于ξ的三次方程，欲解出ξ的值十分麻烦。而$\xi(1-0.5\xi)$的变动范围大致为0.4~0.5，故为简化计算，规范将其取为0.43，于是由上式可以解出

$$\xi=\frac{N-f_{cd}bh_0\xi_b}{\dfrac{Ne_s-0.43f_{cd}bh_0^2}{(\beta-\xi_b)(h_0-a'_s)}+f_{cd}bh_0}+\xi_b$$

6.7.2 截面承载力复核

截面受压承载力的复核与不对称配筋截面承载力复核的方法相同，只是计算中采用$A_s=A'_s$，$f'_{sd}=f_{sd}$。由于A_s与A'_s相等，不会发生反向破坏，因此，对于轴向力位于A_s合力点与A'_s合力点之间的情况，无需从反向破坏的角度确定N_u。

需要指出的是，对于HRB500钢筋，由于$f_{sd}=415$ MPa，$f'_{sd}=400$ Pa，$f_{sd}\neq f'_{sd}$，因此，以上的设计、复核过程原则上并不适用。为简化且偏于安全计，可视为$f_{sd}=f'_{sd}=400$ Pa，从而可按照以上流程进行计算。

【例6.7-1】矩形截面钢筋混凝土偏心受压柱，$b\times h=300\text{ mm}\times400\text{ mm}$，计算长度$l_0=4$ m；采用C30混凝土和HRB400钢筋；承受轴向压力设计值$N_d=375$ kN，弯矩设计值$M_d=150$ kN·m；I类环境，结构重要性系数$\gamma_0=1.0$。

要求：按对称配筋选择A_s、A'_s，并对实际配筋进行承载力复核。

解：因$l_0/h=4/0.4=10>5$，故应考虑偏心距增大系数η的影响。

$N=\gamma_0N_d=375$ kN，$M=\gamma_0M_d=150$ kN·m。

(1)计算偏心距增大系数η

假设$a_s=a'_s=45$ mm，则$h_0=h-a_s=400-45=355$ mm。

$$e_0=\frac{M}{N}=\frac{150\times10^3}{375}=400\text{ mm}$$

$$\zeta_1=0.2+2.7\frac{e_0}{h_0}=0.2+2.7\times\frac{400}{355}=3.24>1\text{，取}\zeta_1=1$$

$$\zeta_2=1.15-0.01\frac{l_0}{h}=1.15-0.01\frac{4}{0.4}=1.05>1\text{，取}\zeta_2=1$$

$$\eta = 1 + \frac{1}{1\,300 e_0/h_0}\left(\frac{l_0}{h}\right)^2 \zeta_1\zeta_2$$

$$= 1 + \frac{1}{1\,300 \times \frac{400}{355}}\left(\frac{4}{0.4}\right)^2 \times 1 \times 1 = 1.063\,4$$

(2)判断大、小偏心

$$x = \frac{N}{f_{cd}b} = \frac{375 \times 10^3}{13.8 \times 300} = 91\ \text{mm} < \xi_b h_0 = 0.53 \times 355 = 188\ \text{mm}$$

$$> 2a'_s = 90\ \text{mm}$$

满足大偏心受压的适用条件。

(3)钢筋选择

$$e_s = \eta e_0 + 0.5h - a_s = 1.063\,4 \times 400 + 0.5 \times 400 - 45 = 580\ \text{mm}$$

$$A_s = A'_s = \frac{Ne_s - f_{cd}bx\left(h_0 - \frac{x}{2}\right)}{f'_{sd}(h_0 - a'_s)}$$

$$= \frac{375 \times 10^3 \times 580 - 13.8 \times 300 \times 91 \times \left(355 - \frac{91}{2}\right)}{330 \times (355 - 45)}$$

$$= 992\ \text{mm}^2$$

每侧选择 4 Φ 18(钢筋外径 20.5 mm),可提供截面积 $A_s = A'_s = 1\,018\ \text{mm}^2$。布置成一排,所需截面最小宽度 $b_{min} = 2 \times 30 + 3 \times 30 + 4 \times 20.5 = 232\ \text{mm} < b = 300\ \text{mm}$。若取纵向受力钢筋外缘的混凝土保护层厚度为 30 mm,则 $a_s = a'_s = 30 + 20.5/2 = 40.3$ mm,实际取为 45 mm。

截面配筋图如图 6.7-1 所示。

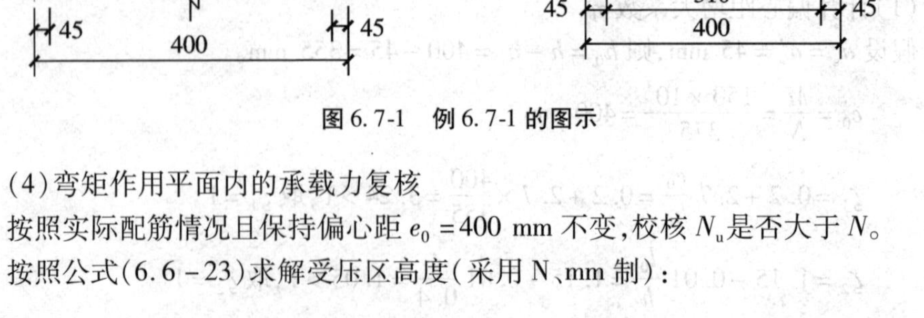

图 6.7-1 例 6.7-1 的图示

(4)弯矩作用平面内的承载力复核

按照实际配筋情况且保持偏心距 $e_0 = 400$ mm 不变,校核 N_u 是否大于 N。

按照公式(6.6-23)求解受压区高度(采用 N、mm 制):

$$A = 0.5f_{cd}b = 2070$$

$$B = f_{cd}b(e_s - h_0) = 9.3298 \times 10^5$$

$$C = f'_{sd}A'_se'_s - f_{sd}A_se_s = -1.0414 \times 10^8$$

$$x = \frac{-B + \sqrt{B^2 - 4AC}}{2A} = 93\ \text{mm} < \xi_b h_0 = 0.53 \times 355 = 188\ \text{mm}$$

$$> 2a'_s = 2 \times 45 = 90\ \text{mm}$$

满足大偏心受压的适用条件。于是

$$N_u = f_{cd}bx = 13.8 \times 300 \times 93 = 385.0 \times 10^3\ \text{N} > N = 375\ \text{kN}$$

(5)垂直于弯矩作用平面的承载力复核

应按轴心受压构件进行计算。

$l_0/b = 4/0.3 = 13 > 8$，查附表 9，得到 $\varphi = 0.935$。

全部纵筋的配筋率 $\rho' = \frac{2 \times 1018}{300 \times 400} = 1.70\% < 3\%$，于是

$$N_u = 0.9\varphi[f_{cd}bh + f'_{sd}(A_s + A'_s)]$$

$$= 0.9 \times 0.935 \times (13.8 \times 300 \times 400 + 330 \times 2 \times 1018)$$

$$= 1958.9 \times 10^3\ \text{N} > N = 375\ \text{kN}$$

可见，承载力满足要求。

【例 6.7-2】一钢筋混凝土柱，$b \times h = 300\ \text{mm} \times 500\ \text{mm}$，计算长度 $l_0 = 2.5\ \text{m}$；承受的轴向压力设计值 $N_d = 1450\ \text{kN}$，弯矩设计值 $M_d = 200\ \text{kN·m}$；采用 C30 混凝土，HRB400 钢筋；结构重要性系数 $\gamma_0 = 1.0$。Ⅰ类环境。

要求：按对称配筋选择 A_s、A'_s，并对实际配筋进行承载力复核。

解：因 $l_0/h = 2.5/0.5 = 5$，故取偏心距增大系数 $\eta = 1$。

假设 $a'_s = a_s = 45\ \text{mm}$，则 $h_0 = h - a_s = 500 - 45 = 455\ \text{mm}$

$N = \gamma_0 N_d = 1450\ \text{kN}$，$M = \gamma_0 M_d = 200\ \text{kN·m}$

(1)配筋设计

$$x = \frac{N}{f_{cd}b} = \frac{1450 \times 10^3}{13.8 \times 300} = 350\ \text{mm} > \xi_b h_0 = 0.53 \times 455 = 241\ \text{mm}$$

所以，应按照小偏心受压考虑。

$$e_0 = \frac{M_d}{N_d} = \frac{200 \times 10^3}{1450} = 138\ \text{mm}$$

$$e_s = \eta e_0 + \frac{h}{2} - a_s = 138 + 500/2 - 45 = 343\ \text{mm}$$

$$\xi = \frac{N - f_{cd}bh_0\xi_b}{\frac{Ne_s - 0.43f_{cd}bh_0^2}{(\beta - \xi_b)(h_0 - a'_s)} + f_{cd}bh_0} + \xi_b$$

$$= \frac{1450 \times 10^3 - 13.8 \times 300 \times 455 \times 0.53}{\frac{1450 \times 10^3 \times 343 - 0.43 \times 13.8 \times 300 \times 455^2}{(0.8 - 0.53) \times (455 - 45)} + 13.8 \times 300 \times 455} + 0.53$$

$=0.678\ 3$

所需钢筋截面面积

$$A'_s=A_s=\frac{Ne_s-f_{cd}bh_0^2\xi(1-0.5\xi)}{f'_{sd}(h_0-a'_s)}$$

$$=\frac{1\ 450\times10^3\times343-13.8\times300\times455^2\times0.678\ 3\times(1-0.5\times0.678\ 3)}{330\times(455-45)}$$

$$=836\ \text{mm}^2$$

选取4 ⌀18(钢筋外径20.5 mm),可提供的截面积 $A_s=A'_s=1\ 018\ \text{mm}^2$。

钢筋布置成一排,所需截面最小宽度 $b_{min}=2\times30+4\times20.5+3\times30=232\ \text{mm}<b=300\ \text{mm}$。按照Ⅰ类环境,取纵筋保护层厚度为30 mm,则 $30+20.5/2=40$ mm。实际布置取 $a_s=a'_s=40$ mm。截面钢筋布置如图6.7-2。

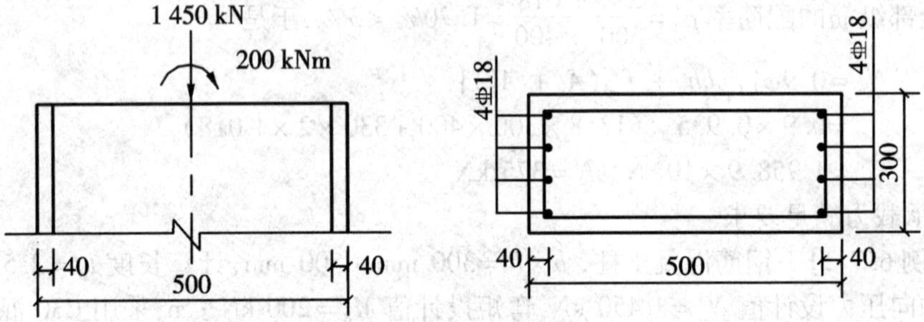

图6.7-2　例6.7-2的图示

(2)弯矩作用平面内承载力复核

按照实际配筋情况且保持偏心距 $e_0=138$ mm 不变,校核 N_u 是否大于 N。

由于设计配筋时为小偏心受压,因此,直接按照公式(6.6-26),即小偏心受压建立平衡方程求解受压区高度 x。

$$e_s=\eta e_0+h/2-a_s=138+500/2-40=348\ \text{mm}$$

$$e'_s=\eta e_0-h/2+a'_s=138-500/2+40=-72\ \text{mm}$$

$$A=0.5f_{cd}bh_0=952\ 200$$

$$B=f_{cd}bh_0(e_s-h_0)-\frac{f_{sd}A_se_s}{\xi_b-0.8}=2.194\ 8\times10^8$$

$$C=\frac{0.8f_{sd}A_se_sh_0}{\xi_b-0.8}+f'_{sd}A'_se'_sh_0=-1.704\ 5\times10^{11}$$

$$x=\frac{-B+\sqrt{B^2-4AC}}{2A}=323\ \text{mm}$$

$$\sigma_s=f_{sd}\frac{x/h_0-\beta}{\xi_b-\beta}=118.9\ \text{MPa}$$

该 σ_s 取值在 -330 MPa 和 330 MPa 之间,满足要求。

$$N_u = f_{cd}bx + f'_{sd}A'_s - \sigma_s A'_s$$
$$= 13.8 \times 300 \times 323 + 330 \times 1018 - 118.9 \times 1\ 018$$
$$= 1\ 553.2 \times 10^3 \mathrm{N} > \gamma_0 N_d = 1\ 450\ \mathrm{kN}$$

弯矩作用平面内的承载力满足要求。

(3)垂直于弯矩作用平面的承载力复核

由 $l_0/b = 2.5/0.3 = 8.3$，得到 $\varphi = 0.997$。配筋率 $\rho' = \dfrac{2 \times 1\ 018}{3000 \times 500} = 1.36\% < 3\%$。

$$N_u = 0.9\varphi(f_{cd}A + f'_{sd}A'_s)$$
$$= 0.9 \times 0.997 \times (13.8 \times 300 \times 500 + 330 \times 2 \times 1\ 018)$$
$$= 2\ 460.3 \times 10^3 \mathrm{N} > N = 1\ 450\ \mathrm{kN}$$

6.8　圆形截面偏心受压构件

6.8.1　概述

在桥梁结构中，钢筋混凝土圆形截面偏心受压构件应用很广，例如柱式桥墩、台、钻孔灌注桩等。

圆形截面偏心受压构件的纵向受力钢筋，通常沿圆周均匀布置，其根数不应少于 6 根。对于一般的钢筋混凝土圆形截面偏心受压柱，纵向钢筋的直径不宜小于 12 mm，保护层厚度不小于 30 mm。桥梁工程中采用的钻孔灌注桩，截面尺寸较大(D = 800 ~ 1 500 mm)，桩内纵向钢筋的直径不宜小于 14 mm，根数不宜少于 8 根，其净距不宜小于 80 mm，保护层厚度不宜小于 60 mm，箍筋的间距为 200 ~ 400 mm。对于直径较大的桩，为了加强钢筋骨架的刚度，可在钢筋骨架上每隔 2 ~ 3 m设置一道直径为 14 ~ 18 mm 的加劲箍筋。

试验研究表明，钢筋混凝土圆形截面偏心受压构件的破坏，都是由于受压区混凝土压碎所造成的。因偏心距的不同，也会出现类似矩形截面“受拉破坏”和“受压破坏”两种破坏形态。但是，对于钢筋沿圆周均匀布置的圆形截面来说，构件破坏时各根钢筋的应变是不等的，应力也不完全相同。随着荷载偏心距的增加，构件的破坏由“受压破坏”向“受拉破坏”的过渡基本上是连续的。

6.8.2　正截面承载力计算的基本假定

沿截面圆周均匀布置纵向钢筋的钢筋混凝土偏心受压构件，在正截面承载力计算时引入下列基本假定：

(1)截面应变保持为平面；

(2)构件达到极限破坏时，受压区混凝土的应力采用等效矩形应力图。等效混凝土抗压强度取为 f_{cd}，等效受压区高度 $x = \beta x_0$，x_0 为应变图中混凝土实际受压区高度,β 取为0.8。

(3)不考虑受拉区混凝土参加工作,拉力全部由钢筋承担;

(4)将钢筋视为理想的弹塑性体,各根钢筋的应力根据其应变确定。

6.8.3 圆形截面偏心受压构件正截面承载力的计算公式

如图6.8-1所示,中和轴为一平行于 x 轴的直线,沿周边均匀布置的纵向钢筋视为一个薄壁"钢环",在中和轴附近钢筋应力呈线性变化,在达到一定距离后钢筋屈服。混凝土受压区为图中的阴影部分,该部分认为应力均达到 f_{cd}。

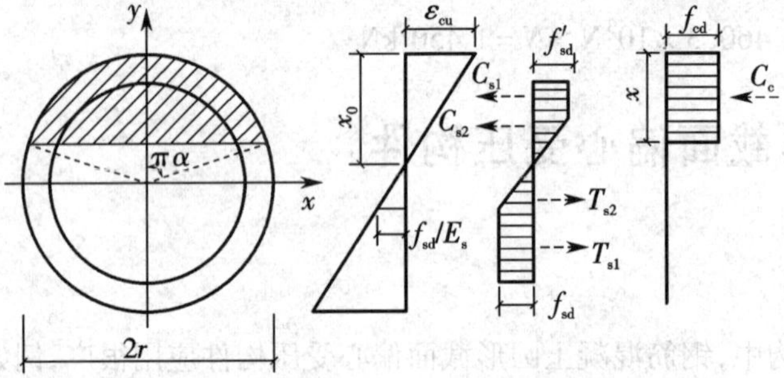

图6.8-1 圆形截面偏心受压构件正截面承载力计算简图

内外力平衡条件为:

$$N_u = C_c + C_{s1} + C_{s2} - T_{s1} - T_{s2} \tag{6.8-1}$$

$$N_u(\eta e_0) = M_c + M_{cs1} + M_{cs2} + M_{Ts1} + M_{Ts2} \tag{6.8-2}$$

式中 C_c——混凝土部分压应力的合力;

C_{s1}——受压屈服部分钢筋的应力合力;

C_{s2}——三角形应力分布的受压钢筋应力合力;

T_{s1}——受拉屈服部分钢筋的应力合力;

T_{s2}——三角形应力分布的受拉钢筋应力合力;

M_c——合力关于截面轴形成的力矩。

其他符号,M_{cs1}、M_{cs2}、M_{Ts1}、M_{Ts2} 分别为相应的合力 C_{s1}、C_{s2}、T_{s1}、T_{s2} 关于 x 轴形成的力矩。

经过推导之后,《公路桥规》给出的正截面抗压承载力验算式为:

$$\gamma_0 N_d \leqslant N_{ud} = f_{cd}A\alpha\left(1 - \frac{\sin 2\pi\alpha}{2\pi\alpha}\right) + (\alpha - \alpha_t)A_s f_{sd} \tag{6.8-3}$$

$$\gamma_0 N_d \eta e_0 \leqslant M_{ud} = \frac{2}{3} f_{cd} A r \frac{\sin^3 \pi\alpha}{\pi} + f_{sd} A_s r_s \frac{\sin \pi\alpha + \sin \pi\alpha_t}{\pi} \tag{6.8-4}$$

$$\alpha_t = 1.25 - 2\alpha \tag{6.8-5}$$

式中 A——圆形截面面积;

A_s——全部纵向钢筋截面积；

r、r_s——分别为圆形截面的半径和钢筋所在圆周的半径；

α——对应于受压区混凝土截面积的圆心角(rad)与 2π 的比值；

α_t——纵向受拉钢筋的截面积与全部纵筋截面积的比值，当 $\alpha>0.625$ 时取 $\alpha_t=0$。

由于公式按照"钢环"这一模型得到，故纵筋的数量不能太少，规范规定按照上述公式计算时纵筋数量不少于 8 根。

将以上方法称作方法 1。为简化计算，《公路桥规》还提出了方法 2。

将式(6.8-3)和式(6.8-4)取等号，并以式(6.8-4)除以式(6.8-3)，得到：

$$\eta\frac{e_0}{r}=\frac{\frac{2}{3}\frac{\sin^3\pi\alpha}{\pi}+\rho\frac{f_{sd}}{f_{cd}}\frac{r_s}{r}\frac{\sin\pi\alpha+\sin\pi\alpha_t}{\pi}}{\alpha\left(1-\frac{\sin 2\pi\alpha}{2\pi\alpha}\right)+(\alpha-\alpha_t)\rho\frac{f_{sd}}{f_{cd}}} \tag{6.8-6}$$

将式(6.8-6)的分母记作 n_u，即

$$n_u=\alpha\left(1-\frac{\sin 2\pi\alpha}{2\pi\alpha}\right)+(\alpha-\alpha_t)\rho\frac{f_{sd}}{f_{cd}} \tag{6.8-7}$$

则正截面抗压承载力验算式可以简单记作：

$$\gamma_0 N_d\leqslant n_u f_{cd}A \tag{6.8-8}$$

式中　n_u——相对抗压承载力，为 $\eta e_0/r$、$\rho f_{sd}/f_{cd}$ 和 r_s/r 的函数。

通常，$r_s/r=0.85\sim0.95$，《公路桥规》取 $r_s/r=0.9$，给出了以 $\eta e_0/r$ 和 $\rho f_{sd}/f_{cd}$ 为自变量的 n_u 取值表格，该表格适用于凝土强度等级在 C30 ~ C50、纵向钢筋的配筋率在 0.5% ~ 4% 之间时情况，见附表 10。

6.8.4　正截面承载力公式的运用

当按照方法 1 计算时，由于式(6.8-3) ~ 式(6.8-5)列出的基本公式十分复杂，无论截面设计或者承载力复核均需要解出其中的 α，而 α 不能直接求解，须利用逐步逼近的方法不断调整 α 值才能使方程成立，因此，需通过编制程序实现。

方法 2 通过查表确定参数 n_u，更适合手工计算。

【例 6.8-1】某柱式桥墩，直径为 1.2 m，计算长度为 5.2 m，采用 C25 混凝土($f_{cd}=11.5$ MPa)，HRB400 钢筋($f_{sd}=330$ MPa)。控制截面的轴心力设计值 $N_d=8\ 545$ kN，弯矩设计值 $M_d=1\ 862.9$ kN·m，结构重要性系数 $\gamma_0=1.1$。Ⅱ类环境。要求进行配筋设计。

解：$N=\gamma_0 N_d=9\ 400$ kN，$M=\gamma_0 M_d=2\ 049$ kN·m。

Ⅱ类环境，最外侧钢筋保护层厚度 35 mm，a_s 估计取值：$a_s=35+10+10=55$ mm。于是，$r_s=600-55=545$ mm。$h_0=r+r_s=600+545=1\ 145$ mm。

(1)计算偏心距增大系数

圆形截面，回转半径 $i=D/4=1\ 200/4=300$ mm，由于 $l_0/i=5\ 200/300=17.3<$

17.5,不必考虑偏心距增大系数。

$$偏心距\ e_0=\frac{M}{N}=\frac{2\ 049\times10^3}{9\ 400}=218\ \text{mm},\eta e_0=218\ \text{mm}。$$

(2)计算所需纵筋截面积

用方法 1 计算,并将精度设置为 1%,解方程得到:

$$\alpha=0.570\ 9,\alpha_t=0.108\ 2,A_s=7\ 092\ \text{mm}^2$$

按照最小配筋率 0.5% 可得 $A_s=0.005\times3.14\times600^2=5\ 652\ \text{mm}^2<7\ 092\ \text{mm}^2$,故按照截面积为 7 092 mm^2 配置钢筋。

(3)布置纵筋

选择 19 ⌀ 22,可提供纵筋截面积 7 222 mm^2。选择箍筋直径 10 mm,保护层厚度取为 35 mm,则钢筋所在圆周半径 $r_s=600-35-10-11=544$ mm。,纵向钢筋净距:

$$s_n=\frac{2\times3.14\times544}{19}-22=158\ \text{mm}$$

满足净距不小于 50 mm 且不大于 350 mm 的规定。

【例 6.8-2】某柱式桥墩,直径为 1.2 m,计算长度为 5.2 m,采用 C30 混凝土($f_{cd}=13.8$ MPa),HRB400 钢筋($f_{sd}=330$ MPa)。纵向受力钢筋采用 20 ⌀ 22,钢筋所在圆周半径 $r_s=540$ mm。控制截面的轴心力设计值 $N_d=10\ 500$ kN,弯矩设计值 $M_d=2\ 290$ kN · m,结构重要性系数 $\gamma_0=1.1$。Ⅱ类环境。要求:按照查表法确定该柱是否安全。

解:$N=\gamma_0N_d=1.1\times10\ 500=11\ 550$ kN,$M=\gamma_0M_d1.1\times2\ 290=2\ 519$ kN · m。

$$偏心距\ e_0=\frac{M}{N}=\frac{2\ 519\times10^3}{11\ 550}=218\ \text{mm},\eta e_0=218\ \text{mm}。$$

$$\frac{\eta e_0}{r}=\frac{218}{600}=0.363$$

20 ⌀ 22 纵筋截面积为 $A_s=20\times380.1=7\ 602\ \text{mm}^2$。

$$\rho\frac{f_{sd}}{f_{cd}}=\frac{7\ 602}{3.14\times600^2}=0.160\ 8$$

查表,$\frac{\eta e_0}{r}=0.363,\rho\frac{f_{sd}}{f_{cd}}=0.160\ 8$ 时,$n_u=0.711\ 1$。

可以承受的轴心压力设计值 $N_u=n_uAf_{cd}=0.711\ 1\times3.14\times600^2\times13.8=11\ 093\times10^3$ N。

该值 $<\gamma_0N_d=11\ 550$ kN,故不安全。

【例 6.8-3】某柱式桥墩,直径为 1.2 m,计算长度为 5.2 m,采用 C30 混凝土($f_{cd}=13.8$ MPa),HRB400 钢筋($f_{sd}=330$ MPa)。控制截面的轴心力设计值 $N_d=9\ 887$ kN,弯矩设计值 $M_d=2\ 155.4$ kN · m,结构重要性系数 $\gamma_0=1.1$。Ⅱ类环境。

要求进行配筋设计。混凝土强度等级改为 C30,其他条件同上题,要求:按照查表法确定所需的纵筋截面积。

解:$N=\gamma_0 N_d=1.1\times 9\ 887=10\ 876$ kN,$M=\gamma_0 M_d=1.1\times 2\ 155.4=2\ 370.9$ kN m。

偏心距 $e_0=\dfrac{M}{N}=\dfrac{2\ 370.9\times 10^3}{10\ 876}=218$ mm,$\eta e_0=218$ mm。

$$\frac{\eta e_0}{r}=\frac{218}{600}=0.363$$

$$n_u=\frac{10\ 876\times 10^3}{13.8\times 3.14\times 600^2}=0.697\ 2$$

查表,$\dfrac{\eta e_0}{r}=0.363$,$n_u=0.697\ 2$ 时,$\rho\dfrac{f_{sd}}{f_{cd}}=0.143\ 1$。于是

$$\rho=0.143\ 1\times\frac{13.8}{330}=0.006\ 0$$

所需纵筋截面积为 $A_s=0.006\ 0\times 3.14\times 600^2=6\ 782\ \text{mm}^2$。

第7章 受拉构件的承载力计算

当轴向拉力作用线与构件截面形心轴重合时,此构件称作轴心受拉构件。当轴向拉力作用线偏离构件截面形心轴,或者,构件上同时作用有轴心拉力和弯矩时,则称作偏心受拉构件。

受拉构件在公路桥梁中较少见到。桁架桥中的拉杆和系杆拱桥中的系杆可视为受拉构件。

由于混凝土的抗拉强度很低,钢筋混凝土受拉构件在拉力不大时,混凝土就会出现裂缝。因此,对受拉构件除了进行正截面承载力计算外,还需进行裂缝宽度验算(见第9章)。

为提高受拉构件的抗裂性,可在构件承受荷载前施加一定的预压力,从而形成预应力构件(见第10章和第11章)。

7.1 轴心受拉构件正截面承载力

轴心受拉构件破坏时,混凝土早已开裂,拉力全部由钢筋承担,因此,其承载力应满足以下要求:

$$\gamma_0 N_d \leqslant f_{sd} A_s \tag{7.1-1}$$

式中 N_d——轴向拉力设计值;

f_{sd}——钢筋抗拉强度设计值;

A_s——受拉钢筋截面面积。

为了防止裂缝伸展过大,《公路桥规》规定,对于轴心受拉构件和小偏心受拉构件,当纵向受力钢筋抗拉强度设计值大于330 MPa时,仍取$f_{sd}=330$ MPa。

此外,轴心受拉构件的纵向钢筋截面积应满足规范规定的最小配筋率要求,即,应满足:

$$\frac{A_s}{bh} \geqslant \rho_{min} \tag{7.1-2}$$

$$\rho_{min} = \max\left(0.45\frac{f_{td}}{f_{sd}}, 0.002\right) \tag{7.1-3}$$

当纵向钢筋需要接长时,要求轴心受拉构件和小偏心受拉构件不得采用绑扎接头,应采用焊接或机械连接。

需要指出的是,轴心受拉构件仍应配置箍筋,以形成钢筋骨架保证纵向钢筋在截面中的正确位置。

7.2　偏心受拉构件正截面承载力

根据纵向拉力作用位置的不同，偏心受拉构件分为两种情况：当轴向拉力作用点在截面钢筋A_s合力点与A'_s合力点之间时（$e_0 \leq h/2 - a_s$），称作小偏心受拉构件；当轴向拉力作用点在截面钢筋A_s合力点与A'_s合力点以外时（$e_0 > h/2 - a_s$），称作大偏心受拉构件。试验表明，二者的破坏形态不同。

7.2.1　小偏心受拉构件的正截面承载力

对于小偏心受拉构件，构件临近破坏前截面混凝土裂缝已贯通整个截面，拉力完全由钢筋承受（A'_s也成为受拉钢筋）。破坏时，A_s和A'_s可能均达到抗拉屈服强度，也可能远离N一侧钢筋A'_s未达到抗拉屈服强度（根据杠杆原理，由于A'_s距离N稍远，A'_s的受力比A_s小）。

达到承载能力极限状态时，认为钢筋A_s和A'_s均达到受拉屈服，如图7.2-1所示，于是，可以建立平衡方程如下：

$$\gamma_0 N_d e_s \leq f_{sd} A'_s (h_0 - a'_s) \tag{7.2-1}$$

$$\gamma_0 N_d e'_s \leq f_{sd} A_s (h_0 - a'_s) \tag{7.2-2}$$

式中　e_s——轴向拉力作用点至钢筋A_s合力作用点的距离，$e_s = h/2 - e_0 - a_s$；

e'_s——轴向拉力作用点至钢筋A'_s合力作用点的距离，$e'_s = e_0 + h/2 - a'_s$；

e_0——轴向拉力作用点至混凝土截面形心的偏心距，$e_0 = M_d/N_d$。

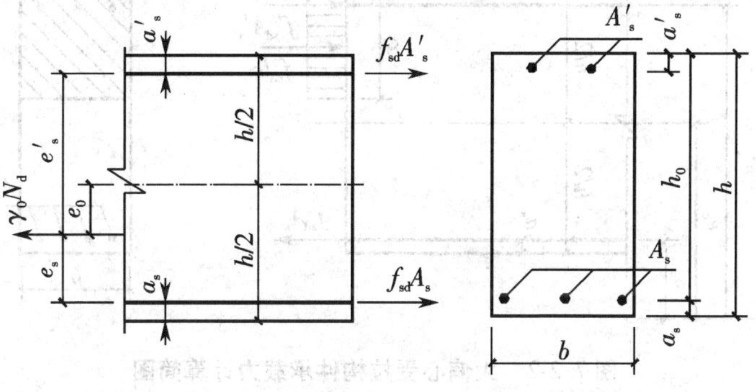

图7.2-1　小偏心受拉构件承载力计算简图

根据式（7.2-1）和式（7.2-2）可进行截面配筋和承载力验算。

当采用对称配筋时，由于A'_s的应力未达到抗拉强度设计值，故不能利用式（7.2-1）而应该利用式（7.2-2）确定钢筋截面面积，即

$$A'_s = A_s = \frac{\gamma_0 N_d e'_s}{f_{sd}(h_0 - a'_s)} \tag{7.2-3}$$

7.2.2 大偏心受拉构件的正截面承载力

大偏心受拉时,在荷载作用下,受拉区混凝土开裂。根据内外力矩必然保持平衡这一准则可知,截面内存在受压区,从而使受拉区裂缝的开展受到抑制,裂缝不会贯通整个截面。

如果截面的配筋适当,破坏首先从受拉钢筋屈服开始,之后受压区边缘混凝土的应变达到极限压应变而压碎,这种破坏与大偏心受压破坏类似,属于正常的大偏心受拉破坏。当A_s配置过多时,受拉钢筋的应力未达到屈服强度而混凝土先被压碎,破坏前无预兆,属于脆性破坏性质。

对于大偏心受拉构件,以受拉钢筋A_s的应力达到抗拉屈服强度,受压钢筋A'_s的应力达到抗压屈服强度,受压区混凝土的应力图形简化为矩形建立计算简图,可以得到正截面的平衡方程如下:

$$\gamma_0 N_d \leq f_{sd} A_s - f'_{sd} A'_s - f_{cd} bx \tag{7.2-4}$$

$$\gamma_0 N_d e_s \leq f_{cd} bx\left(h_0 - \frac{x}{2}\right) + f'_{sd} A'_s (h_0 - a'_s) \tag{7.2-5}$$

$$e_s = e_0 - 0.5h + a_s \tag{7.2-6}$$

适用条件:$2a'_s \leq x \leq \xi_b h_0$。

以上式中符号见图 7.2-2。

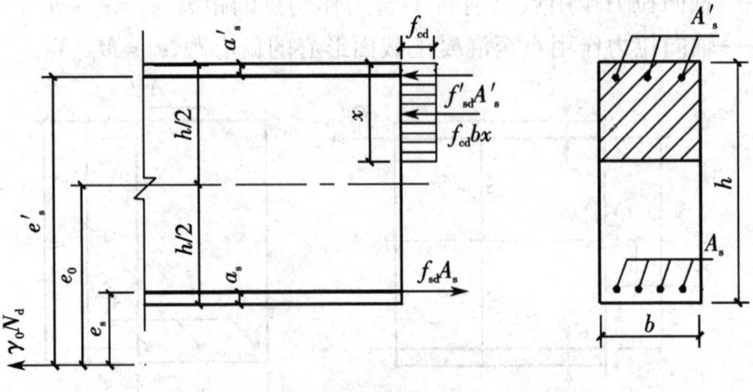

图 7.2-2 大偏心受拉构件承载力计算简图

使用上述平衡方程进行配筋设计或承载力复核时,可采用与大偏受压构件相同的计算方法,所不同的只是将轴向压力改为轴向拉力。

7.2.3 偏心受拉构件的构造要求

偏心受拉构件通常采用矩形截面,长边布置在弯矩作用方向。纵向受力钢筋集中布置在截面的两端,其直径、间距要求与偏心受压构件相同。箍筋可按构造要求布置。

偏心受拉构件一侧纵向钢筋的配筋率应满足最小配筋率要求。《公路桥规》规定，对于小偏心受拉构件，配筋率按构件毛截面积计算；对于大偏心受拉构件，受拉一侧的配筋率按照 $A_s/(bh_0)$ 计算，而受压一侧按照毛截面积计算。无论大偏心还是小偏心受拉构件，一侧受拉钢筋的最小配筋率取 0.2% 和 $0.45f_{td}/f_{sd}$ 的较大者；大偏心受拉构件受压一侧纵筋的最小配筋率取 0.2%。

【例 7.2-1】某钢筋混凝土偏心受拉构件，$b \times h = 300\ \text{mm} \times 450\ \text{mm}$，采用 C30 混凝土，纵筋采用 HRB400，箍筋采用 $\phi 8$（HPB300 级）。承受轴向拉力设计值 $N_d =$ 700 kN，偏心距 $e_0 = 85$ mm。Ⅰ类环境。结构重要性系数 $\gamma_0 = 1.0$。

要求：按对称配筋选择 A_s、A'_s 并配置。

解：(1) 求 A_s、A'_s 假设 $a_s = a'_s = 40$ mm，由于 $e_0 = 90\ \text{mm} < h/2 - a_s = 450/2 - 40 = 185$ mm，故为小偏心受拉构件。

$$h_0 = 450 - 40 = 410\ \text{mm}$$

$$e'_s = e_0 + h/2 - a'_s = 85 + 450/2 - 40 = 270\ \text{mm}$$

$$A'_s = A_s = \frac{\gamma_0 N_d e'_s}{f_{sd}(h_0 - a'_s)} = \frac{1.0 \times 700 \times 10^3 \times 270}{330 \times (410 - 40)} = 1\ 548\ \text{mm}^2$$

(2) 选择钢筋并布置

选择 5 ⌀20（钢筋外径 22.7 mm），可提供截面积 1 570 mm^2。按一排布置。

Ⅰ类环境，最外侧钢筋（箍筋）的保护层厚度最小为 20 mm，箍筋直径 8 mm，5 ⌀20 按照一排布置，所需要截面最小宽度 $b_{min} = 2 \times 28 + 5 \times 22.7 + 4 \times 30 = 290\ \text{mm} < b = 300$ mm，因此，可满足要求。

纵向受力钢筋重心至截面边缘的最小值为 $20 + 8 + 22.7/2 = 39$ mm，实际布置可取 $a_s = a_s = 400$ mm。

(3) 验算最小配筋率

一侧纵筋最小配筋率取 0.2% 和 $0.45f_{td}/f_{sd}$ 的较大者，为 0.2%。按毛截面计算配筋率，可得：

$$\rho = \frac{A_s}{bh} = \frac{1\ 570}{300 \times 450} = 1.16\% > 0.2\%$$

满足要求。

【例 7.2-2】某钢筋混凝土偏心受拉构件，$b \times h = 300\ \text{mm} \times 450\ \text{mm}$，采用 C30 混凝土，纵筋采用 HRB400，箍筋采用 $\phi 8$ 双肢箍（HPB300 钢筋）。承受轴向拉力设计值 $N_d = 300$ kN，偏心距 $e_0 = 280$ mm。Ⅰ类环境。结构重要性系数 $\gamma_0 = 1.0$。

要求：按非对称配筋计算 A_s、A'_s 并配置。

解：(1) 求 A_s、A'_s

假设 $a_s = a'_s = 40$ mm，则 $h_0 = 450 - 40 = 410$ mm。令 $N = \gamma_0 N_d = 300$ kN。

由于 $e_0 = 500\ \text{mm} < h/2 - a_s = 450/2 - 40 = 185$ mm，故为大偏心受拉构件。

取 $\xi = \xi_b$，此时可使用钢量近似最省。于是可得：

$e_s = 280 - 450/2 + 40 = 95\ \text{mm}$

$$A'_s = \frac{Ne_s - f_{cd}bh_0^2\xi_b(1-\xi_b/2)}{f'_{sd}(h_0 - a'_s)}$$

$$= \frac{300\times10^3\times95 - 13.8\times300\times410^2\times0.53\times(1-0.53/2)}{330\times(410-40)}$$

$$<0$$

大偏心受拉构件受压一侧最小配筋率为0.2%，于是：

$$A_{s,\min} = \rho_{\min}bh_0 = 0.2\%\times300\times410 = 246\ \text{mm}^2$$

选择3 ⌀ 12（外径13.9 mm），可提供截面积339 mm^2。取 $a'_s = 40$ mm 布置，可以满足混凝土保护层厚度要求，据此进行下面计算。

按照 A'_s 为已知计算受压区高度：

$$x = h_0 - \sqrt{h_0^2 - \frac{2[Ne_s - f'_{sd}A'_s(h_0 - a'_s)]}{f_{cd}b}}$$

$$= 410 - \sqrt{410^2 - \frac{2\times[300\times10^3\times95 - 330\times339\times(410-40)]}{13.8\times300}}$$

$$<0$$

由于 $x < 2a'_s$，因此，取 $x = 2a'_s$ 并对 A'_s 合力点取矩，得到：

$$A_s = \frac{N(e_0 + h/2 - a'_s)}{f_{sd}(h_0 - a'_s)}$$

$$= \frac{300\times10^3\times(280+450/2-40)}{330\times(410-40)}$$

$$= 1\ 143\ \text{mm}^2$$

选用4 ⌀ 20（外径22.7 mm），可提供截面1 256 mm^2。

(2)布置钢筋

Ⅰ类环境，最外侧钢筋（箍筋）的保护层厚度最小为20 mm，箍筋直径8 mm，4 ⌀ 20按照一排布置，所需截面最小宽度为 $b_{\min} = 2\times28 + 4\times22.7 + 3\times30 = 237\ \text{mm} < b = 300$ mm，因此，可满足要求。

纵向钢筋外缘距离截面边缘的最小距离为 $20 + 8 + 22.7/2 = 39$ mm，实际布置取 $a_s = 40$ m，可满足最外侧钢筋混凝土保护层厚度要求。

(3)验算最小配筋率

对受拉钢筋4 ⌀ 20验算最小配筋率：

$$\rho = \frac{A_s}{bh_0} = \frac{1\ 256}{300\times410} = 1.02\% > 0.2\%$$

满足要求。

【例7.2-3】条件同上题，但按截面采用对称配筋设计。

解：(1)求 A_s、A'_s

假设 $a_s = a'_s = 40$ mm，$h_0 = 450 - 40 = 410$ mm。令 $N = \gamma_0 N_d = 300$ kN。

由于 $e_0 = 500$ mm $< h/2 - a_s = 450/2 - 40 = 185$ mm，故为大偏心受拉构件。此时，由于对称配筋，力的平衡方程成为：

$$N = -f_{cd}bx$$

必然存在 x 为负，即存在 $x < 2a'_s = 80$ mm。因此，取 $x = 2a'_s$ 并对 A'_s 合力点取矩，得到：

$$A_s = A'_s = \frac{N(e_0 + h/2 - a'_s)}{f_{sd}(h_0 - a'_s)}$$

$$= \frac{300 \times 10^3 \times (280 + 450/2 - 40)}{330 \times (410 - 40)}$$

$$= 1\ 143\ \text{mm}^2$$

(2) 选择、布置钢筋

选用 4 ⌀ 20，可提供截面 1 256 mm^2。

例 7.2-2 已经表明，4 ⌀ 20 可以在 $b \times h = 300$ mm $\times 450$ mm 的截面布置一排且满足间距要求。实际布置仍取 $a_s = a'_s = 40$ mm。

(3) 验算最小配筋率

大偏心受拉构件一侧最小配筋率取 0.2% 和 $0.45 f_{td}/f_{sd}$ 的较大者，为 0.2%。按实际布置，可得 $h_0 = 450 - 40 = 410$ mm，于是

$$A_{s,\min} = \rho_{\min} b h_0 = 0.2\% \times 300 \times 410 = 246\ \text{mm}^2$$

可见，A_s、A'_s 均满足最小配筋率要求。

第 8 章　钢筋混凝土构件短暂状况应力验算

《公路桥规》规定,作为对承载能力极限状态的补充,以及考虑到公路桥梁设计的习惯,对持久状况和短暂状况应进行构件的应力验算。持久状况的应力计算主要针对预应力构件而言,具体内容见本书第 11 章。本章主要讨论普通钢筋混凝土构件短暂状况的应力验算。

对构件进行短暂状况的应力验算,就是要保证在制作、运输及安装等施工阶段,由构件自重及施工荷载引起的正截面和斜截面的应力不得超过规定的限值。这里,应力计算采用材料力学方法,对施工荷载采用标准值,当有组合时,不考虑荷载组合系数。

当有吊机(车)行驶于桥梁上进行安装时,应对已安装就位的构件进行验算,吊机(车)重量应乘以 1.15 的荷载系数。当由吊机(车)产生的效应设计值小于按持久状况承载能力极限状态计算的作用效应设计值时,则可不必验算。

当进行构件运输和安装计算时,构件的自重应乘以动力系数 1.2 或 0.85。

8.1　受弯构件短暂状况正截面应力验算

8.1.1　弹性分析法的基本原理

钢筋混凝土受弯构件正截面应力计算,采用第Ⅱ阶段应力图(图 8.1-1),并采用以下假定。

①平截面假定,即梁的正截面在发生弯曲变形后仍保持为平面。

②弹性体假定。认为受压区混凝土应力分布为三角形,于是,可得混凝土受压边缘纤维的压应力

$$\sigma_c' = \varepsilon_c' E_c \tag{8.1-1}$$

受拉钢筋水平位置处混凝土的拉应力

$$\sigma_c = \varepsilon_c E_c \tag{8.1-2}$$

③不考虑受拉区混凝土的贡献,拉力全部由钢筋承担。

由于钢筋与混凝土之间黏结力的存在,受拉钢筋与同一水平高度的混凝土的应变是相等的,于是,有

$$\sigma_s = \varepsilon_s E_s = \varepsilon_c E_s = \varepsilon_c \frac{E_c}{E_c} E_s = \frac{E_s}{E_c} \sigma_c \tag{8.1-3}$$

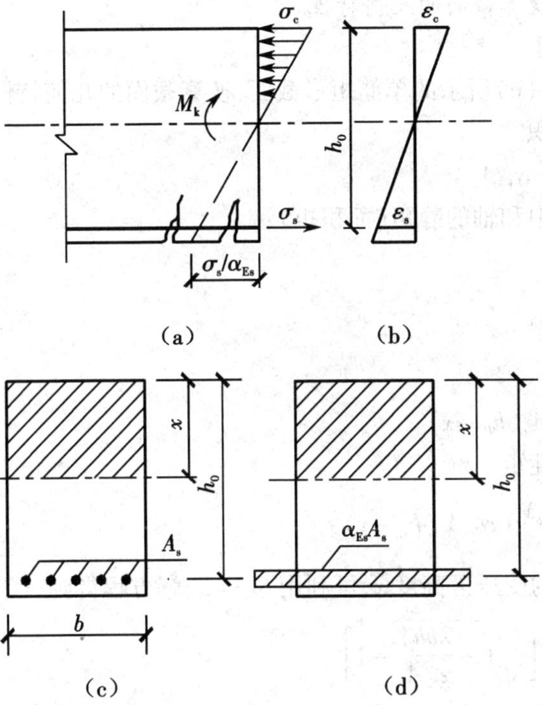

图 8.1-1　钢筋混凝土受弯构件正截面应力计算简图

(a)应力图;(b)应变图;(c)实际截面图;(d)换算混凝土面积

令 $\alpha_{Es}=\dfrac{E_s}{E_c}$,称作混凝土的“换算系数”,则上式可以写成

$$\sigma_s=\alpha_{Es}\sigma_c \tag{8.1-4}$$

可见,对于同一水平位置,钢筋的应力为混凝土应力的 α_{Es} 倍。利用这样一个规律,就可以把钢筋“等效”成混凝土,从而可以按照材料力学的方法进行应力计算。

8.1.2　钢筋混凝土构件的换算截面

1. 等效换算原理

所谓“等效换算”,就是换算前、后钢筋所承受的总拉力的大小和作用点位置不变。如图 8.1-1,有

$$A_s\sigma_s=A_{sc}\sigma_c$$

于是

$$A_{sc}=A_s\sigma_s/\sigma_c=\alpha_{Es}A_s \tag{8.1-5}$$

该式的物理意义是,钢筋 A_s 可以用位于钢筋截面重心处截面面积为 $\alpha_{Es}A_s$ 的混凝土来代替。需要注意的是,$\alpha_{Es}A_s$ 是一个呈线状的虚拟面积,不考虑对自身轴的惯性矩。

2. 开裂截面换算截面的几何特性

(1)矩形截面

对于图 8.1-1(c)所示的单筋矩形截面,换算截面的几何特性可计算如下。

换算截面面积

$$A_0 = bx + \alpha_{Es}A_s \tag{8.1-6}$$

换算截面对中和轴的静矩(面积矩):

受压区

$$S_{0c} = \frac{1}{2}bx^2 \tag{8.1-7}$$

受拉区

$$S_{0t} = \alpha_{Es}A_s(h_0 - x) \tag{8.1-8}$$

换算截面惯性矩

$$I_{cr} = \frac{1}{3}bx^3 + \alpha_{Es}A_s(h_0 - x)^2 \tag{8.1-9}$$

以上公式中的受压区高度 x,可利用 $S_{0c} = S_{0t}$ 解方程得到

$$x = \frac{\alpha_{Es}A_s}{b}\left[\sqrt{1 + \frac{2bh_0}{\alpha_{Es}A_s}} - 1\right] \tag{8.1-10}$$

由于截面应力呈三角形分布,因此,换算截面中和轴实际上就是截面的重心轴,可以利用材料力学中求重心轴的方法得到 x 的值,即由下式解方程求得:

$$x = \frac{bx \times \frac{x}{2} + \alpha_{Es}A_s h_0}{bx + \alpha_{Es}A_s}$$

(2)T 形截面

对于 T 形截面,其开裂截面换算截面的计算简图如图 8.1-2 所示。首先假定其属于第一类 T 形截面,则可利用公式(8.1-8)得到受压区高度:

$$x = \frac{\alpha_{Es}A_s}{b'_f}\left[\sqrt{1 + \frac{2b'_f h_0}{\alpha_{Es}A_s}} - 1\right] \tag{8.1-11}$$

若 $x \leqslant h'_f$,表明的确为第一类 T 形截面,于是可利用此 x 值按照宽度为 b'_f 的矩形截面计算截面特性。

若 $x > h'_f$,则为第二类 T 形截面,需要重新求解受压区高度 x,公式为:

$$x = \sqrt{A^2 + B} - A \tag{8.1-12}$$

其中

$$A = \frac{\alpha_{Es}A_s + (b'_f - b)h'_f}{b} \tag{8.1-13}$$

$$B = \frac{2\alpha_{Es}A_s h_0 + (b'_f - b)(h'_f)^2}{b} \tag{8.1-14}$$

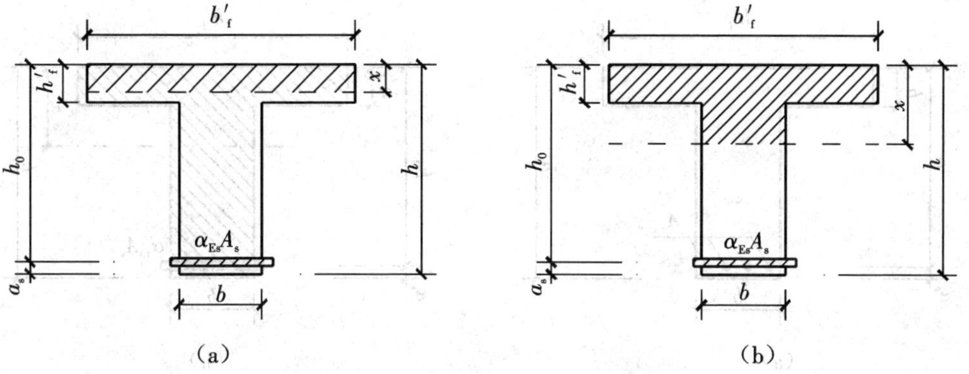

图 8.1-2　开裂截面换算截面计算简图

(a)第一类 T 形截面;(b)第二类 T 形截面

开裂截面的换算截面惯性矩

$$I_{cr}=\frac{b'_f x^3}{3}-\frac{(b'_f-b)(x-h'_f)^3}{3}+\alpha_{Es}A_s(h_0-x)^2 \tag{8.1-15}$$

3. 全截面换算截面的几何特性

除了上述的开裂截面换算截面,《公路桥规》在规定受弯构件的刚度时还用到全截面换算截面惯性矩 I_0。所谓全截面换算截面,就是截面未开裂情况下将钢筋换算成混凝土而形成的截面。

图 8.1-3(a)为原 T 形截面,图 8.1-3(b)为全截面换算截面。全截面换算截面的几何特性按照下式计算。

换算截面面积

$$A_0=bh+(b'_f-b)h'_f-A_s+\alpha_{Es}A_s=bh+(b'_f-b)h'_f+(\alpha_{Es}-1)A_s \tag{8.1-16}$$

受压区高度

$$x=\frac{\frac{1}{2}bh^2+\frac{1}{2}(b'_f-b)(h'_f)^2+(\alpha_{Es}-1)A_s h_0}{A_0} \tag{8.1-17}$$

换算截面惯性矩

$$I_0=\frac{1}{12}bh^3+bh(\frac{h}{2}-x)^2+\frac{1}{12}(b'_f-b)(h'_f)^3+(b'_f-b)h'_f(x-\frac{h'_f}{2})^2+(\alpha_{Es}-1)A_s(h_0-x)^2 \tag{8.1-18}$$

8.1.3　正截面应力验算

《公路桥规》规定,钢筋混凝土受弯构件短暂状况正截面应力应符合下列规定:

①受压区混凝土边缘纤维压应力

$$\sigma^t_{cc}=\frac{M^t_k x}{I_{cr}}\leqslant 0.80f'_{ck} \tag{8.1-19}$$

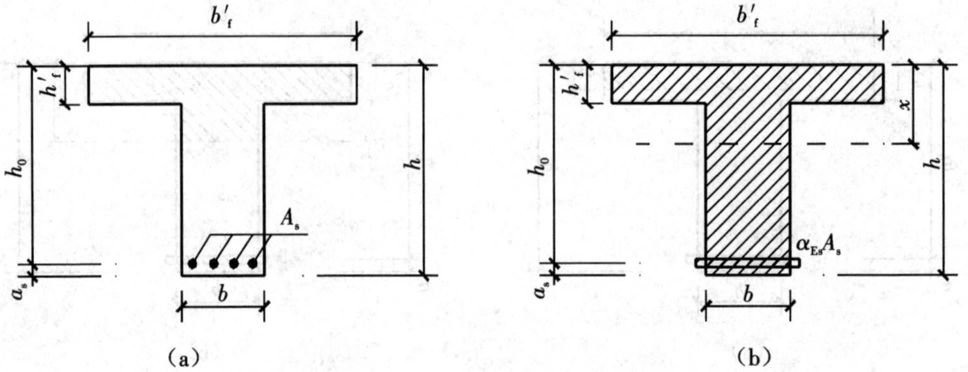

图 8.1-3 全截面换算截面计算简图

(a)T 形截面实际图;(b)全截面换算截面

②受拉钢筋的应力

$$\sigma^{t}_{si}=\alpha_{Es}\frac{M^{t}_{k}(h_{0i}-x)}{I_{cr}}\leqslant 0.75f_{sk} \tag{8.1-20}$$

式中 M^{t}_{k}——由构件自重及临时施工荷载标准值产生的弯矩值;

x——换算截面的受压区高度;

I_{cr}——开裂截面换算截面的惯性矩;

h_{0i}——受拉区第 i 排钢筋截面重心至受压区边缘的距离;

f'_{ck}——施工阶段相应于混凝土立方体抗压强度 f'_{cu} 的混凝土轴心抗压强度标准值;

f_{sk}——钢筋的抗拉强度标准值。

以上公式中,上角标“t”表示短暂状况。

对于多层焊接骨架配筋的构件,应验算最外排钢筋的应力。

8.2 受弯构件短暂状况斜截面应力验算

从材料力学分析得知,受弯构件在荷载作用下,除由弯矩产生的法向应力外,同时还伴随着剪力产生剪应力。由于法向应力和剪应力的结合,又产生斜向主应力,即主拉应力和主压应力。当主拉应力达到混凝土抗拉强度极限值时,构件就会出现斜裂缝,最终导致梁的斜截面破坏。因此,钢筋混凝土受弯构件短暂状况斜截面应力验算主要是验算主拉应力,使其不超过规定的限值。

8.2.1 钢筋混凝土梁的剪应力

由材料力学得知,均质弹性体的剪应力可按下式计算:

$$\tau = \frac{VS}{Ib} \tag{8.2-1}$$

在梁宽 b 值不变的情况下，剪应力是随面积矩 S 而变化的。在梁的上、下边缘处 $S=0$，故剪应力 $\tau=0$；在中和轴处 S 最大，故 τ 值最大。

对于钢筋混凝土梁，若采用换算截面，以开裂截面换算截面惯性矩 I_{cr} 和换算截面面积矩 S_0 代替上式中的对应量，则得到可用于计算钢筋混凝土梁的剪应力公式如下：

$$\tau = \frac{VS_0}{I_{cr}b} \tag{8.2-2}$$

式中　V——荷载标准值产生的剪力；

I_{cr}——开裂截面换算截面惯性矩；

S_0——所求应力之水平纤维以上（或以下）部分换算面积对开裂截面换算截面重心轴的面积矩；

b——所求应力之水平纤维处的截面宽度。

按公式(8.2-2)计算的钢筋混凝土矩形截面梁的剪应力沿截面高度方向的变化情况示于图 8.2-1(a)。在受压边缘处，$S_0=0$，$\tau=0$；在中和轴处 S_0 最大，τ 值也最大，中间按二次抛物线规律变化。在受拉区，由于不考虑混凝土的抗拉作用，任何一层纤维处的面积矩均为 $\alpha_{Es}A_s(h_0-x)$，故在 h_0-x 高度范围内，τ 值保持不变。

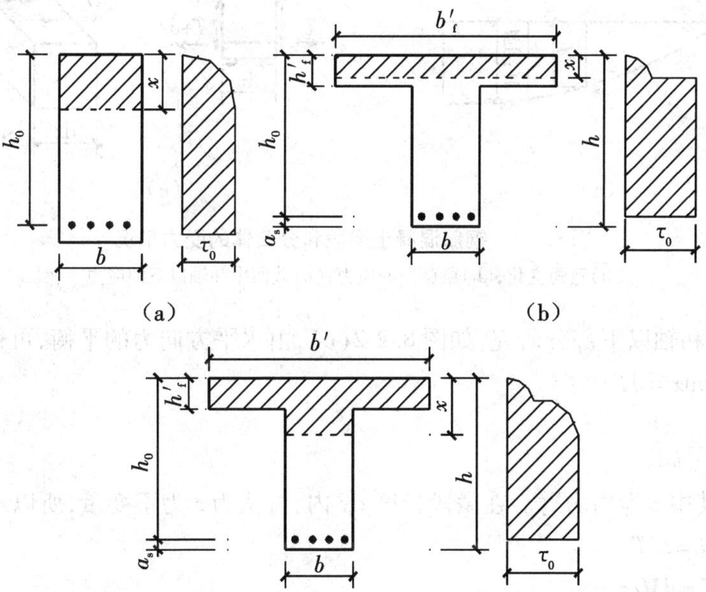

图 8.2-1　钢筋混凝土梁的剪应力图

(a)矩形截面时；(b)第一类 T 形截面时；(c)第二类 T 形截面时

钢筋混凝土T形截面梁剪应力沿截面高度方向的分布情况示于图8.2-1(b)和8.2-1(c)。

从图8.2-1可以看出,钢筋混凝土梁在中和轴处剪应力最大,一般记为τ_0,并在整个受拉区保持这一最大值。

用于计算剪应力的公式(8.2-2)稍显烦琐,通常,钢筋混凝土梁的最大剪应力τ_0采用下面介绍的简便公式计算(对于变高度梁τ_0的计算,可查阅参考文献[13])。

对于等高度的钢筋混凝土梁,取微段dx分析,由弯矩引起的法向应力和剪力引起的剪应力分布情况如图8.2-2(b)所示。

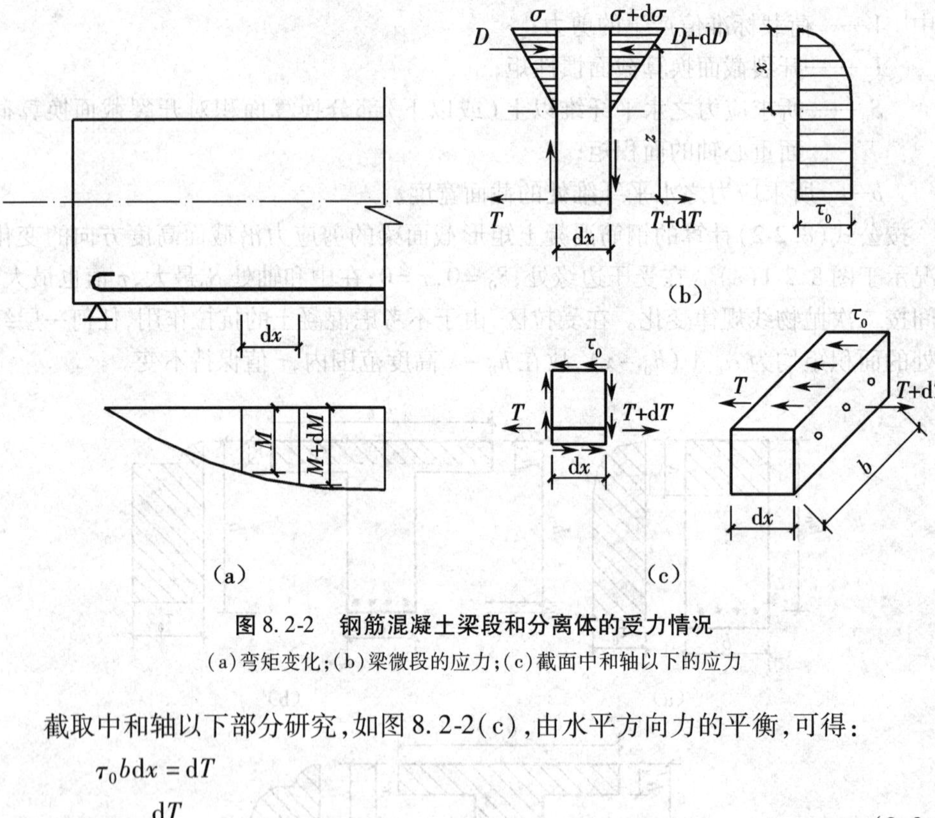

图8.2-2 钢筋混凝土梁段和分离体的受力情况

(a)弯矩变化;(b)梁微段的应力;(c)截面中和轴以下的应力

截取中和轴以下部分研究,如图8.2-2(c),由水平方向力的平衡,可得:

$$\tau_0 b\mathrm{d}x = \mathrm{d}T$$

$$\tau_0 = \frac{\mathrm{d}T}{b\mathrm{d}x} \tag{8.2-3}$$

而$M = Tz$,其中z为内力臂。在微段长度dx内,可认为z为不变量,所以

$$\mathrm{d}M = z\mathrm{d}T$$

$$\mathrm{d}T = \mathrm{d}M/z \tag{8.2-4}$$

将式(8.2-4)代入式(8.2-3),并取$\frac{\mathrm{d}M}{\mathrm{d}x} = V$,可得

$$\tau_0 = \frac{\mathrm{d}M}{bz\mathrm{d}x} = \frac{V}{bz} \tag{8.2-5}$$

式中　z——内力臂,可近似地取下列数值:

单筋矩形梁,$z=\frac{7}{8}h_0$;

双筋矩形梁,$z=0.9h_0$;

T 形梁,$z=0.92h_0$或$z=h_0-h'_f/2$。

8.2.2　钢筋混凝土梁的主应力

由材料力学可知,对于单元体,当有法向应力 σ 和剪应力 τ 共同作用时,则在单元体的某一方向上将出现主拉应力,在与主拉应力方向垂直的方向上将出现主压应力。其大小和方向可按照下列公式计算:

主拉应力

$$\sigma_{tp}=\frac{\sigma}{2}-\sqrt{\frac{\sigma^2}{4}+\tau^2} \tag{8.2-6}$$

主压应力

$$\sigma_{cp}=\frac{\sigma}{2}+\sqrt{\frac{\sigma^2}{4}+\tau^2} \tag{8.2-7}$$

主拉应力方向

$$\tan 2\alpha=\frac{2\tau}{\sigma}$$

式中　σ 以压应力为正,以拉应力为负。下角标“p”表示主应力。

在匀质梁中因受压区和受拉区的各层纤维的法向应力 σ 和剪应力 τ 都是变化的,故其主应力方向也是变化的。其主应力轨迹如图 8.2-3(a)所示。

对于处于第Ⅱ应力阶段(带裂缝工作)的钢筋混凝土梁,其主应力轨迹线有如下特点(图 8.2-3(b))。

①在受压区内法向应力 σ 和剪应力 τ 的分布,均与匀质梁相同,故主应力轨迹线的变化规律与匀质梁相同。

②在中和轴处,由于 $\sigma=0,\tau=\tau_0$,由式(8.2-1)可得 $\sigma_{tp}=\sigma_{cp}=\tau_0$,主平面方向为 $\tan 2\alpha=\infty$,$\alpha=45°$。主拉应力与梁轴线成 45°的交角。

③在受拉区,由于不考虑混凝土的抗拉作用,$\sigma=0,\tau=\tau_0$,数值不变,所以 $\sigma_{tp}=\sigma_{cp}=\tau_0$,主应力轨迹成直线,主拉应力与梁轴线成 45°的交角,均不变。

由此得出一个重要的结论:在钢筋混凝土梁中和轴处及整个受拉区主拉应力达到最大值,主拉应力在数值上等于主压应力,且等于最大剪应力,其方向与梁轴线成 45°角,即此时有下式成立:

$$\sigma_{tp}=\sigma_{cp}=\tau_0=\frac{V}{bz} \tag{8.2-8}$$

由于主拉应力与主压应力及最大剪应力在数值相等,且混凝土的抗拉强度最低,

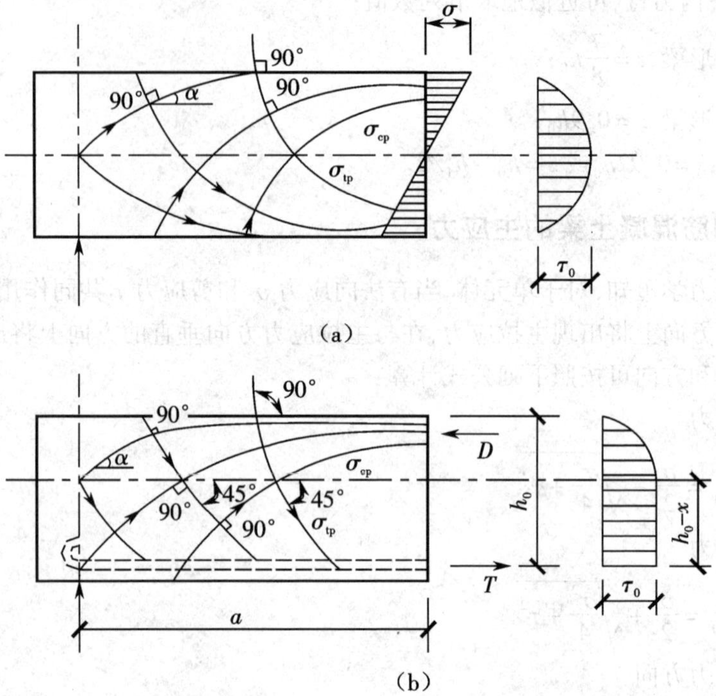

图 8.2-3　主应力轨迹图

(a)匀质梁时;(b)钢筋混凝土梁时

所以,在钢筋混凝土结构中只验算主拉应力,不必验算主压应力和剪应力。

这样,钢筋混凝土受弯构件短暂状况的斜截面应力验算,成为计算中和轴处的主拉应力 σ_{tp}^{t},并应符合下列规定:

$$\sigma_{tp}^{t}=\frac{V_k^t}{bz}\leqslant f'_{tk} \tag{8.2-9}$$

式中　V_k^t——由施工荷载标准值产生的剪力;

b——矩形截面宽度,T形、工形截面的腹板宽度;

z——受压区混凝土合力点至受拉钢筋合力点的距离;

f'_{tk}——施工阶段相应于混凝土立方体抗压强度 f'_{cu} 的混凝土轴心抗拉强度标准值。

对于某些需要按短暂状况计算荷载或其他需按允许应力法进行抗剪配筋设计的情况,应按下列规定确定腹筋。

对于中和轴处的主拉应力符合下列条件的区段,抗剪的箍筋可以按照构造要求配置即可:

$$\sigma_{tp}^{t}\leqslant 0.25f'_{tk} \tag{8.2-10}$$

对主拉应力不满足上式要求的区段,需要配置箍筋和弯起钢筋承受主拉应力。

首先布置箍筋,其间距、直径应满足规范要求,然后,可计算出由箍筋分担的主拉应力值:

$$\tau_v^t = \frac{nA_{sv1}[\sigma_s^t]}{bS_v} \tag{8.2-11}$$

在剪应力图上以 τ_v^t 的值画水平线,如图 8.2-4 所示,其上部阴影部分为弯起钢筋需要承担的剪应力,这部分的面积记作 Ω,于是,所需要的弯起钢筋截面面积

$$A_{sb} \geqslant \frac{b\Omega}{\sqrt{2}[\sigma_s^t]} \tag{8.2-12}$$

式中 τ_v^t——由箍筋承担的主拉应力(剪应力)值;

n——同一截面内箍筋的肢数;

$[\sigma_s^t]$——短暂状况时钢筋应力的限值,取 $[\sigma_s^t]=0.75f_{sk}$;

A_{sv1}——单肢箍筋的截面面积;

S_v——箍筋的间距;

b——矩形截面宽度,T 形和工形截面的腹板宽度;

A_{sb}——弯起钢筋的总截面面积;

Ω——相应于由弯起钢筋承受的剪应力图的面积。

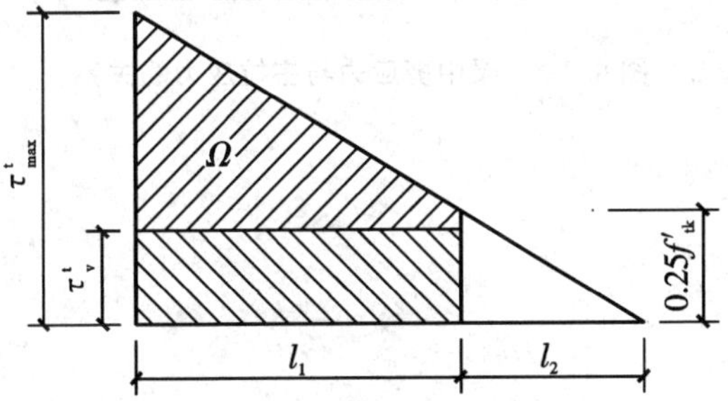

图 8.2-4 受弯构件剪应力的分配

以上计算的弯起钢筋应按与梁纵轴线成 45°角弯起。

公式(8.2-12)中之所以除以 $\sqrt{2}$,是由于,在梁的中性轴上,尽管主拉应力与剪应力数值相当,但是,由于主拉应力与梁的轴线呈 45 度夹角,如图 8.2-5 所示。当按照剪应力图计算主拉应力的合力时,应将长度方向尺寸乘以 sin 45°,即除以 $\sqrt{2}$。

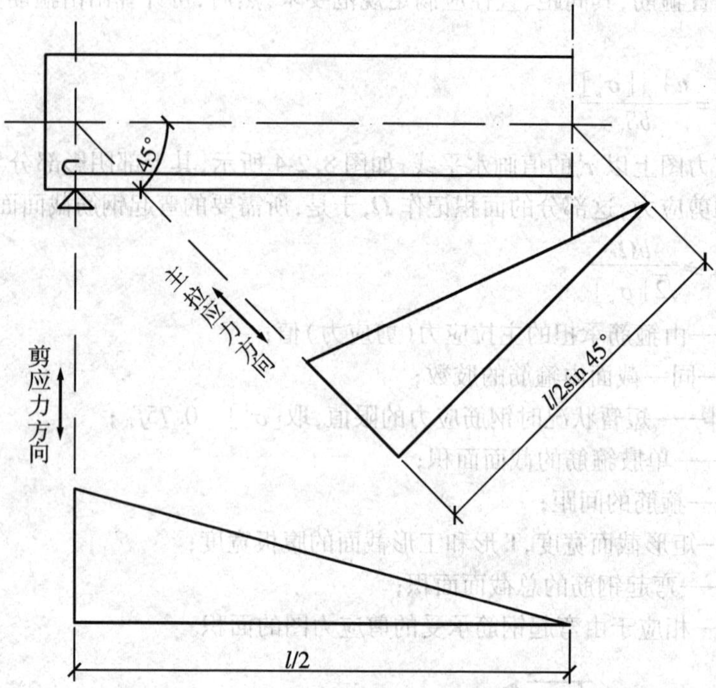

图 8. 2-5　梁中剪应力与主拉应力的关系

第 9 章　钢筋混凝土构件持久状况正常使用极限状态计算

钢筋混凝土构件持久状况应按正常使用极限状态计算，依据《公路桥规》，采用荷载效应频遇组合并考虑长期效应的影响，对构件的裂缝宽度和挠度进行验算，应使各项计算值不超过规范规定的相应限值。

对变形(挠度)进行控制是基于以下的目的：①使用功能的要求。例如，桥梁上部结构的挠度过大，在车辆通过时不仅会发生冲击，而且会破坏伸缩装置处的桥面。②外观要求。过大的挠度会引起使用者心理上的不安全感。

对裂缝加以控制的目的在于：①防护钢筋腐蚀，提高构件的耐久性；②结构外观的要求。

9.1　钢筋混凝土受弯构件变形计算

9.1.1　受弯构件的变形与刚度

根据结构力学知识，荷载作用下弹性受弯构件挠度计算的通式为

$$f = \int_0^l \frac{\overline{M}_1 M}{EI} \mathrm{d}x \tag{9.1-1}$$

式中　$\overline{M}_1$——单位力作用在挠度计算点时产生的弯矩函数；

M——荷载产生的弯矩函数；

E——材料的弹性模量；

I——受弯构件截面的惯性矩

l——受弯构件的计算跨度。

对于较为简单的情况，以上积分计算也可以直接用“图乘法”完成。

可见，受弯构件的挠度大小与荷载引起弯矩、抗弯刚度 EI、计算跨度有关。例如，对于跨度为 l 的简支梁，在均布荷载 q 作用下，跨中的最大挠度可按下式计算：

$$f = \frac{5}{384} \frac{ql^4}{EI} \tag{9.1-2}$$

对于钢筋混凝土梁，如果抗弯刚度已知，则可以应用上述公式求解挠度值。因此，这里的关键问题是如何合理确定抗弯刚度。

研究表明，钢筋混凝土梁在截面开裂前，弯矩与挠度大致为线性关系，因此，梁的短期刚度基本上为一常数，《公路桥规》将此时的抗弯刚度取为 $0.95E_cI_0$，这里 I_0 为全

截面换算截面惯性矩。梁在带裂缝工作阶段,截面刚度会不断降低,不再保持一个常量。

此外,研究还表明,钢筋混凝土梁的刚度沿梁轴向并不相等,而是在弯矩较大的截面刚度小,在弯矩较小的截面刚度大。为此,通常规定按照弯矩最大截面的刚度计算构件挠度值,这就是"最小刚度原则"。

按照最小刚度原则确定梁的挠度,会导致计算出的数值偏大,这是一个方面;从另一方面看,由于计算挠度变形时只考虑弯矩而没有考虑剪力的影响,计算值则会偏小。综合起来考虑,两方面的误差会基本抵消,试验表明,实测值与计算值符合较好。

《公路桥规》在总结分析国内外研究资料的基础上规定,当 $M_s \geqslant M_{cr}$ 时,钢筋混凝土受弯构件的抗弯刚度按照下式确定:

$$B = \frac{B_0}{\left(\frac{M_{cr}}{M_s}\right)^2 + \left[1 - \left(\frac{M_{cr}}{M_s}\right)^2\right]\frac{B_0}{B_{cr}}} \tag{9.1-3}$$

式中 B——开裂构件等效截面的抗弯刚度;

B_0——全截面的抗弯刚度,$B_0 = 0.95E_cI_0$;

B_{cr}——开裂截面的抗弯刚度,$B_{cr} = E_cI_{cr}$;

M_{cr}——开裂弯矩,$M_{cr} = \gamma f_{tk} W_0$;

γ——构件受拉区混凝土塑性影响系数,$\gamma = \frac{2S_0}{W_0}$;

S_0——全截面换算截面重心轴以上(或以下)部分面积对换算截面重心轴的面积矩;

W_0——全截面换算截面面积对受拉边缘的弹性抵抗矩;

I_0、I_{cr}——全截面换算截面惯性矩与开裂截面换算截面惯性矩。

将式(9.1-3)得到的抗弯刚度值 B 代替式(9.1-2)中的 EI,并将荷载 q 按照频遇组合取值,即可得到受弯构件的挠度值,该值为"短期挠度",记作 f_s。考虑到混凝土具有收缩、徐变的性质,在荷载长期作用下挠度还会增大,因此《公路桥规》规定,受弯构件在使用阶段的挠度(称作"长期挠度")应考虑荷载长期效应的影响,即按荷载频遇组合计算的挠度值应再乘以挠度长期增长系数 η_θ,公式表示为

$$f_l = \eta_\theta f_s \tag{9.1-5}$$

式中 η_θ——挠度长期增长系数,采用 C40 以下混凝土时,$\eta_\theta = 1.6$;采用 C40 ~ C80 混凝土时,$\eta_\theta = 1.45 \sim 1.35$;中间强度等级时可按照线性内插法取值。

9.1.2 挠度限值与预拱度设置

钢筋混凝土受弯构件按上述计算的长期挠度值,在消除结构自重产生的长期挠度后(即减去 $\eta_\theta f_G$,f_G 为自重引起的短期挠度),不应超过下列规定的限值:

梁式桥主梁的最大挠度处:$l/600$;

梁式桥主梁的悬臂端：$l_1/300$。

这里，l 为受弯构件的计算跨径，l_1 为悬臂长度。

为避免钢筋混凝土梁过大的挠度影响正常使用，必要时，应在设计施工时预先起拱（称作预拱度），以抵消正常使用过程中的挠度。关于钢筋混凝土梁预拱度的设置，《公路桥规》规定如下：

①当由荷载频遇组合并考虑长期效应影响产生的长期挠度不超过 $l/1\ 600$ 时，可不设预拱度；

②当不符合上述规定时应设置预拱度，预拱度值按结构自重和 1/2 可变荷载频遇值计算的长期挠度值之和采用。

【例 9.1-1】某计算跨径为 19.5 m 的装配式 T 形截面简支梁桥，跨中截面如图 9.1-1 所示。采用 C40 混凝土，受拉纵筋采用 HRB335，截面底部配置 8 ⌀ 32 + 4 ⌀ 20（$A_s = 4\ 826 + 1\ 256 = 6\ 082\ \text{mm}^2$），为焊接钢筋骨架，$a_s = 121$ mm。恒载产生的跨中弯矩标准值 $M_{Gk} = 969.07$ kN · m，汽车荷载产生的跨中弯矩标准值 $M_{Q1k} = 838.55$ kN · m（已计入冲击系数 $\mu = 0.313$），人群荷载产生的跨中弯矩标准值 $M_{Q2k} = 87.22$ kN · m。

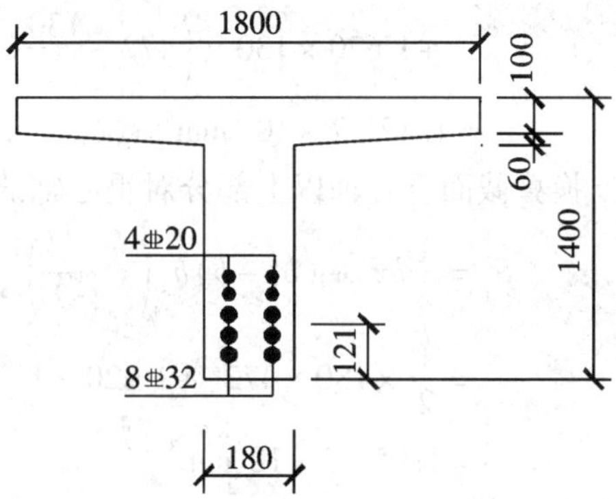

图 9.1-1　例 9.1-1 的图示

要求：验算该梁的变形是否满足要求。

解：依据《公路桥规》4.3.2 条，计算截面承载力和应力时，T 形截面梁的受压翼缘应取有效宽度。今计算变形，按照实际宽度取值。

$$\alpha_{Es} = E_s/E_c = 2.0 \times 10^5/(3.25 \times 10^4) = 6.154$$

$$h_f' = 100 + 60/2 = 130\ \text{mm},\ h_0 = 1\ 400 - 121 = 1\ 279\ \text{mm}$$

按照频遇组合得到的跨中弯矩为：

$$M_s = 969.07 + 0.7 \times 838.55/1.313 + 0.4 \times 87.22 = 1\ 451.01\ \text{kN}\cdot\text{m}$$

（1）计算全截面换算截面的几何特征

全截面换算截面面积

$$A_0 = 180 \times 1\ 400 + (1\ 800 - 180) \times 130 + (6.154 - 1) \times 6\ 082 = 4.976\ 6 \times 10^5\ \text{mm}^2$$

受压区高度（重心轴与截面上边缘之距）

$$x_0 = \frac{\frac{1}{2}bh^2 + \frac{1}{2}(b_f' - b)(h_f')^2 + (\alpha_{Es} - 1)A_s h_0}{A_0}$$

$$=\frac{\frac{1}{2}\times180\times1\,400^2+\frac{1}{2}\times(1\,800-180)\times130^2+(6.154-1)\times6\,082\times1\,279}{4.976\,6\times10^5}$$

$=472.0\ \text{mm}$

换算截面惯性矩

$$I_0=\frac{1}{12}bh^3+bh\left(\frac{h}{2}-x\right)^2+\frac{1}{12}(b_f'-b)(h_f')^3+(b_f'-b)h_f'\left(x-\frac{h_f'}{2}\right)^2$$
$$+(\alpha_{Es}-1)A_s(h_0-x)^2$$
$$=\frac{180\times1\,400^3}{12}+180\times1\,400\times\left(\frac{1\,400}{2}-472\right)^2+\frac{1\,620\times130^3}{12}$$
$$+1\,620\times130\times\left(472-\frac{130}{2}\right)^2+(6.154-1)\times6\,082\times(1\,279-472)^2$$
$$=1.122\,7\times10^{11}\text{mm}^4$$

换算截面重心轴以上部分对重心轴的面积矩

$$S_0=\frac{1}{2}bx^2+(b_f'-b)h_f'\left(x-\frac{h_f'}{2}\right)^2$$
$$=\frac{1}{2}\times180\times472^2+1\,620\times130\times\left(472-\frac{130}{2}\right)$$
$$=1.057\,8\times10^8\text{mm}^3$$

(2)计算开裂截面换算截面的几何特征

假定为第一类T形截面,则受压区高度

$$x=\frac{\alpha_{Es}A_s}{b_f'}\left[\sqrt{1+\frac{2b_f'h_0}{\alpha_{Es}A_s}}-1\right]=\frac{6.154\times6\,082}{1\,800}\left[\sqrt{1+\frac{2\times1\,800\times1\,279}{6.154\times6\,082}}-1\right]$$
$$=222\ \text{mm}>h_f'=130\ \text{mm}$$

故应按照第二类T形截面计算。

$$A=\frac{\alpha_{Es}A_s+(b_f'-b)h_f'}{b}=\frac{6.154\times6\,082+1\,620\times130}{180}=1.402\,5\times10^3$$

$$B=\frac{2\alpha_{Es}A_sh_0+(b'_f-b)(h'_f)^2}{b}=\frac{2\times6.154\times6\,082\times1\,279+1\,620\times130^2}{180}$$
$$=7.469\,6\times10^5$$

$$x=\sqrt{A^2+B}-A=245\ \text{mm}$$

开裂截面换算截面惯性矩

$$I_{cr}=\frac{b_f'x^3}{3}-\frac{(b_f'-b)(x-h_f')^3}{3}+\alpha_{Es}A_s(h_0-x)^2$$
$$=\frac{1\,800\times245^3}{3}-\frac{1\,620\times(245-130)^3}{3}$$
$$+6.154\times6\,082\times(1\,279-245)^2$$

$$=5.2756\times10^{10}\text{mm}^4$$

(3)计算开裂截面的抗弯刚度

全截面抗弯刚度

$$B_0=0.95E_cI_0=0.95\times3.25\times10^4\times1.1227\times10^{11}=3.4664\times10^{15}\text{N}\cdot\text{mm}^2$$

开裂截面抗弯刚度

$$B_{cr}=E_cI_{cr}=3.25\times10^4\times5.2756\times10^{10}=1.7146\times10^{15}\ \text{N}\cdot\text{mm}^2$$

全截面换算截面受拉边缘弹性抵抗矩

$$W_0=\frac{I_0}{h-x_0}=\frac{1.1227\times10^{11}}{1\,400-472}=1.2099\times10^8\text{mm}^3$$

塑性影响系数

$$\gamma=\frac{2S_0}{W_0}=\frac{2\times1.0578\times10^8}{1.2099\times10^8}=1.7486$$

开裂弯矩

$$M_{cr}=\gamma f_{tk}W_0=1.7486\times2.4\times1.2099\times10^8=5.0776\times10^8\text{N}\cdot\text{mm}$$

开裂构件的抗弯刚度

$$B=\frac{B_0}{\left(\frac{M_{cr}}{M_s}\right)^2+\left[1-\left(\frac{M_{cr}}{M_s}\right)^2\right]\frac{B_0}{B_{cr}}}$$

$$=\frac{3.4664\times10^{15}}{\left(\frac{5.0776\times10^8}{1.451\times10^9}\right)^2+\left[1-\left(\frac{5.0776\times10^8}{1.451\times10^9}\right)^2\right]\times\frac{3.4664\times10^{15}}{1.7146\times10^{15}}}$$

$$=1.8277\times10^{15}\ \text{N}\cdot\text{mm}^2$$

(4)计算跨中长期挠度值

频遇组合下的短期挠度值

$$f_s=\frac{5}{48}\frac{M_sl^2}{B}=\frac{5\times1.451\times10^9\times19\,500^2}{48\times1.8277\times10^{15}}=31.4\ \text{mm}$$

自重作用下的短期挠度值

$$f_G=\frac{5M_Gl^2}{48B}=\frac{5\times969.07\times10^6\times19\,500^2}{48\times1.8277\times10^{15}}=21.0\ \text{mm}$$

C40 混凝土,挠度长期增长系数 $\eta_\theta=1.45$。

扣除自重影响后的长期挠度

$$f_l=\eta_\theta(f_s-f_G)=1.45\times(31.4-21.0)=15.1\ \text{mm}$$

$$<l/600=19\,500/600=32.5\ \text{mm}$$

(5)判断是否需要设置预拱度

由于荷载频遇组合产生的长期挠度值

$$\eta_\theta f_s=1.45\times31.4=45.6\ \text{mm}>l/1\,600=19\,500/1\,600=12.2\ \text{mm}$$

故需要设置预拱度,其值为结构自重和1/2可变荷载频遇值计算的长期挠度之和。

可变荷载频遇值产生的长期挠度,前已求得为15.1 mm,故跨中预拱度应为:

$$\Delta = 1.45 \times 21.0 + 15.1/2 = 38 \text{ mm}$$

9.2 钢筋混凝土构件裂缝宽度计算

9.2.1 裂缝的成因

引起钢筋混凝土结构物产生裂缝的原因有两大类,即荷载引起的裂缝和非荷载引起的裂缝。

混凝土的抗拉强度很低,极限拉应变 $\varepsilon_{tu} = 0.0001 \sim 0.00015$。混凝土即将开裂的瞬间,钢筋的应力只有 $\sigma_s = \varepsilon_{tu} E_s = (0.0001 \sim 0.00015) \times 2.0 \times 10^5 = 20 \sim 30$ MPa。因此,在正常使用阶段,钢筋的应力远大于此值。换句话说就是,正常使用阶段钢筋混凝土结构出现裂缝是不可避免的。因而,由荷载引起的裂缝习惯上称为正常裂缝。

许多非荷载因素(例如,温度变化、混凝土收缩、养护不周、拆模时间不当、钢筋锈蚀、地基不均匀沉降等)也可以引起裂缝,甚至更严重。这类裂缝在采取合适的措施之后,大部分是可以克服或得到控制的。

本节介绍的裂缝宽度计算方法是针对荷载引起的裂缝。

9.2.2 影响裂缝宽度的因素

目前,国内外裂缝宽度的计算方法大致可分为两大类:第一类是以粘结-滑移理论为基础的半经验半理论公式。按照这种理论,裂缝的间距取决于钢筋与混凝土间粘结应力的分布,裂缝的开展是由于钢筋与混凝土间的变形不再维持协调,出现相对滑动而产生。第二类是以试验数据为基础经统计分析得到的经验公式。采用后一种方法,需要对可能的影响因素加以分析、选择。

1. 混凝土抗拉强度的影响

多数研究认为,混凝土抗拉强度对裂缝宽度影响不大,可略去不计。

2. 保护层厚度的影响

保护层对裂缝间距和表面裂缝宽度均有影响,保护层越厚,裂缝越宽。但是,从另一方面讲,允许裂缝宽度也与保护层厚度有关,也就是说,保护层越厚,钢筋锈蚀的可能越小,对耐久性也就越有利。保护层厚度对计算裂缝宽度和允许裂缝宽度限值的影响可大致抵消,因此,裂缝宽度计算公式中可以不考虑保护层厚度的影响。

3. 受拉钢筋应力的影响

所有关于裂缝宽度的研究都认为,裂缝截面的受拉钢筋应力是影响裂缝宽度的最重要因素。但是描述钢筋应力与裂缝宽度之间关系的公式却各不相同。采用受拉钢筋应力与最大裂缝宽度为线性关系的形式是最简单的。

4. 钢筋直径的影响

试验表明，在受拉钢筋配筋率及钢筋应力大致相同的情况下，裂缝宽度随钢筋直径的增大而增大。

5. 受拉钢筋配筋率的影响

试验表明，当钢筋直径相同，钢筋应力大致相等的情况下，裂缝宽度随配筋率的增加而减小。当配筋率 ρ 接近某一数值(如 $\rho \geqslant 0.02$ 时)，裂缝宽度基本不变。

6. 钢筋粘结特征的影响

带肋钢筋的粘结性能好于光面钢筋，相同的钢筋应力情况下用带肋钢筋裂缝宽度更小，裂缝宽度公式中用系数 C_1 考虑带肋钢筋和光圆钢筋的差别。

7. 长期或重复荷载的影响

试验表明，重复荷载作用下不断发展的裂缝宽度是初始使用荷载下裂缝宽度的 1.0~1.5 倍，因此，裂缝宽度公式中用系数 C_2 考虑长期或重复荷载的影响。

8. 荷载特征的影响

轴心受拉、受弯、偏心受压等不同的受力情况，通过对系数 C_3 取不同的数值加以考虑。例如，对受弯构件，取 $C_3=1.0$，对偏心受压构件取 $C_3=0.9$，C_3 值越大裂缝宽度越大。

9.2.3　最大裂缝宽度计算

《公路桥规》规定，钢筋混凝土构件的最大裂缝宽度可按下式计算：

$$W_{cr}=C_1C_2C_3\frac{\sigma_{ss}}{E_s}\left(\frac{c_s+d_e}{0.36+1.7\rho_{te}}\right)(\text{mm}) \tag{9.2-1}$$

式中　C_1——钢筋表面形状系数，对光面钢筋 $C_1=1.4$，对带肋钢筋 $C_1=1.0$；

C_2——长期效应影响系数，$C_2=1+0.5\dfrac{S_l}{S_s}$，其中 S_l 和 S_s 分别按作用准永久组合和作用频遇组合计算的弯矩设计值(或轴力设计值)；

C_3——与构件受力性质有关的系数，钢筋混凝土板式受弯构件，取 $C_3=1.15$，其他受弯构件，取 $C_3=1.0$；轴心受拉构件 $C_3=1.2$；偏心受拉构件 $C_3=1.1$；圆形截面偏心受压构件 $C_3=0.75$，其他截面偏心受压构件 $C_3=0.9$；

c_s——最外排纵向受拉钢筋的混凝土保护层厚度(mm)，当 $c_s>50$ mm 时取为 50 mm；

d_e——纵向受拉钢筋的换算直径(mm)，$d_e=\dfrac{\sum n_i d_i^2}{\sum n_i d_i}$，对于焊接骨架钢筋，该值还应乘以 1.3；

ρ_{te}——纵向受拉钢筋的有效配筋率，当 $\rho_{te}>0.1$ 时，取 $\rho_{te}=0.1$；当 $\rho_{te}<0.01$

时，取 $\rho_{te}=0.01$。

σ_{ss}——钢筋应力。

对于矩形、T形和I形截面构件，ρ_{te} 按照下式计算：

$$\rho_{te}=\frac{A_s}{A_{te}} \tag{9.2-2}$$

式中 A_s——受拉区纵向钢筋截面面积：轴心受拉构件取全部纵向钢筋截面面积；受弯、偏心受拉及大偏心受压构件取受拉区纵向钢筋截面面积或受拉较大一侧的钢筋截面面积；

A_{te}——有效受拉混凝土截面面积：轴心受拉构件取构件截面面积；受弯、偏心受拉、偏心受压构件取 $2a_sb$，a_s 为受拉钢筋重心至受拉区边缘的距离，对矩形截面，b 为截面宽度，对翼缘位于受拉区的T形、I形截面，b 为受拉区有效翼缘宽度。如图9.2-1所示。

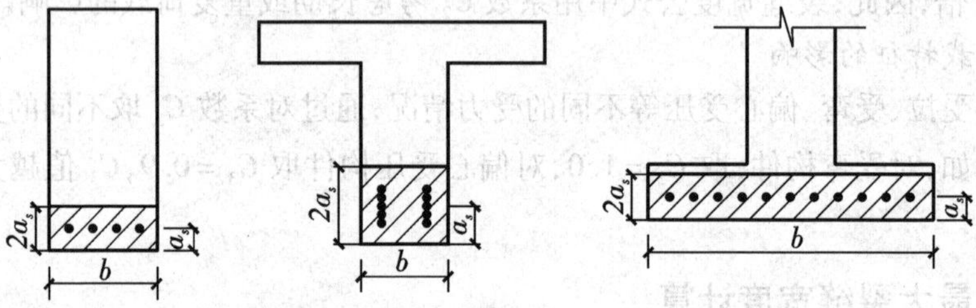

图9.2-1 有效受拉混凝土截面面积取法示意

对于矩形、T形和I形截面构件，由作用频遇组合引起的开裂截面纵向受拉钢筋应力 σ_{ss}，应按下列公式计算：

受弯构件

$$\sigma_{ss}=\frac{M_s}{0.87A_sh_0} \tag{9.2-3}$$

轴心受拉构件

$$\sigma_{ss}=\frac{N_s}{A_s} \tag{9.2-4}$$

偏心受拉构件

$$\sigma_{ss}=\frac{N_se'_s}{A_s(h_0-a'_s)} \tag{9.2-5}$$

偏心受压构件

$$\sigma_{ss}=\frac{N_s(e_s-z)}{A_sz} \tag{9.2-6}$$

其中，

$$e_s=\eta_se_0+y_s \tag{9.2-7}$$

$$z=\left[0.87-0.12(1-\gamma_{\mathrm{f}}')\left(\frac{h_0}{e_{\mathrm{s}}}\right)^2\right]h_0 \tag{9.2-8}$$

$$\gamma_{\mathrm{f}}'=\frac{(b_{\mathrm{f}}'-b)h_{\mathrm{f}}'}{bh_0} \tag{9.2-9}$$

$$\eta_{\mathrm{s}}=1+\frac{1}{4\,000e_0/h_0}\left(\frac{l_0}{h}\right)^2 \tag{9.2-10}$$

式中　M_{s}、N_{s}——按作用频遇组合计算的弯矩值、轴力值。

A_{s}——受拉区纵向钢筋截面面积：对轴心受拉构件，取全部纵向钢筋截面面积；对偏心受拉构件，取受拉较大边纵向钢筋截面面积；对受弯、偏心受压构件，取受拉区纵向钢筋截面面积。

z——纵向受拉钢筋合力点至截面受压区合力点的距离，且不大于 $0.87h_0$。

e_{s}——轴向力作用点至纵向受拉钢筋 A_{s} 合力作用点距离。

e_{s}'——轴向力作用点至受压（或受拉较小边）纵向钢筋 A_{s}' 合力作用点的距离。

e_0——轴向力作用点至截面重心的偏心距，$e_0=M_{\mathrm{s}}/N_{\mathrm{s}}$。

b_{f}'、h_{f}'——受压翼缘的宽度、厚度，公式(9.2-9)中，当 $h_{\mathrm{f}}'>0.2h_0$ 时，取 $h_{\mathrm{f}}'=0.2h_0$。

η_{s}——使用阶段的轴向力偏心距增大系数，当 $l_0/h\leqslant14$ 时，取 $\eta_{\mathrm{s}}=1$。

e_0——轴向力作用点至截面重心的偏心距，$e_0=M_{\mathrm{s}}/N_{\mathrm{s}}$；

y_{s}——截面重心至纵向受拉钢筋 A_{s} 合力作用点的距离。

对于圆形截面偏心受压构件，σ_{ss} 应按下式计算：

$$\sigma_{\mathrm{ss}}=\frac{0.6\left(\dfrac{\eta_{\mathrm{s}}e_0}{r}-0.1\right)^3}{\left(0.45+0.26\dfrac{r_{\mathrm{s}}}{r}\right)\left(\dfrac{\eta_{\mathrm{s}}e_0}{r}+0.2\right)^2}\frac{N_{\mathrm{s}}}{A_{\mathrm{s}}} \tag{9.2-11}$$

$$\eta_{\mathrm{s}}=1+\frac{1}{4\,000\dfrac{e_0}{2r-a_{\mathrm{s}}}}\left(\frac{l_0}{2r}\right)^2 \tag{9.2-12}$$

式中　A_{s}——全部纵向钢筋截面面积：

N_{s}——按作用频遇组合计算的轴向力值；

r_{s}、r——纵向钢筋重心所在圆周的半径和圆形截面的半径；

e_0——构件初始偏心距；

η_{s}——轴向压力的正常使用极限状态偏心距增大系数，当 $l_0/(2r)\leqslant14.0$ 时，取 $\eta_{\mathrm{s}}=1$；

a_{s}——单根钢筋重心至构件边缘的距离。

当矩形、T 形和 I 形截面偏心受压构件满足 $e_0/h\leqslant0.55$，或圆形截面偏心受压构件满足 $e_0/r\leqslant0.55$ 时，可不进行裂缝宽度验算。

《公路桥规》规定，钢筋混凝土构件计算的最大裂缝宽度不应超过规定的限值：

Ⅰ类和Ⅱ类环境为0.2 mm，Ⅲ类和Ⅳ类环境为0.15 mm。

【例9.2-1】条件同【例9.1-1】，且该梁处于Ⅰ类环境，$c_s = 30$ mm。要求验算裂缝宽度是否满足要求。

解：带肋钢筋，$C_1 = 1.0$；钢筋混凝土梁，$C_3 = 1.0$；HRB400钢筋，$E_s = 2.0 \times 10^5$ MPa。

频遇组合弯矩值：$M_s = 1\ 451.01$ kN·m

准永久组合弯矩值：

$$M_l = 969.07 + 0.4 \times 838.55/1.313 + 0.4 \times 87.22 = 1\ 259.42 \text{ kN} \cdot \text{m}$$

$$C_2 = 1 + 0.5 \times \frac{1\ 259.42}{1\ 451.01} = 1.42$$

$$\sigma_{ss} = \frac{M_s}{0.87 A_s h_0} = \frac{1\ 451.01 \times 10^6}{0.87 \times 6\ 082 \times 1\ 279} = 214.4 \text{ MPa}$$

由于为焊接钢筋骨架，d_e 按下式计算：

$$d_e = 1.3 \frac{\sum n_i d_i^2}{\sum n_i d_i} = 1.3 \times \frac{8 \times 32^2 + 4 \times 20^2}{8 \times 32 + 4 \times 20} = 37.9 \text{ mm}$$

$$\rho_{te} = \frac{A_s}{A_{te}} = \frac{6\ 082}{2 \times 121 \times 180} = 0.139\ 6 > 0.1 \text{，取} \rho_{te} = 0.1$$

$$W_{cr} = C_1 C_2 C_3 \frac{\sigma_{ss}}{E_s} \left(\frac{c_s + d_e}{0.36 + 1.7 \rho_{te}} \right)$$

$$= 1.0 \times 1.42 \times 1.0 \times \frac{214.4}{2.0 \times 10^5} \times \left(\frac{30 + 37.9}{0.36 + 1.7 \times 0.1} \right)$$

$$= 0.20 \text{ mm}$$

满足Ⅰ类环境裂缝宽度限值为0.2 mm的要求。

第 10 章　预应力混凝土结构的一般问题

10.1　预应力混凝土的基本原理

10.1.1　预应力混凝土结构简介

钢筋混凝土结构最大的缺点就是抗裂性能差。这主要是由于混凝土的极限拉应变很小，在使用荷载作用下受拉区混凝土已经开裂。裂缝的存在使得构件不适于高湿度及侵蚀性环境。为了满足对变形和裂缝控制的要求，常常不得不加大截面尺寸和用钢量。

提高混凝土的强度等级和钢筋强度对改善构件的抗裂效果不大。这是因为，钢筋和混凝土因黏结而共同变形，混凝土即将出现裂缝时，钢筋中的应力仅为 $\sigma_s = \varepsilon_{tu}E_s = (0.001 \sim 0.0015) \times 2.0 \times 10^5 = 20 \sim 30$ MPa；若允许裂缝宽度为 0.2 ~ 0.3 mm，受拉钢筋的应力也仅有 150 ~ 250 MPa。可见，此时采用高强度的钢筋是不能充分发挥作用的。

在混凝土构件承受外荷载之前，对其受拉区预先施加压应力，使之成为预应力混凝土构件，则可以有效改善抗裂性能。例如，图 10.1-1(a)的简支梁，在承受外荷载之前，先在梁的下部受拉区(该区域将因外荷载而受拉)施加一对偏心预压力 N_p，从而在梁截面混凝土中产生预压力，如图 10.1-1(b)。而后，承受均布荷载 q，由外荷载引起的截面应力如图 10.1-1(c)。梁截面最终的应力为以上二者的叠加。显然，通过人为控制梁截面预压力 N_p，则可以使梁截面下缘混凝土应力为零，甚至仍保持为压应力，从而满足抗裂要求。

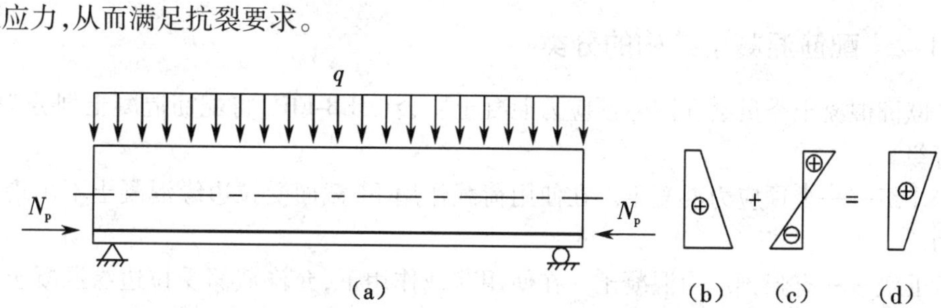

图 10.1-1　预应力混凝土梁工作原理

(a)预应力混凝土梁受力；(b)预加力引起的截面应力；

(c)外荷载引起的截面应力；(d)叠加后的截面应力

美国混凝土学会(ACI)对预应力混凝土给出的定义是:"预应力混凝土是根据需要人为地引入某一数值及分布的内应力,用以部分或全部抵消外荷载应力的一种配筋混凝土"。

预应力混凝土可以用三种概念或者说从三种角度来理解。

第一种概念——预加应力能使混凝土在使用状态下成为弹性材料。

经过预压的混凝土,由原来的抗拉弱抗压强的脆性材料,变成既能抗拉也能抗压的弹性材料。混凝土可以被看作承受两个力系,即内部预应力和外部荷载。若预应力产生的压应力能将外荷载产生的拉应力全部抵消,则混凝土没有裂缝甚至不出现拉应力。在这两个力系的作用下,混凝土的应力、应变及变形均可按材料力学公式计算,并在需要时采用叠加原理。

第二种概念——预加应力能使高强度钢筋和混凝土共同工作并发挥二者的潜力。

如果高强度钢筋只是简单地浇注在混凝土体内,在使用荷载下必然产生开裂。高强钢筋只有预拉,才能使混凝土预压,从而储备抗拉能力,而钢筋的高强度也才能发挥。因此,预加力是一种充分利用高强钢筋的强度,改变混凝土工作状态的有效手段。预应力混凝土可看作是钢筋混凝土应用的扩展,但也应明确,预应力混凝土不能超越材料本身的强度极限。

第三种概念——预加应力实现荷载平衡。

预加应力的作用可以视为对混凝土构件预先施加的与使用荷载(外力)反向的的荷载,用以抵消部分或全部抵消外使用荷载效应。如图10.1-2(a)所示的抛物线形预应力筋,其对混凝土的作用,相当于梁端作用集中力 F_p 和方向向上、沿预应力筋走向分布的均布荷载 q_p(图10.1-2(b)),这时,q_p 将抵消外部布荷载 q 的部分作用,截面中产生的应力将最终由 $(q-q_p)$ 产生。而 q_p 值可参照悬索的受力分析得到,为

$$q_p = \frac{8F_p h}{L^2}$$

10.1.2 配筋混凝土结构的分类

欧洲混凝土委员会和国际预应力混凝土协会(CEB-FIP)将配筋混凝土划分为4个等级。

Ⅰ级——全预应力混凝土。在使用荷载作用下,截面受拉边缘混凝土不出现拉应力。

Ⅱ级——有限预应力混凝土。在使用荷载作用下,允许截面受拉边缘混凝土出现拉应力,但需加以限制。

Ⅲ——部分预应力混凝土。在使用荷载作用下,允许截面受拉边缘混凝土出现大于其抗拉强度的拉应力,但需对最大裂缝宽度加以限制。

Ⅳ——普通钢筋混凝土。

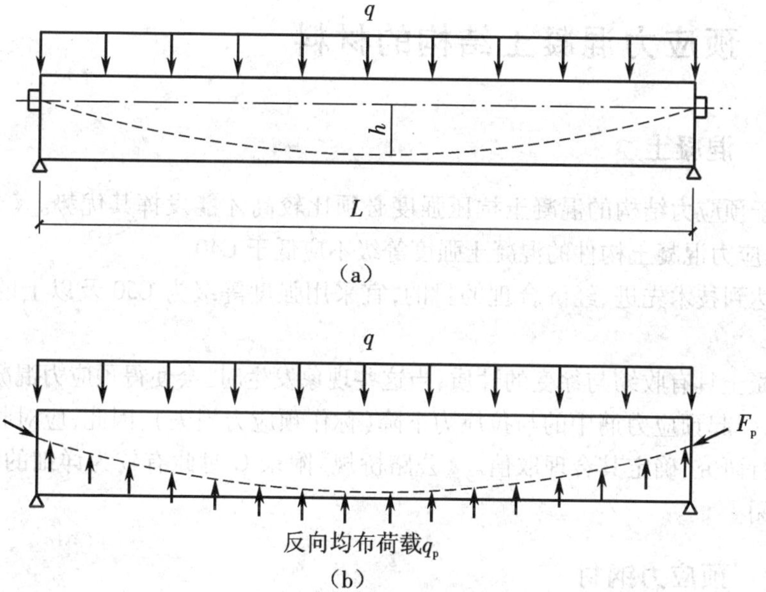

图 10.1-2　预应力筋对混凝土梁的作用
(a)曲线配筋的预应力混凝土梁;(b)预应力对混凝土的作用

我国的分类与之相似,一般把预应力混凝土构件划分为全预应力混凝土构件和部分预应力混凝土构件两大类:全预应力混凝土构件,是指在正常使用情况下构件截面受拉边缘混凝土不出现拉应力;部分预应力混凝土构件,是指在正常使用情况下构件截面受拉边缘混凝土出现拉应力,但拉应力不超过限值,或者裂缝宽度不超过限值。这里所说的"正常使用情况"指"荷载的标准组合",见《混凝土结构设计规范》(GB 50010—2010)。

《公路桥规》本质上也采用《混凝土结构设计规范》的概念,但改用"荷载频遇组合"的形式表达,同时,明确将部分预应力混凝土构件分为 A 类构件和 B 类构件两类:

A 类构件:在荷载频遇组合下,控制截面受拉边缘可出现拉应力但不超过规定限值。

B 类构件:在荷载频遇组合下,控制截面受拉边缘出现超过规定限值的拉应力,但裂缝宽度不超过允许值。

本书主要介绍全预应力和部分预应力 A 类构件。

10.2 预应力混凝土结构的材料

10.2.1 混凝土

用于预应力结构的混凝土抗压强度必须比较高才能发挥其优势。《公路桥规》规定,预应力混凝土构件的混凝土强度等级不应低于C40。

为达到技术先进、经济合理的目的,宜采用强度等级为C50及以上的高强度混凝土。

混凝土具有收缩与徐变的性质,当这些现象发生时,会使得预应力混凝土构件长度缩短,引起预应力筋中的与拉应力下降(称作预应力损失),因此,应对收缩与徐变变形进行研究,确定其合理取值。《公路桥规》附录C对此有较为详细的规定,必要时可查阅。

10.2.2 预应力钢材

《公路桥规》中推荐的预应力钢材包括钢绞线、消除应力钢丝和预应力螺纹钢筋共3类,其强度标准值和强度设计值见附表11和附表12,弹性模量取值见附表13。

1.钢绞线

钢绞线是由高强钢丝扭结而成并经消除内应力后的盘卷钢丝束。

在国家标准《预应力混凝土用钢绞线》GB/T 5224—2014中,钢绞线被分为8类,如表10.2-1所示,其中最常用的是6根钢丝围绕一根芯丝顺一个方向扭结而成的七股钢绞线。钢绞线的外形如图10.2-1所示。

表10.2-1 预应力混凝土用钢绞线

序号	描述	代号
1	用2根钢丝捻制的钢绞线	1×2
2	用3根钢丝捻制的钢绞线	1×3
3	用3根刻痕钢丝捻制的钢绞线	1×3I
4	用7根钢丝捻制的标准型钢绞线	1×7
5	用6根刻痕钢丝和1根光圆中心钢丝捻制的钢绞线	1×7I
6	用7根钢丝捻制又经模拔的钢绞线	(1×7)C
7	用19根钢丝捻制的1+9+9西鲁式钢绞线	1×19S
8	用19根钢丝捻制的1+6+6/6瓦林吞式钢绞线	1×19W

预应力钢绞线的标记由代号、公称直径、强度级别和标准号组成,例如:

预应力钢绞线 1×19S－21.80－1 860－GB/T 5224—2014

表示公称直径为21.8 mm,抗拉强度为1 860 MPa的19根钢丝捻制的1+9+9

西鲁式钢绞线。

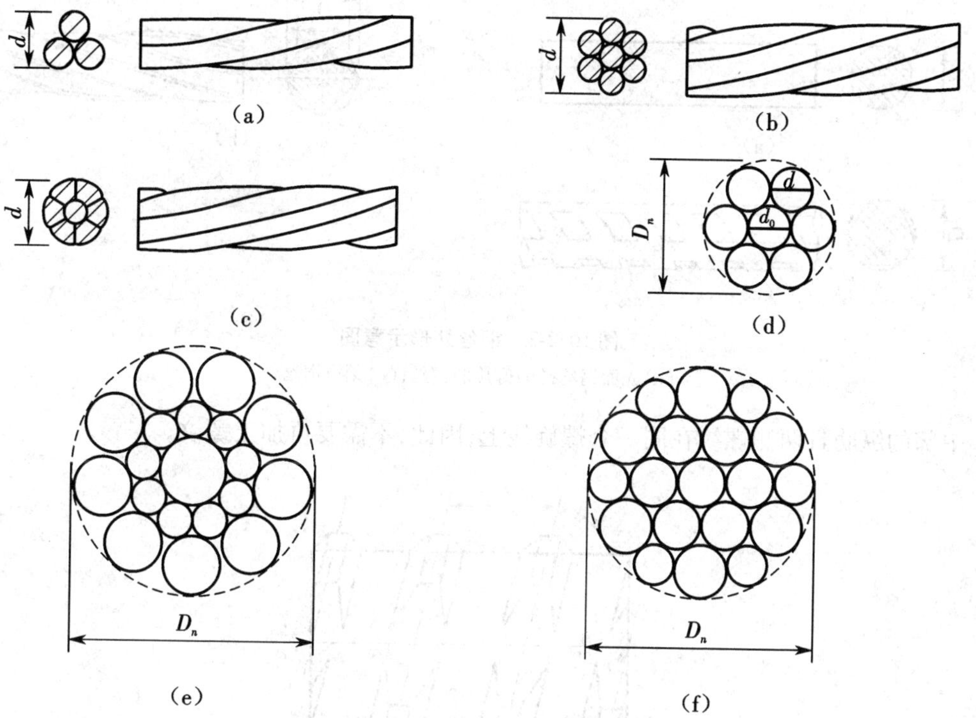

图 10.2-1　钢绞线外形示意图

钢绞线的截面积可根据公称直径由附表 14 确定。

2. 钢丝

将优质碳素钢轧制成盘条后，通过拔丝等减径工艺经冷加工形成的产品，以盘卷供货的钢丝，称作冷拉钢丝。对冷拉钢丝进行一次性连续消除应力处理后的钢丝，称作消除应力钢丝。

依据《预应力混凝土用钢丝》GB/T 5223—2014，钢丝按加工状态分为冷拉钢丝和消除应力钢丝（低松弛钢丝），代号分别为 WCD 和 WLR。其中，冷拉钢丝仅用于压力管道。

按外形分为光圆、螺旋肋、刻痕三种，代号分别为 P、H、I，如图 10.2-2 所示。在《公路桥规》中仅推荐使用光圆和螺旋肋钢丝。

预应力混凝土用钢丝的标记由公称直径、强度级别、代号和标准号组成，例如：

　　预应力钢丝 4.00 – 1 670 – WCD – P – GB/T5223 – 2014

表示直径为 4.00 mm，抗拉强度为 1 670 MPa 冷拉光圆钢丝。

钢丝的截面积可根据公称直径由附表 15 确定。

3. 预应力螺纹钢筋

预应力螺纹钢筋的外形如图 10.2-3 所示，与通常的热轧带肋钢筋相比，取消了

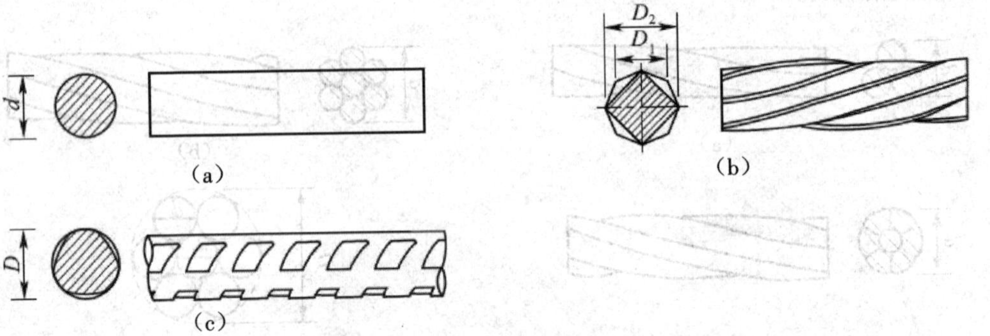

图 10.2-2　钢丝外形示意图

(a)光面钢丝;(b)螺旋肋钢丝;(c)刻痕钢丝

中部的纵肋且两侧螺纹在同一个螺旋线上,因此,不需要再加工螺纹。

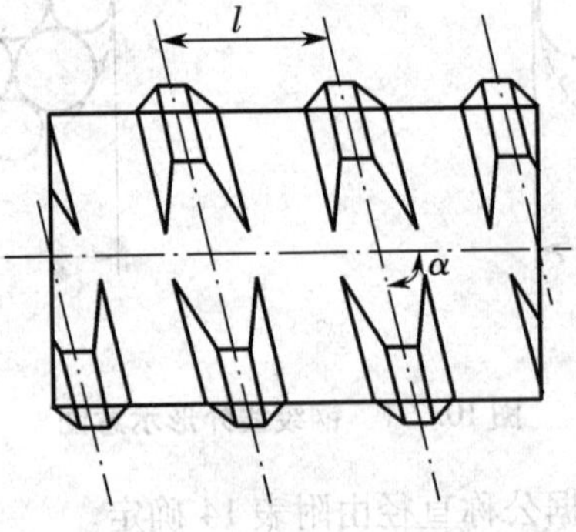

图 10.2-3　预应力螺纹钢筋外形示意图

依据国家标准《预应力混凝土用螺纹钢筋》GB/T 2065—2016,预应力混凝土用螺纹钢筋以屈服强度划分级别,其代号为"PSB"后加上规定屈服强度最小值表示。P、S、B 分别为 Prestressing、Screw、Bars 的英文首字母。例如,"PSB830"表示屈服强度最小值为 830 MPa 的钢筋。该标准推荐的钢筋公称直径为 25 mm 和 32 mm。

10.3　施加预应力的方法与设备

对混凝土施加预应力的方法,一般是在混凝土中配置高强度钢筋,通过张拉钢筋,利用其回缩来挤压混凝土,从而使混凝土受到预压应力,钢筋则受到预拉应力;或者,在张拉钢筋的同时使混凝土受到挤压。根据钢筋受拉和浇注混凝土的先后顺序,分为先张法和后张法。

10.3.1　先张法

先张法即先张拉钢筋，后浇注构件混凝土的施工方法，如图 10.3-1 所示。基本工序为：

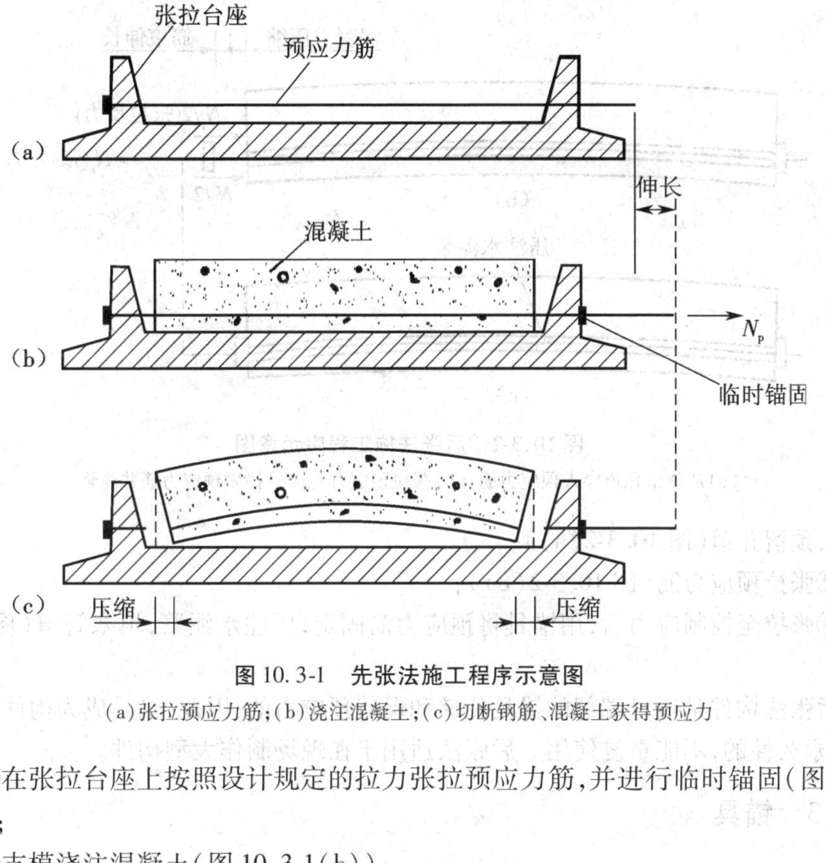

图 10.3-1　先张法施工程序示意图

(a)张拉预应力筋；(b)浇注混凝土；(c)切断钢筋、混凝土获得预应力

①在张拉台座上按照设计规定的拉力张拉预应力筋，并进行临时锚固(图 10.3-1(a))；

②支模浇注混凝土(图 10.3-1(b))；

③养护混凝土，待混凝土达到足够的强度后(一般要求不低于强度设计值的 75%)，切断预应力筋(图 10.3-1(c))。

先张法构件是通过预应力钢筋与混凝土之间的黏结力传递预应力的。

先张法施工工艺简单，工序少，临时固定所用的锚具可以重复使用，适宜工厂化大批量生产，质量也比较稳定。先张法一般用于生产直线配筋的中小型构件。

10.3.2　后张法

后张法是先浇注混凝土，后张拉钢筋并锚固的方法，如图 10.3-2 所示。基本工序为：

①浇注梁身混凝土，并预埋套管形成管道，待混凝土达到要求强度后，将预应力

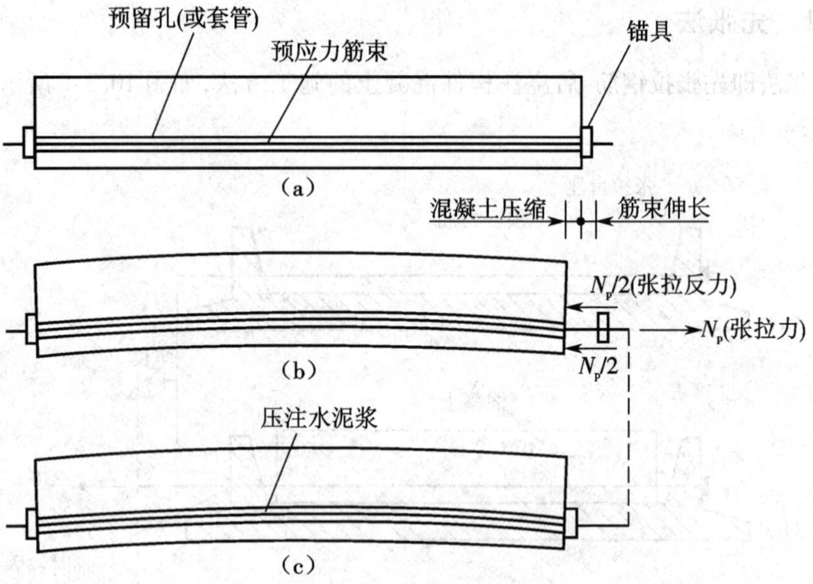

图 10.3-2　后张法施工程序示意图

(a)从预留孔道穿入预应力筋;(b)张拉预应力筋;(c)锚固预应力筋并注浆

筋穿入预留孔道(图 10.3-2(a));

②张拉预应力筋(图 10.3-2(b));

③张拉至控制应力后,用锚具将预应力筋固定,压注水泥浆,填塞管道(图 10.3-2(c))。

后张法构件是通过端部的锚具传递和保持预应力的,因此,锚具成为构件的一部分,是永久性的,不能重复使用。后张法适用于在现场制作大型构件。

10.3.3　锚具

1. 对锚具的要求

在后张法中为了维持预应力钢筋中的应力,必须将张拉后的钢筋用锚具牢靠地锚固在梁体混凝土上。在先张法中也需采用临时的夹具将张拉好的钢筋锚固在加力台座上。锚、夹具是保证预应力混凝土安全施工和结构可靠工作的关键设备,因此,在选择锚、夹具时应注意满足下列要求:工作安全可靠;预应力损失小;构造简单,制作方便,用钢量少;张拉锚固方便迅速,设备简单。

2. 锚具分类

目前预应力混凝土结构中所用的锚、夹具种类很多,但从原理上区分只有三种:

①摩阻锚具,如锥形锚、夹片锚等,都是借张拉预应力钢筋的回缩或千斤顶顶压,带动锥销或夹片将预应力钢筋楔紧于锥孔而锚固;

②承压锚具,如墩头锚、钢筋螺纹锚等,是利用钢筋的镦粗头或钢筋螺纹承压进

行锚固;

③黏着锚具,如先张法的预应力钢筋锚固,以及后张法固定端的钢绞线压花锚具,都是利用预应力钢筋与混凝土之间的黏结进行锚固。

3. 几种常用的锚具

(1)锥形锚

锥形锚主要用于钢丝束的锚固(图 10.3-3)。这种锚具由锚塞(又称锥销)和锚圈组成,双动千斤顶张拉钢束的同时顶压锚塞,靠锥形锚塞的侧压力所产生的摩阻力来锚固钢丝束。

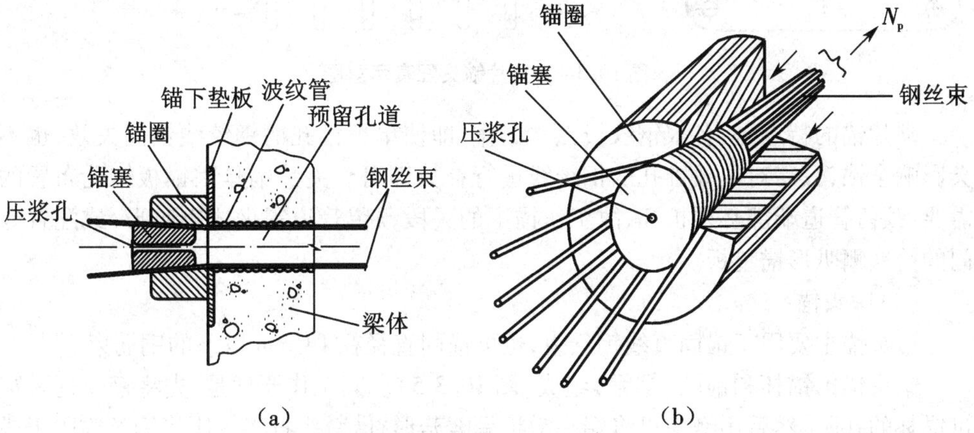

图 10.3-3　锥形锚

(a)锥形锚具工作示意图;(b)锥形锚具剖面图

桥梁中采用的锥形锚,有锚固 18ϕ5 钢丝束和 24ϕ5 钢丝束两种,并配用 600 kN 双作用千斤顶或 YZ85 型三作用千斤顶。

锥形锚的优点是:锚固方便,锚具面积小,便于在梁体上分散布置。但锚固时钢丝的回缩量较大,造成预应力损失较大。同时,它不能重复张拉和接长,使钢丝束的设计长度受到千斤顶行程的限制。为防止受振松动,必须及时给预留孔道压浆。

(2)夹片锚

夹片锚具体系主要作为锚固钢绞线筋束之用。由于钢绞线与周围接触的面积小,且强度高,硬度大,故对锚具的锚固性能要求很高。目前国内常用的有 OVM、QM、JM、XM 等,桥梁结构中采用 OVM 锚具较多。

夹片锚由带锥孔的锚板和夹片组成(图 10.3-4)。张拉时,每个锥孔穿进一根钢绞线,张拉后各自用夹片将孔中的钢绞线抱夹锚固,每个锥孔各自成为一个独立的锚固单元。每个夹片锚具由多个独立锚固单元组成,能锚固 1 ~ 55 根不等的 ϕ^s15.2 与 ϕ^s12.7 钢绞线所组成的筋束,其最大锚固吨位可达 11 000 kN,故夹片锚又称为大吨位钢绞线群锚体系。

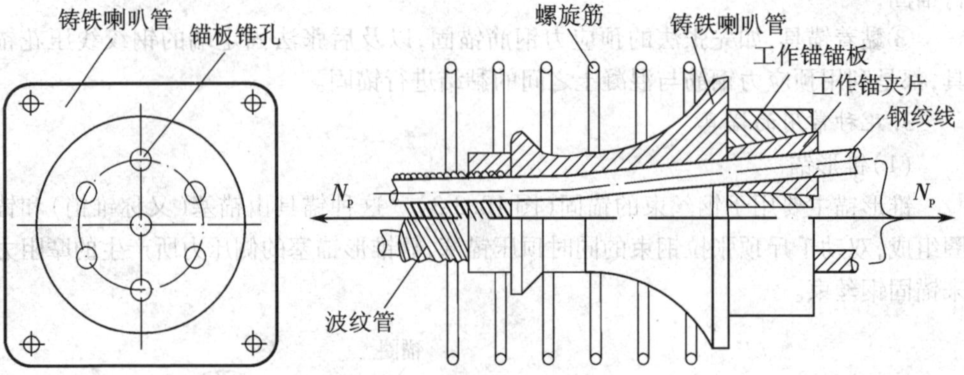

图 10.3-4 夹片锚具配套示意图

夹片锚的特点是:各根钢绞线独立工作,即使单根锥孔的钢绞线锚固失效,也不会影响全锚,只需对失效锥孔的钢绞线进行补拉即可。夹片锚具因锚板锥孔布置的需要,预留管道端部必须扩孔,故工作锚下的一段预留管道需做成喇叭形,或配置专门的铸铁喇叭形锚垫板。

(3)镦头锚

镦头锚主要用于锚固直线钢丝束,也可锚固直径在 14 mm 以下的钢筋束。

镦头锚由锚杯和锚圈(螺帽)组成(图 10.3-5)。其工作原理是:先将钢丝逐一穿过锚杯的孔眼,然后用镦头机将端头镦粗呈蘑菇形,借墩头直接承压将钢丝锚固于锚杯上。在固定端,锚杯的外圆车有螺纹,穿束后将锚圈(大螺母)拧上,即可将钢丝束锚固于固定端。在张拉端,锚杯的内外壁均有螺纹,先将与千斤顶相连的拉杆旋入锚杯内,用千斤顶支撑于梁体上进行张拉,待达到张拉力设计值时,将锚圈(螺母)拧紧,再慢慢放松千斤顶,退出拉杆,钢丝束回缩,将力传给构件。

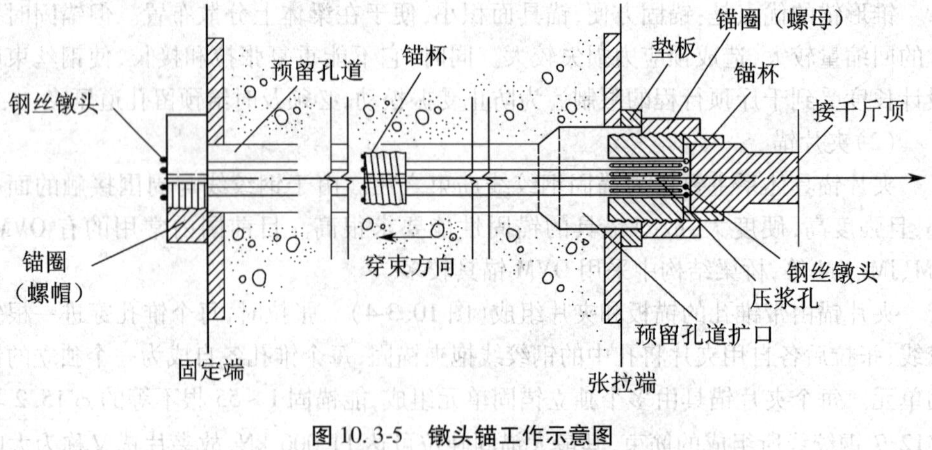

图 10.3-5 镦头锚工作示意图

镦头锚构造简单,工作可靠,不会出现"滑丝"现象,预应力损失小。但是,镦头锚对钢丝下料长度要求精度高,误差不得超过1/300。钢丝下料长度不准,张拉时各根钢丝受力不均,容易发生断丝现象。

(4)钢筋螺纹锚具

采用高强度粗钢筋作预应力筋时,可采用螺纹锚具固定,即利用粗钢筋两端的螺纹,在钢筋张拉后直接拧上螺母进行锚固,钢筋的回缩力由螺母经支撑垫板传递给梁体而获得预应力(图10.3-6)。

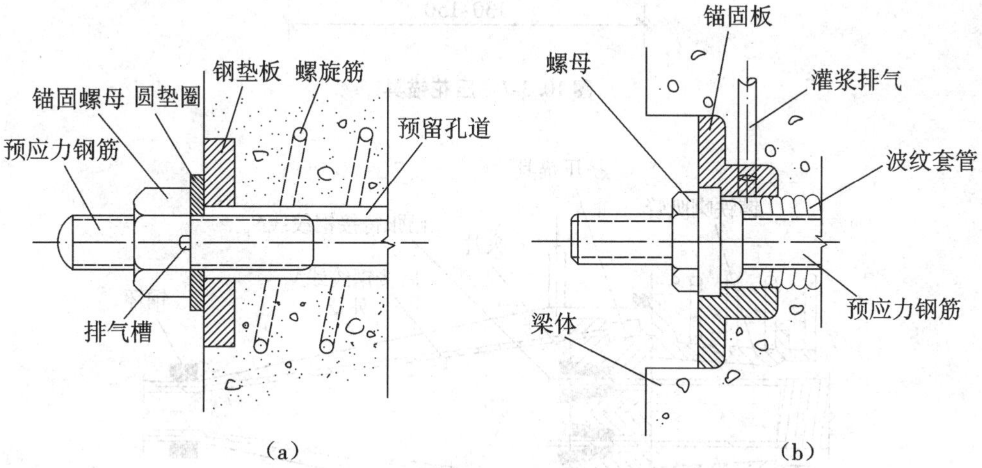

图10.3-6　钢筋螺纹锚具

(a)迪维达格锚具;(b)轧丝锚具

螺纹锚具的优点是:受力明确,锚固可靠;构造简单,施工方便;预应力损失小,并能重复张拉、放松或拆卸;可简便地用套筒接长。

(5)压花锚具

当采用一端张拉时,其固定端锚具,除可采用与张拉端相同的夹片锚具外,还可采用压花锚具。

压花锚具是用压花机将钢绞线端头压制成梨形花头的一种黏结型锚具(图10.3-7),张拉前预先埋入构件混凝土中。

(6)连接器

受预应力筋张拉长度或材料供应长度的限制,有时需要将预应力筋接长,预应力筋接长连接器有两种形式。

当钢绞线束N_1锚固后,需再与钢绞线束N_2连接时,采用图10.3-8(a)所示的锚头连接器;当未张拉的两根钢绞线束N_1和N_2需直接接长时,采用图10.3-8(b)所示的接长连接器。

以上各种类型锚具的设计参数和相应配件尺寸,可参阅各生产厂家的产品介绍。

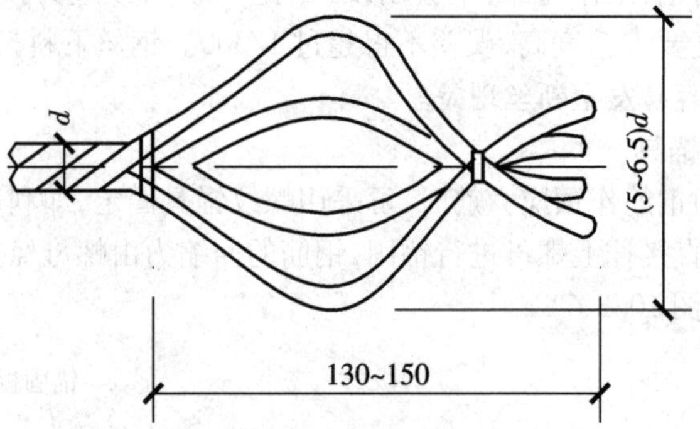

图 10.3-7 压花锚具

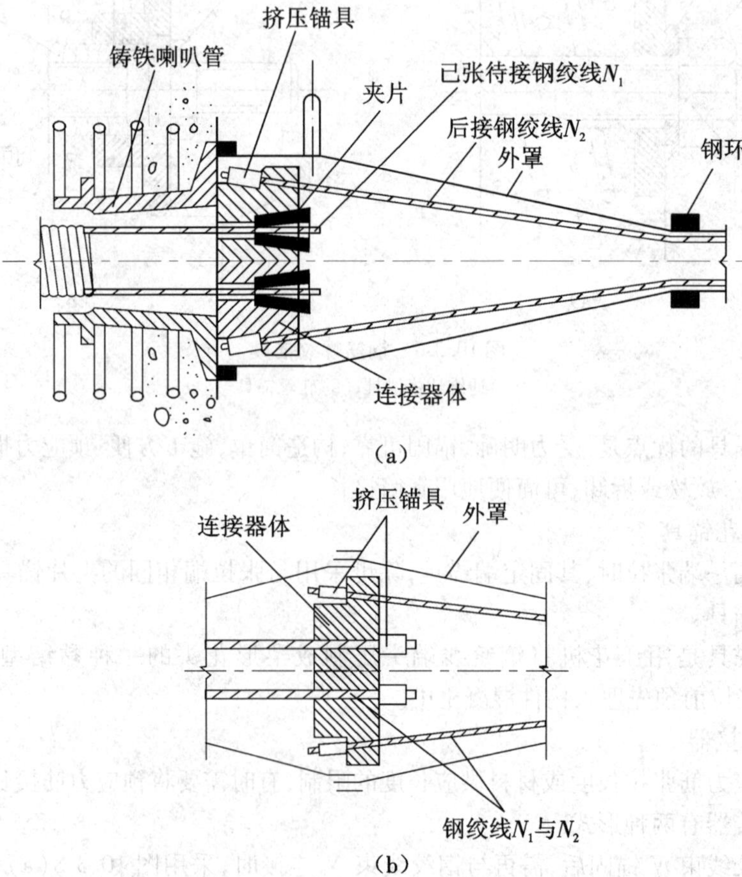

图 10.3-8 预应力筋连接器

(a)锚头连接器;(b)接长连接器

10.3.4　千斤顶

各种锚具都必须配置相应的张拉设备。与夹片式锚具配套的张拉千斤顶如图 10.3-9 所示。其他与国产常用锚具配套的千斤顶参数，如表 10.3-1 所示，可供参考。

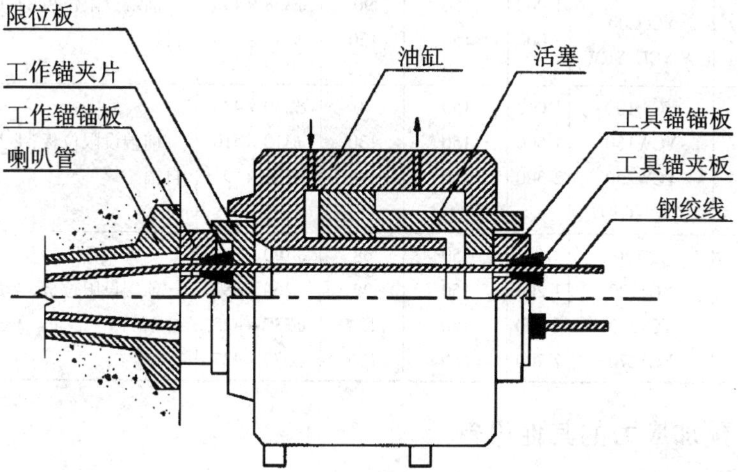

图 10.3-9　与夹片式锚具配套的千斤顶

表 10.3-1　与国产常用锚具配套的千斤顶

锚具型号	千斤顶型号	主要技术参数与结构特点				
		张拉力（kN）	张拉行程（mm）	穿心孔径（mm）	外形尺寸（mm）	特点
LM 锚具（螺纹锚）	YC60 YC60A	600	150 200	55	$\phi195\times765$	亦适于配有专门锚具的钢丝束与钢绞线束
GZM 锚具（钢质锥形锚）	YZ85（或 YC60A）	850	250－600		$\phi326\times$（840～1 190）	适于 $\phi^{S}5$、$\phi^{S}7$ 钢丝束；丝数不同，仅需变换卡丝盘及分丝头
DM 锚具（镦头锚）	YC60A YC100 YC200	 1 000 2 000	 200 400	 65 104	 $\phi243\times830$ $\phi320\times1\ 520$	
JM 锚具	YCL120	1 200	300	75	$\phi250\times1\ 250$	
BM 锚具（扁锚）或单根钢绞线张拉	QYC230 YCQ25 YC200D YCL22	238 250 255 220	150～200 150～200 200 100	18 18 31 25	$\phi160\times565$ $\phi110\times400$ $\phi116\times387$ $\phi100\times500$	属前卡式，将工具锚移至前端靠近工作锚
XM 锚具	YCD1200 YCD2000 （或 YCW、YCT）	1 450 2 200	180 160	128 160	$\phi315\times489$ $\phi398\times489$	前端设顶压器，夹片属顶压锚固

续表

锚具型号	千斤顶型号	主要技术参数与结构特点				
		张拉力（kN）	张拉行程（mm）	穿心孔径（mm）	外形尺寸（mm）	特点
QM 锚具	YCQ100	1 000	150	90	$\phi258\times440$	前端设限位板，夹片属无顶压自锚
	YCQ200（或 YCL、YCW）	2 000	150	130	$\phi340\times458$	
OVM 锚具	YCW100	1 000	150	90	$\phi250\times480$	前端设限位板，夹片属无顶压自锚
	YCW150	1 500	150	130	$\phi310\times510$	
	YCW250（或 YCT）	2 500	150	140	$\phi380\times491$	
YM 锚具	YCT70	700	150	68	$\phi190\times378$	前端设限位板，夹片属无顶压自锚
	YCT120	1 200	150	95	$\phi260\times382$	
	YCT200	2 000	150	124	$\phi330\times425$	
	YCT270	2 700	150	136	$\phi370\times427$	

10.3.5 预加应力的其他设备

按照施工工艺的要求，预加应力还需要以下一些设备或配件。

1. 制孔器

后张法施工要预留孔道，因而需要制孔器。制孔器主要有两种：抽拔橡胶管与螺旋金属波纹管（简称波纹管）。

①抽拔橡胶管。在钢丝网胶管内事先插入钢筋（称芯棒），再将胶管连同芯棒一起置入模板，浇注完混凝土且达到其设计强度后，抽出芯棒，拔出胶管。

②螺旋金属波纹管（简称波纹管）。在浇注混凝土之前，将波纹管按照设计筋束位置，绑扎于钢筋托架上（托架与箍筋焊接），浇注混凝土结硬后形成可以穿束的孔道。使用波纹管制孔有先穿法与后穿法之分。先穿法是在浇注混凝土之前将束筋传入波纹管中，后穿法则是浇注混凝土成孔之后再穿束筋。

2. 穿索（束）机

桥梁悬臂施工和尺寸较大的构件制作过程中，通常采用后穿法。大跨径桥梁人工穿束十分困难，故采用穿索（束）机。

穿索（束）机有两种类型，即液压式和电动式，桥梁中多用前者。穿束时在钢绞线前端套一个子弹形帽子，可减小穿束阻力。

3. 水泥浆及压浆机

(1) 水泥浆

后张法施工时，张拉锚固后必须给预留孔道压注水泥浆，以免钢筋锈蚀，并使筋束与混凝土结合成为整体。为保证水泥浆的密实，应严格控制水灰比，其值以 0.40 ~0.45 为宜（如掺入适量减水剂，可减小到 0.35）。所用水泥的强度等级不宜低于

42.5。水泥浆的强度应符合设计规定,当无具体规定时,应不低于30 MPa。

(2)压浆机

压浆机是孔道灌浆的主要设备,由灰浆搅拌桶、贮浆桶和压送灰浆的灰浆泵以及供水系统组成。

4.张拉台座

采用先张法施工时,需要设置用作张拉和临时锚固筋束的张拉台座。承力台座必须具有足够的强度与刚度,其抗倾覆安全系数应不小于1.5,抗滑移系数不小于1.3。在台座上铺设预应力筋时,应采取措施防止沾污预应力筋。

10.4　张拉控制应力与预应力损失

10.4.1　张拉控制应力

通常所说的张拉应力,是指张拉预应力钢筋时千斤顶油压表显示的总张拉力除以预应力钢筋截面面积所得的应力值,也称作“体外应力”。对于先张法,梁“体外应力”与“体内应力”一致;而采用后张法时,由于锚圈口存在摩擦导致预应力损失,锚下的应力会比“体外应力”小。《公路桥规》规定,在对张拉应力进行控制时,对后张法取锚下应力作为控制条件。张拉时控制的应力,称作控制应力,记作σ_{con}。

张拉控制应力的取值会对预应力混凝土构件的受力性能产生影响:张拉控制应力越高,混凝土所受到的预压应力越大,构件的抗裂性能越好,还可以节约预应力钢筋。但是,张拉控制应力并非越高越好,这是因为,过大的预压应力可能导致以下后果:

①施工阶段截面预拉区拉应力过大,甚至会发生开裂;

②使构件开裂荷载值与极限荷载值很接近,构件破坏将前无明显预兆,延性变差;

③为了减小预应力损失,往往进行超张拉,过高的张拉应力可能使个别预应力钢筋超过实际屈服强度,使产生塑性变形,甚至可能发生脆断。

因此,张拉控制应力的取值应适当,不能过低或过高。通常,σ_{con}不应小于$0.4f_{pk}$。《公路桥规》规定,σ_{con}应满足下面的限值:

钢丝、钢绞线,$\sigma_{con}\leqslant 0.75f_{pk}$;

预应力螺纹钢筋,$\sigma_{con}\leqslant 0.85f_{pk}$。

当对构件进行超张拉或计入锚圈口损失时,体外控制应力不能超过以上对应数值加上$0.05f_{pk}$的和。

10.4.2　预应力损失

在预应力混凝土构件施工及使用过程中,预应力钢筋的张拉应力值由于张拉工艺和材料特性等原因逐渐降低。这种现象称为预应力损失。预应力损失会降低预应力的效果。为了使预应力钢筋中实际存余的有效预应力与设计值相符,必须对张拉控制应力和预应力损失进行较准确的估算。

由于引起预应力损失的因素很多,而且许多因素之间相互影响,所以要精确计算预应力损失非常困难。对预应力损失的计算,通常采用将各种因素产生的预应力损失值分别计算,然后叠加的方法。《公路桥规》规定,预应力混凝土构件在持久状况正常使用极限状态计算中,应考虑下列因素引起的预应力损失:

①预应力钢筋与管道壁之间的摩擦损失 σ_{l1};

②锚具变形、钢筋回缩和接缝压缩损失 σ_{l2};

③预应力钢筋与台座之间的温差损失 σ_{l3};

④混凝土的弹性压缩损失 σ_{l4};

⑤预应力钢筋的应力松弛损失 σ_{l5};

⑥混凝土的收缩和徐变损失 σ_{l6}。

由于锚具不同、施工方法不同,可能还存在其他预应力损失,例如钢筋与锚圈之间的摩阻损失、台座弹性变形损失等,应根据具体情况考虑其影响。

预应力损失值可根据试验确定,当无可靠试验数据时,可按下述规范规定的方法计算。

1. 预应力钢筋与管道壁摩擦引起的损失 σ_{l1}

采用后张法张拉钢筋时,预应力筋与管壁接触会产生摩擦力,此项摩擦阻力与张拉力方向相反,因此,钢筋中的实际应力较张拉端拉力计中的读数要小,该项应力损失就是 σ_{l1}。摩擦损失来源于两个方面:管道弯曲和管道位置偏差,前者仅在曲线部分加以考虑,后者在直线段和曲线段均须加以考虑。

先来看管道弯曲所引起的摩阻损失。

在图 10.4-1 所示的曲线段 AB 上取微段弧长 $\mathrm{d}x$(对应的圆心角为 $\mathrm{d}\theta$)。假设其左端沿切线方向作用的拉力为 N,右端沿切线方向作用的力为 $N-\mathrm{d}N_1$,式中 $\mathrm{d}N_1$ 即为由弯曲影响引起的摩擦阻力。从微段 $\mathrm{d}x$ 力的平衡条件可知,作用于两端切线方向的拉力 N 和 $N-\mathrm{d}N$,将产生一个指向弯曲中心的径向压力 $\mathrm{d}P_1$。若忽略 $\mathrm{d}x$ 微段内张拉力微小变化对径向压力的影响,则径向压力

$$dP_1 = N\sin\frac{\mathrm{d}\theta}{2} + (N-\mathrm{d}N_1)\sin\frac{\mathrm{d}\theta}{2} \approx 2N\cdot\frac{\mathrm{d}\theta}{2} = N\mathrm{d}\theta$$

摩擦阻力 $\mathrm{d}F_1$ 等于径向压力乘以摩擦系数 μ,添加一个负号表示与拉力方向相反,为

$$\mathrm{d}F_1 = \mu\mathrm{d}P_1 = -\mu N\mathrm{d}\theta \tag{10.4-1}$$

再来看管道局部偏差所引起的损失。

由于孔道位置与设计不符,其偏差可用单位长度上的偏离值 k'(以弧度计)来表示,根据上述对管道弯曲的分析,这里应有 $\mathrm{d}F_2 = -\mu Nk'\mathrm{d}x$。将 $\mu k'$ 以 k 代替,称作每

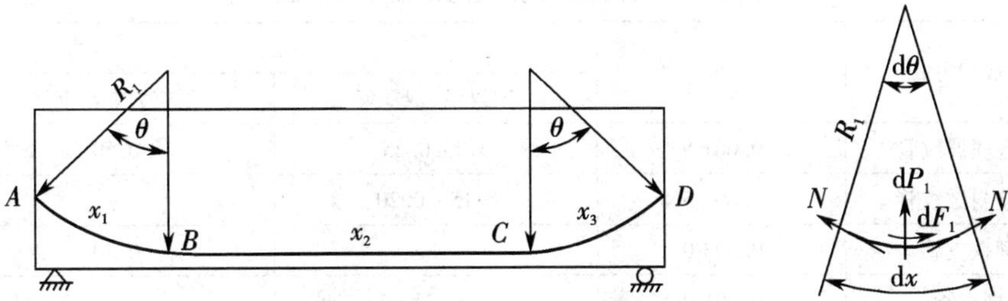

图 10.4-1　摩阻引起的预应力损失计算简图

米长度管道局部偏差对摩擦阻力的影响系数，则在 dx 范围内由管道局部偏差而产生的摩阻力可以写成

$$dF_2 = dN_2 = -kNdx \tag{10.4-2}$$

由微段力的平衡，可得到

$$dN = dN_1 + dN_2 = dF = -(\mu Nd\theta + kNdx)$$

于是，移项后得

$$\frac{dN}{N} = -(\mu d\theta + kdx)$$

对上式进行积分，并考虑 $\theta=0, x=0$ 时 $N=N_{con}$ 的边界条件，可得经过摩阻损失后的任意点 x 的有效预加力

$$N_x = N_{con}e^{-(\mu\theta+kx)} \tag{10.4-3}$$

式中　N_{con}——施力点的张拉力，即张拉端的张拉控制力；

N_x——计算点 x 处经过摩阻损失后的有效预加力。

于是，从张拉施力点到任意计算点 x 的应力损失

$$\sigma_{l1} = \frac{N_{con}-N_x}{A_p} = \frac{N_{con}-N_{con}e^{-(\mu\theta+kx)}}{A_p} = \frac{N_{con}}{A_p}[1-e^{-(\mu\theta+kx)}]$$

记作

$$\sigma_{l1} = \sigma_{con}[1-e^{-(\mu\theta+kx)}] \tag{10.4-4}$$

式中　σ_{con}——预应力钢筋锚下的张拉控制应力；

μ——预应力钢筋与管道壁的摩擦系数，按表 10.4-1 采用；

θ——从张拉端至计算截面曲线管道部分切线的夹角之和，rad；

k——管道每米局部偏差对摩擦的影响系数，按表 10.4-1 采用；

x——从张拉端至计算截面的管道长度，可近似取该段管道在构件纵轴上的投影长度，m。

表 10.4-1　计算摩阻损失的系数 k 和 μ 值

管道成型方式	k	μ	
		钢绞线、钢丝束	预应力螺纹钢筋
预埋金属波纹管	0.001 5	0.2 ~ 0.25	0.50
预埋塑料波纹管	0.001 5	0.15 ~ 0.20	—
预埋铁皮管	0.003 0	0.35	0.40
预埋钢管	0.001 0	0.25	—
抽心成型	0.001 5	0.55	0.60

为了减小摩阻损失 σ_{l1}，可采用如下措施。

①两端同时张拉。此时，管道长度 x 和曲线段切线夹角 θ 均减小为原来的一半，最大预应力损失将发生在跨中截面。

②对钢筋进行超张拉。对于后张法预应力钢筋，其张拉工艺按下列要求进行。

对于钢绞线束：

0→初应力($0.1 \sim 0.15\sigma_{con}$)→$1.05\sigma_{con}$(持荷 2 min)→$\sigma_{con}$(锚固)

对于钢丝束：

0→初应力($0.1 \sim 0.15\sigma_{con}$)→$1.05\sigma_{con}$(持荷 2 min)→0→$\sigma_{con}$(锚固)

张拉端首先超张拉 5% ~ 10%，使得中间截面的预应力也相应提高，当张拉应力回降到控制应力时，钢筋因要回缩而受到反向摩擦力的影响。对于简支梁来说，这个回缩一般不会影响到跨中截面，这样，跨中截面仍可保持较大的张拉应力。

需要注意的是，对于一般夹片式锚具，不宜采用超张拉工艺，其原因是，该类型锚具具有回缩自锁功能，超张拉后将无法使钢筋应力降至 σ_{con}，这其实相当于提高了 σ_{con} 值。

2. 锚具变形损失 σ_{l2}

在后张法中，当钢筋张拉结束并进行锚固时，锚具将受到巨大的压力作用，锚具本身的变形、钢丝滑动、垫板缝隙压密以及分块拼装时的接缝压缩等因素，均会使已锚固好的钢筋回缩，造成预应力损失 σ_{l2}。由锚具变形引起的预应力损失 σ_{l2} 可按下式计算：

$$\sigma_{l2} = \frac{\sum \Delta l}{l} E_p \tag{10.4-5}$$

式中　Δl——张拉端锚具变形、钢筋回缩和接缝压缩值，mm，按表 10.4-2 采用；

l——张拉端至锚固端之间的距离，mm；

E_p——预应力钢筋的弹性模量，MPa。

表 10.4-2　锚具变形、钢筋回缩和接缝压缩值 Δl　　mm

锚具、接缝类型	Δl
钢丝束的钢质锥形锚具	6

续表

夹片式锚具	有顶压时	4
	无顶压时	6
带螺帽锚具的螺帽缝隙		1～3
镦头锚具		1
每块后加垫板的缝隙		2
水泥砂浆接缝		1
环氧树脂砂浆接缝		1

注：带螺帽锚具采用一次张拉锚固时，宜取 2～3 mm，采用二次张拉锚固时，可取 1 mm。

实际上，由于锚具变形引起的钢筋回缩同样会受到管道壁的摩擦阻力的影响。由于该摩阻力与张拉钢筋时的摩阻力方向相反，故称作“反摩阻”。若考虑反摩阻的影响，则锚具变形损失 σ_{l2} 仅影响锚具附近一段的钢筋，且在这一影响区段内其数值也是变化的。

《公路桥规》规定，后张法构件预应力曲线钢筋由锚具变形、钢筋回缩和接缝压缩引起的预应力损失，应考虑反向摩擦的影响，其计算简图如图 10.4-2 所示。

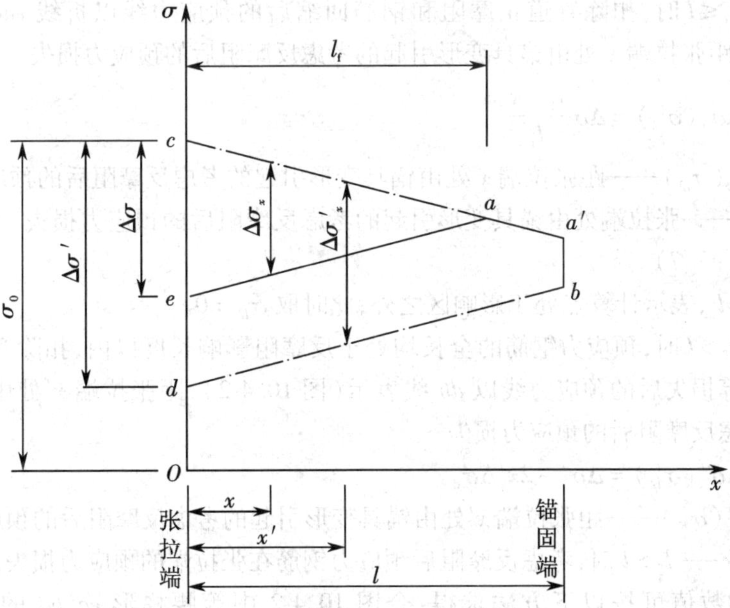

图 10.4-2　考虑反摩阻后预应力损失计算简图

图 10.4-2 中，caa' 线为考虑了正向摩阻后的钢筋应力变化线，这里，将 σ_{l1} 原本的曲线变化简化为直线，方法是将其张拉端（钢筋应力为 σ_{con}，$\sigma_{l1}=0$）与锚固端（$x=l$ 位置，钢筋应力为 $\sigma_{con}-\sigma_{l1,x=l}$）相连，显然其斜率为 $-\sigma_{l1,x=l}/l$。规范不考虑正负号，将其记作 $\Delta\sigma_d$，即：

$$\Delta\sigma_{\mathrm{d}}=\frac{\sigma_{l1,x=l}}{l} \tag{10.4-6}$$

若认为反向摩擦具有与正向摩擦相同的摩阻系数，则 ca 与 ea 斜率仅相差一个负号，于是，Δcae 为一等腰三角形。

a 点时预应力筋回缩量为零，从张拉端 c 至 a 点的距离称为钢筋回缩影响长度，记作 l_{f}。由于钢筋回缩引起的张拉端预应力损失最大，为

$$\Delta\sigma=2\Delta\sigma_{\mathrm{d}}l_{\mathrm{f}} \tag{10.4-7}$$

在 l_{f}范围内总的回缩量 $\sum\Delta l$ 为各微段 $\mathrm{d}x$ 回缩变形的积分，公式表达为

$$\sum\Delta l=\int_0^{l_{\mathrm{f}}}\frac{\Delta\sigma_x}{E_{\mathrm{p}}}\mathrm{d}x=\int_0^{l_{\mathrm{f}}}\frac{2x\Delta\sigma_{\mathrm{d}}}{E_{\mathrm{p}}}\mathrm{d}x=\frac{\Delta\sigma_{\mathrm{d}}}{E_{\mathrm{p}}}l_{\mathrm{f}}^2 \tag{10.4-8}$$

从而，回缩影响长度

$$l_{\mathrm{f}}=\sqrt{\frac{\sum\Delta l\cdot E_{\mathrm{p}}}{\Delta\sigma_{\mathrm{d}}}} \tag{10.4-9}$$

求得回缩影响长度 l_{f}后，根据 l_{f}与 l 的关系，按照下述方法确定考虑反摩阻后的预应力钢筋应力损失。

①当 $l_{\mathrm{f}}\leqslant l$ 时，扣除管道正摩阻和钢筋回缩后的预应力线以折线 eaa'表示（图 10.4-2）。距张拉端 x 处由锚具变形引起的考虑反摩阻后的预应力损失

$$\Delta\sigma_x(\sigma_{l2})=\Delta\sigma\frac{l_{\mathrm{f}}-x}{l_{\mathrm{f}}} \tag{10.4-10}$$

式中 $\Delta\sigma_x(\sigma_{l2})$——距张拉端 x 处由锚具变形引起的考虑反摩阻后的预应力损失；

$\Delta\sigma$——张拉端处由锚具变形引起的考虑反摩阻后的预应力损失，见式（10.4-7）。

若 $x\geqslant l_{\mathrm{f}}$，表示计算点处于影响区之外，此时取 $\sigma_{l2}=0$。

②当 $l_{\mathrm{f}}>l$ 时，预应力钢筋的全长均处于反摩阻影响长度以内，扣除管道摩阻和钢筋回缩等损失后的预应力线以 db 线表示（图 10.4-2），距张拉端 x'处由锚具变形引起的考虑反摩阻后的预应力损失

$$\Delta\sigma'_x(\sigma'_{l2})=\Delta\sigma'-2x'\Delta\sigma_{\mathrm{d}} \tag{10.4-11}$$

式中 $\Delta\sigma'_x(\sigma'_{l2})$——距张拉端 x'处由锚具变形引起的考虑反摩阻后的预应力损失；

$\Delta\sigma'$——$l_{\mathrm{f}}>l$ 时，考虑反摩阻后预应力钢筋在张拉端的预应力损失。

$\Delta\sigma'$的数值可按以下方法求得：令图 10.4-2 中等腰梯形 $ca'bd$ 的面积 $A=\sum\Delta lE_{\mathrm{p}}$（即，梁长 l 范围内的钢筋回缩量为 $\sum\Delta l$），则可得到线段 cd 的长度，而 $\Delta\sigma'$与 cd 在数值上相等。

两端张拉时（分次张拉或同时张拉），反摩阻损失影响长度可能会有重叠。《公路桥规》规定，此时重叠范围内某截面预应力钢筋的应力（扣除正摩阻和反摩阻损失后的应力）可按照下述方法计算：将一端作为张拉端，另一端锚固，计算此截面位置

的预应力钢筋的应力；再将张拉端与锚固端交换位置，同样计算此截面位置的预应力钢筋的应力，取以上二者中的较大者。

减小 σ_{l2} 的措施有：

①采用超张拉；

②选用变形小的锚具。

3. 预应力筋与台座温差引起的损失 σ_{l3}

在先张法中，钢筋的张拉和临时锚固是在常温下进行的。当采用蒸汽或其他加热方法养护混凝土时，预应力钢筋将因受热而伸长。若张拉台座保持原长不变，则相当于预应力筋被压缩，从而使应力降低。降温时，钢筋与混凝土已经黏结为一体，二者具有相同的变形，这样，因养护升温所降低的应力不可恢复，于是产生了应力损失 σ_{l3}。

假设张拉钢筋时的自然温度为 t_1，混凝土加热养护时预应力钢筋的最高温度为 t_2，则温差 $\Delta t = t_2 - t_1$。钢筋因温度升高 Δt 而产生的变形总值为 $\Delta l = \alpha \Delta t \cdot l = \alpha(t_2 - t_1)l$，由此而造成的应力损失

$$\sigma_{l3} = \frac{\Delta l}{l} \cdot E_p = \alpha \cdot E_p(t_2 - t_1) = 2(t_2 - t_1)\ (\text{MPa}) \tag{10.4-12}$$

式中　σ_{l3}——由预应力钢筋与台座间的温度差造成的应力损失，MPa；

α——预应力钢筋的线膨胀系数，取 $\alpha = 1.0 \times 10^{-5}$；

E_p——预应力钢筋的弹性模量，取 $E_p = 2.0 \times 10^5$ MPa；

t_2——混凝土加热养护时，受拉钢筋的最高温度，℃；

t_1——张拉钢筋时，制造场地的温度，℃。

减小 σ_{l3} 的方法如下。

①采用钢台座。

②采用两次升温法。第一次升温的温差一般控制在 20 ℃以内，此时，钢筋与混凝土之间尚无黏结，因而这个温差将引起应力损失。待混凝土结硬并具有一定强度（7.5 ~ 10 MPa）后，再进行第二次升温。这时，钢筋与混凝土已黏结为一体，共同受热，共同变形，不会引起新的应力损失。

如果混凝土加热养护时，台座与构件共同受热（例如，钢模机组流水作业先张法），则不会产生温差应力损失。

4. 混凝土弹性压缩引起的损失 σ_{l4}

预应力混凝土构件在受到预加力的作用产生弹性压缩变形，对于已张拉并锚固于该构件上的预应力钢筋来说，将产生一个与该预应力钢筋重心水平处混凝土同样大小的压缩应变，由此导致预应力损失，这就是混凝土弹性压缩引起的损失 σ_{l4}。σ_{l4} 的取值与构件预加应力的方式有关。

（1）先张法构件

在先张法中，构件受压时钢筋已与混凝土黏结，两者共同变形，由混凝土弹性压缩引起的应力损失

$$\sigma_{l4}=\varepsilon_c E_p=\frac{\sigma_{pc}}{E_c}\cdot E_p=\alpha_{Ep}\sigma_{pc} \tag{10.4-13}$$

式中 α_{Ep}——预应力钢筋弹性模量与混凝土弹性模量的比值；

σ_{pc}——在计算截面钢筋重心处，由全部钢筋预加力产生的混凝土法向应力，预应力钢筋应力可按照 $\sigma_{con}-\sigma_{l2}-\sigma_{l3}-0.5\sigma_{l5}$ 计算。

（2）后张法构件

对于后张法，如果所有的预应力钢筋一次同时张拉，则由于弹性压缩是在张拉过程中完成的，故不会产生弹性压缩损失。但是，由于受张拉设备的限制，钢筋往往需分批张拉。这样，张拉后批钢筋过程中引起的混凝土弹性压缩将使先张拉钢筋的预应力减小。第一批张拉的钢筋此项应力损失最大，以后逐批减小，最后一批张拉的钢筋无此项损失。

《公路桥规》规定，对于后张法构件，σ_{l4} 按照下式计算：

$$\sigma_{l4}=\alpha_{Ep}\sum\Delta\sigma_{pc} \tag{10.4-14}$$

式中 $\sum\Delta\sigma_{pc}$——在计算截面先张拉钢筋截面重心处，由后张拉的各批钢筋产生的混凝土法向应力，预应力钢筋应力可按照 $\sigma_{con}-\sigma_{l1}-\sigma_{l2}$ 计算。

后张法预应力混凝土梁多为曲线配筋，钢筋在各截面的相对位置不断变化，使各截面的 $\sum\Delta\sigma_{pc}$ 值也不相同，要详细计算，十分麻烦。为简化计算，对于跨径较小的简支梁，可采用以下简化方法进行。

①以 $l/4$ 截面作为全梁的平均截面，计算分批张拉引起的弹性压缩损失，其余截面不计算。

②假定各批张拉根数均相等，并以全部预应力钢筋重心处混凝土弹性压缩应力损失的平均值，作为各批预应力筋的应力损失值，即 σ_{l4} 按照下式计算：

$$\sigma_{l4}=\frac{m-1}{2m}\alpha_{Ep}\sigma_{pc} \tag{10.4-15}$$

式中 m——预应力钢筋的张拉批数（假定每批钢筋的根数和预加力相同）；

σ_{pc}——在计算截面全部钢筋截面重心处，由张拉所有预应力钢筋产生的混凝土法向应力，预应力钢筋应力可按照 $\sigma_{con}-\sigma_{l1}-\sigma_{l2}$ 计算。

公式（10.4-15）的来历如下。

第一批张拉的钢筋弹性压缩损失最大，为 $\sigma_{l4(1)}=(m-1)\alpha_{Ep}\cdot\Delta\sigma_{pc}$，式中，$\Delta\sigma_{pc}$ 为各批钢筋产生的混凝土正应力（假定平均分配），则 $\Delta\sigma_{pc}=\sigma_{pc}/m$；第 m 批（最后一批）张拉的钢筋弹性压缩损失最小，为 $\sigma_{l4(m)}=(m-m)\alpha_{Ep}\cdot\Delta\sigma_{pc}=0$，因此，各批预应力筋的应力损失平均值 $\sigma_{l4}=\frac{\sigma_{l4(1)}+\sigma_{l4(m)}}{2}=\frac{m-1}{2}\alpha_{Ep}\cdot\Delta\sigma_{pc}=\frac{m-1}{2m}\alpha_{Ep}\sigma_{pc}$。

分批张拉时，由于每批钢筋应力损失不同，造成每批钢筋的实际有效预应力不等。常用的补救方法有：

①对先张拉的钢筋进行超张拉；

②对先张拉的钢筋进行重复张拉。

5. 钢筋的松弛引起的损失 σ_{l5}

钢筋在应变保持不变的情况下，应力随时间的增长而降低的现象称作松弛。钢筋的松弛与钢的成分、加工方式、张拉应力的大小及时间等因素有关。《公路桥规》规定，预应力钢筋由钢筋应力松弛引起的预应力损失终值，可按下列规定计算。

(1)预应力钢丝、钢绞线

$$\sigma_{l5}=\psi\zeta\left(0.52\frac{\sigma_{pe}}{f_{pk}}-0.26\right)\sigma_{pe} \tag{10.4-16}$$

式中　ψ——张拉系数，一次张拉时，$\psi=1.0$；超张拉时，$\psi=0.9$。

ζ——钢筋松弛系数，现行标准中的钢丝、钢绞线均为低松弛，取 $\zeta=0.3$。

σ_{pe}——对后张法构件取 $\sigma_{pe}=\sigma_{con}-\sigma_{l1}-\sigma_{l2}-\sigma_{l4}$；对先张法构件取 $\sigma_{pe}=\sigma_{con}-\sigma_{l2}$。

f_{pk}——预应力钢筋的抗拉强度标准值。

当按照上式计算出的 $\sigma_{l5}<0$ 时，取 $\sigma_{l5}=0$。

(2)精轧螺纹钢筋

一次张拉，$\sigma_{l5}=0.05\sigma_{con}$　(10.4-17)

超张拉，$\sigma_{l5}=0.035\sigma_{con}$

预应力钢丝、钢绞线当需分阶段计算钢筋松弛损失时，其中间值与终极值的比值应根据建立预应力的时间按表 10.4-3 确定。

表 10.4-3　钢筋松弛损失中间值与终极值的比值

时间(天)	2	10	20	30	40
比值	0.5	0.61	0.74	0.87	1.00

6. 混凝土收缩和徐变损失 σ_{l6}

混凝土收缩和徐变会使预应力混凝土构件缩短，从而引起预应力损失。收缩和徐变的变形性能相似，很难区分，故通常将收缩和徐变引起的预应力损失综合在一起考虑。

《公路桥规》规定，由混凝土收缩、徐变引起的构件受拉区预应力钢筋的应力损失，可按下式计算：

$$\sigma_{l6}(t)=\frac{0.9[E_p\varepsilon_{cs}(t,t_0)+\alpha_{Ep}\sigma_{pc}\phi(t,t_0)]}{1+15\rho\rho_{ps}} \tag{10.4-18}$$

$$\sigma'_{l6}(t)=\frac{0.9[E_p\varepsilon_{cs}(t,t_0)+\alpha_{Ep}\sigma'_{pc}\phi(t,t_0)]}{1+15\rho'\rho'_{ps}} \tag{10.4-19}$$

$$\rho=\frac{A_p+A_s}{A},\rho'=\frac{A'_p+A'_s}{A} \tag{10.4-20}$$

$$\left.\begin{aligned}\rho_{ps} &= 1 + \frac{e_{ps}^2}{i^2} \\ \rho'_{ps} &= 1 + \frac{e'^2_{ps}}{i^2}\end{aligned}\right\} \tag{10.4-21}$$

$$\left.\begin{aligned}e_{ps} &= \frac{A_p e_p + A_s e_s}{A_p + A_s} \\ e'_{ps} &= \frac{A'_p e'_p + A'_s e'_s}{A'_p + A'_s}\end{aligned}\right\} \tag{10.4-22}$$

式中 $\sigma_{l6}(t)$、$\sigma'_{l6}(t)$——构件受拉区、受压区全部纵向钢筋重心处由混凝土收缩、徐变引起的预应力损失。

σ_{pc}、σ'_{pc}——构件受拉区、受压区全部纵向钢筋截面重心处由预应力产生的混凝土法向压应力，MPa。此时，预应力损失仅考虑第一批，普通钢筋应力 σ_{l6}、σ'_{l6} 应取为零；σ_{pc}、σ'_{pc} 值不得大于传力锚固时混凝土立方体抗压强度 f'_{cu} 的0.5倍；当 σ'_{pc} 为拉应力时，应取为零。计算 σ_{pc}、σ'_{pc} 时，可根据构件制作情况考虑自重的影响。

E_p——预应力钢筋弹性模量。

α_{Ep}——预应力钢筋弹性模量与混凝土弹性模量的比值。

ρ、ρ'——构件受拉区、受压区全部纵向钢筋配筋率。

A——构件截面面积，对先张法构件，取 $A = A_0$；对后张法构件，取 $A = A_n$。此处，A_0 为换算截面，A_n 为净截面。

i——截面回转半径，$i = \sqrt{I/A}$，对先张法构件，取 $I = I_0$，$A = A_0$；对后张法构件，取 $I = I_n$，$A = A_n$。此处，I_0、I_n 分别为换算截面惯性矩和净截面惯性矩。

e_p、e'_p——构件受拉区、受压区预应力钢筋截面重心至构件截面重心的距离。

e_s、e'_s——构件受拉区、受压区普通钢筋截面重心至构件截面重心的距离。

e_{ps}、e'_{ps}——构件截面受拉区、受压区预应力钢筋和普通钢筋截面重心至构件截面重心轴的距离。

$\varepsilon_{cs}(t, t_0)$——预应力钢筋传力锚固龄期为 t_0，计算考虑的龄期为 t 时的混凝土收缩应变。

$\phi(t, t_0)$—加载龄期为 t_0，计算考虑的龄期为 t 时的徐变系数。

表10.4-4系依据《公路桥规》条文说明给出的 $\varepsilon_{cs}(t, t_0)$ 和 $\phi(t, t_0)$ 终极值。当需要确定某一时刻的 $\varepsilon_{cs}(t, t_0)$ 和 $\phi(t, t_0)$ 值时，可参看《公路桥规》附录C。

表 10.4-4　混凝土收缩应变和徐变系数终极值

混凝土收缩应变终极值（$\times 10^{-3}$）

传力锚固龄期(d)	40% ≤ RH < 70% 理论厚度 h(mm)				70% ≤ RH < 99% 理论厚度 h(mm)			
	100	200	300	≥600	100	200	300	≥600
3 ~ 7	0.50	0.45	0.38	0.25	0.30	0.26	0.23	0.15
14	0.43	0.41	0.36	0.24	0.25	0.24	0.21	0.14
28	0.38	0.38	0.34	0.23	0.22	0.22	0.20	0.13
60	0.31	0.34	0.32	0.22	0.18	0.20	0.19	0.12
90	0.27	0.32	0.30	0.21	0.16	0.19	0.18	0.12

混凝土徐变系数终极值 $\phi(t_u, t_0)$

加载龄期(d)	40% ≤ RH < 70% 理论厚度 h(mm)				70% ≤ RH < 99% 理论厚度 h(mm)			
	100	200	300	≥600	100	200	300	≥600
3	3.78	3.36	3.14	2.79	2.73	2.52	2.39	2.20
7	3.23	2.88	2.68	2.39	2.32	2.15	2.05	1.88
14	2.83	2.51	2.35	2.09	2.04	1.89	1.79	1.65
28	2.48	2.20	2.06	1.83	1.79	1.65	1.58	1.44
60	2.14	1.91	1.78	1.58	1.55	1.43	1.36	1.25
90	1.99	1.76	1.65	1.46	1.44	1.32	1.26	1.15

注：(1)本表适用于由一般的硅酸盐水泥或快硬水泥配制而成的混凝土。

(2)本表适用于季节性变化的平均温度 -20 ℃ ~ +40 ℃。

(3)表中数值系按强度等级 C40 混凝土计算所得，对 C50 及以上混凝土，表列数值应乘以 $\sqrt{32.4/f_{ck}}$，式中 f_{ck} 为混凝土轴心抗压强度标准值（MPa）。

(4)计算时，表中年平均相对湿度 40% ≤ RH < 70%，取 55%；70% ≤ RH < 99%，取 80%。

(5)表中理论厚度 $h = 2A/u$，A 为构件截面面积，u 为构件与大气接触的周边长度。当构件为变截面时，A 和 u 均可取其平均值。

(6)表中的数值按 10 年的延续期计算。

(7)构件的实际传力锚固龄期、加载龄期或理论厚度为表列数值中间值时，收缩应变和徐变系数终极值可按直线内插法取值。

10.4.3　钢筋的有效预应力

预应力钢筋的有效预应力 σ_{pe}，为预应力钢筋锚下控制应力 σ_{con} 扣除相应阶段的预应力损失 σ_l 后实际残存的预应力值。由上述对预应力损失的分析可见，不仅预应力损失在不同的施工方法中所考虑的项目不同，从损失完成的时间上看亦不同：有些发生于混凝土传力锚固前，有些发生于混凝土预压之后，因此，应按受力阶段进行组合，才能确定不同阶段的有效预应力。

《公路桥规》规定的考虑不同施工方法以及发生时间的预应力损失组合情况如表 10. 4-5 所示。

表 10. 4-5　各阶段预应力损失值的组合

预应力损失的组合	先张法构件	后张法构件
传力锚固时的损失（第一批）σ_{lI}	$\sigma_{l2}+\sigma_{l3}+\sigma_{l4}+0.5\sigma_{l5}$	$\sigma_{l1}+\sigma_{l2}+\sigma_{l4}$
传力锚固后的损失（第二批）σ_{lII}	$0.5\sigma_{l5}+\sigma_{l6}$	$\sigma_{l5}+\sigma_{l6}$

在预加应力阶段，预应力筋中的有效预应力

$$\sigma_{pe}=\sigma_{con}-\sigma_{lI} \tag{10.4-23}$$

在使用阶段，预应力筋中的有效预应力为永存预应力，其值

$$\sigma_{pe}=\sigma_{con}-(\sigma_{lI}+\sigma_{lII}) \tag{10.4-24}$$

若表达为通式，也可以写成

$$\sigma_{pe}=\sigma_{con}-\sigma_{l} \tag{10.4-25}$$

【例 10. 4-1】某后张法施工的简支 T 形梁，截面如图 10. 4-3 所示，主梁预制长度 $L=14.6$ m，计算跨度 $l=14.2$ m。C45 混凝土，配置 3 束低松弛预应力钢绞线（每束 5 根 7 股 $\phi^s15.2$），夹片式锚具，顶压张拉预应力钢绞线，预埋金属波纹管成孔，孔道直径 50 mm。

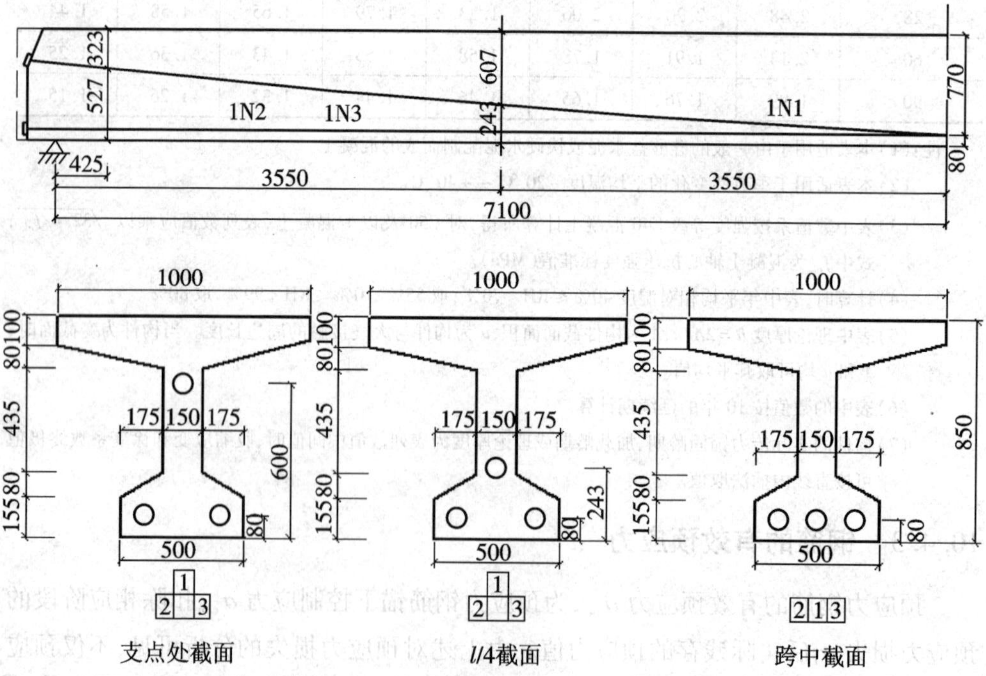

图 10. 4-3　算例的 T 形梁计算简图

主梁各截面计算特征如表 10. 4-6 所示。全部预应力钢筋截面面积 A_p =

2 085 mm^2。全部混凝土达到强度后(按 28 d 计),分批张拉各预应力钢绞线,采用两端张拉。先张拉 N1,再同时张拉 N2、N3。张拉控制应力 1 395 MPa。主梁所处桥位的环境年平均相对湿度 80%。主梁每延米恒载 $G_1 = 7.85$ kN/m。

要求:计算各项预应力损失。

表 10.4-6　主梁各截面计算特征

	跨中截面	$l/4$ 截面	距离支点 $h/2$ 截面	锚固处截面
N1 钢束曲线与 x 轴夹角(弧度)	0	0.087	0.175	0.192
净截面面积(mm^2)	308 860	308 860	308 860	—
净截面重心轴距离主梁上边缘距离(mm)	354	355	358	—
净截面对自身重心轴的惯性矩(mm^4)	27.99×10^9	28.21×10^9	28.31×10^9	—
预应力钢束重心轴至净截面重心轴距离(mm)	416	360	239	—

解:有两种做法:一是计算 3 根预应力筋的平均应力损失,二是分别计算 3 根预应力筋的应力损失。

(1)计算 3 根预应力筋的平均应力损失

现取跨中截面作为代表截面进行计算。

1)σ_{l1}

N1 曲线布置,N2、N3 直线布置,所以,3 束钢绞线从张拉端到跨中夹角的平均值为

$$\theta = (0.192 + 0 + 0)/3 = 0.064 \text{ rad}$$

$$x = 14.6/2 = 7.3 \text{ m}$$

查表 10.4-1,$\mu = 0.25$,$k = 0.0015$,于是

$$\sigma_{l1} = \sigma_{con}[1 - e^{-(\mu\theta + kx)}] = 37.09 \text{ MPa}$$

2)σ_{l2}

查表 10.4-2,$\Delta l = 4$ mm,$E_p = 1.95\times10^5$ MPa,于是

$$\sigma_{l2} = \frac{\sum \Delta l}{l}E_p = \frac{4}{7\,300}\times1.95\times10^5 = 106.85 \text{ MPa}$$

上式计算时取 $l = 7\,300$ mm 是由于两端张拉的缘故。

3)σ_{l4}

张拉 N2、N3 会引起钢绞线束 N1 的损失。

由于 N2、N3 钢绞线束截面积占全部预应力筋截面面积的 2/3,故张拉 N2、N3 钢绞线束产生的预加力为全部预加力的 2/3,为

$$\frac{2}{3}(\sigma_{con} - \sigma_{l1} - \sigma_{l2})A_p = \frac{2}{3}\times(1\,395 - 37.09 - 106.85)\times2\,085$$

$$= 1738.97\times10^3 \text{ N}$$

该力在跨中截面 N1 重心处引起的混凝土法向应力为

$$\frac{1\ 738.973\times10^3}{A_n}+\frac{1\ 738.973\times10^3\times e_{pn}}{I_n}y_n$$

$$=\frac{1\ 738.973\times10^3}{308\ 860}+\frac{1\ 738.973\times10^3\times416}{27.99\times10^9}\times416=16.38\ \text{MPa}$$

于是,引起的钢绞线束 N1 的预应力损失为

$$\frac{E_p}{E_c}\times16.38=\frac{1.95\times10^5}{3.35\times10^4}\times16.8=95.33\ \text{MPa}$$

将此损失考虑为全部预应力钢筋的损失,则平均每束钢绞线的预应力钢筋损失为

$$\sigma_{l4}=95.33/3=31.78\ \text{MPa}$$

4)σ_{l5}

依据规范,应采用下式计算:

$$\sigma_{l5}=\psi\zeta\left(0.52\frac{\sigma_{pe}}{f_{pk}}-0.26\right)\sigma_{pe}$$

这里,一次张拉,$\psi=1.0$;低松弛,$\zeta=0.3$。

$$\sigma_{pe}=\sigma_{con}-\sigma_{l1}-\sigma_{l2}-\sigma_{l4}=1\ 395-37.09-106.85-31.78=1\ 219.28\ \text{MPa}$$

于是,$\sigma_{l5}=29.58$ MPa。

5)σ_{l6}

①确定 $\varepsilon_{cs}(t,t_0)$ 和 $\phi(t,t_0)$

主梁截面面积 $A_c=314\ 750\ \text{mm}^2$,与大气接触周长 $u=2\ 929.8$ mm,于是,理论厚度

$$h=\frac{2A_c}{u}=\frac{2\times314\ 750}{2\ 929.8}=214.9\ \text{mm}$$

按照龄期为 28 d 查表 10.4-4,$\phi(t,t_0)=1.64$,$\varepsilon_{cs}(t,t_0)=0.22\times10^{-3}$。

②求 ρ 和 ρ_{ps}

$$\rho=\frac{A_p+A_s}{A}=\frac{2\ 085}{308\ 860}=0.006\ 75$$

$$i^2=I_n/A_n=27.99\times10^9/308\ 860=90\ 632.2\ \text{mm}^2$$

$$\rho_{ps}=1+\frac{e_{ps}^2}{i^2}=1+\frac{416^2}{90\ 632.2}=2.91$$

上式中,e_{ps} 为构件截面受拉区预应力钢筋和普通钢筋截面重心至构件截面重心轴的距离。

③求 σ_{pc}

前已述及,取跨中截面作为代表截面计算预应力损失,故 σ_{pc} 也应该按照跨中截面计算。

预应力钢束锚固时的预加力

$$N_p=(\sigma_{con}-\sigma_{l1}-\sigma_{l2}-\sigma_{l4})A_p$$

$$=(1\ 395-37.09-106.85-31.78)\times 2\ 085=2\ 542.20\times 10^3\ \text{N}$$

今考虑自重产生的混凝土正应力，于是

$$M_{G1}=\frac{1}{8}\times 7.85\times(4\times 3.55)^2=197.86\ \text{kN}\cdot\text{m}$$

式中的 4×3.55 m 为支点间距离。

$$\sigma_{pc}=2\ 542.20\times 10^3\left(\frac{1}{308\ 860}+\frac{416^2}{27.99\times 10^9}\right)-\frac{197.86\times 10^6}{27.99\times 10^9}\times 416$$

$$=21.01\ \text{MPa}$$

④求 σ_{l6}

将以上求得的 $\varepsilon_{cs}(t,t_0)$、$\phi(t,t_0)$、ρ、ρ_{ps}、σ_{pc} 代入下式：

$$\sigma_{l6}(t)=\frac{0.9[E_p\varepsilon_{cs}(t,t_0)+\alpha_{Ep}\sigma_{pc}\phi(t,t_0)]}{1+15\rho\rho_{ps}}$$

可得 $\sigma_{l6}=169.23$ MPa

6）由以上计算可知，

传力锚固时的损失 $\sigma_{l1}+\sigma_{l2}+\sigma_{l4}=37.09+106.85+31.78=175.72$ MPa

传力锚固后的损失 $\sigma_{l5}+\sigma_{l6}=29.58+169.23=198.81$ MPa

（2）分别计算各预应力筋的应力损失

下面取 $l/4$ 截面进行计算。

1）σ_{l1}

对 N1 钢绞线束，按 $l/4$ 处截面计算，有

$$\mu=0.25, k=0.0015, \theta=0.192-0.087=0.105\ \text{rad}, x=0.2+3.55=3.75\ \text{m}$$

注意，角度 θ 是自张拉端算起到计算截面。

$$\sigma_{l1}=\sigma_{con}[1-e^{-(\mu\theta+kx)}]=1\ 395\times[1-e^{-(0.25\times 0.105+0.001\ 5\times 3.75)}]=43.76\ \text{MPa}$$

N2、N3 直线布置，按 $l/4$ 处截面计算，预应力损失

$$\sigma_{l1}=\sigma_{con}[1-e^{-(\mu\theta+kx)}]=1\ 395\times[1-e^{-0.001\ 5\times 3.75}]=7.82\ \text{MPa}$$

对 N1 钢绞线束，按 $l/2$ 处截面计算，有

$$\mu=0.25, k=0.0015, \theta=0.192\ \text{rad}, x=7.3\ \text{m}$$

$$\sigma_{l1}=\sigma_{con}[1-e^{-(\mu\theta+kx)}]=1\ 395\times[1-e^{-(0.25\times 0.192+0.001\ 5\times 7.3)}]=79.86\ \text{MPa}$$

N2、N3 直线布置，按 $l/2$ 处截面计算，预应力损失

$$\sigma_{l1}=\sigma_{con}[1-e^{-(\mu\theta+kx)}]=1\ 395\times[1-e^{-0.001\ 5\times 7.3}]=15.19\ \text{MPa}$$

这里之所以计算 $l/2$ 处截面的 σ_{l1}，是由于考虑反摩阻求 σ_{l2} 时会用到。

2）σ_{l2}

查表 10.4-2，$\Delta l=4$ mm，$E_p=1.95\times 10^5$ MPa，于是，张拉端因为锚具变形引起的应力损失

$$\sigma_{l2}=\frac{\sum\Delta l}{l}E_{\mathrm{p}}=\frac{4}{7\ 300}\times1.95\times10^{5}=106.85\ \mathrm{MPa}$$

反摩阻影响长度 $l_{\mathrm{f}}=\sqrt{\dfrac{\sum\Delta l\cdot E_{\mathrm{p}}}{\Delta\sigma_{\mathrm{d}}}}$，这里，计算 $\Delta\sigma_{\mathrm{d}}$需要用到跨中的 σ_{l1}。

考虑 N1 钢绞线束，有

$$\Delta\sigma_{\mathrm{d}}=\sigma_{l1,x=l}/l=79.86/7\ 300=10.94\times10^{-3}\ \mathrm{MPa/mm}$$

$$l_{\mathrm{f}}=\sqrt{\frac{\sum\Delta l\ \cdot E_{\mathrm{p}}}{\Delta\sigma_{\mathrm{d}}}}=\sqrt{\frac{4\times1.95\times10^{5}}{10.94\times10^{-3}}}=8\ 444\ \mathrm{mm}$$

由于 $l_{\mathrm{f}}>l$，故距张拉端 x'处由锚具变形引起的考虑反摩阻后的预应力损失按下式计算：

$$\Delta\sigma'_{x}(\sigma'_{l2})=\Delta\sigma'-2x'\Delta\sigma_{\mathrm{d}}$$

考虑等腰梯形的面积，有

$$a'b\times l+l\times(l\times\Delta\sigma_{\mathrm{d}})=\sum l\times E_{\mathrm{p}}$$

从而可以解出

$$a'b=\frac{\sum l\times E_{\mathrm{p}}}{l}-l\times\Delta\sigma_{\mathrm{d}}$$

$$=\frac{4\times1.95\times10^{5}}{7\ 300}-7\ 300\times10.94\times10^{-3}$$

$$=27.0\ \mathrm{mm}$$

cd 边长为 $27.0+2\times7\ 300\times10.94\times10^{-3}=186.7$ mm

从而 $\Delta\sigma'=186.7$ MPa。

于是，$l/4$ 处截面，考虑反摩阻后的预应力损失为

$$\sigma_{l2}=186.7-2\times3.75\times10.94=104.65\ \mathrm{MPa}$$

考虑 N2、N3 钢绞线束，有

$$\Delta\sigma_{\mathrm{d}}=\sigma_{l1,x=l}/l=15.19/7\ 300=2.08\times10^{-3}\ \mathrm{MPa/mm}$$

$$l_{\mathrm{f}}=\sqrt{\frac{\sum\Delta l\ \cdot E_{\mathrm{p}}}{\Delta\sigma_{\mathrm{d}}}}=\sqrt{\frac{4\times1.95\times10^{5}}{2.08\times10^{-3}}}=19\ 365\ \mathrm{mm}$$

由于 $l_{\mathrm{f}}>l$，故距张拉端 x'处由锚具变形引起的考虑反摩阻后的预应力损失按下式计算：

$$\Delta\sigma'_{x}(\sigma'_{l2})=\Delta\sigma'-2x'\Delta\sigma_{\mathrm{d}}$$

考虑等腰梯形的面积，有

$$a'b\times l+l\times(l\times\Delta\sigma_{\mathrm{d}})=\sum l\times E_{\mathrm{p}}$$

从而可以解出

$$a'b=\frac{\sum l\times E_{\mathrm{p}}}{l}-l\times\Delta\sigma_{\mathrm{d}}$$

$$=\frac{4\times1.95\times10^{5}}{7\ 300}-7\ 300\times2.08\times10^{-3}$$

$=91.7\ \text{mm}$

cd 边长为 $91.7+2\times7\ 300\times2.08\times10^{-3}=122.1\ \text{mm}$

从而

$$\Delta\sigma'=122.1\ \text{MPa}$$

于是，$l/4$ 处截面，考虑反摩阻后的预应力损失为

$$\sigma_{l2}=122.1-2\times3.75\times2.08=106.5\ \text{MPa}$$

3）σ_{l4}

N2、N3 的 $\sigma_{l4}=0$；张拉 N2、N3 会引起 N1 的预应力损失 σ_{l4}。

张拉 N2、N3 引起的预压力（在 $l/4$ 截面）为

$$(\sigma_{\text{con}}-\sigma_{l1}-\sigma_{l2})A_{\text{p}}=(1\ 395-7.82-104.65)\times(2\ 085\times2/3)$$
$$=1\ 782.72\times10^{3}\ \text{N}$$

$l/4$ 处截面，N2、N3 重心到净截面重心的距离为 415 mm，N1 到净截面重心的距离为

$$415-163=252\ \text{mm}$$

于是，张拉 N2、N3 引起的预压力在 N1 重心处引起的混凝土法向应力为

$$\frac{1\ 782.72\times10^{3}}{A_{\text{n}}}+\frac{1\ 782.72\times10^{3}\times e_{\text{pn}}}{I_{\text{n}}}y_{\text{n}}$$
$$=\frac{1\ 782.72\times10^{3}}{308\ 860}+\frac{1\ 782.72\times10^{3}\times415}{28.21\times10^{9}}\times252$$
$$=12.38\ \text{MPa}$$

故引起钢绞线束 N1 的预应力损失为

$$\frac{E_{\text{p}}}{E_{\text{c}}}\times16.38=\frac{1.95\times10^{5}}{3.35\times10^{4}}\times12.38=72.06\ \text{MPa}$$

4）σ_{l5}

依据规范应采用下式计算：

$$\sigma_{l5}=\psi\zeta\left(0.52\frac{\sigma_{\text{pe}}}{f_{\text{pk}}}-0.26\right)\sigma_{\text{pe}}$$

这里，一次张拉，$\psi=1.0$；低松弛，$\zeta=0.3$；$f_{\text{pk}}=1\ 860\ \text{MPa}$。

对 1/4 跨截面进行计算。

N1：

$$\sigma_{\text{pe}}=\sigma_{\text{con}}-\sigma_{l1}-\sigma_{l2}-\sigma_{l4}=1\ 395-43.76-104.65-72.06=1\ 174.53\ \text{MPa}$$

于是，$\sigma_{l5}=24.09\ \text{MPa}$

N2、N3：

$$\sigma_{\text{pe}}=\sigma_{\text{con}}-\sigma_{l1}-\sigma_{l2}-\sigma_{l4}=1\ 395-7.82-106.5-0=1\ 280.68\ \text{MPa}$$

于是，$\sigma_{l5}=37.67\ \text{MPa}$

5）σ_{l6}

①确定 $\varepsilon_{cs}(t,t_0)$ 和 $\phi(t,t_0)$

主梁截面面积 $A_c=314\ 750\ \text{mm}^2$，与大气接触周长 $u=2929.8$ mm，于是，理论厚度

$$h=\frac{2A_c}{u}=\frac{2\times 314\ 750}{2\ 929.8}=214.9\ \text{mm}$$

按照龄期为 28d 查表 10.4-4，$\phi(t,t_0)=1.64$，$\varepsilon_{cs}(t,t_0)=0.22\times10^{-3}$。

②求 ρ 和 ρ_{ps}

计算 $l/4$ 处截面，有

$$\rho=\frac{A_p+A_s}{A}=\frac{2\ 085}{308\ 860}=0.006\ 75$$

$$i^2=I_n/A_n=28.21\times10^9/308\ 860=91\ 336\ \text{mm}^2$$

$$\rho_{ps}=1+\frac{e_{ps}^2}{i^2}=1+\frac{360^2}{91\ 336}=2.42$$

上式中 e_{ps} 为构件截面受拉区预应力钢筋和普通钢筋截面重心至构件截面重心轴的距离。

③求 σ_{pc}

计算 $l/4$ 处截面。预应力钢束锚固时的预加力

$$\begin{aligned}N_{pI}&=N_{pI}^{(1)}+N_{pI}^{(2)}+N_{pI}^{(3)}\\&=(\sigma_{pe}^{(1)}+2\sigma_{pe}^{(2)})\frac{A_p}{3}\\&=(1\ 174.53\times\cos 4.98°+2\times1\ 280.68)\times2\ 085/3\\&=2\ 593.36\times10^3\text{N}\end{aligned}$$

上式中的 4.98 单位为“°”，系由 0.087 rad 得到。

考虑自重产生的混凝土正应力。自重引起的 $l/4$ 处弯矩

$$M_{G1}=\frac{1}{2}\times7.85\times(4\times3.55)\times3.55-7.85\times3.55\times\frac{3.55}{2}=148.39\ \text{kN}\cdot\text{m}$$

式中，3.55 m 为 $l/4$ 处截面距离支点的距离。

$$\begin{aligned}\sigma_{pc}&=2\ 593.36\times10^3\left(\frac{1}{308\ 860}+\frac{360^2}{28.21\times10^9}\right)-\frac{148.39\times10^6}{28.21\times10^9}\times360\\&=18.42\ \text{MPa}\end{aligned}$$

④求 σ_{l6}

将数值代入下式

$$\begin{aligned}\sigma_{l6}(t)&=\frac{0.9[E_p\varepsilon_{cs}(t,t_0)+\alpha_{Ep}\sigma_{pc}\phi(t,t_0)]}{1+15\rho\rho_{ps}}\\&=\frac{0.9\times(1.95\times10^5\times0.22\times10^{-3}+5.82\times18.42\times1.64)}{1+15\times0.006\ 75\times2.42}\\&=158.10\ \text{MPa}\end{aligned}$$

6)由以上计算可知,在 $l/4$ 处截面

N1:

传力锚固时的损失

$$\sigma_{l1}+\sigma_{l2}+\sigma_{l4}=43.76+104.65+72.06=220.47\ \text{MPa}$$

传力锚固后的损失

$$\sigma_{l5}+\sigma_{l6}=24.09+158.10=182.19\ \text{MPa}$$

N2、N3:

传力锚固时的损失

$$\sigma_{l1}+\sigma_{l2}+\sigma_{l4}=7.82+106.5+0=114.32\ \text{MPa}$$

传力锚固后的损失

$$\sigma_{l5}+\sigma_{l6}=37.67+158.10=195.77\ \text{MPa}$$

10.5　预应力混凝土构件的应力分析

对于预应力混凝土构件,钢筋和混凝土的应力在张拉、放张、产生预应力损失、构件运输安装、承受使用荷载以及破坏等各阶段是不同的。一般说来,先张法放松预应力钢筋和后张法张拉预应力钢筋时,材料的应力达到受荷之前的最大值。随着预应力损失的发生,应力逐渐减小;开始加荷后,随荷载增大,预应力钢筋的应力又增加,而混凝土的压应力逐渐减小,有时可能变为拉应力。

为叙述简便起见,先以预应力混凝土轴心受拉构件为例进行说明。该构件的钢筋布置如图 10.5-1 所示。

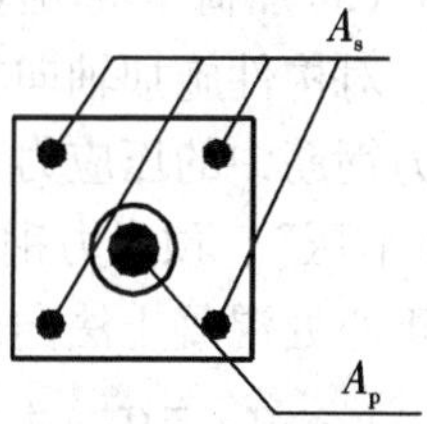

图 10.5-1　轴心受拉构件的截面

10.5.1　预应力混凝土轴心受拉构件的应力分析

1. 先张法

(1)完成第一批应力损失 σ_{lI}

当混凝土达到设计规定的放张强度(一般不小于设计强度的 75%)时,放松预应力钢筋,预应力钢筋回缩。由于黏结力的存在,要求钢筋和混凝土共同变形,从而混凝土被挤压。

设混凝土受到的预压应力 σ_{pcI},非预应力钢筋由于与混凝土具有相同的变形,产生的预压应力 $\sigma_{sI}=\alpha_{Es}\sigma_{pcI}$,预应力钢筋的拉应力因产生了第一批预应力损失 σ_{lI} 而减小,从而其有效预应力成为 $\sigma_{peI}=\sigma_{con}-\sigma_{lI}$,根据力的平衡条件,有

$$\sigma_{peI}A_p=\sigma_{pcI}A_c+\sigma_{sI}A_s \tag{10.5-1}$$

注意到,σ_{lI} 中包含了混凝土弹性压缩引起的损失 σ_{l4},$\sigma_{l4}=\alpha_{Ep}\sigma_{pcI}$,故将上式左边加上 $\sigma_{l4}A_p$,右边加上 $\alpha_{Ep}\sigma_{pcI}A_p$,则该式变形为:

$$(\sigma_{con}-\sigma_{lI}+\sigma_{l4})A_p=\sigma_{pcI}A_c+\alpha_{Es}\sigma_{pcI}A_s+\alpha_{Ep}\sigma_{pcI}A_p$$

于是

$$\sigma_{\mathrm{pcI}}=\frac{(\sigma_{\mathrm{con}}-\sigma_{l\mathrm{I}}+\sigma_{l4})A_{\mathrm{p}}}{A_{\mathrm{c}}+\alpha_{\mathrm{Es}}A_{\mathrm{s}}+\alpha_{\mathrm{Ep}}A_{\mathrm{p}}}=\frac{N_{\mathrm{pI}}}{A_0} \tag{10.5-2}$$

式中 A_0——换算截面面积，$A_0=A_{\mathrm{c}}+\alpha_{\mathrm{Es}}A_{\mathrm{s}}+\alpha_{\mathrm{Ep}}A_{\mathrm{p}}$；

N_{pI}——预应力钢筋的合力。

(2)完成第二批应力损失 $\sigma_{l\mathrm{II}}$

此时，预应力钢筋中的有效预应力由于发生损失 $\sigma_{l\mathrm{II}}$ 而减小，从 σ_{peI} 降为 σ_{peII}；混凝土中的压应力由 σ_{pcI} 降低为 σ_{pcII}，减小量为 $\sigma_{\mathrm{pcI}}-\sigma_{\mathrm{pcII}}$，相当于弹性压缩有所恢复，对应的预应力钢筋拉应力将增加 $\alpha_{\mathrm{Ep}}(\sigma_{\mathrm{pcI}}-\sigma_{\mathrm{pcII}})$，从而有下式成立：

$$\begin{aligned}\sigma_{\mathrm{peII}}&=(\sigma_{\mathrm{con}}-\sigma_{l\mathrm{I}}-\sigma_{l\mathrm{II}})+\alpha_{\mathrm{Ep}}(\sigma_{\mathrm{pcI}}-\sigma_{\mathrm{pcII}})\\&=(\sigma_{\mathrm{con}}-\sigma_{l}+\sigma_{l4})-\alpha_{\mathrm{Ep}}\sigma_{\mathrm{pcII}}\end{aligned} \tag{10.5-3}$$

非预应力钢筋的压应力为 $\alpha_{\mathrm{Es}}\sigma_{\mathrm{pcII}}+\sigma_{l6}$。

拉压必然平衡，即存在 $\sigma_{\mathrm{peII}}A_{\mathrm{p}}=\sigma_{\mathrm{pcII}}A_{\mathrm{c}}+\sigma_{\mathrm{sII}}A_{\mathrm{s}}$，于是可求得

$$\sigma_{\mathrm{pcII}}=\frac{(\sigma_{\mathrm{con}}-\sigma_{l}+\sigma_{l4})A_{\mathrm{p}}-\sigma_{l6}A_{\mathrm{s}}}{A_0}=\frac{N_{\mathrm{pII}}}{A_0} \tag{10.5-4}$$

比较式(10.5-2)、式(10.5-4)可见，计算混凝土的应力时，可以理解为“力除以面积”，因此，将这个“力”称作“预应力钢筋与非预应力钢筋的合力”(尽管式中预应力的应力并不是张拉控制应力减去其预应力损失)；“面积”$A_0=A_{\mathrm{c}}+\alpha_{\mathrm{Es}}A_{\mathrm{s}}+\alpha_{\mathrm{Ep}}A_{\mathrm{p}}$ 称作“换算截面面积”。

(3)加荷至混凝土中应力为零——消压状态

对构件施加轴向拉力，随着荷载的增加，预应力钢筋中的拉应力不断增加，非预应力钢筋中的压应力逐渐减小。混凝土预压应力 σ_{pcII} 逐渐被抵消，压应力为零时称作“消压”。预应力钢筋的应力由 σ_{peII} 增大至 $\sigma_{\mathrm{peII}}+\alpha_{\mathrm{Ep}}\sigma_{\mathrm{pcII}}$，将特定时刻(预应力钢筋重心处混凝土法向应力等于零)预应力钢筋中的拉应力记作 σ_{p0}，

$$\sigma_{\mathrm{p0}}=\sigma_{\mathrm{peII}}+\alpha_{\mathrm{Ep}}\sigma_{\mathrm{c}}=(\sigma_{\mathrm{con}}-\sigma_{l}+\sigma_{l4})-\alpha_{\mathrm{Ep}}\sigma_{\mathrm{pcII}}+\alpha_{\mathrm{Ep}}\sigma_{\mathrm{pcII}}=\sigma_{\mathrm{con}}-\sigma_{l}+\sigma_{l4} \tag{10.5-5}$$

非预应力钢筋的压应力将比原来的 σ_{sII} 减小 $\alpha_{\mathrm{Es}}\sigma_{\mathrm{pcII}}$，即成为 $\alpha_{\mathrm{Es}}\sigma_{\mathrm{pcII}}+\sigma_{l6}-\alpha_{\mathrm{Es}}\sigma_{\mathrm{pcII}}=\sigma_{l6}$。将消压时的外力记作 N_{p0}，由内外力的平衡，可得

$$N_{\mathrm{p0}}=(\sigma_{\mathrm{con}}-\sigma_{l}+\sigma_{l4})A_{\mathrm{p}}-\sigma_{l6}A_{\mathrm{s}} \tag{10.5-6}$$

将上式中 A_{p} 前的应力用 σ_{p0} 表示，于是得到

$$N_{\mathrm{p0}}=\sigma_{\mathrm{p0}}A_{\mathrm{p}}-\sigma_{l6}A_{\mathrm{s}} \tag{10.5-7}$$

(4)加荷至裂缝即将出现——抗裂极限状态

轴拉力超过 N_{p0} 后，截面将出现拉应力。当混凝土中拉应力达到抗拉强度 f_{tk} 时，混凝土开裂。此时对应的轴拉力记作 N_{cr}，称抗裂轴力。

此时，预应力钢筋中的拉应力

$$\sigma_{\mathrm{p,cr}}=\sigma_{\mathrm{p0}}+\alpha_{\mathrm{Ep}}f_{\mathrm{tk}} \tag{10.5-8}$$

抗裂轴力可由平衡条件求得，为

$$\frac{N_{cr}}{A_0}-\sigma_{pcII}=f_{tk}$$

即

$$N_{cr}=(\sigma_{pcII}+f_{tk})A_0 \tag{10.5-9}$$

这里的 N_{cr} 与普通混凝土轴心受拉构件的抗裂轴力相比，增大了 $\sigma_{pcII}A_0$，该项是由于预应力引起的。

(5)破坏阶段——承载能力极限状态

随着荷载增大，钢筋拉应力进一步增大，裂缝不断开展。当预应力钢筋和非预应力钢筋的应力分别达到 f_{pd} 和 f_{sd} 时，为承载能力极限状态。此时，构件能承受的极限轴力

$$N_u=f_{pd}A_p+f_{sd}A_s \tag{10.5-10}$$

可见，极限轴力并没有因施加预应力而提高。

2. 后张法

后张法的情况较复杂。以下的推导中假定全部预应力钢筋一次张拉，不存在弹性混凝土压缩引起的损失。

(1)完成第一批应力损失 σ_{lI}

此时，预应力钢筋的拉应力因产生了第一批预应力损失 σ_{lI} 而减小，预应力中的应力为有效预应力 $\sigma_{peI}=\sigma_{con}-\sigma_{lI}$。设混凝土受到的预压应力为 σ_{pcI}，于是，非预应力钢筋中的预压应力 $\sigma_{sI}=\alpha_{Es}\sigma_{pcI}$，$\sigma_{pcI}$ 的值可根据力的平衡条件求出：

$$\sigma_{peI}A_p=\sigma_{pcI}A_c+\sigma_{sI}A_s$$

$$\sigma_{pcI}=\frac{(\sigma_{con}-\sigma_{lI})A_p}{A_c+\alpha_{Es}A_s}=\frac{N_{pI}}{A_n} \tag{10.5-11}$$

式中　A_n——净截面面积。

A_n 可按下式计算：

$$A_n=A_c+\alpha_{Es}A_s=A-A_h-A_s+\alpha_{Es}A_s=A-A_h+(\alpha_{Es}-1)A_s \tag{10.5-12}$$

A_h 为预留孔洞的截面积。

(2)完成第二批应力损失 σ_{lII}

完成全部预应力损失后，预应力钢筋中的拉应力成为 $\sigma_{peII}=\sigma_{con}-\sigma_l$。令混凝土中的压应力为 σ_{pcII}，则非预应力钢筋中的压应力除包含 σ_{pcII} 外，还应有混凝土收缩、徐变引起的损失 σ_{l6}，即 $\sigma_{sII}=\alpha_{Es}\sigma_{pcII}+\sigma_{l6}$。

σ_{pcII} 可依据平衡方程求得：

$$\sigma_{peII}A_p=\sigma_{pcII}A_c+\sigma_{sII}A_s$$

$$\sigma_{pcII}=\frac{(\sigma_{con}-\sigma_l)A_p-\sigma_{l6}A_s}{A_n}=\frac{N_{pII}}{A_n} \tag{10.5-13}$$

可见，对于后张法构件，计算混凝土的应力时也可以同先张法构件一样，理解为

“力除以面积”，只不过，这里需要采用“净截面面积”A_n。

(3)加荷至混凝土中应力为零——消压状态

消压状态时，预应力钢筋中的拉应力增加为 σ_{p0}，即

$$\sigma_{p0}=\sigma_{peII}+\alpha_{Ep}\sigma_{pcII}=\sigma_{con}-\sigma_l+\alpha_{Ep}\sigma_{pcII} \tag{10.5-14}$$

非预应力钢筋的压应力减小为 $\sigma_{pc}+\sigma_{l5}-\sigma_{pc}=\sigma_{l5}$。

根据内外力的平衡，可得

$$N_{p0}=\sigma_{p0}A_p-\sigma_{l6}A_s \tag{10.5-15}$$

可见，后张法构件的 N_{p0} 若以 σ_{p0} 表达，可以与先张法构件时的式(10.5-7)形式相同。

加荷至开裂阶段以及破坏阶段，对后张法构件计算时，所采用公式与式(10.5-9)、式(10.5-10)相同。

10.5.2 预应力混凝土梁的应力分析

预应力混凝土梁中，预应力钢筋 A_p 一般布置在使用阶段的受拉区。若需配置的 A_p 较多，有可能在梁顶产生超过限制的预拉应力时，顶部也需要布置 A'_p。为防止制作、运输和安装过程中出现裂缝，在梁的受拉区和受压区通常也布置一些非预应力钢筋 A_s 和 A'_s。

对于预应力混凝土梁，预加力为偏心的压力。

1. 预应力钢筋与非预应力钢筋的合力与位置

考虑更一般的情况，认为截面除配置有 A_p、A_s 之外，还配置有 A'_p、A'_s，如图 10.5-2 所示。则预应力钢筋与非预应力钢筋的合力及合力的偏心距可按照下列公式计算。

先张法构件：

$$N_{p0}=\sigma_{p0}A_p+\sigma'_{p0}A'_p-\sigma_{l6}A_s-\sigma'_{l6}A'_s \tag{10.5-16}$$

$$e_{p0}=\frac{\sigma_{p0}A_py_p-\sigma'_{p0}A'_py'_p-\sigma_{l6}A_sy_s+\sigma'_{l6}A'_sy'_s}{N_{p0}} \tag{10.5-17}$$

式中，y_p、y'_p、y_s、y'_s 为换算截面的特征；σ_{p0}、σ'_{p0} 的解释见下面叙述。

注意，N_{p0} 还是构件消压时所需的外部轴力，无论先张法还是后张法均采用式(10.5-16)、式(10.5-17)计算。

后张法构件：

$$N_p=\sigma_{pe}A_p+\sigma'_{pe}A'_p-\sigma_{l6}A_s-\sigma'_{l6}A'_s \tag{10.5-18}$$

$$e_p=\frac{\sigma_{pe}A_py_{pn}-\sigma'_{pe}A'_py'_{pn}-\sigma_{l6}A_sy_{sn}+\sigma'_{l6}A'_sy'_{sn}}{N_p} \tag{10.5-19}$$

式中，y_{pn}、y'_{pn}、y_{sn}、y'_{sn} 为净截面的特征；$\sigma_{pe}=\sigma_{con}-\sigma_l$，$\sigma'_{pe}=\sigma'_{con}-\sigma'_l$。

2. 混凝土法向应力计算方法

视预应力混凝土梁为弹性体，则可以利用材料力学中压弯构件的公式计算出由预压力在混凝土中引起的法向应力。

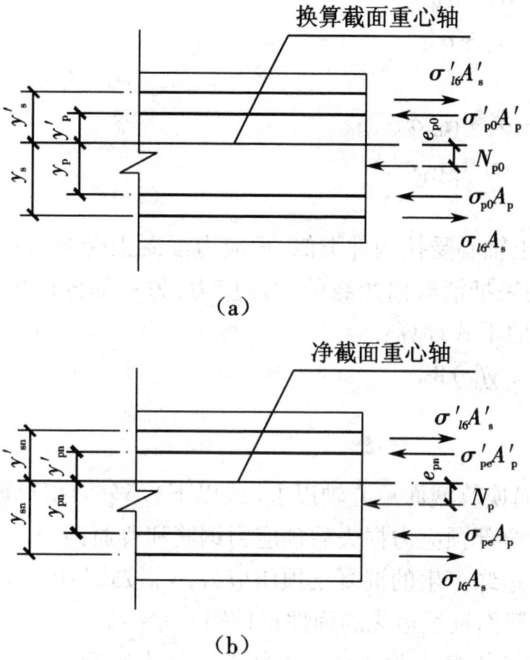

图 10. 5-2　预应力钢筋与非预应力钢筋的合力及其偏心距

(a)先张法构件;(b)后张法构件

先张法构件:

$$\sigma_{pc}=\frac{N_{p0}}{A_0}\pm\frac{N_{p0}e_{p0}}{I_0}y_0 \tag{10.5-20}$$

后张法构件:

$$\sigma_{pc}=\frac{N_p}{A_n}\pm\frac{N_pe_{pn}}{I_n}y_n \tag{10.5-21}$$

若对超静定结构中的混凝土梁采用后张法,由于超静定结构中存在多余约束,预加力会对超静定结构引起变形,而这种变形受到支座等约束产生支座反力(称次反力),次反力引起次弯矩,将该次弯矩记作 M_{p2} 并考虑其影响,则混凝土应力的计算公式成为

$$\sigma_{pc}=\frac{N_p}{A_n}\pm\frac{N_pe_{pn}}{I_n}y_n\pm\frac{M_{p2}}{I_n}y_n \tag{10.5-22}$$

3. 预应力钢筋合力点处混凝土法向应力等于零时预应力钢筋的应力

由于弯矩的作用,截面上应力分布不均匀,因此,将预应力钢筋合力点处混凝土法向应力等于零时受拉区、受压区的预应力钢筋的应力分别记作 σ_{p0}、σ'_{p0},则按照《公路桥规》规定计算如下。

先张法:

$$\sigma_{p0}=\sigma_{con}-\sigma_l+\sigma_{l4} \tag{10.5-23}$$

$$\sigma'_{p0}=\sigma'_{con}-\sigma'_l+\sigma'_{l4} \tag{10.5-24}$$

后张法：

$$\sigma_{p0}=\sigma_{con}-\sigma_l+\alpha_{Ep}\sigma_{pc} \tag{10.5-25}$$

$$\sigma'_{p0}=\sigma'_{con}-\sigma'_l+\alpha_{Ep}\sigma'_{pc} \tag{10.5-26}$$

4. 开裂弯矩 M_{cr}

与预应力混凝土轴心受拉构件类似，预应力混凝土受弯构件的开裂弯矩可以分为两部分，一部分用来抵消截面边缘的预压应力，另一部分产生拉应力至 γf_{tk}。《公路桥规》规定 M_{cr} 按照下式计算：

$$M_{cr}=(\sigma_{pc}+\gamma f_{tk})W_0 \tag{10.5-27}$$

$$\gamma=\frac{2S_0}{W_0} \tag{10.5-28}$$

式中 S_0——全截面换算截面重心轴以上(或以下)部分面积对重心轴的面积矩；

σ_{pc}——扣除全部预应力损失后预应力钢筋和普通钢筋合力达到 N_{p0} 时在构件抗裂边缘产生的混凝土预压应力，N_{p0} 按式(10.5-16)计算；

W_0——换算截面抗裂边缘的弹性抵抗矩。

综上所述，预应力混凝土构件的受力特点可归纳如下。

①无论先张法还是后张法，在裂缝出现前均可以用材料力学方法计算混凝土的压应力。此时，预加力表现为“预应力钢筋和非预应力钢筋的合力”，若记作 N_p，则先张法时，有

$$N_p=(\sigma_{con}-\sigma_l+\sigma_{l4})A_p-\sigma_{l6}A_s=\sigma_{p0}A_p-\sigma_{l6}A_s \tag{10.5-29}$$

后张法时，有

$$N_p=(\sigma_{con}-\sigma_l)A_p-\sigma_{l6}A_s=\sigma_{pe}A_p-\sigma_{l6}A_s \tag{10.5-30}$$

在仅完成第一批预应力损失的阶段，只需用 σ_{lI} 代替 σ_l 并取 $\sigma_{l6}=0$ 即可。后张法由预加力引起的应力，采用净截面特征。

②当计算由作用(或荷载)引起的应力时，后张法在管道压浆前应采用净截面特征，预应力钢筋与混凝土黏结后采用换算截面特征。

③“预应力钢筋重心处混凝土法向应力等于零时”所需要的外拉力值 N_{p0}(消压轴力)，对于先张法和后张法，均可以用下式表示：

$$N_{p0}=\sigma_{p0}A_p-\sigma_{l6}A_s \tag{10.5-31}$$

比较式(10.5-29)与式(10.5-31)可见，二者在数量上是相等的。

④预应力钢筋从张拉直至破坏始终处于高拉应力状态，而混凝土在轴向拉力达到 N_{p0} 之前始终处于受压状态，发挥了两种材料各自的优势。

⑤与普通混凝土构件相比，预应力混凝土构件出现裂缝的时间推迟，抗裂性能提高，但出现裂缝时的荷载值与破坏荷载值接近，延性较差。另外，预应力混凝土构件不能提高受弯承载力。

对预应力混凝土构件的学习，尚需注意以下几点。

①无论是规范或者本书，有上角标“′”的物理量表示其位于受压区，其计算与没有“′”时原理相同，例如σ'_l与σ_l，σ_{pc}与σ'_{pc}。

②无论是规范还是本书，混凝土的应力通常用符号σ_{pc}表示，事实上，该σ_{pc}值与不同时刻（因为对应不同时刻预应力损失会有所不同）以及计算点的位置均有关。

③为方便叙述，本书将先张法构件“预应力钢筋和非预应力钢筋的合力”一律用符号N_{p0}表达，这样，不同时刻，其取值会不同。

第 11 章　预应力混凝土梁的计算

《公路桥规》规定,预应力混凝土构件的设计计算应包括下列主要内容。

(1)持久状况承载能力极限状态计算

预应力混凝土梁的承载能力极限状态计算,包括正截面承载力计算和斜截面承载力计算两部分内容。斜截面承载力计算又分为斜截面抗剪承载力计算和斜载面抗弯承载力计算两种情况。

由于预加力在超静定结构中会引起次内力,应考虑此影响,故《公路桥规》规定,对预应力混凝土连续梁等超静定结构,作用(荷载)效应取 $V_d = \gamma_0 S + \gamma_p S_p$,其中:$S$ 为作用(荷载)效应(汽车荷载计入冲击系数)的组合设计值;S_p 为预应力(扣除全部预应力损失)引起的次效应;γ_p 为预应力分项系数,当预应力对结构有利时,取 $\gamma_p = 1.0$,对结构不利时,取 $\gamma_p = 1.2$。

(2)持久状况正常使用极限状态计算

对全预应力混凝土及部分预应力混凝土 A 类构件,应进行抗裂性验算;部分预应力混凝土 B 类构件则对荷载频遇组合作用下的裂缝宽度进行验算。

预应力混凝土梁的变形(挠度)应满足规范规定的限值要求,在必要时还应进行预拱度的计算。

(3)持久状况和短暂状况的应力验算

预应力混凝土梁对持久状况进行验算,是承载能力极限状态的补充。这里,应保证使用阶段正截面混凝土的法向压应力、受拉区钢筋的拉应力和斜截面混凝土的主压应力不超过限值。

此外,在预应力混凝土结构设计时,还应对锚下局部应力进行验算。

11.1　预应力混凝土梁正截面承载力计算

11.1.1　基本假定

由前述应力分析可知,对于预应力混凝土梁,当受荷前储备的预压应力全部被抵消之后,其受力状况与普通钢筋混凝土梁基本相同,因此,梁的正截面破坏状态也同样分为适筋破坏、超筋破坏和少筋破坏。设计时,应将配筋率控制在适筋梁的范围之内,即混凝土受压区高度应满足 $x \leqslant \xi_b h_0$。

与普通钢筋混凝土梁相比,预应力混凝土梁正截面承载力计算时有以下特点。

①截面应变保持平面、不考虑受拉区混凝土的贡献、混凝土应力—应变曲线这些基本假定仍然适用。

②破坏时，受拉区预应力钢筋 A_p 应力达到 f_{pd} 的条件为 $\xi \leqslant \xi_b$，这里，ξ_b 除与混凝土、钢筋的强度等级有关外，还与预应力的大小有关，可按照下列公式计算。

对钢丝和钢绞线

$$\xi_b = \frac{\beta}{1 + \frac{0.002}{\varepsilon_{cu}} + \frac{f_{pd} - \sigma_{p0}}{E_p \cdot \varepsilon_{cu}}} \tag{11.1-1}$$

对预应力螺纹钢筋

$$\xi_b = \frac{\beta}{1 + \frac{f_{pd} - \sigma_{p0}}{E_p \cdot \varepsilon_{cu}}} \tag{11.1-2}$$

在上述公式中只有 σ_{p0} 为未知数，可根据以往预应力混凝土构件的设计经验，对 $f_{pd} - \sigma_{p0}$ 做一定范围的设定，计算出最大和最小的 ξ_b 值。规范最后确定表 11.1-1 的数值时，选用了计算的最小值，这样可使构件具有较好的延性。

表 11.1-1　预应力混凝土相对界限受压区高度

钢筋种类	混凝土强度等级			
	C50 及以下	C50、C60	C65、C70	C75、C80
钢绞线、钢丝	0.40	0.38	0.36	0.35
预应力螺纹钢筋	0.40	0.38	0.36	—

③破坏时，受拉区非预应力钢筋 A_s 应力达到 f_{sd} 的条件为 $\xi \leqslant \xi_b$，这里 ξ_b 的计算与普通钢筋混凝土相同。

④破坏时，受压区预应力钢筋 A'_p 的应力 σ'_p 近似取为 $f'_{pd} - \sigma'_{p0}$。

11.1.2　矩形截面梁的正截面承载力复核

对于受压区配置了预应力钢筋和非预应力钢筋的矩形截面梁，如图 11.1-1 所示，可列出平衡方程如下：

$$f_{sd}A_s + f_{pd}A_p = f_{cd}bx + f'_{sd}A'_s + (f'_{pd} - \sigma'_{p0})A'_p \tag{11.1-3}$$

据此求出 x 后，正截面抗弯承载力应满足

$$\gamma_0 M_d \leqslant f_{cd}bx\left(h_0 - \frac{x}{2}\right) + f'_{sd}A'_s(h_0 - a'_s) + (f'_{pd} - \sigma'_{p0})A'_p(h_0 - a'_p) \tag{11.1-4}$$

截面受压区高度 x 应满足下列要求：

$$x \leqslant \xi_b h_0 \tag{11.1-5}$$

当受压区配有纵向普通钢筋和预应力钢筋，且 $(f'_{pd} - \sigma'_{p0})$ 为正（即受压）时，应满足

$$x \geqslant 2a' \tag{11.1-6}$$

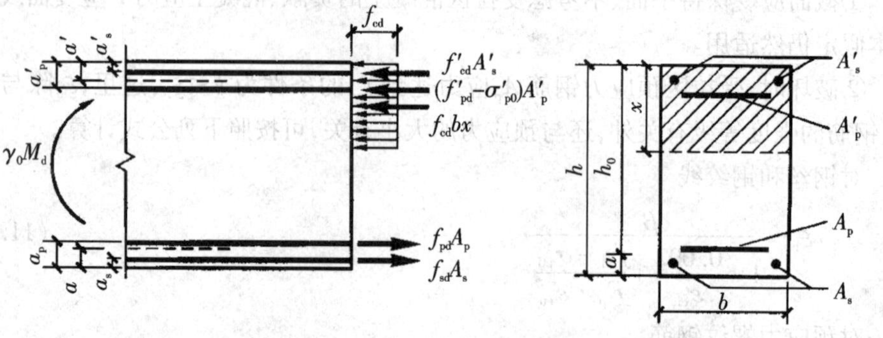

图 11.1-1 矩形截面预应力混凝土构件正截面承载力计算简图

当受压区仅配有纵向普通钢筋时，或者配有预应力钢筋和普通钢筋且$(f'_{pd}-\sigma'_{p0})$为负(即受拉)时，应满足

$$x \geqslant 2a'_s \tag{11.1-7}$$

式中 h_0——截面有效高度，$h_0=h-a$，此处 h 为截面全高；

a、a'——受拉区、受压区普通钢筋和预应力钢筋的合力点至受拉区边缘、受压区边缘的距离；

a'_s、a'_p——受压区普通钢筋和预应力钢筋的合力点至受压区边缘的距离。

式(11.1-6)、式(11.1-7)用以保证破坏时 A'_s 达到屈服。

当计算中考虑受压区纵向钢筋但不符合式(11.1-6)、式(11.1-7)的条件时，正截面抗弯承载力应按下列规定计算。

当受压区配有纵向普通钢筋和预应力钢筋，且$(f'_{pd}-\sigma'_{p0})$为正(即受压)时

$$\gamma_0M_d \leqslant f_{pd}a_p(h-a_p-a')+f_{sd}A_s(h-a_s-a') \tag{11.1-8}$$

式中 a_s、a_p——受拉区普通钢筋和预应力钢筋合力点至受拉区边缘的距离。

当受压区仅配有纵向普通钢筋时，或者配有预应力钢筋和普通钢筋且$(f'_{pd}-\sigma'_{p0})$为负(即受拉)时

$$\gamma_0M_d \leqslant f_{pd}a_p(h-a_p-a'_s)+f_{sd}A_s(h-a_s-a'_s)-(f'_{pd}-\sigma'_{p0})\times A'_p(a'_p-a'_s) \tag{11.1-9}$$

式(11.1-8)、式(11.1-9)中忽略了受压区混凝土的贡献。

需要注意的是，在受压区配置预应力钢筋 A'_p 会降低梁的正截面抗弯承载力，因此，只有在受压区确实需要配置预应力钢筋时才予以设置，例如，施工阶段预压力引起的反拱可能造成梁上部开裂时。

11.1.3 T 形截面梁的正截面承载力复核

对于翼缘位于受压区的 T 形截面梁，和普通钢筋混凝土梁一样，需要首先判断其属于第一类 T 形截面还是属于第二类 T 形截面。

当满足下式要求时，为第一类 T 形截面（图 11.1-2(a)），否则为第二类 T 形截面（图 11.1-2(b)）。

$$f_{sd}A_s + f_{pd}A_p \leqslant f_{cd}b'_f h'_f + f'_{sd}A'_s + (f'_{pd} - \sigma'_{p0})A'_p \tag{11.1-10}$$

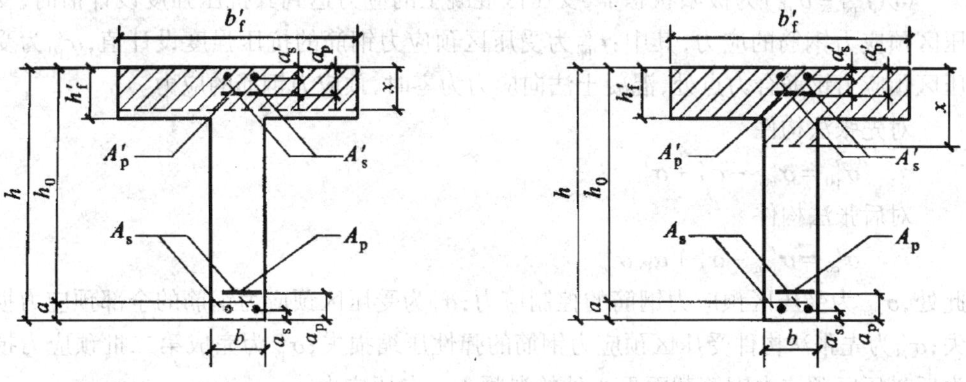

(a)　(b)

图 11.1-2　预应力混凝土 T 形截面受弯构件中和轴位置图

(a) 第一类 T 形截面；(b) 第二类 T 形截面

第一类 T 形截面，应按宽度为 b'_f 的矩形截面计算。

第二类 T 形截面，需要重新按照下式计算受压区高度：

$$f_{cd}bx + f_{cd}(b'_f - b)h'_f + f'_{sd}A'_s + (f'_{pd} - \sigma'_{p0})A'_p = f_{sd}A_s + f_{pd}A_p \tag{11.1-11}$$

再由所有力对受拉区钢筋合力作用点取矩，得到正截面承载力计算公式为

$$\gamma_0 M_d \leqslant f_{cd}bx\left(h_0 - \frac{x}{2}\right) + f_{cd}(b'_f - b)h'_f\left(h_0 - \frac{h'_f}{2}\right) + f'_{sd}A'_s(h_0 - a'_s) + (f'_{pd} - \sigma'_{p0})A_p(h_0 - a'_p) \tag{11.1-12}$$

应用上述公式时，注意仍应满足矩形截面时的适用条件，若不满足，采用同样的方法处理。

为正确使用以上公式，下面说明几个问题。

①对照表 11.1-1 和表 3.3-2 可知，对于相同的混凝土强度等级，预应力钢筋的 ξ_b 小于普通钢筋的 ξ_b，因此，只要计算出的相对受压区高度 ξ 小于二者中的较小者，则预应力混凝土梁破坏时预应力钢筋和普通钢筋均屈服。

②a 为受拉区预应力钢筋和普通钢筋合力作用点至截面受拉边缘的距离，可按照材料力学中求重心的方法得到：

$$a = \frac{f_{pd}A_p a_p + f_{sd}A_s a_s}{f_{pd}A_p + f_{sd}A_s}$$

注意，由于预应力钢筋与普通钢筋的强度不同，计算 a 时不能只考虑截面面积。

与之类似，a' 为受压区预应力钢筋和普通钢筋合力作用点至截面受压边缘的距

离，按下式计算：

$$a' = \frac{(f'_{pd} - \sigma'_{p0})A'_p a'_p + f'_{sd}A'_s a'_s}{(f'_{pd} - \sigma'_{p0})A'_p + f'_{sd}A'_s}$$

③$(f'_{pd} - \sigma'_{p0})$为极限状态下，受压区混凝土的应力达到其抗压强度设计值时，受压区预应力钢筋的应力，其中：f'_{pd}为受压区预应力钢筋的抗压强度设计值；σ'_{p0}为受压区预应力钢筋合力点处，混凝土法向应力为零时，预应力钢筋的应力。

对先张法构件

$$\sigma'_{p0} = \sigma'_{con} - \sigma'_l + \sigma'_{l4}$$

对后张法构件

$$\sigma'_{p0} = \sigma'_{con} - \sigma'_l + \alpha_{Ep}\sigma'_{pc}$$

此处，σ'_{con}为受压区预应力钢筋的控制应力；σ'_l为受压区预应力钢筋的全部预应力损失；σ'_{l4}为先张法构件受压区预应力钢筋的弹性压缩损失；σ'_{pc}为完成第二批预应力损失后受压区预应力钢筋截面重心处的混凝土法向压应力。

平衡方程中取破坏时A'_p的应力为$(f'_{pd} - \sigma'_{p0})$，可以这样理解：受荷前，由于预加力，A'_p重心处混凝土已经产生的压应变为$\varepsilon'_{pc} = \sigma'_{pc}/E_c$。荷载作用后，受压区混凝土进一步受到压缩，直至受压边缘的应变达到极限压应变$\varepsilon_{cu} = 0.003\ 3$，混凝土被压碎。此时，一般认为$A'_p$重心处混凝土的压应变为0.002。这样，从加荷到最后破坏，A'_p重心处混凝土的压缩变形增量为$(0.002 - \varepsilon'_{pc})$。由于黏结，$A'_p$受到同样大小的压缩，钢筋中的预应力降低了$(0.002 - \varepsilon'_{pc})E_p$，以压为正，拉为负，则受压预应力钢筋$A'_p$的最终应力为

$$\sigma'_p = -(\sigma'_{con} - \sigma'_l) + (0.002 - \varepsilon'_{pc})E_p$$

将$\varepsilon'_{pc} = \sigma'_{pc}/E_c$，$\alpha_{Ep} = E_p/E_c$代入上式，并按钢筋抗压强度取值定义，取$f'_{pd} = 0.002E_p$，则上式可以变形为

$$\sigma'_p = f'_{pd} - [\sigma'_{con} - \sigma'_l + \alpha_{Ep}\sigma'_{pc}] = f'_{pd} - \sigma'_{p0}$$

对先张法构件来说，$\alpha_{Ep}\sigma'_{pc}$相当于弹性压缩损失σ'_{l4}。

11.2 预应力混凝土梁斜截面承载力计算

预应力混凝土受弯构件斜截面承载力计算与钢筋混凝土构件一样，也包括斜截面抗剪承载力计算和斜截面抗弯承载力计算两部分。

11.2.1 斜截面抗剪承载力计算

与普通钢筋混凝土梁相比，这里仍以剪压破坏形态的受力特征为基础，建立斜截面抗剪承载力计算公式，基本表达式为

$$\gamma_0 V_d \leqslant V_{cs} + V_{pb} \tag{11.2-1}$$

式中　V_d——斜截面受压端正截面由作用（荷载）产生的最大剪力组合设计值；

V_{cs}——斜截面内混凝土和箍筋共同的抗剪承载力设计值；

V_{pb}——与斜截面相交的预应力弯起钢筋抗剪承载力设计值。

《公路桥规》规定，V_{cs}、V_{pb}分别按照下列公式计算：

$$V_{cs}=\alpha_1\alpha_2\alpha_3 0.45\times10^{-3}bh_0\sqrt{(2+0.6P)\sqrt{f_{cu,k}}\rho_{sv}f_{sv}}\quad(\text{kN})\tag{11.2-2}$$

$$V_{pb}=0.75\times10^{-3}f_{pd}\sum A_{pb}\sin\theta_p(\text{kN})\tag{11.2-3}$$

式中　α_2——预应力提高系数，对预应力混凝土受弯构件，$\alpha_2=1.25$，但当由钢筋合力引起的截面弯矩与外弯矩的方向相同时，或允许出现裂缝的预应力混凝土受弯构件，取 $\alpha_2=1.20$；

P——斜截面内纵向受拉钢筋配筋百分率，$P=100\rho$，$\rho=(A_p+A_s)/(bh_0)$，当 $P>2.5$ 时，取 $P=2.5$。

其余符号的意义及取值方法与普通钢筋混凝土时相同。

使用式（11.2-1）时的上限、下限与普通钢筋混凝土时相同。

预应力混凝土梁斜截面抗剪承载力计算时所选取的计算位置，参照普通钢筋混凝土的有关规定处理。

11.2.2　斜截面抗弯承载力计算

当纵向钢筋较少时，预应力混凝土受弯构件也有可能发生斜截面的弯曲破坏。

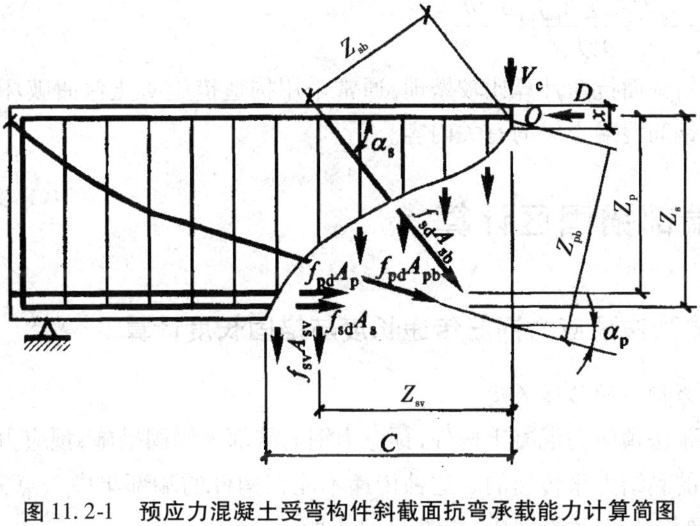

图 11.2-1　预应力混凝土受弯构件斜截面抗弯承载能力计算简图

如图 11.2-1 所示，取斜截面以左部分为隔离体，对受压区混凝土合力作用点 O 位置取矩，从而可以得到矩形、T 形和工形截面梁斜截面抗弯承载力计算公式为

$$\gamma_0 M_d\leqslant f_{sd}A_sZ_s+f_{pd}A_pZ_p+\sum f_{pd}A_{pb}Z_{pb}+\sum f_{sv}A_{sv}Z_{sv}\tag{11.2-4}$$

式中　M_d——斜截面受压端正截面的最大弯矩组合设计值；

Z_s、Z_p——纵向受拉普通钢筋合力点和纵向预应力钢筋合力点至受压区混凝土合力点的距离；

Z_{pb}——与斜截面相交的同一弯起平面内预应力弯起钢筋的合力至受压区中心点 O 的距离；

Z_{sv}——与斜截面相交的配置在同一截面的箍筋合力，对受压区混凝土合力点的力臂。

斜截面受压区高度由所有的力水平投影之和为零的平衡条件求得：

$$f_{cd}A_c = f_{sd}A_s + f_{pd}A_p + \sum f_{pd}A_{pb}\cos\theta_p \tag{11.2-5}$$

式中　A_c——受压区混凝土面积，对矩形截面取 $A_c = bx$，对 T 形截面取 $A_c = bx + (b'_f - b)h'_f$；

θ_p——与斜截面相交的预应力弯起钢筋与梁纵轴的夹角。

式(11.2-5)只是确定了 O 点在截面的位置，还应确定该截面在梁轴向的位置方能使用式(11.2-4)进行计算。

斜截面底端位置可按照与普通钢筋混凝土梁相同的原则确定。这时，只要求出斜裂缝水平投影长度 C 即可找到斜截面顶端位置。令

$$\gamma_0 V_d = \sum A_{pb}f_{pd}\sin\theta_p + \sum A_{sv}f_{sv} \tag{11.2-6}$$

而 $\sum A_{sv} = A_{sv}C/S_v$，故可得到 C 的表达式为

$$C = \frac{\gamma_0 V_d - \sum A_{pb}f_{pd}\sin\theta_p}{A_{sv}f_{sv}/S_v} \tag{11.2-7}$$

考虑到斜截面抗弯计算比较繁琐，通常采用构造措施防止弯曲破坏。具体要求可参照普通钢筋混凝土梁的有关内容。

11.3　端部锚固区计算

11.3.1　先张法预应力钢筋传递长度与锚固长度计算

1. 预应力钢筋的传递长度

对于先张法预应力混凝土构件，预应力钢筋端部无锚固措施，预应力依靠钢筋与混凝土之间的黏结力来传递的。这种传递不能在构件的端部集中一点完成，必须通过一段“传递长度”l_{tr}才能完成，如图 11.3-1 所示。

为简化计算，认为在传递长度 l_{tr} 范围内预应力钢筋的有效预应力按照直线变化，即，将图 11.3-1 中的沿虚线变化考虑为图中实线。对于 l_{tr} 的取值，《公路桥规》规定可按照表 11.3-1 取用。

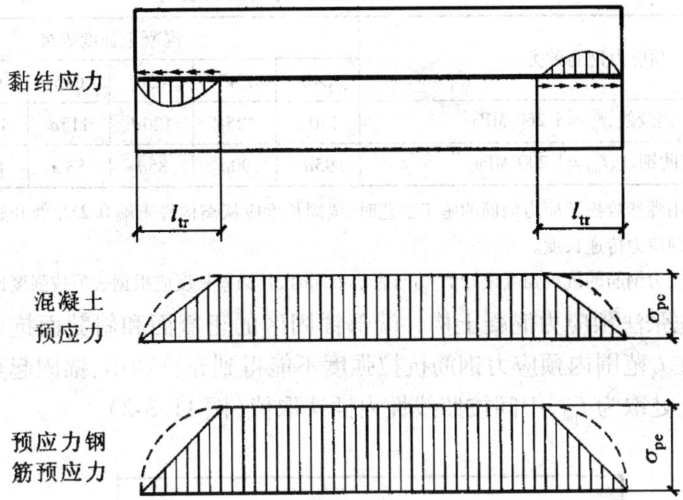

图 11.3-1　先张法构件预应力的传递

表 11.3-1　预应力传递长度 l_{tr}

预应力钢筋种类	混凝土强度等级			
	C40	C45	C50	≥C55
1×7 钢绞线,σ_{pe} = 1 000 MPa	67d	64d	60d	58d
螺旋肋钢丝,σ_{pe} = 1 000 MPa	58d	56d	53d	51d

注:(1)预应力传递长度应根据放张时混凝土立方体抗压强度 f'_{cu} 确定,当 f'_{cu} 为表列混凝土强度等级之间时,预应力传递长度按直线内插取用。

(2)当预应力钢筋的有效预应力值 σ_{pe} 与表值不同时,其预应力传递长度应根据表值按比例增减。

(3)当采用骤然放松预压力钢筋的施工工艺时,l_{tr} 应从离构件末端 $0.25l_{tr}$ 处开始计算。

对先张法构件端部区段进行截面应力验算时,该处剪应力往往很大,由此导致较大的主拉应力。此时,应考虑梁端预应力钢筋在传递长度 l_{tr} 范围内实际应力值的变化。

2. 预应力钢筋的锚固长度

先张预应力混凝土构件是依靠钢筋与混凝土之间的黏结力来锚固钢筋的。为保证预应力钢筋在破坏时达到极限强度,必须使得预应力钢筋在破坏前不致被拔出,也就是说,端部需要有足够的锚固长度。《公路桥规》规定的预应力钢筋的锚固长度 l_a 值见表 11.3-2。

表 11.3-2 预应力钢筋的锚固长度 l_a

预应力钢筋种类	混凝土强度等级					
	C40	C45	C50	C55	C60	≥C65
1×7 钢绞线,f_{pd} = 1 260 MPa	130d	125d	120d	115d	110d	105d
螺旋肋钢丝,f_{pd} = 1 200 MPa	95d	90d	85d	83d	80d	80d

注:(1)当采用骤然放松预应力钢筋的施工工艺时,锚固长度应从离构件末端 $0.25l_{tr}$ 处开始,l_{tr} 为预应力钢筋的预应力传递长度。

(2)当预应力钢筋的抗拉强度设计值 f_{pd} 与表值不同时,其锚固长度应根据表值按强度比例增减。

当计算先张法预应力混凝土构件端部锚固区的正截面和斜截面抗弯承载力时,必须注意到在 l_a 范围内预应力钢筋抗拉强度不能得到充分利用,锚固起点处取为零,距锚固起点 l_a 处取为 f_{pd},中间按照线性内插法取值(图 11.3-2)。

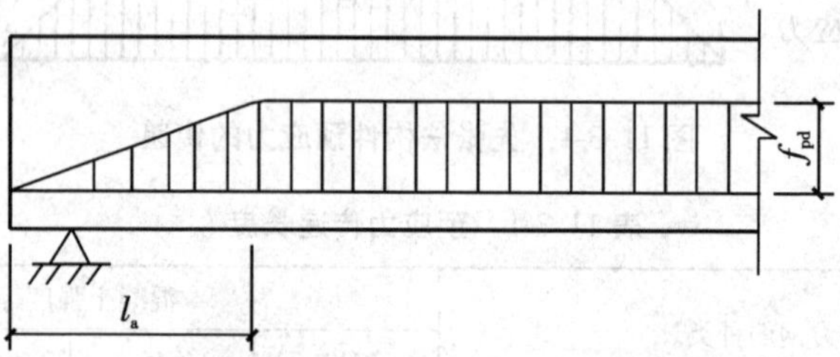

图 11.3-2 锚固长度 l_a 与 f_{pd} 的关系简图

11.3.2 后张构件锚下局部承压验算

后张法构件的预压力是通过锚具经由垫板传递给混凝土的,通常施加的预压力很大,而垫板与混凝土的接触面往往有限,导致锚具下的混凝土将承受较大的局部压应力。在局部压力的作用下,混凝土可能发生局部受压破坏。

构件端部锚下的应力状态十分复杂。根据弹性力学中的圣文南原理,这种局部压应力需要经过一定的距离方能较均匀地扩散到混凝土的全截面上。在垫板下附近,混凝土处于三向受压应力状态;在距离垫板一定长度之后,混凝土处于一向受压,两向受拉的不利应力状态,这时,可能径向应力超过混凝土的抗拉强度而出现纵向裂缝,从而导致局部受压破坏;也可能在垫板附近的混凝土因承受过大的轴向压应力而发生承载力不足的破坏。

为了改善预应力构件端部混凝土的抗压性能,提高其局部抗压承载力,通常在锚固区段内配置一定数量的间接钢筋,配筋方式为横向方格钢筋网片或螺旋式钢筋,并在此基础上进行局部受压承载力验算。

验算内容包括两个部分,一为局部承压面积的验算,即控制混凝土单位面积上局部压应力的大小;二是局部受压承载力的验算,即在一定间接配筋量的情况下,控制构件端部横截面单位面积上的局部压力的大小。

1. 构件局部受压区截面尺寸

《公路桥规》规定，后张法构件局部受压区的截面尺寸应满足下式要求：

$$\gamma_0 F_{ld} \leqslant 1.3\eta_s \beta f_{cd} A_{ln} \tag{11.3-1}$$

$$\beta = \sqrt{\frac{A_b}{A_l}} \tag{11.3-2}$$

式中　F_{ld}——局部受压面积上的局部压力设计值，对后张法构件的锚头局部受压区，应取 1.2 倍张拉时的最大压力。

η_s——混凝土局部受压修正系数，当混凝土强度等级为 C50 及以下时，取 $\eta_s=1.0$，当混凝土强度等级为 C80 时，取 $\eta_s=0.76$，中间等级按直线内插法取值。

A_b——局部受压时的计算底面积，按图 11.3-3 确定。

A_{ln}、A_l——混凝土局部受压面积，当局部受压面积有孔洞时，A_{ln}为扣除孔洞后的面积，A_l为不扣除孔洞的面积。当局部受压面积设置垫板时，局部受压面积应计入在垫板中沿 45°刚性角所扩大的面积。对于具有喇叭管并与垫板连成整体的锚具，A_{ln}可取垫板面积扣除喇叭管尾端内孔面积。

规范对计算底面积 A_b的取值，采用了“同心、对称”的原则，即要求计算底面积与局部受压面积 A_l具有相同的重心位置，并对称。局部受压面积各边向外扩大的有效距离不超过承压板短边尺寸 b；对圆形承压板，可沿周边扩大一倍距离 a。

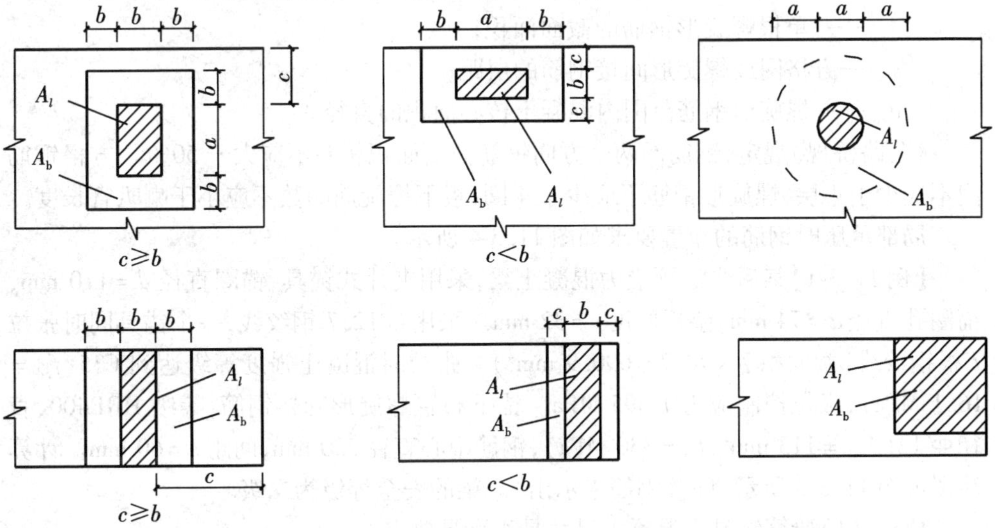

图 11.3-3　局部承压时计算底面积 A_b的示意图

2. 间接配筋的局部承压承载能力

《公路桥规》规定，对于配置间接钢筋的局部承压构件，其局部承压承载能力应按下式计算：

$$\gamma_0 F_{ld} \leqslant 0.9(\eta_s \beta f_{cd} + k\rho_v \beta_{cor} f_{sd}) A_{ln} \tag{11.3-3}$$

$$\beta_{cor} = \sqrt{\frac{A_{cor}}{A_l}} \tag{11.3-4}$$

式中 A_{cor}——方格网或螺旋形间接钢筋内表面范围内的混凝土核心面积，其重心应与 A_l 的重心重合，计算时按同心、对称原则取值；

β_{cor}——配置间接钢筋时局部抗压承载能力提高系数，当 $A_{cor} > A_b$ 时，应取 $A_{cor} = A_b$；

k——间接钢筋影响系数，当混凝土强度等级为 C50 及以下时，取 $k = 2.0$，当混凝土强度等级为 C80 时，取 $k = 1.7$，中间等级按直线内插法取值；

ρ_v——间接钢筋的体积配筋率。

ρ_v 按下式计算。

对方格网

$$\rho_v = \frac{n_1 A_{s1} l_1 + n_2 A_{s2} l_2}{A_{cor} s} \tag{11.3-5}$$

对螺旋筋

$$\rho_v \approx \frac{\pi d_{cor} A_{ss1}}{\pi d_{cor}^2 / 4 \times s} = \frac{4A_{ss1}}{d_{cor} s} \tag{11.3-6}$$

式中 n_1、A_{s1}——方格钢筋网沿 l_1 方向的钢筋根数、单根钢筋的截面面积；

n_2、A_{s2}——方格钢筋网沿 l_2 方向的钢筋根数、单根钢筋的截面面积；

A_{ss1}——单根螺旋形钢筋的截面面积；

s——方格网或螺旋形间接钢筋的层距；

d_{cor}——螺旋形钢筋范围内混凝土核心面积的直径。

《公路桥规》规定，钢筋网两个方向钢筋截面面积相差不应大于 50%。方格钢筋网不应少于 4 层，螺旋形钢筋不应少于 4 圈；板下螺旋筋圈数不应小于喇叭管长度。

局部承压时钢筋的布置要求如图 11.3-4 所示。

【例 11.3-1】某后张法预应力混凝土梁，采用夹片式锚具，锚圈直径 $d = 110$ mm，锚圈孔直径 $a = 74$ mm，垫板厚度 $t = 32$ mm。采用 $\phi^s 12.7$ 钢绞线，一个锚具同时张拉 7 根钢绞线（截面积 $7 \times 98.7 = 690.9\ \text{mm}^2$）。张拉时混凝土强度等级达到 C35（$f_{cd} = 16.1$ MPa），张拉控制应力 1 395 MPa。锚下布置螺旋形间接钢筋，等级 HRB400，直径 Φ12（$A_{ss1} = 113\ \text{mm}^2$，$f_{sd} = 330$ MPa），钢筋中心直径 220 mm，间距 $s = 60$ mm。计算简图如图 11.3-5 所示（间接钢筋未示出）。梁的安全等级为二级。

要求：(1) 验算锚具下混凝土尺寸是否满足要求。

(2) 验算锚具下混凝土承载力是否满足要求。

解：(1) 验算锚具下混凝土尺寸是否满足要求

$$\gamma_0 F_{ld} = 1.0 \times 1.2 \times 1\,395 \times 690.9 = 1\,156.6 \times 10^3\ \text{N}$$

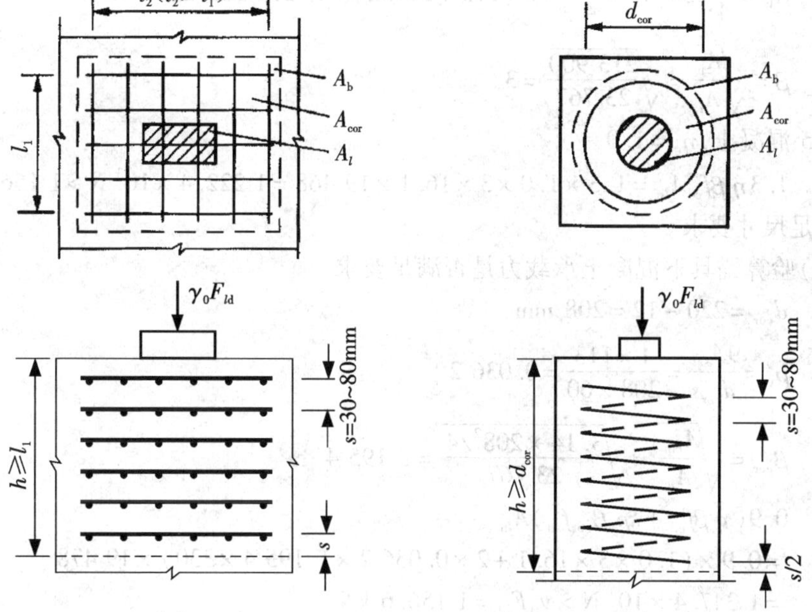

图 11.3-4　局部承压配筋图

(a)方格网钢筋;(b)螺旋形配筋

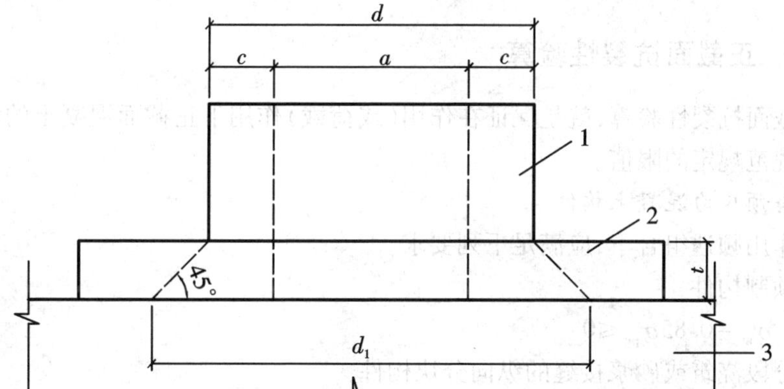

图 11.3-5　锚具下局部承压计算简图

1—锚圈;2—垫板;3—梁体

$$A_l = \frac{\pi}{4} d_1^2 = \frac{3.14}{4} \times (110 + 2 \times 32)^2 = 23\ 767\ \text{mm}^2$$

$$A_{ln} = \frac{\pi}{4}(d_1^2 - a^2) = \frac{\pi}{4}[(110 + 2 \times 32)^2 - 74^2] = 19\ 468\ \text{mm}^2$$

$$A_b=\frac{\pi}{4}(3d_1)^2=\frac{\pi}{4}[3\times(110+2\times32)]^2=213\ 900\ \text{mm}^2$$

$$\beta=\sqrt{\frac{A_b}{A_l}}=\sqrt{\frac{213\ 900}{23\ 767}}=3$$

C35 混凝土，$\eta_s=1.0$。

$1.3\eta_s\beta f_{cd}A_{ln}=1.3\times1.0\times3\times16.1\times19\ 468=1\ 222.4\times10^3\ \text{N}>1\ 156\ 567\ \text{N}$

满足尺寸要求。

(2)验算锚具下混凝土承载力是否满足要求

$$d_{cor}=220-12=208\ \text{mm}$$

$$\rho_v=\frac{4A_{ss1}}{d_{cor}s}=\frac{4\times113}{208\times60}=0.036\ 2$$

$$\beta_{cor}=\sqrt{\frac{A_{cor}}{A_l}}=\sqrt{\frac{3.14\times208^2/4}{23\ 767}}=1.195\ 4$$

$$0.9(\eta_s\beta f_{cd}+k\rho_v\beta_{cor}f_{sd})A_{ln}$$
$$=0.9\times(1.0\times3\times16.1+2\times0.036\ 2\times1.195\ 4\times330)\times19\ 478$$
$$=1\ 347.4\times10^3\ \text{N}>\gamma_0F_{ld}=1\ 156.6\ \text{kN}$$

承载力满足要求。

11.4 预应力混凝土梁持久状况正常使用极限状态计算

11.4.1 正截面抗裂性验算

正截面抗裂性验算，就是保证在作用(或荷载)作用下正截面混凝土的法向应力不超过规范规定的限值。

1. 全预应力混凝土构件

在作用频遇组合下，应满足下列要求。

对预制构件

$$\sigma_{st}-0.85\sigma_{pc}\leqslant0 \tag{11.4-1}$$

对分段浇筑或砂浆接缝的纵向分块构件

$$\sigma_{st}-0.8\sigma_{pc}\leqslant0 \tag{11.4-2}$$

2. 部分预应力混凝土 A 类构件

在作用频遇组合下，应符合

$$\sigma_{st}-\sigma_{pc}\leqslant0.7f_{tk} \tag{11.4-3}$$

在作用准永久组合下应符合

$$\sigma_{lt}-\sigma_{pc}\leqslant0 \tag{11.4-4}$$

式中 σ_{st}、σ_{lt}——在作用频遇、准永久组合下，构件抗裂验算边缘混凝土的法向拉应力；

σ_{pc}——扣除全部预应力损失后的预加力在构件抗裂验算边缘产生的混凝土预压应力。

在公路桥梁中，恒载分为一期恒载和二期恒载，一期恒载为构件本身的自重，二期恒载包括梁与梁之间的铰缝、桥面铺装、人行道以及栏杆的重量等。对于后张法构件，认为一期恒载作用于净截面，二期恒载作用于换算截面。于是，对于后张法构件，式(11.4-1)中的 σ_{st} 按照下式计算：

$$\sigma_{st}=\frac{M_{G1}}{W_{nb}}+\frac{M_{G2}}{W_{0b}}+\frac{M_{Qs}}{W_{0b}} \tag{11.4-5}$$

式中　M_{G1}、M_{G2}——由一期恒载和二期恒载引起的弯矩标准值；

W_{nb}、W_{0b}——构件按照净截面和换算截面得到的受拉边缘纤维(最下缘纤维)的抵抗矩；

M_{Qs}——可变荷载引起的截面最不利弯矩，按照作用组合确定。

对于先张法构件，σ_{st} 则是按照下式计算：

$$\sigma_{st}=\frac{M_{G1}+M_{G2}+M_{Qs}}{W_{0b}} \tag{11.4-6}$$

对于 σ_{lt}，其计算方法与 σ_{st} 类似，所不同的，只是可变荷载效应按照准永久组合得到。

规范特别指出，抗裂验算时长期效应组合系指结构自重和直接施加于桥上的活荷载产生的效应组合，不考虑间接作用于桥上的其他作用效应。

σ_{pc} 计算时扣除全部预应力损失，且计算位置为构件抗裂验算边缘，故对于沿预应力梁纵向的验算截面，σ_{pc} 的公式如下：

对于先张法

$$\sigma_{pc}=\frac{N_{p0}}{A_0}+\frac{N_{p0}e_{p0}}{I_0}y_0 \tag{11.4-7}$$

对于后张法

$$\sigma_{pc}=\frac{N_p}{A_n}+\frac{N_p e_{pn}}{I_n}y_n \tag{11.4-8}$$

3. 部分预应力混凝土 B 类构件

该部分的计算比较复杂，这里不再介绍，有兴趣的读者可参考《公路桥规》。

11.4.2　斜截面抗裂性验算

斜截面抗裂性验算，就是保证斜截面混凝土的主拉应力不超过规定的限值。

1. 全预应力混凝土构件

全预应力混凝土构件在作用频遇组合下，σ_{tp} 应满足下列要求。

对于预制构件

$$\sigma_{tp} \leqslant 0.6 f_{tk} \tag{11.4-9}$$

对于现场浇筑(包括预制拼装)构件

$$\sigma_{tp} \leqslant 0.4 f_{tk} \tag{11.4-10}$$

2. 部分预应力混凝土 A 类构件和 B 类构件

部分预应力混凝土 A 类构件和 B 类构件,在荷载频遇组合下,σ_{tp}应满足下列要求。

对于预制构件

$$\sigma_{tp} \leqslant 0.7 f_{tk} \tag{11.4-11}$$

对于现场浇筑(包括预制拼装)构件

$$\sigma_{tp} \leqslant 0.5 f_{tk} \tag{11.4-12}$$

以上式中,σ_{tp}为作用频遇组合和预加力产生的混凝土主拉应力,对其计算可按下列公式进行:

$$\left.\begin{matrix}\sigma_{cp}\\ \sigma_{tp}\end{matrix}\right\} = \frac{\sigma_{cx} + \sigma_{cy}}{2} \mp \sqrt{\left(\frac{\sigma_{cx} - \sigma_{cy}}{2}\right)^2 + \tau^2} \tag{11.4-13}$$

$$\sigma_{cx} = \sigma_{pc} + \frac{M_s y_0}{I_0} \tag{11.4-14}$$

$$\sigma_{cy} = 0.6\,\frac{n\sigma'_{pe} A_{pv}}{b s_v} \tag{11.4-15}$$

$$\tau = \frac{V_s S_0}{I_0 b} - \frac{\sum \sigma''_{pe} A_{pb} \sin\theta_p S_n}{I_n b} \tag{11.4-16}$$

式中 σ_{cx}——在计算主应力点,由预加力和按作用频遇组合计算的弯矩 M_s产生的混凝土法向应力。

σ_{cy}——由竖向预应力钢筋的预加力产生的混凝土竖向压应力。

τ——在计算主应力点,由预应力弯起钢筋的预加力和按作用频遇组合计算的剪力 V_s产生的混凝土剪应力;当计算节面作用有扭矩时,尚应计入由扭矩产生的剪应力;对后张法预应力混凝土超静定结构,在计算剪应力时,尚宜考虑预加力引起的次剪力。

y_0——计算主应力点至按翼缘有效宽计算的换算截面重心轴的距离。

n——同一截面上竖向预应力钢筋的肢数。

σ'_{pe}、σ''_{pe}——竖向预应力钢筋、纵向预应力弯起钢筋扣除全部预应力损失后的有效预应力。

A_{pv}——单肢竖向预应力钢筋的截面面积。

S_{pv}——竖向预应力钢筋的纵向间距。

b——计算主应力点处构件腹板的宽度。

A_{pb}——计算截面上同一弯起平面内预应力弯起钢筋的截面面积。

S_0、S_n——计算主应力点以上(或以下)部分换算截面面积对其截面重心轴、净截面面积对其截面重心轴的面积矩。

θ_p——计算截面上预应力弯起钢筋的切线与构件纵轴的夹角。

使用上面公式计算时,需要注意:

①式(11.4-13)、式(11.4-14)是以压为正,拉为负建立的,若 σ_{cx}、σ_{cy}、σ_{pc} 和 $\frac{M_s y_0}{I_0}$ 为拉应力,应以负号代入;

②σ_{cx} 和 τ 应是同一计算截面,同一水平纤维处,由同一荷载产生的法向应力和剪应力值,一般按作用频遇组合时,以最大剪力与相应的弯矩作为内力计算得到;

③对先张法构件端部区段进行抗裂性验算,计算由预加力引起的截面应力时,应考虑梁端预应力传递长度 l_{tr} 范围内预加力的变化。

11.4.3　受弯构件的变形计算

预应力混凝土受弯构件的变形由两部分组成:一部分是预加力产生的反挠度;另一部分是由荷载产生的挠度。由于这两部分挠度方向相反,可以互相抵消一部分,所以预应力混凝土受弯构件的总挠度值一般是很小的。

1. 预加力引起的反拱值

预应力混凝土受弯构件的向上挠度,是由预加应力作用引起的。因为与使用荷载引起的挠度值方向相反,故称“反拱”。预应力混凝土简支梁在使用阶段跨中向上的反拱值,可按照结构力学的方法计算,并且预应力钢筋的应力应扣除全部预应力损失,长期挠度增大系数取为2.0。反拱值的计算公式可以表达为

$$f_p = 2.0\int_0^l \frac{M_1 M_p}{0.95 E_c I_0}\mathrm{d}x \tag{11.4-17}$$

式中　M_1——在挠度计算点作用单位力时的弯矩函数;

M_p——在扣除全部预应力损失后的有效预加力作用下构件的弯矩函数。

由于预应力损失,沿梁纵轴线不同截面的 M_p 将不相等。为了简化计算,通常可取 $l/4$ 截面处的 M_p 作为全梁的 M_p,并将惯性矩取为 $l/4$ 截面处的截面特征,这样,就可以利用图乘法方便得到反拱值。

2. 使用荷载作用下的挠度

在使用荷载作用下,预应力混凝土受弯构件的挠度,同样近似按照结构力学的方法计算。考虑到裂缝开展前后刚度的变化,《公路桥规》规定,未开裂的预应力混凝土构件,其刚度取 $B_0 = 0.95E_c I_0$。对于允许开裂的B类预应力混凝土构件,以开裂弯矩 M_{cr} 为界分为两部分:小于 M_{cr} 部分取 $B_0 = 0.95E_c I_0$;$(M_s - M_{cr})$ 部分取 $B_{cr} = E_c I_{cr}$。开裂弯矩 M_{cr} 按照下式计算:

$$M_{cr} = (\sigma_{pc} + \gamma f_{tk}) W_0 \tag{11.4-18}$$

式中　σ_{pc}——扣除全部预应力损失之后预应力钢筋和非预应力钢筋的合力在构件抗裂边缘产生的混凝土预压应力。

这样,对于全预应力与 A 类预应力混凝土构件,因未开裂,故采用 $B_0=0.95E_cI_0$ 计算挠度值;而对于 B 类预应力混凝土构件,若为均布荷载作用下的简支梁,其短期挠度的计算公式就成为

$$f_s=\frac{5}{48}\left(\frac{M_{cr}l^2}{B_0}+\frac{M_s-M_{cr}}{B_{cr}}l^2\right)$$

3. 挠度限值

同普通混凝土受弯构件一样,预应力混凝土受弯构件在使用荷载作用阶段的长期挠度值(按荷载频遇组合求得的挠度乘以挠度长期增长系数),在消除结构自重产生的长期挠度后不应超过以下规定的限值:

梁式桥主梁的最大挠度处为 $l/600$;

梁式桥主梁的悬臂端为 $l_1/300$;

这里,l 为受弯构件的计算跨径,l_1 为悬臂长度。

需要注意的是,尽管预应力引起的反拱可以减小总的挠度值,但是,这个减小后的挠度值不能真实反映结构的刚度大小,因此,用该值来控制预应力混凝土的变形也就没有意义,故对预应力混凝土受弯构件的挠度验算不考虑反拱值。

4. 预拱度设置

由于预加力的反拱作用,中小跨径的预应力混凝土梁一般不设预拱度。但对于大跨径预应力混凝土桥梁结构,则由于自重较大,必要时应设置预拱度。

《公路桥规》规定,预应力混凝土受弯构件的预拱度按下列要求设置:

①当预加力产生的长期反拱值大于按荷载频遇组合计算的长期挠度时,可不设预拱度;

②当预加力产生的长期反拱值小于按荷载频遇组合计算长期挠度时,应设置预拱度。预拱度值按该项荷载的挠度值与预加力的长期反拱值之差采用。预拱度的设置应按最大的预拱值沿顺桥向做成平滑的曲线。

此外,对自重较小的预应力混凝土受弯构件,应考虑预加力反拱过大可能造成的不利影响,必要时采取倒预拱或在设计和施工上的措施,避免桥面隆起甚至开裂破坏。

11.5　预应力混凝土梁持久状况和短暂状况应力计算

桥涵结构设计的持久状况系指桥涵建成后承受自重、车辆荷载持续时间很长的状况。依据《公路桥规》的规定,该状况的预应力混凝土结构除应进行承载能力极限状态和正常使用极限状态设计外,还应进行构件应力验算,这是考虑到以往公路桥梁的设计习惯,是对承载力计算的补充。

持久状况应力验算的内容包括使用阶段正截面混凝土的法向压应力、受拉钢筋的拉应力和斜截面混凝土主压应力验算。构件应力计算的实质是按照材料力学方法

进行的强度计算。持久状况构件应力验算时，作用（或荷载）取其标准值，不计分项系数，汽车荷载应考虑冲击系数影响。

预应力混凝土结构按短暂状况设计时，应计算在制造、运输及安装等施工阶段，由预加力（扣除相应的预应力损失）、构件自重及其他施工荷载引起的正截面法向应力，并不得超过规范规定的限值。构件自重和施工荷载采用标准值，组合时不考虑荷载组合系数。

11.5.1　持久状况的应力验算

1. 正应力验算

《公路桥规》规定，使用阶段预应力混凝土受弯构件正截面混凝土的压应力和预应力钢筋的拉应力，应符合下列要求，对于受拉区的普通钢筋，由于使用阶段的应力很小，可以不必验算。

（1）受压区混凝土的最大压应力

未开裂构件

$$\sigma_{kc}+\sigma_{pt}\leqslant 0.5f_{ck} \tag{11.5-1}$$

允许开裂构件

$$\sigma_{cc}\leqslant 0.5f_{ck} \tag{11.5-2}$$

（2）受拉区预应力钢筋的最大拉应力

对钢绞线、钢丝

未开裂构件

$$\sigma_{pe}+\sigma_{p}\leqslant 0.65f_{pk} \tag{11.5-3}$$

允许开裂构件

$$\sigma_{p0}+\sigma_{p}\leqslant 0.65f_{pk} \tag{11.5-4}$$

对预应力螺纹钢筋

未开裂构件

$$\sigma_{pe}+\sigma_{p}\leqslant 0.75f_{pk} \tag{11.5-5}$$

允许开裂构件

$$\sigma_{p0}+\sigma_{p}\leqslant 0.75f_{pk} \tag{11.5-6}$$

以上诸式中　σ_{kc}——由作用（荷载）标准值产生的混凝土法向压应力；

σ_{pt}——由预加力产生的混凝土向拉应力；

σ_{cc}——B 类预应力混凝土受弯构件由作用（荷载）标准值产生的混凝土法向压应力；

σ_{pe}——全预应力混凝土和 A 类预应力混凝土受弯构件，受拉区预应力钢筋扣除全部预应力损失后的有效预应力；

σ_{p}——预应力混凝土受弯构件由作用（荷载）标准值产生的预应力钢筋应力增量；

σ_{p0}——受拉区预应力钢筋合力点处混凝土法向应力等于零时,预应力钢筋的应力。

式(11.5-1)中的σ_{kc}计算时,考虑到恒载有一期恒载和二期恒载之分,因此,对于后张法构件,且假定荷载标准值作用下截面上缘的压应力最大,则其计算式为:

$$\sigma_{kc} = \frac{M_{G1}}{W_{nu}} + \frac{M_{G2}}{W_{0u}} + \frac{M_Q}{W_{0u}} \tag{11.5-7}$$

式中 M_Q——可变荷载标准值产生的弯矩。

可见,其计算原理与式(11.4-5)相同。而对于先张法构件,则采用全截面特征,原理与式(11.4-6)相同。

由预加力产生的混凝土法向拉应力σ_{pt},按照材料力学中偏心受压构件的公式计算,所计算的截面位置也为截面上缘,即:

先张法构件 $$\sigma_{pt} = \frac{N_{p0}}{A_0} - \frac{N_{p0}e_{p0}}{W_{0u}} \tag{11.5-8}$$

后张法构件 $$\sigma_{pt} = \frac{N_p}{A_n} - \frac{N_p e_{pn}}{W_{nu}} \tag{11.5-9}$$

式(11.5-3)至式(11.5-6)中的σ_p计算时,应先求出预应力钢筋位置处的混凝土应力,再转换成预应力钢筋的应力,即:

$$\sigma_p = \alpha_{Ep}\sigma_{kt} \tag{11.5-10}$$

σ_{kt}的计算原理与σ_{kc}相同,差别仅在于计算点不同。另外,考虑到预应力钢筋可能布置有多排,σ_{kt}应取为最外排预应力钢筋重心处混凝土的拉应力。

对于允许开裂的B类预应力混凝土受弯构件,由于确定开裂截面中和轴的公式较复杂,将导致σ_{cc}、σ_p的计算十分繁琐,故这里不再说明,读者可参阅《公路桥规》的7.1.4条及该规范的附录J。

2. 主应力验算

斜截面应力验算是选取若干最不利截面(例如支点附近截面、梁肋宽度变化处截面等),计算在荷载效应标准值作用下截面的主压应力,并控制其满足规范规定的限值。其目的是防止构件腹板在预加力和使用阶段荷载作用下被压坏,以及过高的主压应力可能导致截面抗裂能力降低的危险。

混凝土的主压应力应符合下式要求:

$$\sigma_{cp}^{k} \le 0.6 f_{ck} \tag{11.5-11}$$

根据计算所得的混凝土主拉应力,按下列规定设置箍筋。

在$\sigma_{tp}^{k} \le 0.5 f_{tk}$的区段,箍筋可按构造要求设置。

在$\sigma_{tp}^{k} > 0.5 f_{tk}$的区段,箍筋的间距$S_v$可按下式计算:

$$S_v = \frac{f_{sk}A_{sv}}{\sigma_{tp}^{k} \cdot b} \tag{11.5-12}$$

式中 f_{sk}——箍筋抗拉强度标准值;

A_{sv}——同一截面内箍筋的总截面面积；

b——矩形截面宽度、T 形或工形截面的腹板宽度。

按上述规定计算的箍筋用量应与按斜截面承载力计算的箍筋数量进行比较，取其中较多者。

由预加力和荷载效应标准值产生的混凝土主压应力和主拉应力，可按下式计算：

$$\left.\begin{array}{l}\sigma_{cp}^{k}\\ \sigma_{tp}^{k}\end{array}\right\}=\frac{\sigma_{cx}^{k}+\sigma_{cy}}{2}\pm\sqrt{\left(\frac{\sigma_{cx}^{k}-\sigma_{cy}}{2}\right)^{2}+\tau_{k}^{2}} \tag{11.5-13}$$

该公式与斜截面抗裂的公式(11.4-13)原理相同，只是公式(11.4-13)中各量由作用频遇组合求出，而这里则是依据荷载效应标准值组合而已。所以，使用时，只需用 M_k、V_k 代替 M_s、V_s 即可。

11.5.2　短暂状况的应力验算

《公路桥规》规定，预应力混凝土受弯构件在预应力和自重等施工荷载作用下，截面边缘混凝土的法向应力应符合下列条件：

(1)压应力

$$\sigma_{cc}^{t}\leqslant 0.70f'_{ck} \tag{11.5-14}$$

(2)拉应力

$$\sigma_{ct}^{t}\leqslant 1.15f'_{tk} \tag{11.5-15}$$

预拉区根据 σ_{ct}^{t} 所处的区间配置纵向钢筋：当 $\sigma_{ct}^{t}\leqslant 0.70f'_{tk}$ 时，纵向钢筋配筋率不小于 0.2%；当 $\sigma_{ct}^{t}=1.15f'_{tk}$ 时，纵向钢筋配筋率不小于 0.4%；当 $0.70f'_{tk}<\sigma_{ct}^{t}<1.15f'_{tk}$ 时，纵向钢筋配筋率按以上两者直线内插取用。

上述配筋率为 $\frac{A'_s+A'_p}{A}$，先张法构件计入 A'_p，后张法构件不计入 A'_p。A'_p 为预拉区预应力钢筋截面面积；A'_s 为预拉区普通钢筋截面面积；A 为构件毛截面面积。f'_{ck}、f'_{tk} 分别为与制作、运输、安装各施工阶段混凝土立方体抗压强度 f'_{cu} 相应的混凝土轴心抗压、抗拉强度标准值。

预拉区的纵向钢筋宜采用带肋钢筋，其直径不宜大于 14 mm，沿预拉区的外边缘均匀布置。

σ_{cc}^{t}、σ_{ct}^{t} 计算时应注意，所用的预压力须按扣除了相应的预应力损失之后的应力求得，并注意先张法和后张法的差别。例如，施工制作阶段，对于先张混凝土受弯构件，放张预应力筋，完成第一批预应力损失时，下缘混凝土纤维受到的预压应力最大，上缘混凝土纤维受到的预拉应力最大。此时，σ_{cc}^{t}、σ_{ct}^{t} 按照下式计算：

$$\left.\begin{array}{l}\sigma_{ct}^{t}\\ \sigma_{cc}^{t}\end{array}\right\}=\frac{N_p}{A_0}\mp\frac{N_p\cdot e_p}{I_0}y_0\pm\frac{M_{G1k}}{I_0}y_0 \tag{11.5-16}$$

$$N_p=(\sigma_{con}-\sigma_{l1}+\sigma_{l4})A_p$$

式中　e_p——预应力钢筋的合力点至全截面换算截面重心的偏心距；

M_{G1k}——构件自重引起的弯矩标准值；

I_0——换算截面惯性矩；

y_0——所求应力之点至换算截面重心轴的距离。

对于后张法构件,则需要按照下式计算:

$$\begin{matrix}\sigma_{ct}^{t} \\ \sigma_{cc}^{t}\end{matrix} = \frac{N_p}{A_n} \mp \frac{N_p e_{pn}}{I_n} y_n \pm \frac{M_{G1k}}{I_n} y_n \tag{11.5-17}$$

$$N_p = (\sigma_{con} - \sigma_{lI}) A_p$$

式中　e_{pn}——预应力钢筋的合力点至净截面重心轴的距离；

I_n——净截面惯性矩；

y_n——所求应力之点至净截面重心轴的距离。

11.6　预应力混凝土简支梁设计要求

11.6.1　设计计算步骤

预应力混凝土梁的设计步骤与普通钢筋混凝土梁类似,其一般步骤是:

①根据设计要求,参照已有设计图纸和资料,选择预加力体系和锚具形式,选定截面形式,并初步拟定截面尺寸,选定材料规格;

②根据构件可能出现的荷载效应组合,计算控制截面的设计内力(弯矩和剪力)及其相应的组合值;

③根据控制截面(一般为跨中截面)的抗裂要求和正截面抗弯要求,估算预应力钢筋和普通钢筋的数量,并进行合理的布置;

④计算主梁截面几何特征;

⑤进行正截面和斜截面的承载力复核;

⑥确定张拉控制应力,计算预应力损失;

⑦进行构件抗裂性或裂缝宽度验算;

⑧按持久状况和短暂状况对构件的截面应力进行验算;

⑨主梁的变形验算;

⑩对于后张法构件,进行锚固端局部承压计算与锚固区设计。

11.6.2　截面设计

1.截面抗弯效率指标

从预加力能够“抵消”外荷载作用的角度看,预应力混凝土梁的抗弯能力是由预加力 N_p 和混凝土压应力的合力 D 组成的内力偶 $M = N_p z$ 来提供的。随着外荷载的增加,钢筋拉力 N_p 基本不变,并与混凝土压应力的合力 D 保持平衡(即 $N_p = D$),内力

臂 z 则随荷载弯矩的变化而变化。因此,对预应力混凝土梁来说,在预加力相同的条件下,其内力偶臂 z 的变化范围越大,其所能抵抗的外荷弯矩也就越大,截面的抗弯效率越高。

预加力作为一个偏心压力,为保证在该力的作用下截面上边缘不出现拉应力,存在一个最低的作用点位置,该位置称作下核心点,其与截面重心的距离称作下核心距,记作 K_b。同理,也存在一个上核心点,其与截面重心的距离称作上核心距,记作 K_u。预加力作用点的可能变化范围是上核心距 K_u 与下核心距 K_b 之间,这样,可用参数 $\rho=\dfrac{K_u+K_b}{h}$(h 为梁截面高度)的大小表征截面的抗弯效率高低,称作抗弯效率指标。ρ 值反映了截面混凝土材料沿梁高分布的合理性,它与截面形式有关。例如,矩形截面时 $\rho=1/3$;空心板截面则随挖空率而变化,一般为 0.4 ~ 0.55;T 形截面时 ρ 可达 0.5 左右。在预应力混凝土梁的截面设计时,应在综合考虑结构受力和简化施工的前提下选取合理的截面形式。

矩形截面的核心距可以这样计算:截面下边缘纤维应力为零时,有

$$\frac{N}{A}-\frac{NK_u}{W_b}=0$$

于是

$$K_u=\frac{W_b}{A}=\frac{bh^2/6}{bh}=\frac{h}{6}$$

抗弯效率指标

$$\rho=\frac{K_u+K_b}{h}=\frac{2\times h/6}{h}=\frac{1}{3}$$

2. 常用的截面形式

预应力混凝土梁常用的截面形式如图 11.6-1 所示。

(1)空心板截面

空心板截面如图 11.6-1(a)所示,空心板的空心可以是圆形、端部圆形或者矩形,还可以侧面、底面为直线而顶部为拱形。空心板的截面高度与跨度有关,一般取高跨比 $h/l=1/20\sim1/15$,板宽一般取 1 100 ~ 1 400 mm,顶板和底板的厚度均不宜小于 80 mm。预应力混凝土空心板一般采用现场预制直线配筋的先张法生产,适用于跨径 8 ~ 20 m 的桥梁。近年大跨径空心板也有采用后张法施工的。

(2)T 形截面和工形截面

T 形截面和工形截面如图 11.6-1(b)所示,这是我国预应力混凝土简支梁最常用的形式。截面下缘之所以加宽做成"马蹄"形是为了方便布置钢丝束。标准设计跨径为 25 ~ 40 m,不宜大于 50 m。T 形梁的高跨比一般为 $h/l=1/25\sim1/15$。T 形梁的腹板主要承受剪力和主应力,无须太厚,但应能满足预留孔道的需要,一般取 160 ~ 200 mm。在梁的两端约等于梁高的范围内,常将腹板做成与"马蹄"同宽,以利

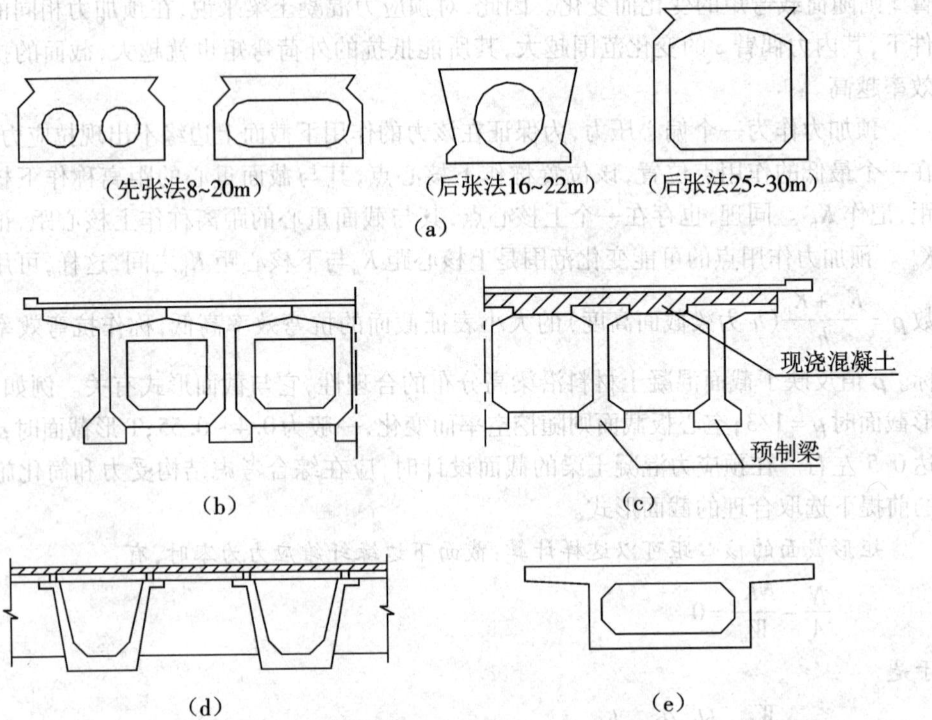

图 11.6-1 预应力混凝土简支梁桥常用截面形式

(a)空心板截面;(b)T形、工形截面;(c)部分翼缘板现浇的T形截面;
(d)槽形截面;(e)箱形截面

于布置锚具和局部承压。T形梁的上翼缘宽度一般取1 600 ~ 2 500 mm,随跨径增大而增大。

(3)部分翼缘板现浇的T形截面

部分翼缘板现浇的T形截面如图11.6-1(c)所示。这种梁是在预制的短翼缘T形梁安装定位后,再现浇部分翼缘板、横梁和桥面混凝土,使截面整体化。其受力性能如同T形截面,但横向联系较T形梁好,构件吊装重量相对较轻。特别是它能较好地适用于各种斜梁桥和曲率半径较大的弯梁桥,平面布置较容易。

(4)槽形截面梁

槽形截面梁如图11.6-1(d)所示。槽形梁属于组合式截面,预制主梁采用开口槽形截面。槽形梁架设就位后,在横向铺设先张法预应力混凝土板或钢筋混凝土板,最后再浇筑混凝土铺装层,将全桥连接成整体。槽形组合式截面具有抗扭刚度大、荷载横向分布均匀、承载力高、结构自重轻、节省钢筋等优点,而且槽形截面对运输及吊装的稳定性好。槽形截面梁常用高跨比为1/20 ~ 1/16。它适用于跨径为16 ~ 30 m的中小桥梁。

(5)箱形截面

箱形截面梁如图 11.6-1(e)所示。箱形截面为闭口截面,其抗扭刚度比一般的开口截面(例如 T 形截面)大得多,可使荷载横向分布更加均匀。箱壁可以做得较薄,材料利用合理,结构自重轻,跨越能力大。箱形截面梁更多的是用于预应力混凝土连续梁、T 形刚构等大跨径桥梁中。

截面形式确定之后,截面尺寸一般根据已有设计资料或者经验方法拟定,然后再做配筋设计。

11.6.3　钢筋数量的估算与布置

预应力混凝土梁中的钢筋包括预应力钢筋与普通钢筋。预应力钢筋数量依据抗裂性要求估算,预应力钢筋受弯承载力不足以抵抗外荷载作用的部分则由普通钢筋完成,据此确定所需普通钢筋的数量。

1. 预应力钢筋数量的估算

对于全预应力混凝土预制构件,在作用频遇组合下应满足

$$\sigma_{st} - 0.85\sigma_{pc} \leqslant 0 \tag{11.6-1}$$

由于是估算,这里可以近似计算:无论先张法还是后张法均取全截面特征考虑,同时,将预应力钢筋与非预应力钢筋的合力取为永存预应力的合力 N_{pe}。于是,式(11.6-1)可变形为

$$\frac{M_s}{W} - 0.85\left(\frac{N_{pe}}{A} + \frac{N_{pe}e_p}{W}\right) \leqslant 0 \tag{11.6-2}$$

式中　e_p——预应力钢筋合力点(由于通常只有一种类型预应力筋,因此也就是预应力钢筋重心点)对混凝土截面重心轴的偏心距,$e_p = y - a_p$,y 为截面重心轴至截面下边缘的距离,可由已知的截面尺寸求得,a_p 为预应力钢筋合力点至截面下边缘的距离,可以根据保护层厚度和经验先假定一个值。

于是,为满足全预应力混凝土构件正截面抗裂性要求所需的有效预加力为:

$$N_{pe} \geqslant \frac{\dfrac{M_s}{W}}{0.85\left(\dfrac{1}{A} + \dfrac{e_p}{W}\right)} \tag{11.6-3}$$

对于部分预应力混凝土 A 类构件,利用相同的步骤,可得

$$N_{pe} \geqslant \frac{\dfrac{M_s}{W} - 0.7f_{tk}}{\dfrac{1}{A} + \dfrac{e_p}{W}} \tag{11.6-4}$$

求得 N_{pe} 的值后,近似取预应力损失 $\sigma_l = 0.2\sigma_{con}$,则所需预应力钢筋截面面积

$$A_p = \frac{N_{pe}}{\sigma_{con} - \sigma_l} = \frac{N_{pe}}{(1-0.2)\sigma_{con}} \tag{11.6-5}$$

对于允许开裂的部分预应力混凝土 B 类构件，情况要复杂一些，可查阅参考文献[12]，这里不再介绍。

2. 普通钢筋数量的估算

在预应力钢筋数量已经确定的情况下，普通钢筋数量可由正截面承载能力极限状态要求条件确定。今暂不考虑受压区预应力钢筋和普通钢筋的影响，且以 T 形截面梁为例加以说明。

第一类 T 形截面的平衡方程

$$f_{cd}b'_f x = f_{sd}A_s + f_{pd}A_p \tag{11.6-6}$$

$$\gamma_0 M_d \leqslant f_{cd}b'_f x(h_0 - x/2) \tag{11.6-7}$$

第二类 T 形截面的平衡方程

$$f_{cd}bx + f_{cd}(b'_f - b)h'_f = f_{sd}A_s + f_{pd}A_p \tag{11.6-8}$$

$$\gamma_0 M_d \leqslant f_{cd}bx(h_0 - x/2) + f_{cd}(b'_f - b)h'_f(h_0 - h'_f/2) \tag{11.6-9}$$

估算时，先假定为第一类 T 形截面，首先由式(11.6-7)求得截面受压区高度 x，若所得 $x \leqslant h'_f$，则将其代入式(11.6-6)，求得受拉普通钢筋截面面积

$$A_s = \frac{f_{cd}b'_f x - f_{pd}A_p}{f_{sd}} \tag{11.6-10}$$

若求得的 $x > h'_f$，则需要由式(11.6-9)重新求 x。若所得 $x > h'_f$ 且 $x \leqslant \xi_b h_0$，则将其代入式(11.6-8)，求得受拉普通钢筋截面面积

$$A_s = \frac{f_{cd}bx + f_{cd}(b'_f - b)h'_f - f_{pd}A_p}{f_{sd}} \tag{11.6-11}$$

3. 最小配筋率的要求

为了保证预应力混凝土梁具有必要的塑性，《公路桥规》规定，预应力混凝土受弯构件的最小配筋率应满足下面条件：

$$\frac{M_{ud}}{M_{cr}} \geqslant 1.0 \tag{11.6-12}$$

式中 M_{ud}——受弯构件正截面抗弯承载力设计值；

M_{cr}——受弯构件正截面开裂弯矩值。

部分预应力混凝土受弯构件中普通受拉钢筋的截面面积，不应小于 $0.003bh_0$。

11.6.4 预应力钢筋的布置

1. 束界

以下讨论，假定预加力 N_p 沿梁长度方向不变，预加力 N_p 的作用点为预应力钢筋的截面重心（相当于截面仅仅在受拉区配置预应力钢筋而不存在其他钢筋）。

对于全预应力混凝土构件承受按抛物线分布的正弯矩作用，这时，为保证任意截面下缘拉应力为零，在支点截面，N_p 应位于上核心点，在跨中截面，N_p 必须位于截面下部且偏离重心轴足够的距离，将所有截面的这些位置相连形成一个抛物线，如图

11.6-2 中的 E_2。同样,为保证任意截面上缘拉应力为零,将所有截面的 N_p 作用点相连会形成图 11.6-2 中的 E_1。E_1、E_2 两条曲线所围成的区域,是预应力钢筋重心位置的变化范围,称作束界(或索界)。考虑到梁承受的弯矩值会有变化,实际上 E_1、E_2 分别对应于梁承受最小、最大弯矩的情况。

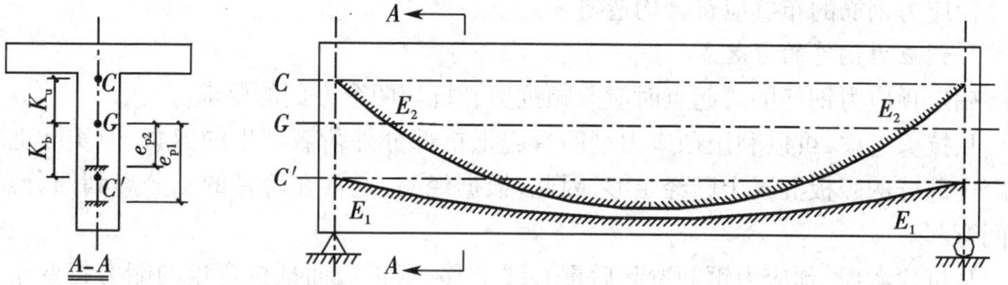

图 11.6-2　全预应力混凝土简支梁的束界图

下面对 E_1、E_2 两条曲线进行定量分析,由于是近似计算,截面特征均考虑为全截面。

预加应力阶段,为保证梁截面上缘不出现拉应力的条件为

$$\frac{N_{pI}}{A}-\frac{N_{pI}e_{p1}}{W_u}+\frac{M_{G1}}{W_u}\geqslant 0 \tag{11.6-13}$$

上式中,应力以压为正,e_{p1} 以位于截面重心轴以下为正;N_{pI} 为传力锚固时预加力的合力。

由此可得

$$e_{p1}\leqslant\frac{W_u}{A}+\frac{M_{G1}}{N_{pI}}=K_b+\frac{M_{G1}}{N_{pI}} \tag{11.6-14}$$

同理,在持久状况作用频遇组合下,为保证梁截面下缘不出现拉应力的条件为

$$e_{p2}\geqslant\frac{M_s}{\alpha N_{pI}}-K_u \tag{11.6-15}$$

上式中,α 为永存预加力与传力锚固时预加力的比值,可取 $\alpha=0.8$;e_{p2} 以位于截面重心轴以下为正。

由式(11.6-14)与式(11.6-15)可看出,E_1、E_2 曲线具有与 M_{G1}、M_s 相同的变化规律,因此也呈抛物线。预应力钢筋重心的位置应满足

$$\frac{M_s}{\alpha N_{pI}}-K_u\leqslant e_p\leqslant K_b+\frac{M_{G1}}{N_{pI}} \tag{11.6-16}$$

用式(11.6-16)检验预应力钢筋配置是否得当,简便而直观。

2. 预应力钢筋的布置原则

由前述可知,预应力钢筋的布置应使其重心线不超过束界范围,而且,按照弯矩图的形式弯曲。预应力钢筋由跨中向端部延伸弯起会产生预剪力,这对于抵消支点附近较大的外荷载剪力也是有利的。同时,预应力钢筋的弯起可使锚固点分散,亦有

利于改善端部局部承压条件。

预应力钢筋弯起的角度，应与所承受的剪力变化规律相配合。预应力钢筋弯起引起的预剪力 V_p 会抵消部分外荷载产生的剪力组合设计值 V_d 的一部分，将剩余的剪力绘制成图，作为配置抗剪钢筋的依据。

预应力钢筋的布置应符合构造要求。

3. 预应力钢筋的弯起点

确定预应力钢筋的弯起点时应兼顾抗剪和抗弯两个方面的要求。

从抗剪考虑，可以利用预应力钢筋弯起抵抗部分外荷载产生的剪力，但实际上，梁跨中部分的腹板混凝土已经足够，因此，根据经验，通常在跨径的三分点到四分点之间弯起。

从抗弯考虑，预应力钢筋弯起后重心线上移，其正截面抵抗弯矩的能力将变小；另外还要保证预应力钢筋弯起后斜截面的抗弯承载力不低于斜截面顶端所在位置的正截面抗弯承载力。

4. 预应力钢筋的弯起角度

预应力钢筋弯起产生向上作用的预剪力 $V_p = N_{pe}\sin\theta_p$（式中 θ_p 为预应力筋的弯起角）。如果弯起角度过大，只有恒载作用时，可能产生过大的向上剪力；若弯起角度过小，预剪力不足，在活载作用后可能产生过大的向下剪力。因此理论上最佳的设计是在恒载作用与恒活载共同作用的合成剪力绝对值相等，即 $|V_G - N_{pe}\sin\theta_p| = |V_G + V_Q - N_{pe}\sin\theta_p|$，从而 $N_{pe}\sin\theta_p = V_G + V_Q/2$。对于恒载较大的大跨径桥梁，按此确定的弯起角度值过大。

从减小张拉预应力钢筋时的摩阻力角度看，弯起角度不宜大于20°；对于弯出梁顶锚固的钢筋束，弯起角度常在25°~30°之间，应注意采取减小摩擦系数的措施。

5. 预应力钢筋弯起曲线的形状

预应力钢筋弯起的曲线可采用圆弧线、抛物线或悬链线三种形式。公路桥梁中多采用圆弧线。《公路桥规》规定，后张法预应力混凝土构件的曲线形预应力钢筋，其曲线半径不宜过小，应符合下列规定。

①钢筋束、钢绞线束的钢丝直径 $d \leqslant 5$ mm 时，不宜小于 4 m；钢丝直径 $d > 5$ mm 时，不宜小于 6 m。

②预应力螺纹钢筋，其直径 $d \leqslant 25$ mm 时，不宜小于 12 m；直径 $d > 25$ mm 时，不宜小于 15 m。

对于具有特殊用途的预应力钢筋（例如斜拉桥桥塔内围箍用的半圆形预应力钢筋，其半径在 1.5 m 左右），因采取特殊措施，可不受此限。

6. 预应力钢筋布置的具体要求

(1)后张法构件

后张法构件中，预应力钢筋管道的设置应符合下列要求。

①直线管道的净距不应小于 40 mm，且不宜小于管道直径的 0.6 倍；对于预埋金

属或塑料波纹和铁皮管,在竖直方向可将两管道叠置。

②曲线形预应力钢筋管道在曲线平面内相邻管道间的最小净距,按下式计算:

$$C_{in} \geqslant \frac{P_d}{0.266r\sqrt{f'_{cu}}} - \frac{d_s}{2} \tag{11.6-17}$$

式中 C_{in}——相邻两曲线管道外缘在曲线平面内净距,mm;

P_d——相邻两管道曲线半径较大的一根预应力钢筋的张拉力设计值,N,可取扣除锚圈口摩擦、钢筋回缩及计算截面处管道摩擦损失后的张拉力乘以 1.2;

r——相邻两管道曲线半径较大的一根预应力钢筋的曲线半径,$r = \frac{l}{2}(\frac{1}{4\beta} + \beta)$,$\beta$ 为曲线矢高 f 与弦长 l 之比;

f'_{cu}——预应力钢筋张拉时,混凝土的立方体抗压强度,MPa;

d_s——管道外缘直径,mm。

当上述计算结果小于其相应的直线管道外缘间距时,应取用直线管道最小外缘间净距。

③曲线形预应力钢筋管道在曲线平面外相邻管道间的最小净距,按下式计算:

$$C_{out} \geqslant \frac{P_d}{0.266\pi r\sqrt{f'_{cu}}} - \frac{d_s}{2} \tag{11.6-18}$$

④管道内径的截面面积不应小于 2 倍的预应力钢筋截面面积。

⑤按计算需要设计预拱度时,预留管道也应同时起拱。

⑥预留管道的混凝土保护层厚度,应符合下列要求:

普通钢筋和预应力直线形钢筋的最小混凝土保护层厚度(钢筋外缘或管道外缘至混凝土表面的距离)不应小于钢筋公称直径,后张法构件预应力直线形钢筋不应小于其管道直径的 1/2,且应符合附表 7 的要求。

对外形呈曲线形且布置有曲线预应力钢筋的构件(图 11.6-3),其曲线平面内的管道最小保护层厚度,应根据施加预应力时曲线预应力钢筋引起的压力,按式(11.6-17)计算。当计算得到的保护层厚度较大时,也可按直线管道设置最小保护层厚度,但此时应在管道曲线段弯曲平面内设置箍筋。箍筋单肢截面面积按下式计算:

$$A_{sv1} \geqslant \frac{P_d s_v}{2rf_{sv}} \tag{11.6-19}$$

曲线平面外的管道最小保护层厚度,按式(11.6-18)计算。

当上述计算结果小于附表 7 规定的直线管道保护层厚度时,应取为直线管道保护层厚度。

(2)先张法构件

对于先张法构件,宜采用钢绞线、螺旋肋钢丝作为预应力钢筋。

预应力钢绞线之间的净距不应小于其直径的 1.5 倍,对 7 股钢绞线且不应小于

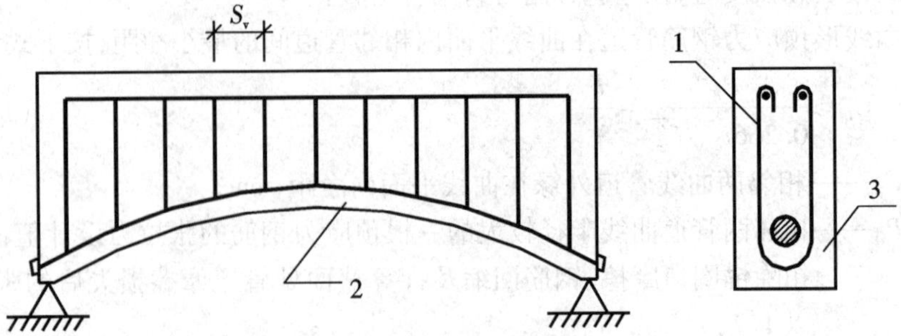

图 11.6-3 预应力钢筋曲线管道保护层

1—吊筋;2—曲线平面内保护层;3—曲线平面外保护层

25 mm。预应力钢丝之间的净距不应小于 15 mm。

先张法构件端部应采用以下局部加强措施:对单根预应力钢筋,构件端部应设置长度不小于 150 mm 的螺旋钢筋;对多根预应力钢筋,构件端部在 10 倍预应力钢筋直径范围内,应设 3 ~5 片钢筋网。

普通钢筋和预应力直线形钢筋的最小混凝土保护层厚度(钢筋外缘或管道外缘至混凝土表面的距离)不应小于钢筋公称直径,且应符合附表 7 的要求。

11.6.5 非预应力钢筋的布置

1. 箍筋

箍筋与弯起的预应力钢筋共同抗剪,应按计算确定箍筋数量(包括箍筋直径与间距)。在剪力较小区段,应按下列构造要求配置箍筋。

①预应力混凝土 T 形、I 形截面梁腹板内箍筋直径不小于 10 mm,箱梁腹板内箍筋直径不小于 12 mm,且均应采用带肋钢筋,间距不宜大于 200 mm,自支座中心起长度不小于一倍梁高范围内应采用闭合箍筋,间距不应大于 120 mm。

②在 T 形截面梁下部的“马蹄”内,应另设直径不小于 8 mm 的闭合式箍筋,间距不应大于 200 mm。此外,“马蹄”内尚应设直径不小于 12 mm 的定位钢筋。这是因为“马蹄”在预加应力阶段承受很大的预压应力,为防止混凝土横向变形过大和沿梁轴向发生纵向水平裂缝而予以加强。

2. 水平纵向辅助钢筋

预应力混凝土 T 形梁上有翼板,下有“马蹄”,在混凝土硬化和温度变化时,腹板的变形将受到翼缘与“马蹄”的约束,因而可能出现裂缝。梁的截面越高,就越容易出现裂缝。为了防止裂缝(严格讲不是防止裂缝产生,而是减小裂缝宽度),一般在腹板两侧设置水平纵向钢筋,通常称为防裂钢筋。这种钢筋宜采用小直径带肋钢筋网,紧贴箍筋布置在腹板的两侧,以增强与混凝土的黏结力,使裂缝的间距与宽度均减小。

3. 局部加强钢筋

对于局部受力较大的部位，应设置加强钢筋，如“马蹄”中的闭合式箍筋和梁端部锚固区的加强钢筋等。除此之外，梁底支座处亦应设置钢筋网加强。

4. 架立钢筋与定位钢筋

架立钢筋是用于支承箍筋的，一般采用直径 12 ~ 20 mm 的圆钢筋。定位钢筋用于固定预留孔道制孔器位置，常做成网格式。

11.6.6 锚具的防护

对于埋入梁体的锚具，在预加力完成后，其周围应设置构造钢筋与梁体连接，然后浇注封锚混凝土。封锚混凝土强度等级不应低于构件本身混凝土强度等级的 80%，且不应低于 C30。

11.7 预应力混凝土简支梁设计实例

11.7.1 设计资料

1. 跨度和桥面宽度

①标准跨径：16 m

②主梁全长：15.96 m

③计算跨径：15.56 m

④桥面净空：13 + 2 × 0.5 m（防撞护栏）

混凝土防撞护栏线荷载为 7.5 kN/m。

2. 技术标准

设计荷载：汽车荷载按公路 - I 级，不考虑人群荷载；I 类环境；安全等级二级。

3. 材料规格

（1）预应力钢筋

按先张法施工，采用 1 × 7 标准型低松弛钢绞线，其指标为：公称直径 15.20 mm，公称面积 139 mm^2，抗拉强度标准值 f_{pk} = 1 860 MPa，张拉控制应力取为 0.65f_{pk}，抗拉强度设计值 f_{pd} = 1 260 MPa，弹性模量 $E_p = 1.95 \times 10^5$ MPa，相对界限受压区高度 ξ_b = 0.4。

（2）普通钢筋

纵向抗拉普通钢筋采用 HRB400，其指标为：抗拉强度标准值 f_{sk} = 400 MPa，抗拉强度设计值 f_{sd} = 330 MPa，弹性模量 $E_s = 2.0 \times 10^5$ MPa，相对界限受压区高度 ξ_b = 0.53。

箍筋及构造钢筋亦采用 HRB400 钢筋。

(3)混凝土

主梁采用 C50 混凝土,其指标为:抗压强度标准值 $f_{ck}=32.4\text{MPa}$,抗拉强度标准值 $f_{tk}=2.65\ \text{MPa}$,抗压强度设计值 $f_{cd}=22.4\ \text{MPa}$,弹性模量 $E_c=3.45\times10^4\ \text{MPa}$。

4. 主梁内力

考虑了荷载横向分布之后,得到的作用效应如表 11.7-1 所示。

表 11.7-1 作用效应组合表

序号	荷载类别	跨中截面		四分点截面		支点截面
		M_{max}	V_{max}	M_{max}	V_{max}	V_{max}
①	一期恒载	433.17	0.00	324.88	55.68	111.36
②	二期恒载	251.93	0.00	188.95	32.38	64.76
③	汽车作用(不计冲击)	333.41	43.36	250.05	69.36	143.32
④	汽车作用(计入冲击)	423.43	55.07	317.57	88.09	182.02
⑤	基本组合	1414.93	77.10	1061.20	229.00	466.17
⑥	标准组合	1108.53	55.07	831.40	176.15	358.14
⑦	频遇组合	918.49	30.35	688.87	136.61	276.44
⑧	准永久组合	818.47	17.34	613.85	115.81	233.45

注:(1)表中弯矩单位为 kN · m,剪力单位为 kN;

(2)冲击系数 $\mu=0.270$。

5. 设计要求

初步拟定的梁截面如图 11.7-1 所示,要求依据《公路桥规》的要求,按照部分预应力 A 类构件设计该梁。

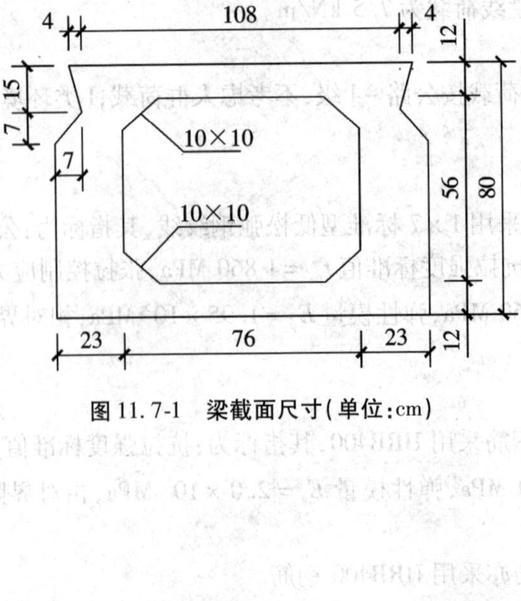

图 11.7-1 梁截面尺寸(单位:cm)

11.7.2　主梁全截面几何特征

1. 截面面积

$$A = 122\times 80 - 76\times 56 + 4\times 10\times 10/2 - 2\times[(3+7)\times 15/2 + 7\times 7/2]$$
$$= 5\ 505\ \text{cm}^2$$

2. 截面重心轴位置

截面上部空缺造成重心轴下移，自距离截面上缘 $h/2$ 位置下移的距离为

$$\frac{\Delta S}{A} = \frac{[7\times 7/2\times(40-15-7/3) + 15\times 3\times(40-15/2) + 4\times 15/2\times(40-15\times 2/3)]}{5\ 505}$$
$$= \frac{5\ 835.667}{5\ 505}$$
$$= 1.06\ \text{cm}$$

即，重心轴距离截面上缘 $40 + 1.06 = 41.06$ cm。

铰缝重心轴至 $h/2$ 位置的距离

$$\frac{5\ 835.667}{2\times(7\times 7/2 + 15\times 3 + 4\times 15/2)} = 29.325\ \text{cm}$$

3. 截面对重心轴的惯性矩

边长为 10 cm 的等腰直角三角形对自身重心轴的惯性矩为 $277.78\ \text{cm}^4$，铰缝对自身重心轴的惯性矩为 $2\times 2\ 838.91 = 5\ 677.82\ \text{cm}^4$。

$$I = \frac{122\times 80^3}{12} + 122\times 80\times 1.06^2 - \left(\frac{76\times 56^3}{12} + 76\times 56\times 1.06^2\right)$$
$$+ 4\times 277.78 + 2\times 50\times[(28-10/3+1.06)^2 + (28-10/3-1.06)^2]$$
$$- 199\times(29.325+1.06)^2 - 5\ 677.82$$
$$= 4.033\times 10^6\ \text{cm}^4$$

11.7.3　钢筋面积估算与布置

1. 预应力钢筋截面面积估算与布置

为满足抗裂要求，所需的有效预加力

$$N_{pe} \geqslant \frac{M_s/W - 0.7f_{tk}}{\dfrac{1}{A} + \dfrac{e_p}{W}}$$

由于是估算，所以，上式中的截面特征可近似取为全截面的特征。取 a_p = 45 mm，则

$$e_p = 400 - 10.6 - 45 = 344.4\ \text{mm}$$
$$W = 4.033\times 10^9/(400-10.6) = 1.035\ 7\times 10^8\ \text{mm}^3$$

于是

$$N_{pe} \geqslant \frac{\frac{918.49\times10^{6}}{1.0357\times10^{8}}-0.7\times2.65}{\frac{1}{5505\times10^{2}}+\frac{344.4}{1.0357\times10^{8}}}=1363.97\times10^{3}\text{ N}$$

预应力损失按张拉控制应力的20%估算，则所需预应力钢绞线的面积

$$A_p=\frac{N_{pe}}{\sigma_{con}-\sigma_l}=\frac{1363.97\times10^{3}}{(1-0.20)\times0.65\times1860}=1410\text{ mm}^2$$

采用12根$\phi^s15.2$预应力钢筋，可提供的截面面积$12\times139=1668\text{ mm}^2$。预应力钢筋沿跨长直线布置，钢绞线重心距离下缘距离取为45 mm，如图11.7-2所示。

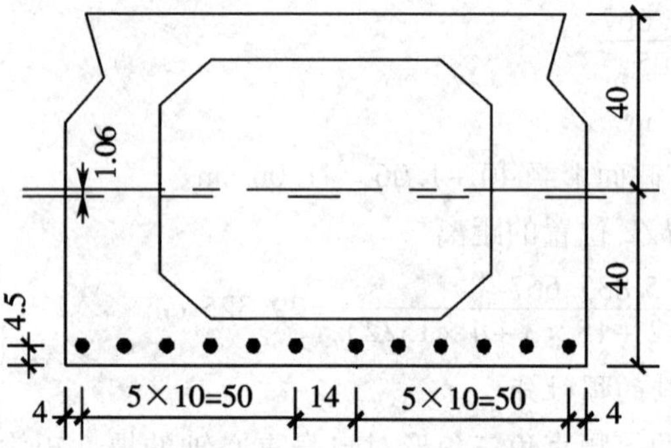

图 11.7-2 截面预应力钢筋布置(单位:cm)

2. 普通钢筋数量的确定及布置

非预应力钢筋数量依据正截面抗弯承载力确定。

将空心板等效成工形截面，有

$$2b_kh_k=76\times56-4\times10\times10/2=4056$$

$$2\times\frac{b_kh_k^3}{12}=76\times56^3/12-4\times277.78-4\times10\times10/2\times(28-10/3)^2$$
$$=494717.33$$

解方程得到$b_k=37.5$ cm，$h_k=54.1$ cm。于是，可得等效后的尺寸如图11.7-3所示。

设预应力钢筋与非预应力钢筋合力点到截面底边的距离为45 mm，$h_0=800-45=755$ mm。假定为第一类T形截面，则

$$\gamma_0M_d=f_{cd}b_f'x\left(h_0-\frac{x}{2}\right)$$

$$1.0\times1414.93\times10^{6}=22.4\times1220x\left(755-\frac{x}{2}\right)$$

解之得$x=72.0\text{ mm}<h_f'=129.5\text{ mm}$且$<\xi_bh_0=0.4\times755=302$ mm，故

$$A_s=\frac{f_{cd}b_f'x-f_{pd}A_p}{f_{sd}}=\frac{22.4\times1220\times72.0-1260\times1668}{330}<0$$

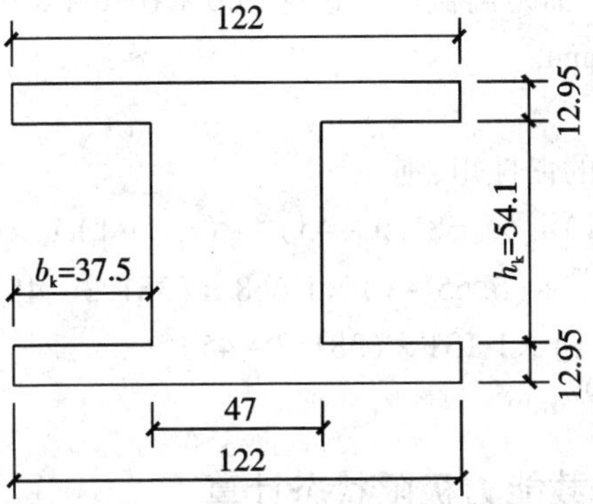

图 11.7-3　等效工形截面(单位:cm)

以上计算表明,只需要按照构造要求配筋。规范规定部分预应力混凝土受弯构件中普通受拉钢筋的截面面积不应小于 $0.003bh_0 = 0.003 \times 470 \times 755 = 1\ 065\ \mathrm{mm}^2$,今采用10 ⌀ 12,可提供钢筋截面面积 $1\ 131\ \mathrm{mm}^2$。普通钢筋布置如图 11.7-4 所示。

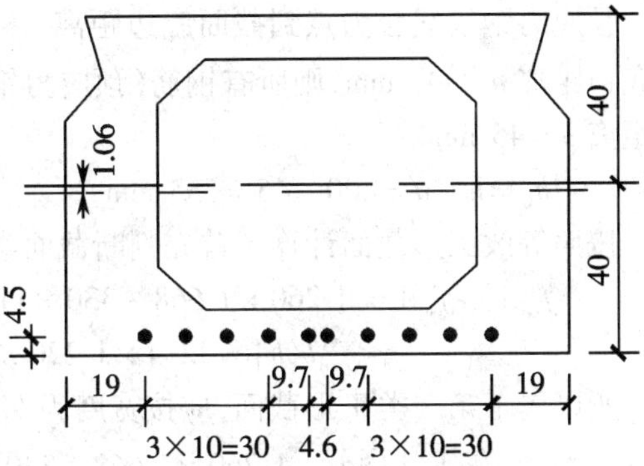

图 11.7-4　截面普通钢筋布置(单位:cm)

11.7.4　换算截面几何特征

1. 换算截面面积

$$\alpha_{Ep} = \frac{1.95 \times 10^5}{3.45 \times 10^4} = 5.65, \alpha_{Es} = \frac{2.0 \times 10^5}{3.45 \times 10^4} = 5.80$$

$$\begin{aligned} A_0 &= A + (\alpha_{Ep} - 1)A_p + (\alpha_{Es} - 1)A_s \\ &= 550\ 500 + (5.65 - 1) \times 1\ 668 + (5.80 - 1) \times 1\ 131 \\ &= 563\ 685\ \mathrm{mm}^2 \end{aligned}$$

2. 换算截面重心

预应力钢筋与非预应力钢筋换算截面对空心板毛截面重心轴的面积矩

$$\begin{aligned} S &= (\alpha_{Ep} - 1)A_p(400 - 10.6 - 45) + (\alpha_{Es} - 1)A_s(400 - 10.6 - 45) \\ &= (5.65 - 1) \times 1668 \times (400 - 10.6 - 45) + (5.80 - 1) \times 1131 \times (400 - 10.6 - 45) \\ &= 4\ 540\ 914\ \mathrm{mm}^3 \end{aligned}$$

钢筋使得重心轴下移

$$\frac{4\ 540\ 914}{563\ 685} = 8.1\ \mathrm{mm}$$

于是，换算截面重心轴距离截面上边缘 400 + 10.6 + 8.1 = 418.7 mm，距离下边缘 800 − 418.7 = 381.3 mm。

3. 换算截面惯性矩

忽略钢筋对自身轴的惯性矩，则

$$
\begin{aligned}
I_0 &= I + (\alpha_{Ep} - 1)A_p \times (381.3 - 45)^2 + (\alpha_{Es} - 1)A_s \times (381.3 - 45)^2 \\
&= 4.033 \times 10^{10} + (5.65 - 1) \times 1\,668 \times (381.3 - 45)^2 \\
&\quad + (5.80 - 1) \times 1\,131 \times (381.3 - 45)^2 \\
&= 4.182 \times 10^{10}\ \text{mm}^4
\end{aligned}
$$

11.7.5 持久状况承载能力极限状态计算

1. 跨中截面正截面承载力计算

预应力钢绞线合力点到截面底边距离 $a_p = 45$ mm，非预应力钢筋的合力点到截面底边距离 $a_s = 45$ mm，则所有钢筋（预应力钢筋和非预应力钢筋）合力点到截面底边距离 $a = 45$ mm。

$$h_0 = h - a = 800 - 45 = 755\ \text{mm}$$

按照等效工形截面计算。首先判断截面类型：

$$
\begin{aligned}
f_{pd}A_p + f_{sd}A_s &= 1\,260 \times 1\,668 + 330 \times 1131 = 2\,474\,910\ \text{N} \\
&< f_{cd}b_f'h_f' = 22.4 \times 1\,220 \times 129.5 = 3\,538\,976\ \text{N}
\end{aligned}
$$

所以属于第一类 T 形截面，应按宽度为 b_f' 的矩形截面计算其承载能力。

$$
\begin{aligned}
x &= \frac{f_{pd}A_p + f_{sd}A_s}{f_{cd}b_f'} = \frac{1\,260 \times 1\,668 + 330 \times 1\,131}{22.4 \times 1\,220} = 90.6\ \text{mm} \\
&\leqslant \xi_b h_0 = 0.4 \times 755 = 302\ \text{mm}
\end{aligned}
$$

$$
\begin{aligned}
M_u &= f_{cd}b_f'x\left(h_0 - \frac{x}{2}\right) = 22.4 \times 1\,220 \times 90.6 \times \left(755 - \frac{90.6}{2}\right) \\
&= 1\,757.2 \times 10^6\ \text{N} \cdot \text{mm} > \gamma_0 M_d = 1\,414.93\ \text{kN} \cdot \text{m}
\end{aligned}
$$

可见，跨中截面的抗弯承载力满足要求。

2. 斜截面抗剪承载力计算

（1）截面抗剪上、下限复核

截面尺寸应满足下式要求：

$$\gamma_0 V_d \leqslant 0.51 \times 10^{-3}\sqrt{f_{cu,k}}\,bh_0\ (\text{kN})$$

由于支点处截面剪力值最大，故对该截面进行截面尺寸的验算。

$$
\begin{aligned}
0.51 \times 10^{-3}\sqrt{f_{cu,k}}\,bh_0 &= 0.51 \times 10^{-3}\sqrt{50} \times 470 \times 755 = 1\,279.68\ \text{kN} \\
&> \gamma_0 V_d = 466.17\ \text{kN}
\end{aligned}
$$

满足要求。

选取距支点 $h/2$ 处截面判断是否需要按计算配置箍筋。距支点 $h/2 = 400$ mm 处截面的剪力，可按照内插法求得：

$$V_{\rm d}=466.17-\frac{466.17-77.10}{15\ 560/2}\times400=446.17\ \rm kN$$

$$1.25\times0.5\times10^{-3}\alpha_2 f_{\rm td}bh_0=1.25\times0.5\times10^{-3}\times1.25\times1.83\times470\times755$$
$$=507.32\ {\rm kN}<\gamma_0 V_{\rm d}=446.17\ \rm kN$$

所以，只需要按照构造要求配置腹筋即可。

(2)腹筋设计

箍筋选用双肢箍 2 ⌀ 10，在支座中心向跨中方向 800 mm 范围内箍筋间距取为 100 mm，其他梁段箍筋间距取为 200 mm。此时，在间距 200 mm 梁段，配箍率

$$\rho_{\rm sv}=\frac{A_{\rm sv}}{bS_{\rm v}}=\frac{157}{470\times200}=0.167\%>0.12\%$$

(3)斜截面抗剪承载力复核

依据规范要求，需要对距支点 $h/2$ 截面和箍筋间距改变截面进行斜截面抗剪承载力复核。这里仅对距支点 $h/2$ 截面进行复核。

依据规范，此时应满足以下要求：

$$\gamma_0 V_{\rm d}\leqslant V_{\rm cs}+V_{\rm pb}$$

$$V_{\rm cs}=\alpha_1\alpha_2\alpha_3 0.45\times10^{-3}bh_0\sqrt{(2+0.6P)\sqrt{f_{\rm cu,k}}\rho_{\rm sv}f_{\rm sv}}$$

由于预应力钢筋呈直线布置，因此，对抗剪没有贡献，$V_{\rm pb}=0$。与斜裂缝相交的箍筋配筋率偏于安全按照间距 200 mm 计算，则 $\rho_{\rm sv}=0.167\%$。h_0 没有变化，为 755 mm。

$$\rho=\frac{A_{\rm s}+A_{\rm p}}{bh_0}=\frac{1\ 668+1\ 131}{470\times755}=0.789\%$$

$$V_{\rm cs}=1.0\times1.25\times1.1\times0.45\times10^{-3}\times470$$
$$\times755\sqrt{(2+0.6\times0.789)\sqrt{50}\times0.001\ 67\times330}$$
$$=681.7\ \rm kN$$

$V_{\rm d}$应取斜截面受压端的剪力，今偏于安全取距支点 $h/2$ 截面剪力，为 446.17 kN，则 $\gamma_0 V_{\rm d}=446.17\ {\rm kN}<V_{\rm cs}=681.7\ \rm kN$。

可见，抗剪承载力满足要求。

11.7.6　预应力损失计算

张拉控制应力 $\sigma_{\rm con}=0.65f_{\rm pk}=0.65\times1\ 860=1\ 209\ \rm MPa$。

1. 锚具变形、钢筋回缩引起的损失 σ_{l2}

台座长 50 m，一端张拉，采用夹片式锚具，有顶压时，引起的 σ_{l2}：

$$\sigma_{l2}=\frac{\sum\Delta l}{l}E_{\rm p}=\frac{4}{50\times10^3}\times1.95\times10^5=15.6\ \rm MPa$$

2. 预应力钢筋与台座温差引起的损失 σ_{l3}

若温差为 15℃，则

$$\sigma_{l3} = 2(t_2 - t_1) = 2 \times 15 = 30\ \text{MPa}$$

3. 钢筋松弛引起的损失 σ_{l5}

本算例采用一次张拉，$\psi = 1.0$；低松弛钢绞线，$\zeta = 0.3$。

$$\sigma_{pe} = \sigma_{con} - \sigma_{l2} = 1\ 209 - 15.6 = 1\ 193.4\ \text{MPa}$$

$$\begin{aligned}\sigma_{l5} &= \psi\zeta\left(0.52\frac{\sigma_{pe}}{f_{pk}} - 0.26\right)\sigma_{pe} \\ &= 1.0 \times 0.3 \times \left(0.52 \times \frac{1\ 193.4}{1\ 860} - 0.26\right) \times 1\ 193.4 \\ &= 26.36\ \text{MPa}\end{aligned}$$

4. 混凝土弹性压缩引起的损失 σ_{l4}

预应力钢筋与非预应力钢筋的合力：

$$\begin{aligned}(\sigma_{con} - \sigma_{l2} - \sigma_{l3} - 0.5\sigma_{l5})A_p &= (1\ 209 - 15.6 - 30 - 0.5 \times 26.36) \times 1\ 668 \\ &= 1\ 918\ 567\ \text{N}\end{aligned}$$

在预应力钢筋重心处引起的混凝土压应力：

$$\sigma_{pc} = \frac{1\ 918\ 567}{563\ 685} + \frac{1\ 918\ 567 \times (381.3 - 45)}{4.182 \times 10^{10}/(381.3 - 45)} = 8.59\ \text{MPa}$$

$$\sigma_{l4} = \alpha_{Ep}\sigma_{pc} = 5.65 \times 8.59 = 48.53\ \text{MPa}$$

5. 混凝土收缩、徐变损失 σ_{l6}

σ_{l6}按照下式计算：

$$\sigma_{l6} = \frac{0.9(E_p\varepsilon_{cs}(t,t_0) + \alpha_{Ep}\sigma_{pc}\phi(t,t_0))}{1 + 15\rho\rho_{ps}}$$

混凝土徐变系数终极值和收缩应变终极值应由表 10.4-4 查到。

构件与大气接触截面周边长度

$$u = 2 \times (122 + 80) + 2 \times (36 + 56) + 4\sqrt{2} \times 10 = 644.57\ \text{cm}$$

$$h = \frac{2A}{u} = \frac{2 \times 5\ 505}{644.57} = 17.08\ \text{cm}$$

假设传力锚固时龄期为 7 d，所处大气相对湿度 80%，则查表 11.4-4 得到

$$\varepsilon_{cs}(t,t_0) = \left[0.30 - \frac{0.30 - 0.26}{200 - 100} \times (170.8 - 100)\right] \times 10^{-3} = 0.272 \times 10^{-3}$$

$$\phi(t,t_0) = 2.32 - \frac{2.32 - 2.15}{200 - 100} \times (170.8 - 100) = 2.200$$

预应力钢筋与非预应力钢筋的合力：

$$\begin{aligned}&(\sigma_{con} - \sigma_{ll} + \sigma_{l4})A_p \\ &= (\sigma_{con} - \sigma_{l2} - \sigma_{l3} - 0.5\sigma_{l5})A_p \\ &= (1\ 209 - 15.6 - 30 - 0.5 \times 26.36) \times 1\ 668 \\ &= 1\ 918\ 567\ \text{N}\end{aligned}$$

$$\sigma_{pc}=\frac{1\ 918\ 567}{563\ 685}+\frac{1\ 918\ 567\times(381.3-45)}{4.182\times10^{10}/(381.3-45)}=8.59\ \text{MPa}$$

考虑到混凝土收缩、徐变持续的时间很长，因此，宜考虑全部自重的影响。自重在截面的预应力筋合力点位置产生拉应力，会对上面计算出的 σ_{pc} 有一部分抵消作用。

跨中截面：

$$\sigma_t=\frac{(433.17+251.93)\times10^6}{4.182\times10^{10}}\times(381.3-45)=5.51\ \text{MPa}$$

$l/4$ 截面：

$$\sigma_t=\frac{(324.88+188.95)\times10^6}{4.182\times10^{10}}\times(381.3-45)=4.13\ \text{MPa}$$

支点截面：

$$\sigma_t=0$$

于是，叠加之后的 σ_{pc} 结果如下。

跨中截面：

$$\sigma_{pc}=8.59-5.51=3.08\ \text{MPa}$$

$l/4$ 截面：

$$\sigma_{pc}=8.59-4.13=4.46\ \text{MPa}$$

支点截面：

$$\sigma_{pc}=8.59\ \text{MPa}$$

$$\rho_{ps}=1+\frac{e_{ps}^2}{i^2}=1+\frac{(381.3-45)^2}{4.182\times10^{10}/563\ 685}=2.524$$

$$\rho=\frac{A_s+A_p}{A_0}=\frac{1\ 131+1\ 668}{563\ 685}=0.496\%$$

于是，跨中截面：

$$\sigma_{l6}=\frac{0.9(E_p\varepsilon_{cs}(t,t_0)+\alpha_{Ep}\sigma_{pc}\phi(t,t_0))}{1+15\rho\rho_{ps}}$$

$$=\frac{0.9\times(1.95\times10^5\times0.272\times10^{-3}+5.65\times3.08\times2.2)}{1+15\times0.496\%\times2.524}$$

$$=69.20\ \text{MPa}$$

$l/4$ 截面：$\sigma_{l6}=\dfrac{0.9\times(1.95\times10^5\times0.272\times10^{-3}+5.65\times4.46\times2.2)}{1+15\times0.496\%\times2.524}$

$$=82.19\ \text{MPa}$$

支点截面：$\sigma_{l6}=\dfrac{0.9\times(1.95\times10^5\times0.272\times10^{-3}+5.65\times8.59\times2.2)}{1+15\times0.496\%\times2.524}$

$$=121.09\ \text{MPa}$$

6. 预应力损失组合

(1)第一批预应力损失：

$$\sigma_{l1}=\sigma_{l2}+\sigma_{l3}+\sigma_{l4}+0.5\sigma_{l5}=15.6+30+48.53+0.5\times26.36$$
$$=107.31\ \text{MPa}$$

(2)全部预应力损失

$$\sigma_l=\sigma_{l2}+\sigma_{l3}+\sigma_{l4}+\sigma_{l5}+\sigma_{l6}$$

跨中截面：

$$\sigma_l=107.31+0.5\times26.36+69.20=189.69\ \text{MPa}$$

$l/4$ 截面：

$$\sigma_l=107.31+0.5\times26.36+82.19=202.68\ \text{MPa}$$

支点截面：

$$\sigma_l=107.31+0.5\times26.36+121.09=241.58\ \text{MPa}$$

(3)各截面有效预应力

$$\sigma_{pe}=\sigma_{con}-\sigma_l$$

跨中截面：

$$\sigma_{pe}=1\,209-189.69=1\,019.31\ \text{MPa}$$

$l/4$ 截面：

$$\sigma_{pe}=1\,209-202.68=1\,006.32\ \text{MPa}$$

支点截面：

$$\sigma_{pe}=1\,209-241.58=967.42\ \text{MPa}$$

11.7.7 正常使用极限状态计算

1. 抗裂性验算

(1)正截面抗裂性验算

1)作用频遇组合下抗裂性

对跨中截面受拉边缘纤维计算，应满足 $\sigma_{st}-\sigma_{pc}\leqslant0.7f_{tk}$。

$$\sigma_{st}=\frac{M_s}{I_0}y_0=\frac{918.49\times10^6}{4.182\times10^{10}}\times381.3=8.37\ \text{MPa}$$

$$N_{p0}=\sigma_{p0}A_p-\sigma_{l6}A_s=(\sigma_{con}-\sigma_l+\sigma_{l4})A_p-\sigma_{l6}A_s$$
$$=(1\,209-189.69+48.53)\times1\,668-69.20\times1\,131$$
$$=1\,702\,892\ \text{N}$$

$$\sigma_{pc}=\frac{N_{p0}}{A_0}+\frac{N_{p0}e_{p0}}{I_0}y_0=\frac{1\,702\,892}{563\,685}+\frac{1\,702\,892\times(381.3-45)}{4.182\times10^{10}}\times381.3$$
$$=8.24\ \text{MPa}$$

$$\sigma_{st}-\sigma_{pc}=8.37-8.24=0.13\ \text{MPa}<0.7f_{tk}=0.7\times2.65=1.855\ \text{MPa}$$

可见，在作用频遇组合作用下，正截面抗裂性满足要求。

2)作用准永久组合下抗裂性

对跨中截面受拉边缘纤维计算,应满足 $\sigma_{lt}-\sigma_{pc}\leqslant 0$。

$$\sigma_{lt}=\frac{M_l}{I_0}y_0=\frac{818.47\times10^6}{4.182\times10^{10}}\times381.3=7.46\ \text{MPa}$$

$$\sigma_{lt}-\sigma_{pc}=7.46-8.24=-0.78\ \text{MPa}<0$$

可见,在作用准永久组合作用下,正截面抗裂性满足要求。

(2)斜截面抗裂性验算

斜截面抗裂性验算应选择剪力和弯矩都较大的截面进行,对这个选定的截面,再选择剪应力和正应力都较大的位置。对于本例中的空心板,应分别计算 1—1 纤维处(孔洞顶面)、2—2 纤维处(换算截面重心轴)、3—3 纤维处(孔洞底面)。下面仅以 $l/4$ 截面 2—2 纤维处为例进行计算。

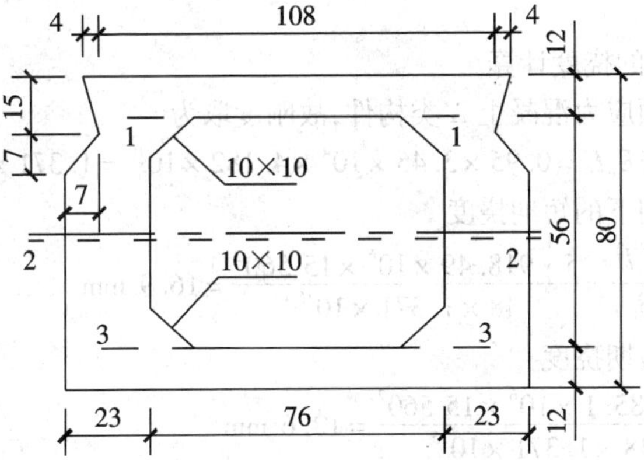

图 11.7-5　斜截面抗裂性验算位置(单位:cm)

规范要求在频遇组合作用下的主拉应力,应满足

$$\sigma_{tp}=\frac{\sigma_{cx}}{2}-\sqrt{\left(\frac{\sigma_{cx}}{2}\right)^2+\tau^2}\leqslant 0.7f_{tk}$$

由于为重心轴位置,故

$$\sigma_{cx}=\sigma_{pc}+\frac{M_s}{I_0}y=\sigma_{pc}$$

对于 $l/4$ 截面,预应力钢筋与非预应力钢筋的合力

$$\begin{aligned}N_{p0}&=\sigma_{p0}A_p-\sigma_{l6}A_s=(\sigma_{con}-\sigma_l+\sigma_{l4})A_p-\sigma_{l6}A_s\\&=(1\ 209-202.68+48.53)\times1\ 668-82.19\times1\ 131\\&=1\ 666\ 533\ \text{N}\end{aligned}$$

$$\sigma_{pc}=\frac{N_{p0}}{A_0}+\frac{N_{p0}e_{p0}}{I_0}y_0=\frac{1\ 666\ 533}{563\ 685}+0=2.96\ \text{MPa}$$

于是

$\sigma_{cx}=\sigma_{pc}=2.96$ MPa(压应力)

2—2 纤维以下截面对换算截面重心轴的面积矩

$$S_0=1\ 220\times418.7^2/2-760\times(280+18.7)^2/2$$
$$+2\times100^2/2\times(280+18.7-100/3)$$
$$=75\ 688\ 335\ \text{mm}^3$$

$$\tau=\frac{V_sS_0}{bI_0}=\frac{136.61\times10^3\times75\ 688\ 335}{470\times4.182\times10^{10}}=0.53\ \text{MPa}$$

$$\sigma_{tp}=\frac{\sigma_{cx}}{2}-\sqrt{\left(\frac{\sigma_{cx}}{2}\right)^2+\tau^2}=\frac{2.96}{2}-\sqrt{\left(\frac{2.96}{2}\right)^2+0.53^2}=-0.092\ \text{MPa(拉应力)}$$

$$0.092\ \text{MPa}<0.7f_{tk}=0.7\times2.65=1.855\ \text{MPa}$$

可见,斜截面抗裂性满足要求。

2. 变形计算

(1)使用阶段的挠度计算

由于是部分预应力混凝土 A 类构件,故刚度取为

$$B_0=0.95E_cI_0=0.95\times3.45\times10^4\times4.182\times10^{10}=1.371\times10^{15}\ \text{N}\cdot\text{mm}^2$$

频遇组合作用下的短期挠度

$$f_s=\frac{5}{48}\frac{M_sl^2}{B_0}=\frac{5\times918.49\times10^6\times15\ 560^2}{48\times1.371\times10^{15}}=16.9\ \text{mm}$$

自重产生的短期挠度

$$f_G=\frac{5\times685.1\times10^6\times15\ 560^2}{48\times1.371\times10^{15}}=12.6\ \text{mm}$$

C50 混凝土,挠度长期增长系数

$$\eta_\theta=1.45-\frac{1.45-1.35}{80-40}\times(50-40)=1.425$$

扣除自重影响后的长期挠度

$$f_l=\eta_\theta(f_s-f_G)=1.425\times(16.9-12.6)=6.1\ \text{mm}$$
$$<l/600=15\ 560/600=25.9\ \text{mm}$$

挠度值满足要求。

(2)反拱值计算与预拱度设置

假设放松预应力筋时,混凝土强度达到 C45。这时,需要重新计算截面特征。

1)换算截面面积

$$\alpha_{Ep}=\frac{1.95\times10^5}{3.35\times10^4}=5.82,\alpha_{Es}=\frac{2.0\times10^5}{3.35\times10^4}=5.97$$

$$A_0=A+(\alpha_{Ep}-1)A_p+(\alpha_{Es}-1)A_s$$
$$=550\ 500+(5.82-1)\times1\ 668+(5.97-1)\times1\ 131$$
$$=564\ 161\ \text{mm}^2$$

2）换算截面重心

预应力钢筋与非预应力钢筋换算截面对空心板毛截面重心轴的面积矩

$$\begin{aligned} S &= (\alpha_{Ep} - 1)A_p(400 - 10.6 - 45) + (\alpha_{Es} - 1)A_s(400 - 10.6 - 45) \\ &= (5.82 - 1) \times 1\,668 \times (400 - 10.6 - 45) \\ &\quad + (5.97 - 1) \times 1\,131 \times (400 - 10.6 - 45) \\ &= 4\,704\,790\ \text{mm}^3 \end{aligned}$$

钢筋使得重心轴下移

$$\frac{4\,704\,790}{564\,161} = 8.3\ \text{mm}$$

于是，换算截面重心轴距离截面上边缘 400 + 10.6 + 8.3 = 418.9 mm，距离下边缘 800 − 418.9 = 381.1 mm。

3）换算截面惯性矩

忽略钢筋对自身轴的惯性矩，则

$$\begin{aligned} I_0 &= I + (\alpha_{Ep} - 1)A_p \times (381.3 - 45)^2 + (\alpha_{Es} - 1)A_s \times (381.3 - 45)^2 \\ &= 4.033 \times 10^{10} + (5.82 - 1) \times 1\,668 \times (381.1 - 45)^2 \\ &\quad + (5.97 - 1) \times 1\,131 \times (381.1 - 45)^2 \\ &= 4.187 \times 10^{10}\ \text{mm}^4 \end{aligned}$$

放松钢筋产生预加力时的抗弯刚度

$$B_0 = 0.95E_cI_0 = 0.95 \times 3.35 \times 10^4 \times 4.187 \times 10^{10} = 1.333 \times 10^{15}\ \text{N} \cdot \text{mm}^2$$

预加力产生的弯矩认为沿梁纵向均相等，且取为 $l/4$ 截面的值。依据规范，预加力按扣除全部预应力损失考虑。

$$\begin{aligned} N_{p0} &= (\sigma_{con} - \sigma_l + \sigma_{l4})A_p - \sigma_{l6}A_s = (1\,209 - 202.68 + 48.53) \times 1\,668 - 82.19 \\ &\quad \times 1\,131 \\ &= 1\,666\,533\ \text{N} \end{aligned}$$

$$M_{p0} = N_{p0}e_{p0} = 1\,666\,533 \times (381.1 - 45) = 5.601 \times 10^8\ \text{N} \cdot \text{mm}$$

依据图乘法，预加力引起的长期反拱值

$$f_p = -\eta_\theta \frac{2\omega_{l/2} \cdot M_{p0}}{B_0}$$

其中，$\omega_{l/2} = \dfrac{l^2}{16}$，为跨中作用单位力时半跨三角形弯矩图的面积。故

$$f_p = -2.0 \times \frac{2 \times 15\,600^2/16 \times 5.601 \times 10^8}{1.333 \times 10^{15}} = -25.6\ \text{mm}$$

由于预加力产生的长期反拱值 25.6 mm > $\eta_\theta f_s$ = 24.1 mm，故可不设预拱度。

11.7.8　持久状况的应力验算

1. 跨中截面混凝土法向压应力

依据规范，使用阶段预应力混凝土受弯构件正截面混凝土的压应力，对于未开裂

构件,应满足

$$\sigma_{kc}+\sigma_{pt}\leqslant 0.5f_{ck}$$

对于跨中截面,有

$$N_{p0}=(\sigma_{con}-\sigma_l+\sigma_{l4})A_p-\sigma_{l6}A_s=(1\ 209-189.69+48.53)\times 1\ 668-69.20\times 1\ 131$$

$$=1\ 702\ 892\ \text{N}$$

$$\sigma_{pt}=\frac{1\ 702\ 892}{563\ 685}-\frac{1\ 702\ 892\times(381.3-45)}{4.182\times 10^{10}}\times 418.7=-2.71\ \text{MPa}$$

$$\sigma_{kc}=\frac{M_k}{I_0}y=\frac{1\ 108.54\times 10^6}{4.182\times 10^{10}}\times 418.7=11.10\ \text{MPa}$$

$$\sigma_{kc}+\sigma_{pt}=11.10-2.71=8.39\ \text{MPa}<0.5f_{ck}=0.5\times 32.4=16.2\ \text{MPa}$$

2. 跨中截面预应力钢筋拉应力

预应力钢筋的拉应力,对于未开裂构件中的钢绞线,应满足

$$\sigma_{pe}+\sigma_p\leqslant 0.65f_{pk}$$

对于跨中截面

$$\sigma_{pe}=1\ 019.31\ \text{MPa}$$

$$\sigma_p=5.65\times\frac{1\ 108.53\times 10^6}{4.182\times 10^{10}}\times(381.3-45)=50.4\ \text{MPa}$$

$$\sigma_{pe}+\sigma_p=1\ 019.31+50.4=1\ 069.71\ \text{MPa}<0.65f_{pk}=1\ 209\ \text{MPa}$$

3. 斜截面主应力

同斜截面抗裂验算类似,所不同的是,应取用荷载的标准值,要求混凝土主压应力应满足 $\sigma_{cp}\leqslant 0.6f_{ck}$。

选取支点截面的2—2纤维处进行验算。

$$\sigma_{cxk}=\sigma_{pc}+\frac{M_k}{I_0}y=\sigma_{pc}=2.96\ \text{MPa(压应力)}$$

2—2纤维以下截面对换算截面重心轴的面积矩

$$S_0=1\ 220\times 418.7^2/2-760\times(280+18.7)^2/2+2\times 100^2/2\times(280+18.7-100/3)$$

$$=75\ 688\ 335\ \text{mm}^3$$

$$\tau=\frac{V_kS_0}{bI_0}=\frac{358.14\times 10^3\times 75\ 688\ 335}{470\times 4.182\times 10^{10}}=1.38\ \text{MPa}$$

以压为正,拉为负计算主应力,则

$$\sigma_{cpk}=\frac{\sigma_{cxk}}{2}+\sqrt{\left(\frac{\sigma_{cxk}}{2}\right)^2+\tau^2}=\frac{2.96}{2}+\sqrt{\left(\frac{2.96}{2}\right)^2+1.38^2}$$

$$=3.50\ \text{MPa(压应力)}$$

$$3.50\ \text{MPa}<0.6f_{ck}=0.6\times 32.4=19.44\ \text{MPa}$$

$$\sigma_{tpk}=\frac{\sigma_{cxk}}{2}-\sqrt{\left(\frac{\sigma_{cxk}}{2}\right)^2+\tau^2}=\frac{2.96}{2}-\sqrt{\left(\frac{2.96}{2}\right)^2+1.38^2}$$
$$=-0.54\ \text{MPa(拉应力)}$$

规范规定,在 $\sigma_{tpk}\leqslant 0.5f_{tk}=0.5\times 2.65=1.325$ MPa 的区段,按照构造要求配置箍筋。因 0.54 MPa < 1.325 MPa,可见,按照应力验算也只需要按照构造要求配置箍筋,与前面按照极限状态设计法时一致。

11.7.9　短暂状况的应力验算

对放松预应力筋时的应力状况进行验算,同样认为此时混凝土强度达到 C45(截面特征见"反拱值计算与预拱度设置"部分)。

取支点截面验算混凝土边缘的应力(因为自重引起的弯矩在支座位置没有抵消作用)。预应力钢筋仅考虑第一阶段损失,则有效应力计算值为 $\sigma_{con}-\sigma_{lI}=1\ 209-107.31=1\ 101.69$ MPa。支点截面与梁端部距离为(15 960 − 15 560)/2 = 200 mm,依靠黏结力传递的有效应力可能达不到该值,需要计算。

查表 11.3-1,1×7 钢绞线,放张时混凝土强度为 C45,在 $\sigma_{pe}=1\ 000$ MPa 时,需要的传递长度为 $64d$。今 $d=15.2$ mm,则距离梁端部 200 mm 处的预应力钢筋的有效应力为

$$\sigma_{pe}=\frac{200}{64\times 15.2}\times 1\ 000=205.59\ \text{MPa}$$

该值远小于最终的全部有效应力计算值 1 101.69 MPa。可见,在支点截面,不考虑预应力传递长度会高估预应力钢筋产生的预压力。于是,支点截面处,预应力钢筋与非预应力钢筋的合力为

$$(\sigma_{con}-\sigma_{lI}+\sigma_{l4})A_p=(205.59+48.53)\times 1\ 668=423\ 872\ \text{N}$$

下边缘压应力

$$\sigma_{cc}^{t}=\frac{423\ 872}{564\ 161}+\frac{423\ 872\times(381.1-45)}{4.187\times 10^{10}}\times 381.1=2.05\ \text{MPa}$$

$$2.05\ \text{MPa}<0.70f'_{ck}=0.7\times 29.6=20.72\ \text{MPa}$$

满足要求。

上边缘拉应力

$$\sigma_{ct}^{t}=\frac{423\ 872}{564\ 161}-\frac{423\ 872\times(381.1-45)}{4.187\times 10^{10}}\times 418.9=-0.67\ \text{MPa}$$

今 0.67 MPa < $0.70f'_{tk}=0.7\times 2.51=1.757$ MPa,按《公路桥规》规定预拉区应配置不少于 0.2% 的纵向钢筋。0.2% × 550 500 = 1101 mm^2,选择 10 Φ 12,可提供截面面积 1 131 mm^2。钢筋布置如图 11.7-6 所示。

11.7.10　最小配筋率复核

《公路桥规》规定,预应力混凝土受弯构件的最小配筋率应满足下式要求:

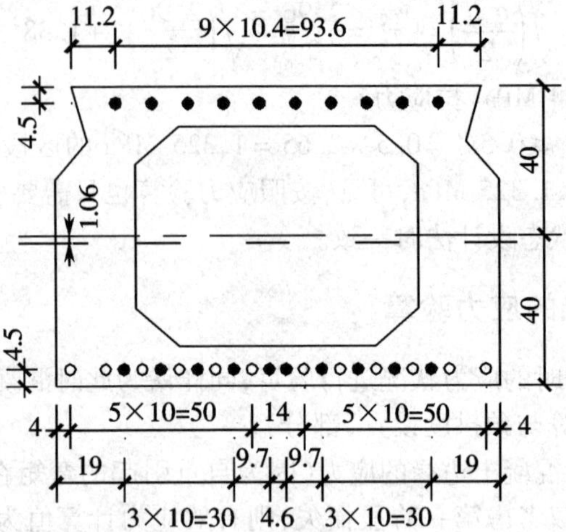

图 11.7-6 预拉区钢筋布置(单位:cm)

$$\frac{M_{ud}}{M_{cr}} \geqslant 1.0$$

“跨中截面正截面承载力计算”部分已经求出 $M_{ud} = 1\ 757.2\ \mathrm{kN \cdot m}$。

“正截面抗裂性验算”部分已经求出对于跨中截面下边缘处的 $\sigma_{pc} = 8.24\ \mathrm{MPa}$。

按照 C50 时的截面特征考虑,跨中换算截面重心轴以上部分对重心轴的面积矩

$$S_0 = 1\ 220 \times 418.7^2/2 - 760 \times (280 + 18.7)^2/2 + 2 \times 100 \times 100/2 \times (280 + 18.7 - 100/3) = 75\ 688\ 335\ \mathrm{mm^3}$$

截面抗裂边缘(下缘)的弹性抵抗矩

$$W_0 = 4.182 \times 10^{10}/381.3 = 1.097 \times 10^8\ \mathrm{mm^3}$$

$$\gamma = \frac{2S_0}{W_0} = \frac{2 \times 75\ 688\ 335}{1.097 \times 10^8} = 1.380$$

$$M_{cr} = (\sigma_{pc} + \gamma f_{tk}) W_0 = (8.24 + 1.38 \times 2.65) \times 1.097 \times 10^8 = 1\ 305.1 \times 10^6\ \mathrm{N \cdot mm}$$

$$\frac{M_{ud}}{M_{cr}} = \frac{1\ 757.2}{1\ 305.1} = 1.35 > 1.0$$

满足规范要求。

附录　规范表格摘录

附表 1　混凝土强度标准值和设计值

强度种类		符号	C25	C30	C35	C40	C45	C50	C55	C60	C65	C70	C75	C80
强度标准值	轴心抗压	f_{ck}	16.7	20.1	23.4	26.8	29.6	32.4	35.5	38.5	41.5	44.5	47.4	50.2
	轴心抗拉	f_{tk}	1.78	2.01	2.20	2.40	2.51	2.65	2.74	2.85	2.93	3.00	3.05	3.10
强度设计值	轴心抗压	f_{cd}	11.5	13.8	16.1	18.4	20.5	22.4	24.4	26.5	28.5	30.5	32.4	34.6
	轴心抗拉	f_{td}	1.23	1.39	1.52	1.65	1.74	1.83	1.89	1.96	2.02	2.07	2.10	2.14

附表 2　混凝土的弹性模量 E_c

混凝土强度等级	C25	C30	C35	C40	C45	C50	C55	C60	C65	C70	C75	C80
E_c（$\times 10^4$ MPa）	2.80	3.00	3.15	3.25	3.35	3.45	3.55	3.60	3.65	3.70	3.75	3.80

注：当采用引气剂及较高砂率的泵送混凝土且无实测数据时，表中 C50～C80 的 E_c 值乘以折减系数 0.95。

附表 3　普通钢筋强度标准值和设计值

钢筋种类	公称直径(mm)	符号	抗拉强度标准值 f_{sk}(MPa)	抗拉强度设计值 f_{sd}(MPa)	抗压强度设计值 f'_{sd}(MPa)
HPB300	6～22	ϕ	300	250	250
HRB400 HRBF400 RRB400	6～50	Φ	400	330	330
HRB500	6～50	Φ̄	500	415	400

注：(1)钢筋混凝土轴心受拉和小偏心受拉构件的钢筋抗拉强度设计值大于 330 MPa，应按 330 MPa；在斜截面抗剪承载力、受扭承载力和冲切承载力计算中，垂直于纵向受力钢筋的箍筋或间接钢筋等横向钢筋的抗拉强度设计值大于 330 MPa 时，应取 330 MPa。

(2)构件中配有不同种类的钢筋时，每种钢筋应采用各自的强度设计值。

附表 4　普通钢筋的弹性模量 E_s

钢筋种类	弹性模量 E_s（$\times 10^5$ MPa）
HPB300	2.1
HRB400、HRBF400 RRB400、HRB500	2.0

附表 5　普通钢筋截面面积、重量表

公称直径（mm）	在下列钢筋根数时的截面面积（mm^2）									质量（kg/m）	带肋钢筋	
	1	2	3	4	5	6	7	8	9		计算直径（mm）	外径（mm）
6	28. 3	57	85	113	141	170	198	226	254	0. 222	6	7. 0
8	50. 3	101	151	201	251	302	352	402	452	0. 395	8	9. 3
10	78. 5	157	236	314	393	471	550	628	707	0. 617	10	11. 6
12	113. 1	226	339	452	566	679	792	905	1 018	0. 888	12	13. 9
14	153. 9	308	462	616	770	924	1 078	1 232	1 385	0. 21	14	16. 2
16	201. 1	402	603	804	1 005	1 206	1 407	1 608	1 810	0. 58	16	18. 4
18	254. 5	509	763	1 018	1 272	1 527	1 781	2 036	2 290	2. 00	18	20. 5
20	314. 2	628	942	1 256	1 570	1 884	2 200	2 513	2 827	2. 47	20	22. 7
22	380. 1	760	1 140	1 520	1 900	2 281	2 661	3 041	3 421	2. 98	22	25. 1
25	490. 9	982	1 473	1 964	2 454	2 945	3 436	3 927	4 418	3. 85	25	28. 4
28	615. 8	1 232	1 847	2 463	3 079	3 695	4 310	4 926	5 542	4. 83	28	31. 6
32	804. 2	1 608	2 413	3 217	4 021	4 826	5 630	6 434	7 238	6. 31	32	35. 8

附表 6　在钢筋间距一定时每米宽度内钢筋截面面积　mm^2

钢筋间距（mm）	钢筋直径（mm）								
	6	8	10	12	14	16	18	20	22
70	404	718	1 122	1 616	2 199	2 873	3 636	4 487	5 430
75	377	670	1 047	1 508	2 052	2 681	3 393	4 188	5 081
80	353	628	982	1 414	1 924	2 514	3 181	3 926	4 751
85	333	591	924	1 331	1 811	2 366	2 994	3 695	4 472
90	314	559	873	1 257	1 711	2 234	2 828	3 490	4 223
95	298	529	827	1 190	1 620	2 117	2 679	3 306	4 001
100	283	503	785	1 131	1 539	2 011	2 545	3 141	3 801
105	269	479	748	1 077	1 466	1 915	2 424	2 991	3 620
110	257	457	714	1 028	1 399	1 828	2 314	2 855	3 455
115	246	437	683	984	1 339	1 749	2 213	2 731	3 305
120	236	419	654	942	1 283	1 676	2 121	2 617	3 167
125	226	402	628	905	1 232	1 609	2 036	2 513	3 041
130	217	387	604	870	1 184	1 547	1 958	2 416	2 924
135	209	372	582	838	1 140	1 490	1 885	2 327	2 816
140	202	359	561	808	1 100	1 436	1 818	2 244	2 715
145	195	347	542	780	1 062	1 387	1 755	2 166	2 621
150	189	335	524	754	1 026	1 341	1 697	2 084	2 534
155	182	324	507	730	993	1 297	1 642	2 027	2 452

续表

钢筋间距(mm)	钢筋直径(mm)								
	6	8	10	12	14	16	18	20	22
160	177	314	491	707	962	1 257	1 590	1 964	2 376
165	171	305	476	685	933	1 219	1 542	1 904	2 304
170	166	296	462	665	905	1 183	1 497	1 848	2 236
175	162	287	449	646	876	1 149	1 454	1795	2 172
180	157	279	436	628	855	1 117	1 414	1 746	2 112
185	153	272	425	611	832	1 087	1 376	1694	2 035
190	149	265	413	595	810	1 058	1 339	1 654	2 001
195	145	258	403	580	789	1 031	1 305	1611	1 949
200	141	251	393	565	769	1 005	1 272	1 572	1 901

附表 7 混凝土保护层最小厚度 mm

构件类别	梁、板、塔、拱圈、涵洞上部		墩台身、涵洞下部		承台、基础	
设计使用年限	100 年	50 年、30 年	100 年	50 年、30 年	100 年	50 年、30 年
Ⅰ类-一般环境	20	20	25	20	40	40
Ⅱ类-冻融环境	30	25	35	30	45	40
Ⅲ类-近海或海洋氯化物环境	35	30	45	40	65	60
Ⅳ类-除冰盐等其他氯化物环境	30	25	35	30	45	40
Ⅴ类-盐结晶环境	30	25	40	35	45	40
Ⅵ类-化学腐蚀环境	35	30	40	35	60	55
Ⅶ类-磨蚀环境	35	30	45	40	65	60

注:(1)表中数值是针对各环境类别的最低作用等级、按第 4.5.3 条要求的最低混凝土强度等级、以及钢筋和混凝土无特殊防腐措施规定的。

(2)对工厂的预制的混凝土构件,其保护层最小厚度可将表中相应数值减小 5 mm,但不得小于 20 mm。

(3)表中承台和基础的保护层最小厚度,是针对基坑底无势层或侧面无模板的情况规定的;对于有垫层或有模板的情况,保护层最小厚度可将表中相应数值减小 20 mm,但不得小于 30 mm。

附表 8 钢筋混凝土构件中纵向受力钢筋的最小配筋率 %

受力类型		最小配筋百分率
受压构件	全部纵向钢筋	0.5
	一侧纵向钢筋	0.2
受弯构件、偏心受拉构件及轴心受拉构件的一侧受拉钢筋		0.2 和 $45f_{td}/f_{sd}$ 中较大值
受扭构件		$0.8f_{cd}/f_{sv}$(纯扭时),$0.08(2\beta_t-1)f_{cd}/f_{sv}$(剪扭时)

注:(1)受压构件全部纵向钢筋最小配筋百分率,当混凝土强度等级为 C50 及以上时不应小于 0.6。

(2)当大偏心受拉构件的受压区配置按计算需要的受压钢筋时,其最小配筋百分率不应小于 0.2。

(3)轴心受压构件、偏心受压构件全部纵向钢筋的配筋率和一侧纵向钢筋(包括大偏心受拉构件的受压钢筋)的配筋百分率应按构件的毛截面面积计算;轴心受拉构件及小偏心受拉构件一侧受拉钢筋百分率应按构件毛截面面积计算;受弯构件、大偏心受拉构件的一侧受拉钢筋的配筋百分率为 $100A_s/(bh_0)$,其中 A_s 为受拉钢筋截面面积,b 为腹板宽度(箱形截面为各腹板宽度之和),h_0 为有效高度。

(4)当钢筋沿构件截面周边布置时,“一侧的受压钢筋”或“一侧的受拉钢筋”是指受力方向两个对边中的一边布置的纵向钢筋。

(5)对受扭构件,其纵向受力钢筋的最小配筋率为 $A_{st,min}/(bh)$,$A_{st,min}$ 为纯扭构件全部纵向钢筋最小截面面积,h 为矩形截面基本单元长边长度,b 为短边长度;f_{sv} 为箍筋抗拉强度设计值。

附表 9 钢筋混凝土轴心受压构件的稳定系数 φ

l_0/b	≤8	10	12	14	16	18	20	22	24	26	28
l_0/d	≤7	8.5	10.5	12	14	15.5	17	19	21	22.5	24
l_0/i	≤28	35	42	48	55	62	69	76	83	90	97
φ	1.0	0.98	0.95	0.92	0.87	0.81	0.75	0.70	0.65	0.60	0.56
l_0/b	30	32	34	36	38	40	42	44	46	48	50
l_0/d	26	28	29.5	31	33	34.5	36.5	38	40	41.5	43
l_0/i	104	111	118	125	132	139	146	153	160	167	174
φ	0.52	0.48	0.44	0.40	0.36	0.32	0.29	0.26	0.23	0.21	0.19

注:(1)表中 l_0 为构件计算长度,b 为矩形截面短边尺寸,d 为圆形截面直径,i 为截面最小回转半径。

(2)构件计算长度 l_0 的确定:两端固定取 $0.5l$;一端固定,一端为不移动的铰取 $0.7l$;两端均为不移动的铰取 l;一端固定,一端自由取 $2l$。

附表 10 圆形截面钢筋混凝土偏心受压构件正截面相对抗压承载力 n_u

$\eta\frac{e_0}{r}$	$\rho\frac{f_{sd}}{f_{cd}}$																	
	0.06	0.09	0.12	0.15	0.18	0.21	0.24	0.27	0.30	0.40	0.50	0.60	0.70	0.80	0.90	1.00	1.10	1.20
0.01	1.0487	1.0783	1.1079	1.1375	1.1671	1.1968	1.2264	1.2561	1.2857	1.3846	1.4835	1.5824	1.6813	1.7802	1.8791	1.9780	2.0769	2.1758
0.05	1.0031	1.0316	1.0601	1.0885	1.1169	1.1454	1.1738	1.2022	1.2306	1.3254	1.4201	1.5148	1.6095	1.7042	1.7989	1.8937	1.9884	2.0831
0.10	0.9438	0.9711	0.9984	1.0257	1.0529	1.0802	1.1074	1.1345	1.1617	1.2521	1.3423	1.4325	1.5226	1.6127	1.7027	1.7927	1.8826	1.9726
0.15	0.8827	0.9090	0.9352	0.9614	0.9875	1.0136	1.0396	1.0656	1.0916	1.1781	1.2643	1.3503	1.4362	1.5220	1.6077	1.6934	1.7790	1.8646
0.20	0.8206	0.8458	0.8709	0.8960	0.9210	0.9460	0.9709	0.9958	1.0206	1.1033	1.1856	1.2677	1.3496	1.4313	1.5130	1.5945	1.6760	1.7574
0.25	0.7589	0.7829	0.8067	0.8302	0.8540	0.8778	0.9016	0.9254	0.9491	1.0279	1.1063	1.1845	1.2625	1.3404	1.4180	1.4956	1.5731	1.6504
0.30	0.7003	0.7247	0.7486	0.7721	0.7953	0.8181	0.8408	0.8632	0.8855	0.9590	1.0316	1.1036	1.1752	1.2491	1.3228	1.3964	1.4699	1.5433
0.35	0.6432	0.6684	0.6928	0.7165	0.7397	0.7625	0.7849	0.8070	0.8290	0.9008	0.9712	1.0408	1.1097	1.1783	1.2465	1.3145	1.3824	1.4500
0.40	0.5878	0.6142	0.6393	0.6635	0.6869	0.7097	0.7320	0.7540	0.7757	0.8461	0.9147	0.9822	1.0489	1.1150	1.1807	1.2461	1.3113	1.3762
0.45	0.5346	0.5624	0.5884	0.6132	0.6369	0.6599	0.6822	0.7041	0.7255	0.7949	0.8619	0.9275	0.9921	1.0561	1.1195	1.1825	1.2452	1.3077
0.50	0.4839	0.5133	0.5403	0.5657	0.5898	0.6130	0.6354	0.6573	0.6786	0.7470	0.8126	0.8765	0.9393	1.0012	1.0625	1.1233	1.1838	1.2441
0.55	0.4359	0.4670	0.4951	0.5212	0.5458	0.5692	0.5917	0.6135	0.6347	0.7022	0.7666	0.8289	0.8899	0.9500	1.0094	1.0682	1.1266	1.1848
0.60	0.3910	0.4238	0.4530	0.4798	0.5047	0.5283	0.5509	0.5727	0.5938	0.6605	0.7237	0.7846	0.8440	0.9023	0.9598	1.0168	1.0733	1.1295

续表

$\eta\frac{e_0}{r}$	$\rho\frac{f_{sd}}{f_{cd}}$																	
	0.06	0.09	0.12	0.15	0.18	0.21	0.24	0.27	0.30	0.40	0.50	0.60	0.70	0.80	0.90	1.00	1.10	1.20
0.65	0.3495	0.3840	0.4141	0.4414	0.4667	0.4905	0.5131	0.5348	0.5558	0.6217	0.6837	0.7432	0.8011	0.8578	0.9136	0.9689	1.0236	1.0779
0.70	0.3116	0.3475	0.3784	0.4062	0.4317	0.4556	0.4782	0.4998	0.5206	0.5857	0.6466	0.7047	0.7611	0.8163	0.8705	0.9241	0.9771	1.0297
0.75	0.2773	0.3143	0.3459	0.3739	0.3996	0.4235	0.4460	0.4674	0.4881	0.5523	0.6120	0.6689	0.7239	0.7776	0.8303	0.8823	0.9337	0.9847
0.80	0.2468	0.2845	0.3164	0.3446	0.3702	0.3940	0.4164	0.4377	0.4581	0.5214	0.5799	0.6356	0.6892	0.7415	0.7927	0.8432	0.8931	0.9426
0.85	0.2199	0.2579	0.2899	0.3180	0.3436	0.3672	0.3893	0.4104	0.4305	0.4928	0.5502	0.6045	0.6569	0.7078	0.7577	0.8067	0.8552	0.9032
0.90	0.1963	0.2343	0.2661	0.2940	0.3193	0.3427	0.3646	0.3853	0.4051	0.4663	0.5225	0.5757	0.6267	0.6763	0.7249	0.7726	0.8197	0.8663
0.95	0.1759	0.2134	0.2448	0.2724	0.2974	0.3204	0.3420	0.3624	0.3818	0.4419	0.4969	0.5488	0.5986	0.6470	0.6942	0.7406	0.7864	0.8317
1.00	0.1582	0.1950	0.2259	0.2530	0.2775	0.3001	0.3213	0.3413	0.3604	0.4193	0.4731	0.5238	0.5724	0.6195	0.6655	0.7107	0.7553	0.7993
1.10	0.1299	0.1646	0.1939	0.2198	0.2433	0.2649	0.2852	0.3044	0.3227	0.3791	0.4305	0.4789	0.5251	0.5699	0.6136	0.6564	0.6986	0.7402
1.20	0.1087	0.1410	0.1685	0.1929	0.2152	0.2358	0.2551	0.2734	0.2909	0.3446	0.3937	0.4398	0.4838	0.5264	0.5679	0.6086	0.6486	0.6881
1.30	0.0927	0.1224	0.1481	0.1710	0.1920	0.2115	0.2299	0.2472	0.2639	0.3150	0.3618	0.4057	0.4476	0.4882	0.5276	0.5663	0.6043	0.6418
1.40	0.0804	0.1077	0.1316	0.1531	0.1728	0.1912	0.2086	0.2250	0.2408	0.2895	0.3340	0.3759	0.4158	0.4544	0.4920	0.5288	0.5649	0.6006
1.50	0.0708	0.0959	0.1180	0.1381	0.1567	0.1741	0.1905	0.2061	0.2210	0.2673	0.3097	0.3496	0.3877	0.4245	0.4603	0.4954	0.5298	0.5638
1.60	0.0630	0.0862	0.1068	0.1256	0.1431	0.1595	0.1750	0.1897	0.2039	0.2479	0.2884	0.3264	0.3628	0.3979	0.4321	0.4655	0.4984	0.5309
1.70	0.0567	0.0782	0.0974	0.1150	0.1315	0.1469	0.1616	0.1756	0.1891	0.2310	0.2695	0.3058	0.3405	0.3741	0.4068	0.4387	0.4702	0.5012
1.80	0.0515	0.0714	0.0894	0.1060	0.1215	0.1361	0.1500	0.1633	0.1761	0.2160	0.2528	0.2875	0.3207	0.3528	0.3840	0.4146	0.4447	0.4743
1.90	0.0472	0.0657	0.0826	0.0982	0.1128	0.1266	0.1398	0.1525	0.1646	0.2027	0.2378	0.2710	0.3028	0.3335	0.3635	0.3928	0.4216	0.4500
2.00	0.0435	0.0608	0.0767	0.0914	0.1052	0.1183	0.1309	0.1429	0.1545	0.1908	0.2244	0.2562	0.2867	0.3162	0.3449	0.3730	0.4007	0.4279
2.50	0.0311	0.0441	0.0562	0.0676	0.0784	0.0888	0.0987	0.1083	0.1176	0.1470	0.1744	0.2005	0.2255	0.2498	0.2735	0.2968	0.3197	0.3422
3.00	0.0241	0.0345	0.0442	0.0535	0.0623	0.0707	0.0789	0.0869	0.0946	0.1191	0.1421	0.1640	0.1852	0.2057	0.2258	0.2456	0.2650	0.2841
3.50	0.0197	0.0283	0.0364	0.0441	0.0516	0.0587	0.0657	0.0724	0.0790	0.0999	0.1196	0.1385	0.1568	0.1746	0.1919	0.2090	0.2258	0.2425
4.00	0.0166	0.0240	0.0309	0.0376	0.0440	0.0502	0.0562	0.0620	0.0677	0.0859	0.1032	0.1198	0.1358	0.1514	0.1667	0.1818	0.1966	0.2112
4.50	0.0144	0.0208	0.0269	0.0327	0.0383	0.0437	0.0490	0.0542	0.0592	0.0754	0.0907	0.1054	0.1197	0.1336	0.1473	0.1607	0.1740	0.1870
5.00	0.0127	0.0183	0.0237	0.0289	0.0339	0.0388	0.0435	0.0481	0.0526	0.0671	0.0809	0.0941	0.1070	0.1195	0.1319	0.1440	0.1559	0.1677
5.50	0.0113	0.0164	0.0213	0.0259	0.0304	0.0348	0.0391	0.0433	0.0474	0.0605	0.0729	0.0850	0.0967	0.1081	0.1193	0.1304	0.1412	0.1520
6.00	0.0102	0.0149	0.0193	0.0235	0.0276	0.0316	0.0355	0.0393	0.0430	0.0550	0.0664	0.0775	0.0882	0.0987	0.1089	0.1191	0.1291	0.1390
6.50	0.0093	0.0136	0.0176	0.0215	0.0252	0.0289	0.0325	0.0360	0.0394	0.0504	0.0610	0.0711	0.0810	0.0907	0.1002	0.1096	0.1188	0.1280
7.00	0.0086	0.0125	0.0162	0.0198	0.0233	0.0266	0.0300	0.0332	0.0364	0.0466	0.0563	0.0658	0.0750	0.0840	0.0928	0.1015	0.1101	0.1186
7.50	0.0080	0.0116	0.0150	0.0183	0.0216	0.0247	0.0278	0.0308	0.0338	0.0433	0.0524	0.0612	0.0697	0.0781	0.0864	0.0945	0.1025	0.1104

$\eta\frac{e_0}{r}$	$\rho\frac{f_{sd}}{f_{cd}}$																	
	0.06	0.09	0.12	0.15	0.18	0.21	0.24	0.27	0.30	0.40	0.50	0.60	0.70	0.80	0.90	1.00	1.10	1.20
8.00	0.0074	0.0108	0.0140	0.0171	0.0201	0.0230	0.0259	0.0287	0.0315	0.0404	0.0489	0.0572	0.0652	0.0730	0.0808	0.0884	0.0959	0.1034
8.50	0.0069	0.0101	0.0131	0.0160	0.0188	0.0216	0.0243	0.0269	0.0295	0.0379	0.0459	0.0536	0.0612	0.0686	0.0759	0.0830	0.0901	0.0971
9.00	0.0065	0.0094	0.0123	0.0150	0.0177	0.0203	0.0228	0.0253	0.0278	0.0356	0.0432	0.0505	0.0577	0.0646	0.0715	0.0783	0.0850	0.0916
9.50	0.0061	0.0089	0.0116	0.0142	0.0167	0.0191	0.0215	0.0239	0.0262	0.0337	0.0408	0.0477	0.0545	0.0611	0.0676	0.0740	0.0804	0.0867
10.00	0.0058	0.0084	0.0110	0.0134	0.0158	0.0181	0.0204	0.0226	0.0248	0.0319	0.0387	0.0453	0.0517	0.0580	0.0641	0.0702	0.0763	0.0822

表中：e_0——轴向力对截面重心的偏心距；

r——圆形截面的半径；

η——偏心受压构件轴向力偏心距增大系数；

ρ——沿周边均匀配置的纵向钢筋的配筋率；

f_{sd}——纵向钢筋抗拉强度设计值；

f_{cd}——混凝土抗压强度设计值。

附表 11 预应力钢筋抗拉强度标准值

钢筋种类		符号	公称直径 d(mm)	f_{pk}(MPa)
钢绞线	1×7	ϕ^{s}	9.5、12.7、15.2、17.8	1 720、1 860、1 960
			21.6	1 860
消除应力钢丝	光面 螺旋肋	ϕ^{P} ϕ^{H}	5	1 570、1 770、1 860
			7	1 570
			9	1 470、1 570
预应力螺纹钢筋		ϕ^{T}	18、25、32、40、50	785、930、1 080

注：抗拉强度标准值为 1 960 MPa 的钢绞线作为预应力钢筋使用时，应有可靠工程经验或充分试验验证。

附表 12 预应力钢筋抗拉、抗压强度设计值

钢筋种类	f_{pk}(MPa)	f_{pd}(MPa)	f'_{pd}(MPa)
钢绞线 1×7(七股)	1 720	1 170	390
	1 860	1 260	
	1 960	1 330	
消除应力钢丝	1 470	1 000	410
	1 570	1 070	
	1 770	1 200	
	1 860	1 260	
预应力螺纹钢筋	785	650	400
	930	770	
	1 080	900	

附表 13　预应力钢筋的弹性模量 E_p

预应力钢筋种类	弹性模量 E_p（$\times 10^5$ MPa）
钢绞线	1.95
消除应力钢丝	2.05
预应力螺纹钢筋	2.00

附表 14　钢绞线和钢丝的截面面积和理论质量

预应力钢筋种类		公称直径（mm）	公称截面面积（mm^2）	理论质量（kg）
钢绞线	1×7 标准型	9.5	54.8	0.432
		11.1	74.2	0.580
		12.7	98.7	0.774
		15.2	139	1.101
	1×7 模拔型	12.7	112	0.890
		15.2	165	1.295
钢丝		4.0	12.57	0.099
		5.0	19.63	0.154
		6.0	28.27	0.222
		7.0	38.48	0.302
		8.0	50.26	0.394
		9.0	63.62	0.499

参考文献

[1] JTG 3362－2018 公路钢筋混凝土及预应力混凝土桥涵设计规范
[2] JTG D60－2015 公路桥涵设计通用规范
[3] GB50153－2008 工程结构可靠性设计统一标准
[4] GB50010－2010 混凝土结构设计规范(2015 年局部修订版)
[5] GB1499.1－2017 钢筋混凝土用钢第 1 部分 热轧光圆钢筋
[6] GB1499.2－2018 钢筋混凝土用钢第 2 部分 热轧带肋钢筋
[7] GB13014－2013 钢筋混凝土用余热处理钢筋
[8] GB/T228－2010 金属材料拉伸试验 第 1 部分:室温试验方法
[9] GB/T5223－2014 预应力混凝土用钢丝
[10] GB/T5224－2014 预应力混凝土用钢绞线
[11] GB/T2065－2016 预应力混凝土用螺纹钢筋
[12] 叶见曙. 结构设计原理(第四版). 北京:人民交通出版社,2018
[13] 张树仁,黄侨等. 结构设计原理(第二版). 北京:人民交通出版社,2010
[14] 天津大学,同济大学,东南大学. 混凝土结构(第 6 版,上册). 北京:中国建筑工业出版社,2016
[15] 蓝宗建. 混凝土结构设计原理. 南京:东南大学出版社,2008
[16] 熊学玉. 预应力混凝土结构理论与设计. 北京:中国建筑工业出版社,2017
[17] 林同炎,伯恩斯. 预应力混凝土结构设计. 北京:中国铁道出版社,1983
[18] Arthur H. Nilson, David Darwin, Charles W. Dolan. Design of concrete structures (14 Edition). McGraw－Hill Companies, Inc, 2010
[19] James K. Wight. Reinforced concrete: Mechanics and design(7 Edition). Pearson Education, Inc, 2016